纪念东吴大学法学院百年华诞

本书为江苏高校优势学科建设工程资助项目（PAPD）

本书属苏州大学公法研究中心研究成果

东|吴|法|学|文|丛·东吴法学先贤文录

东吴法学先贤文录
·刑事法学卷·

李晓明　张成敏◎主　编

中国政法大学出版社

2015·北京

图书在版编目（ＣＩＰ）数据

东吴法学先贤文录.刑事法学卷/李晓明，张成敏主编. —北京：中国政法大学出版社，2015.8

　ISBN 978-7-5620-6274-5

　Ⅰ.①东… Ⅱ.①李… ②张… Ⅲ.①法学－文集②刑法－法学－文集 Ⅳ.①D90-53 ②D914.01-53

　中国版本图书馆 CIP 数据核字(2015)第 196650 号

出 版 者　　中国政法大学出版社

地　　址　　北京市海淀区西土城路 25 号

邮寄地址　　北京 100088 信箱 8034 分箱　邮编 100088

网　　址　　http://www.cuplpress.com（网络实名：中国政法大学出版社）

电　　话　　010-58908586(编辑部)　58908334(邮购部)

编辑邮箱　　zhengfadch@126.com

承　　印　　保定市中画美凯印刷有限公司

开　　本　　720mm×960mm　1/16

印　　张　　29

字　　数　　470 千字

版　　次　　2015 年 8 月第 1 版

印　　次　　2015 年 8 月第 1 次印刷

定　　价　　69.00 元

东吴法学先贤文录总序

胡玉鸿

　　光阴荏苒，岁月流金；薪火不熄，学脉永继。自 1915 年 9 月美籍律师查尔斯·兰金创办东吴大学法科以来，时光已一世纪，然东吴之辉煌、法学之昌盛，至今仍为世人津津乐道；东吴大学法学院于中国法制改革、法学教育史上之地位，亦可谓震古烁今，高山仰止。国内现代法学大师中，王宠惠、刘世芳、董康、戴修瓒、郑天锡、郭卫、章任堪、赵琛、凌其翰、徐传保、徐砥平、张志让、俞颂华、向哲浚、曹杰、张慰慈、吴芝芳、王效文、章士钊、朱通九、梅仲协、魏文翰、张企泰、范扬、俞叔平（以上为东吴教授，以到校任职先后为序）；王士洲、吴经熊、陈霆锐、何世桢、狄侃、李中道、盛振为、金兰荪、梁鋆立、端木恺、丘汉平、桂裕、孙晓楼、陶天南、张季忻、陈文藻、黄应荣、杨兆龙、李浩培、姚启胤、倪征噢、鄂森、何任清、查良鉴、费青、郑竞毅、卢峻、王伯琦、郑保华、魏文达、裘邵恒、陈晓、丘日庆、王健、徐开墅、潘汉典、高文彬、杨铁樑、王绍堉、浦增元、庄咏文（以上为东吴学子，以毕业届次为序），或执教东吴哺育莘莘学子，或出身东吴终成法学名宿，人人握灵蛇之珠，家家抱荆山之玉。合璧中西，形成"比较法"之特色；戮力同心，铸就"南东吴"之美誉。

　　但前人之辉煌，非仅为后辈称道而已。诸先贤之呕心力作，亟待结集；比较法之教学特质，仍需寻绎。前者在集拢大师文字，归并成皇皇巨作，嘉惠后人；后者则总结教育成就，细究其方法之长，服务现世。沧海桑田，白驹过隙。东吴法学之先贤，或天不假年，已驾鹤西行；或虽尚健在，然精力不济。精研法理之书文，多将散佚不存；服务国家之良策，亦恐湮没无息。是以今日学子之任务，在搜寻先贤文字，重版印行；总结东吴之成就，使传于世。

苏州大学王健法学院系承继东吴大学法学院而来。前辈业绩，自然庇荫今人，但全院师生，在以先贤为荣之余，更感使命重大，无一日或敢息息。同仁深知：既为东吴之传人，自应熟悉先辈思想，了解学院历史。为此经讨论决定，近年内学院将完成三大浩繁工程：一为出版"东吴法学先贤文丛"，汇集大师之作，使珠玑文字，重见天日；二是编辑"东吴法学先贤文录"，以学科分类，归并单篇之作，以为研究之资；三则撰写《东吴法学教育史》，探讨东吴法学教育沿革之始末，总结比较法教学如何适应于今世。前者已有王宠惠、杨兆龙、李浩培、倪征噢、潘汉典诸先生文集面世，后续之举，已列议题；今则辑录先贤文字，以学科归类，分八册出版，以纪念百年东吴，使尘封妙文，重见当世。至于教育史之编撰，待档案解密、人员齐备之后，再行商议。

自 2012 年以来，本人即开始遍访东吴法学先贤于民国时期之文章，下载、翻拍、扫描、复制，虽卷帙浩繁，搜寻不易，然淘书之乐，无时或已。所幸者科技时代，诸多志存高远之士，将民国文献辑成电子文本，使今人更为便捷得识先贤文字。但遗憾者年代久远，资料多有散佚，有时"上篇"已得，但"下篇"难觅；有"二、三"者，却缺"一、四"。至于错漏、脱讹而至无法辨识之处，更是不足为奇。即便如此，学院同仁及广大学生，仍深感使命重大，不畏艰难，共襄盛事。文字录入工作，主要由在校研究生完成，论文选择编排，则请各卷主编担纲。资料浩繁，校对费时，自知多有遗漏，所录者不及万一；完善修正之举，仍需假以时日。敬请学界同仁，多加指正；如有资料提供，不胜感激！

是为序。

2015 年 7 月

目录
Contents

下编　刑事诉讼法

上编　刑法

霍姆斯[1]之英美刑法论*

陈德明 译**

（此文译自 Holmes' The Common Law 第二讲）

第一节 复仇

第一款：复仇为刑法之渊源

古代法律中的诉求（Appeal）一制是专为对付故意的过错而设的。求诉与公诉（indictment）同为诉讼的形式，可是求诉却比公诉早出世许多时候。求诉可以说是兼有刑事与民事两种性质的。求诉有两个目的：一个目的是关于私人的权利的方面的，就是使当事人满足；还有一个目的是关于国家治安方面的，就是使国君满足。在民事方面，求诉的目的是复仇，而其结果是归于和解，和解以后，犯人的罪名，就行却除；最初，那种和解是任意的，后来变成了强制的。至于在国君一方面，求诉的目的是否为复仇？抑着意于利益？那个问题是无关重要的，因为国君的要求并不扩大了讼案的范围。

我们可以肯定地说，那些可为公讼的理由的过错原先也同那些引起求诉的过错一样，是有限制的。公诉也许是从求诉里而分化出来的，也许不是，不过无论如何，那两个制度之问题是有着一种密切的关系的。

求诉中的被控人开释以后，公诉便不能提起；反之，一件求诉案子如果最初的手续不错，那么[2]，虽求诉人后来，放弃追诉或为被控人的辩论所

---

〔1〕 "霍姆斯"原文作"荷姆士"，现据今日通常译法改正。——校勘者注。

　* 本文原刊于《法学杂志（上海1931）》（第5卷）1932年第5期。

　** 陈德明，1931年毕业于东吴大学法学院（第14届），获法学学士学位。

〔2〕 "那么"原文作"那末"，现据今日通常用法改正，下同。——校勘者注。

败，这件案子仍得以国君的名义继续进行。

陪审员呈告事实（presentment）是刑事诉讼程序的又一渊源，这个制度也是复仇观念的产儿，而且他的复仇的[1]动机更比求诉显著。

复仇的原欲包含一层意思，就是肯定复仇的标的（译者按所谓标的，即指被吉）本身确实应受谴责。这种意思所根据的标准是主观的，不是客观的。这种标准到了现在时候是否仍旧保存着原始的形式，还是有了发展与改进？一般人以为是有了发展与改进的；就刑法的渐次进步的一个事实看来，那个标准的发展与改进不是不可能的事。

第二款：复仇为刑罚之一目的

我们可以说，满足复仇的原欲始终是刑罚的一个目的。我们看到有许多的过犯（wrongs）是不能以赔偿了的。譬如讲故杀与误杀二罪，那受害者已经死亡，赔偿损失自属不中用而亦不可能了。又如，伪造文书印文罪虽属旋诸个人，却也使别的人都觉不安；这种一般的不安感觉是不能以金钱消除之的。更如，在某种案件之中，损害赔偿是无法实施的：例如麦考利[2]（Macaulay）的印度刑律草案中规定舟人车夫等违约不载送乘客至目的地那件事情为触犯刑律，但是印度的轿夫是赤贫如洗的，如果他们半途弃去他们的乘客，法庭无法依据法律强制他们赔偿损失，因为事实上他们是拿不出钱来的。在上面那些案情之中，我们只得用刑罚来代替损害赔偿。我们可以给犯罪者受一种痛苦，这种痛苦并不使那受害者恢复了原状，其目的只在于使犯人受些痛苦罢了。从刑罚代替损害赔偿的一点上来看（代替的原因，或是因为受害者之死亡，或是因为受影响者人数之不确定，或因为所受的损害不能以金钱估价，更或因为犯罪者之贫困），我们可以说刑罚的目的是在于满足复仇的愿欲。囚犯用他的身体赔偿损害。

我们可以说得更强烈些，说法律非但在事实上拿满足复仇的愿欲那一点作为目的，而且在理论上也应当如此。无论如何，这个意见是两个见解绝对相反的人——巴特勒[3]（Bishop Butler）与边沁——所一致主张的。史蒂芬

---

〔1〕 "的"原文作"底"，现据今日通常用法改正，下同。——校勘者注。
〔2〕 "麦考利"原文作"麦高雷"，现据今日通常译法改正。——校勘者注。
〔3〕 "巴特勒"原文作"勃脱勒"，现据今日通常译法改正。——校勘者注。

(Sir James Stephen) 说，"刑法与复仇欲（Passion ofrevenge）的关系酷似结婚与性欲的关系"。

一种健全的法律的，第一要件是：须适合社会上一般人的实在感觉和要求，无论那些感觉和要求是对是错。满足复仇的原欲，是人们对于法律的一种要求。如果法律不能满足人们的复仇欲，那么人们就要在法律之外寻求满足复仇之欲的方法，那方法就是私行报复；我们如要杜止私行报复的恶风，我们只有一个方法，就是使法律去满足人们的复仇欲。同时，复仇之欲并非是我们所欲鼓励助长之的，无论是我们居于私人的地位或是处于立法者的地位。而且，这种欲望也并不完全支配着法律的领域。有许多犯法的事情是并不激起复仇的欲念的。

第二节　刑罚学说

（一）改善说、（二）报应说、（三）预防说

有些人以为刑罚的作用是改善罪犯［译者按，此即，"改善说"（Theory of Reformation）］；有些人以为刑罚的作用是防止犯罪以及其他人再犯同样的罪［译者按，此即，"预防说"（Theory of Prevention）］；还有些人以为刑罚的作用是报应［译者按，此即，"报应说"（Theory of Retribution）］。现在主张第一种作用为刑罚所仅有的作用的人是没有的了。如果第一种作用是刑罚所仅有的作用，那么我们一旦看到一个囚犯绝不再会犯罪，我们就得立刻把他释放出去，又或我们看到他是不可救药[1]的，我们就得连一些些的刑罚都不加诸他的身上了。这种主张显然是不能与死刑的制度相容的。主要的争端是关于那后面两种作用的。一方面的人的意见以为犯罪与刑罚之间有一种神秘的接连关系（报应说）；又一方面的人意见却以为刑罚之加只是趋达目的的方法（预防说）。黑格尔[2]（Hegel）是主张前一说的中坚人物。他作一种半数学式理论说，"错"是"是"之负，刑罚是那个负之负，就是报应。既然是报应，那么刑罚就须平允；所谓平允，就是刑罚与所犯的罪成着比例，因

---

〔1〕 "不可救药"原文作"不可药救"，现据今日通常用法改正。——校勘者注。
〔2〕 "黑格尔"原文作"黑智儿"，现据今日通常译法改正，下同。——校勘者注。

为在黑格尔看来，刑罚的唯一功用是消灭所犯的罪。别的和黑格尔见解相同的人虽没有他这种逻辑的工具，却也觉得刑罚有追随犯罪之必要。他们反对预防说，说预防说是不道德的，因为它忽于惩罚犯罪，并且对于刑罚的轻重未设度量，只有立法者对于预防性质的刑罚的度量发了些主观的意见罢了。我们引康德的话来说，预防性质的刑罚把人当作了一种物件而不当作一个人，当作一种方法而不当作一种目的。有些人说预防律是与公平的意义发生冲突的，并且它破坏自由社会的一条根本原则，这条根本原则，就是说一个自由社会之中的份子有平等的生活之权，自由之权，和个人安宁之权。

预防说虽受人种种指摘，可是英美律师却毫不犹豫的接受着他。对于上面所指摘的破坏平等权利的一点，我们可以答复说，平等之说仅通行于个人与个人之间，而不通行于个人与社会之间。世界上没有一个社会不承认说，社会为社会自己的存在起见可以牺牲个人的利益。军队中如有征兵之必要，可以实行拉夫，可以把那些人逼上死线去。政府可以不顾人民的抗议，在他们的土地上建设道路和铁道，在这件事里面，当然那政府是须按照市价补偿地主的，因为文明政府不能在限度之外牺牲人民，可是他能为大众的意思与福利起见牺牲个人的意思与福利。和平的价值之提高与社会关系的价值之提高有使社会的存在物（social being）的法律成为一切存在物（being）的法律之倾向。平等的观念虽然通行于个人与个人之间，但也只限于日常交涉的范围之内。譬如你要和你的邻人辩论，你就不得不暂时承认他的智力和你相等，虽然你心中是绝不相信他同你一样聪明睿智。同样的，你要与你的邻人交易，你就必须与他站在平等的地位上，并与他服从同样的规律，否则你就不能同他交易。可是在特殊的情形之下，个人的权利也是不平等的。例如一个人在大海中抱着一块狭小的木板游泳逃命，忽然有一个人过来夺他的板，他为保全自己的性命起见，可把那夺板的人推去。综之，无论在个人与个人的关系之中或是在社会与个人的关系之中，保全自己的生存是法律所许的。换言之，就是：个人为保全自己的性命起见，可以牺牲他人的权利；社会为自己存在起见，可以牺牲个人的权利（当然是有限度的）。这里，权利平等的观念就行不通。

我们可把我们答复[1]权利平等之说时所举的理由移用来答复那反对将

---

[1] "答复"原文作"答覆"，现据今日通常用法改正，下同。——校勘者注。

人视为物体而处置着的话。一个人住在社会之中，有时就不免要被视为物体而处置着。将来人类的文化达到极顶以后，一个人的社会思想也许会把他的一切行为绝对地控制了起来。可是目前社会观念还没有这种绝对的控制力；自来的法律虽然以道德为基础，可是我们还没有看见过一条以绝对的利他主义为根据的法律；这样的一条法律是与一般人的信仰相悖的。

如果刑事责任与民事责任在原则上是相同的话（这两种责任在原则上确是相同的，关于此点，我预备在后面证明着），那么一个人即使在道德上毫无缺点，也有受刑罚的可能。要是刑罚一事是站在道德的立场上的话，那么我们定刑罚的时候，第一件事情就是要想到犯罪欠缺选择力那一点，选择力之欠缺或由于本性的变态，或由于教育的欠缺，或由于智识之缺乏，等等的原因；这些弱点在犯罪阶级中是极其显著的。我不说刑罚不应站在道德的立场上，我也不说现在的刑法已经完善无缺；我只就事实而说现在的刑法之制定与施行不是根据于那种理论的。——即以道德为刑罚——的根据。

我们现在要为报应说中的一点辩护。犯罪受罚，这是最合理不过的事，凡属头脑清楚的人末有不承认之的。不过，我以为"惩罚犯罪是合理的"这句话并不是绝对的和无条件的，我们如果内省一下，便可发现这句话只在我们对付他人的时候才实行。世间没有一个人发现了自己的罪过而实行把刑罚加诸己身的；可是，我们看见别人犯过，却毫不犹豫的说犯过者应受惩罚。照我看来，那"合理"之或只是一种变相的报复行为；至于报复一事，我已经在前面说过，是刑罚的一个要素虽然不是最重要的要素。

轻刑适宜于轻罪，重刑适宜于重罪。刑罚的轻重应当与犯罚的轻重相等。又，本身无辜而为法律所禁止的行为（malum prohibitum）与本身不良的行为（malum in se）同为犯罪。如果我们承认刑罚一事在原则上是合理的话，那么我们无论遇到本身无辜而为法律所禁的行为或本身不良的行为发生，均应处以刑罚。不过，假设一个触犯了国课法（按此为一种本身无辜而触犯法令的行为），但他向政府为损害赔偿，并且有了痛悔的意思，我们对于这样的一个人应否加以惩罚？我觉得是没有加以惩罚的必要，除非他的行为已为外界所知。如果他的行为已为外界所知，那么法律就有证实它的警告的必要，使人相信法律之严厉而不敢触犯，要是那件事情是政府与该公民间的一个秘密，那么就不宜惩罚他。

在另一方面，我们看到立法者所以认某种行为为犯法，其目的是在防止

7

那种行为。在这一点上看来，刑罚的唯一目的似乎是在预防犯罪了。法律恫吓你：如果你做某种行为，法律就要使你受某种痛苦；其目的在使你生出一种新的动机来，不去做那种行为。如果你继续把这种行为做过去，法律也继续的恫吓〔1〕着你，务使你信服而后已。

法律显然是以个人为趋达目的的一种方法而牺牲他，把他当作一种增进公众幸福的工具的。上面我说这种方法是极其正当的。即使那种方法是错误的，我们的刑法却是采取这种方法的，因此刑法的原则也必须跟着这样定着。

法律上有几条原则都足以证明我们的法律是超出报复的范围而使个人之利害受制于公众之幸福的。

一条原则是说：为救自己之性命而故意杀人者，不为罪。法律上所以采取这条原则，其理由不外乎下列二者之一：（一）在为救自己之性命而故意杀人的情案之中，那自利的手段是正当的；（二）此项自利手段即使是不正当，但法律无从用刑罚防止之，因为拿将来的死——死刑——恐吓〔2〕一个人，是不能使他择取目前的死以避免死刑的。如果我们采取第一种理由，那么我们就是承认了一个人可以为自己而牺牲他人，推广起来说，一个民族可以为自己而牺牲别的民族。如果我们采取第二种理由而放弃那丧失预防之效的刑罚，那就是放弃了复仇的原则而采取了预防的原则了。

还有一条原则是说：不知法而犯法者，不能获恕。这条重要的原则用证据律的形式说起来就是；法律认一切人为知法。奥斯丁〔3〕（Austin）与别的许多法学家都主张这个说素，他们所根据的理由是说，证明一个人知法不知法，是一件困难的事情。不过呢，如果一件事情必须证明确实以后而后能得公平的判决，那么我们就应当不惮困难去证明着。我们现在确看到，无论一个犯人的不知法是如何的显明，他总不能获恕；我们觉得这是不很公平的。而且，就使那不知法的一个事实是难于证明的，我们也有方法去解决那个困难，那方法就是把那证明不知法的责任加诸犯法者的身上。

要解释不知法而犯法不能获恕的那条原则，不能用下面两句话去解释说：法律命令我们不为某几种行为，并且命令我们去发现我们是受了上面这种命

---

〔1〕 "恫吓"原文作"恫赫"，现据今日通常用法改正，下同。——校勘者注。

〔2〕 "恐吓"原文作"恐赫"，现据今日通常用法改正，下同。——校勘者注。

〔3〕 "奥斯丁"原文作"奥司丁"，现据今日通常译法改正，下同。——校勘者注。

令的。因为，要是那第二个命令是存在的话，那么一个人违背这个从法与违背那主法（即上面第一个命令）受同样的惩罚，而这两件事情的轻重却是相差极大的。这条原则的真正解释就是那解释"法律不问各个人之性情，能力，等等"那条原则的解释，那就是说：公共政策（public policy）为公众的福利起见而牺牲个人。负担平均，固然是人们所想望的；但是灭绝抢劫与谋害那些犯罪行为，是人们所更想望的。不错，有许多犯人初不自知其犯法，不过要是我们就此宽恕了他，那么我们就是违反了立法者的本意而鼓励人们不知法律了。

如果上面的一番议论是健全的话，那么很显然的，定刑罚之轻重不能完全在犯人不值（unworthy）到如何程度那一点上去计算。综之，如果那犯人的"不值行"（unworthiness）不妨碍公众的福利，我们便不必去计较它；反之，如果有妨碍公众的福利，那么我们就得计较它。

第三节　刑事责任的外部的标准

就大体而论，刑罚的目的仅在于使人们的外部行为合规。无论何种法律，其目的都在于获得外部的结果——觉官所能感觉的结果。刑罚无论是直接的用强力来获得那种外部的结果，——例如用兵队保护一所被乱众攻击的屋子，又如分配私产为公众之用，又如根据法庭判决而把一个人绞死，——或者间接的从人类的畏惧心理上去获得那种结果，其目的总是一样的。例如关于抢劫一罪，刑罚的目的是在禁人妄取及占领别人的财物；对于谋害一罪，刑罚的目的是在禁人用毒药，用枪用刀，和用别的种种凶器及方法致人于死。

我们既看到法律是以获得外部结果为目的并且是惯于牺牲个人已达到那种外部的目的的，那么就可以知道犯罪的责任是并不以犯罪的实在程度为唯一的要件的。即使我们承认它是一个要件。通常一般人都以为我们在断定刑事责任的时候，应当把犯人的心理或心地加以缜密的考察，不像断定民事责任时可以稍有出入，不知事实上恰恰相反。因为民事责任只是关于两个人之间的损失的；法律对于这种损失通常不加过问，除非有特别的理由，——最普通的一种理由是那被控的人实属可责，换言之，就是心地不正。

我并不否认刑事和民事的责任都是根据于"可责性"（blameworthiness）的。否认这一点，就是违背文明社会的道德观念，换言之，一种法律如果对于那社会一般人不以为可责的行动而加以惩罚，那种法律就非社会一般人所能堪。我所要提出的一点是：在各种法律之中，刑法最着意于设定行为的标准，惟其如此，所以我们能在刑法之中看出测验责任所用的标准是外部的，与个人的动机和目的无关。那些标准非但如上面所说是外部的，而且是有普遍的应用的。那些标准非但要人尽力为善，简直要他们达到某种特定的高度。那些标准是不计及人们的能力上的缺点的，除非那缺点是太显著了的，成了有名的例外的。例如未成年或疯癫。那些标准是肯定一切人都能准照它们的命令而为行为的。

本讲中一处说责任是根据于"可责性"的；一处却说，无论一个人可责与否，责任是一律存在的。这两点好像是矛盾的，其实却并不。原来法律的心目中认定着一个标准式的"常人"（average man）他有水平线以上的智力和相当的思虑。责任一物是从他所做的可责的行为上发生出来的。他是一个理想中人，他的行为是一般人的外部的客观的标准。一个没有普通的智力或思虑的人也许在道德上毫无缺点；可是他没有那些资格（按即普通的智力和思虑），这就是件不行的事。如果一个人具有那些资格，他就不会无辜而受到责任。

第四节　几种犯罪行为的研究

我们的第二步工作就是拿几种犯罪行为来加以详细的研究：

（一）谋害（murder）。斯蒂芬在他的刑法要旨（Digest of Criminal Law）中定谋害之义为有恶意之预想的人非法杀人。至于何等的心理（state of mind）可称为恶意之预想，则可见于要旨中的一段文字，文如下：

恶意之预想系指下列的几种心地的一种或多种而言——

（1）有致人于死或伤之意思，不问被害者是否为目的中人。

（2）明知一种行为有致人于死或伤的可能，不问被害者是否为目的中人。而且一个人知道了一种行为有致人于死或伤的可能，那么即使他对于将来是否真的[1]发生死伤的结果那一层取漠不相关的态度或竟希望其不发生，也

---

〔1〕"真的"原文作"真个"，现据今日通常用法改正。——校勘者注。

要认为有恶意。

（3）有犯无论何种重罪之意思。

（4）意在用强力于一个司法吏役完尽拿捕守视或监禁罪犯的责任或完尽维持秩序成骗散乱众的责任之时抗拒该司法吏役。

在寻常的用语中，恶意二字的意义是：意思加上某些成份。我们说某种行为含有伤人的意思，意思就是说这个行为的动机是一个伤人的欲念。我们说某行为是含恶意的，意思就是说这个行为的动机非但是一个伤人的欲念，而且伤人的目的纯粹是在于伤人，用奥斯丁的话来说，就是那伤人的目的是在于得到一种"幸灾乐祸"的快感。恶意有两个要素，已如上述，不过这两个要素之中单是意思那一个要素已足使谋害罪成立。你恨一个人而用枪轰击他，那个固然构成谋害罪；同时你因为要救一个朋友而枪击一人，也同样的构成刑罪。谋害的定义中的恶意与寻常用语中的恶意异其意义，前者的意义是犯罪行为。

意义有两个要素：（1）预见某行为会产生某某几种结果，和（2）盼望这些结果的发生。意思虽有这两个要素，可是单是其中的一个要素已足构成谋杀罪或侵权行为，那个要素就是预见那行为有致人于死的可能。例如，将一个新产的婴孩裸着体放在门外，那个婴孩是必死无疑的，但是这个行为已经构成了谋害罪。

什么叫做结果之预见？结果之预见是从现在的情形看到将来的情形；在这里面，现在与将来的关系是一个因与果的关系。一个人做了一种行为而这种行为就其现在的情形看来是必会产生那致人于死的结果，那么那做这种行为的人就犯了谋害罪；至于他曾否预见那结果之发生，那是法律所不问的。查验预见，不是查验犯罪者所预见的事，而是查验一个有相当思虑的人所应预见的事。

同时，要使一个人对于一种行为负责，必须那人对于那些所以使那种行为发生危险的现在事实有所认识。单有行为是不足够的。有些人说，故意的行为发生责任问题，无意的行为不发生责任问题。不错，意思确与行为有着关系，不过除了意思之外，行为更与环境有着关系；徒有意思而无环境的关系，那行为是不会发生结果的，当然更不发生责任的问题。一切行为如与它们的环境脱离关系，那么法律就不加过问。譬如讲用力弯曲食指这一个动作，无论那食指是否按在一支枪的扳机之上，这个动作都是一样的；可是这一个动作何以有时算是犯法；有时不是呢；这是环境的关系。使上面那个动作成为犯法的环境是：一枝实弹的枪，和一个显然有被枪击中的人。所以单独的行为是不能为责任的根据的。

行为含有选择的意思。凭空叫一个人对一种损害行为负责，那是不公平而且不智的，除非那人本可选择别的路走。不过一个人在为选择的时候，必须要有一个可以预见结果的机会；如果他没有这个机会，那么他即使选择了错路走，也不负责。例如一个乡下人上城去，到了城里，忽然风病发作，把一个人撞倒；如果他不"选择"到城里去，那事是不会发生的，但是这事的发生是他所不能预见的，所以不能叫他负责。

预见和选择是与为选择时的已知事实有着连带关系的。上而我们看到某种行为，在某种环境下，做着是犯法的，不过，若是一个人不知环境是如此，那么他即使做了这种行为，也不为罪。我们即说刑事责任是由"为非作歹"（wrongdoing）上发生的，即说刑罚是为制止人们招致（bring about）伤人的结果而施加的，那么刑事责任之发生与刑罚之加施必须限于那些行为的环境已知的事案中，因如如果一个人不知行为的环境而做错事，我们如何能说他为非作歹？如何能说他有招致伤人的结果的意思？

上面那条适用于预见那一点上的原则，在较小的范围内，也是用于当前的知识那一点。一个人不须见到环境的全部；如果他显然可从所见的一部分〔1〕的环境推知其余的环境，那么他就应对那全部的环境所造成的事故负责。例如，一个工人于日中时候在一所屋子的屋顶上做工〔2〕，他知道下面是一条大街，就一定能够推想到街上的行人是络绎不绝的；即使他当时未为这种推想，他也不能推诿不知街上行人在往来不绝那个事实。既然如此，那么如果他在上面把一根巨木抛到街上去，他就是做了一个有普通的思虑的人所能见到将致人于死或重伤的一种行为，法律认他预见这结果而不问其事实上曾否预想也。如果那行为发生了杀人的结果，那个工人就犯了谋害罪。不过，如果他有理由相信下面是一块私家的伤地，平日用为堆积垃圾的处所，禁人入内；那他的行为就无可责备，而那杀人的事实只能视为一种不测之事。

---

〔1〕"部分"原文作"部份"，现据今日通常用法改正。——校勘者注。
〔2〕"做工"原文作"作工"，现据今日通常用法改正。——校勘者注。

从上面看下来，我们看到，要使一种发生杀人的结果的行为构成谋害罪，必须那个做那行为的人是知这那使那行为发生危险的事实的。这个原则固然是有几个例外，可是这些例外大都适用于一些较轻的罪，适用于谋害罪的很少。

进而言之，根据这条原则，那存在于已知的环境之中的危险，必须是一个有相当的思虑的人所能预见的。不知情与不能预见结果，这两点在一种行为的可责与否一点有同样的影响。一个不能预见的结果是不能避免的。不过这里有一个实际上的分别，就是，在大多数的案情中，知识的问题是被告的自觉的实在情形的问题，而预见的问题却是用一个有思虑的人的标准——即一般的经验——来决定的。我们须要记得法律的目的是在防止人命之受危害；又须记得法律在刑罚一事上固然想到可责性那一点而使人对于那些非人们所能预见或仅为少数专家所能预见的结果负责。但是，所以有这个限止的理由也无非在制定一条对于社会普通一般人不至于太严酷的规律而已。法律的目的非但在于禁人为恶，而且禁人为危险性的行为；因为如此，所以法律非但要求人们知道法律。而且要求人们知道普通经验所给予我们的教训。经过了这些解释之后，我们可以说谋害罪的成立与否是视那行为（行为的环境须为已知）所发生的生命危险之程度而定的。

一个被告如果看到常人所看不到的结果，他就不能获恕；此其理由至为明显，毋庸解释。伤人的行为在原则上是无可宽宥的，除非做这行为的人未曾预见而亦未能预见（以已为相当之注意为条件）伤害之发生。

上面一番分析的研究初看是已经把谋害罪的全部[1]问题都讲尽了，其实却尚有一言之必要。公务员为合法的逮捕时，那受逮捕的人明知其为公务员而为武力的抵抗，至把那公务员杀死，那个行为如果不施于公务员身上，也许毫无罪名，可是施于公务员的身上就构成了谋害罪。又一个人谋犯一罪而误杀了人，那种误杀也构成谋害罪；例如，一个人用枪射击一群小鸡希望[2]把它们偷去，不意击毙物主，——那窃贼未曾看见那物主。后面这一种事例似乎与上面所讲过的，许多原则发生冲突。曾有人为下面那样的辩论说：那唯一可责的行为是明知那些鸡属于他人而用枪射击他们。那个行为的

---

〔1〕"全部"原文作"全个"，现据今日通常用法改正。——校勘者注。
〔2〕"希望"原文作"希罔"，现据今日通常用法改正。——校勘者注。

可责性不因后来的意外之事的发生而增加或减少；不知一个人在前而击中其人，那是一种意外之事。如果上面那条规定的目的在于防止这样的意外之事，那么它（按指法律）把那以偷窃为目的而做下的误杀行为定谋害罪之罪名是应当的；同时，如果它的目的是在于防止偷窃，那么与其因为一个窃贼误杀了人而加以谋害罪的罪名，还不如用抽签的方法把一千个窃贼中的一个处以死刑为愈。

不过，除了偶尔有不适用之时外，谋害罪的测验标准通常是一种行为（行为的环境须为已知）所发生的危险的程度。如果一个立法者认某些行为在某些环境之下做着是会发生特别的危险的，那么他可以明定凡在这些环境之下做这些行为是犯法的，——虽则那些行为在平时是不发生危险的。法律有时更为进一步的要求，要求一个人看到现在的事实，更要求他预见将来的伤害，虽则那伤害并不一定能从那已知的事实中推度得到。

在英国法律中，一个人将一个未满十六岁的女子从合法监护人手中诱走，是一件犯法的事。一个人引诱一个未满十六岁的女子，离弃他的父母，如果他并不知道她是在父母监护之下，或者，如果他相信她是一个男孩，他就没有罪名。不过，如果他有意将一个女子从她的父母那里诱走，他必须把她的年龄调查确实。他又不能推诿说他相信她的年龄是在十六岁以上。同样的，在禁酒律之下，一个售卖性子强烈的酒的人不能推诿说他不知那酒是能使人饮醉的。别的同类的事例还有许多。

我们从经验中看到别种犯罪行为（按指谋害罪以外的犯罪行为）或者抗拒公务员的行为常常发生死亡的结果。如果一个立法者为治安起见认为有特别致力于防止那种结果之必要，他可以把那些犯罪行为与抗拒公务员的行为认为有充分的危险倾向而下特别的禁令。这样看来，法律非但可以使一个行为者他所预见的结果负责，而且可以使他向那非为其所预见而为立法者所恐惧的结果负责。

（二）误杀（manslaugter）。我们现在回到主要的思想上去，把误杀与谋杀的关系加以一番研究。这两种犯罪行为的一个大分别是在于一种行为在一种特定的情形下所发生的危险的程度一点上。例如，一个人拿一根小棒打别一个人，用这样一根小棒打人看去是不会把人打死的，而那人的意思也不过想在对方的身上加以轻微的创伤，可是结果竟把对方打死，这样的杀人是误杀而非谋杀。可是如果那人是用一寸厚的铁尺用力猛击对方面把他打死的，那么他就犯了谋害罪。又如那人虽然是用一根小棒打一个人，可是他知道一个附加的事实而预见轻轻的一击足以致对方之命，譬如他知道对方患有心脏之症，这个行为应以谋杀论。在一条行人拥挤的街道上燃火药而杀死了人，那是故杀，虽则那行为者心中希望不发生这种惨祸。可是，在一条行人拥挤的街道上驱车不慎而撞死了人，那只能算是误杀；不过，如果那驱车的样子显然是要发生危险的，那么那因而发生的杀人行为也要算是故杀。

下面的例子在上面别的地方已经用过，这里再借来一用：一个工人把一块石头或一根巨木从屋顶上抛到街道上去，结果压死了一个行人；这个行为因行为的环境不同而罪名亦遂不同：如果那是在一个行人稀少的乡村之中，而且他预先警告行人，叫他们注意，那仅是一种不测之祸；如果那是在伦敦或别的行人众多的城市中，那么他虽给警告，仍不能脱误杀的罪名；要是他知道街上有行人来往而并不给警告，那么他就犯了谋害罪。

关于误杀一事，还有一个原则，这条原则也须一讲，然后我们可以说对于刑法的一些大原则是知道了。这条原则是说，一种本是要构成谋害罪的行为如果是由一种挑激所引起的，那么那行为的罪名可以从谋杀减为误杀。照现下的道德观念看来，一个人因受人侮。神经大受刺激，而做了某种行为，他这行为不像他心平气和时取做的行为那样可以责备。立法的原意在于管束人们的动机，因此它必须顾到人们的内心状态。

有些人说，刑罚的目的即为预防犯罪，那么我们就应当用最重的刑罚来恫吓那怀有最强的动机的人们，使他们约束他们的动机；原始社会的立法确是如此。但是，如果说一种恐吓是可以约束愤怒中的人的话，那么一个轻于死罪的恐吓已经足够，所以我们以为处以极刑是过分的。

同时，在这里面，我们仍可以看到法律标准的客观性。刑罚之减轻并不根据于被告愤怒过度不能自制的那个事实。侮辱的言语无论利害到如何程度，不能算是挑激。一种挑激必须是要足够使人觉得那愤怒是发得有理的；至于何种挑激算得足够，那是由法律裁定的。

有些学者说，即使那为法律所承认为挑激的东西也不能免除一个人的杀人之罪，除非那受挑激的人是被那挑激剥夺了自制之力而做那行为的。我们这里所以不援用通则的缘故，是因为被告在这种情境之下断难想到或顾到刑罚之可怕；如果他可以想到或顾到这层，那么就不适用例外。可是，即在这个地方，法律仍旧是采用外部的测验。自来一些法庭判别谋害与误杀，都视所用的凶器的性质或挑激与行为中间相隔的辰光等等而定。在别种案件之中，在押犯人是否被愤怒之气剥夺了自制力这个问题是让陪审员判断的。

（三）恶意的危害（malicious mischief）。我们现在来研究恶意的危害，把这种犯罪行为里面所含的恶意与谋害罪中的恶意的预念（malice afore-thought）加以比较。

上面我们看到谋害罪中的恶意的预念并非指被告的一般心理状态而言的，乃是专指下面的一种心理状态，——就是他知道着那使他的行为发生危险的环境。那与疏忽之罪实无分别，就是那被告自知处于何种环境而不趋达那法定的行为标准。

恶意的危害中的恶意二字，其意义是说那被告的行为的动机与目的纯粹在于伤害人家或伤害有生命的产业。这种意义之下的恶意是与谋害罪中的恶意绝不相同的。

普通的财产争执可以赔偿调停之。可是我们知道纯粹出于恶意的暗箭伤人之事是时常有的。损害是可以赔偿的，恶意却是激起人们的报复之念的，而且，如果我们认为报复尚属不足，那么我们更可加以刑罚，因为我们是经过了许多困难才发现那些秘密的犯罪行为为谁所做的。

（四）纵火（Arson）。纵火罪的定义是：烧毁他人之屋而烧毁之之动机是出于恶意的。学者们通常把这罪与恶意的危害相提并论。有一般学者说，一个囚犯在狱中放火，如果他的目的并非是要看见那牢狱化为灰烬，却是要达到越狱的目的，这种放火行为不能说含有恶意；我们却以为这种行为已经构成纵火罪。综之，出至于故意的放火行为都应认为含有恶意纵火是历史上最早适用求诉之法以为救济的几种犯罪行为之一；那时的纵火之诉对于意思这一点已经注意，只有那出于故意的纵火是适用求诉之法以为救济的。法律对于放火的行为，第一步考查一件案子之中是否含有故意以及故意的程度如何，如果它认为故意的程度已足构成纵火罪，那么它就进而为外部的查验。一个人在他自己家里放火，他的邻居遭了殃及，那么那人就犯了纵火罪，因为他显然可以见到他家里起的火是要殃及邻居的；这件案子中的行为如果仅就近果而论，是不构成纵火罪的，可是因为有远果的缘故，所以变成了纵火罪，因为这个行为显然要的产生这些远果的，不论那做这行为的人是否有使这些结果发生的意思。此外，放枪，配合化学品，堆积油污布碎等等，这些行为也像上面所讲的一种行为一样，在本身上是绝对不会发生祸殃的，不过与四面的环境相连以后，就会发生祸殃。

（五）意图（Attempts）。此外还有一类案子也以意思为要件，可是其所以以意思为要件的理由却与恶意的危害之所以以意思为要件的理由很不相同。这类案子的最显著的例子是犯罪的企图（Criminal Attempts）。企图与意思当然是不同的两种东西。一个人有犯罪的意思，这在本身上并不是一种罪。法律不禁止一个人起意在后天犯谋害罪。法律只过问行为。意图显然是一种行为。意图与所意图的犯罪行为的分别是：意图未曾产生某种特定结果，如果它产生了这种结果，它就变成了那正式的犯罪行为。一个犯谋害罪的意图如果后来发生了死亡的结果，那个意图就是谋害罪。一个行窃的意图如果产生了掳去物主的东西的结果，那个意图就构成盗窃[1]罪。

某种行为平素在某种环境之下有构成某罪的倾向，可是在某一案件中独未发生那种结果，在这种案情之下，刑法不无可以稍与宽容，酌减刑罚，可是要完全不惩罚这种行为，那是在任何学说上都说不过去的。有一般学者以为在这种案情之中，一个人必须有责任的意思，然后其行为为犯法。我却以为我们须用那行为在已知的环境之下的倾向去判断其是否为犯罪，而不用那与行为相伴的实在意思去判断的。

也许，法律对于意图的案子最初是只惩罚那些含有实在的意思的案子的。可是法律不能就止步于此而不再前进。我们至少可以说，一个意图如果于产生结果后变成一种犯罪行为，那个意图就应当受惩罚。

有几种行为虽为意图，却不会变成犯罪行为，除非那行为者除了做这行为之外又做了别的行为。例如以纵火的意思而擦亮火柴，那个行为是一个犯罪的意图；即使那被告快快发觉有人在注视他而将火吹熄，他的罪名却已确立而不能挽回了。以假造钱币的意思而购买币模，那个意图是一种匪行，虽则那币模放着不用的时候是不会有假钱币铸造出来的。

在这些事案中，法律是在一条新的原则上进行着，那条原则与那统辖大多数的犯罪行为的原则不同。我们要惩罚一种行为，必须要有理由，那理由就是要防止那些在我们看来是从那行为的环境中产生出来的危害，我们这种料想是根据于一个事实的，就是我们，从经验中看出某种因常结某果。这个料想适用于大多数的犯罪行为上面。可是，如果我们要惩罚一种在那些环

---

[1] “盗窃”原文作“窃盗”，现据今日通常用法改正，下同。——校勘者注。

境之中并不发生危害的行为，那么我们只有这个根据就不足够，我们必须更有别的根据，使我们敢说那个行为会引出别的行为来而那行为与那些被引起的行为结合起来，就会发生危害。但是，如果那个行为并不曾引起别的行为，我们便不能混统地说：如果那行为者中途没有受人阻挡，那别的些行为是一定会发生的。那些行为的发生与否是由行为者自己选择的；我们如要证明他心中希望使这些行为发生，我们可以用一种很普通的方法，就是证明他在做他那个行为时存心做那别的些行为。从上面看来，我们知道了有些行为本身是无害的，只因为与一种意思相连，就被人视为有害，因为有了这种意思，那行为就有引起别的行为或事故而发生危害的可能。意思的所以重要并不是因为它揭露了那行为中所含的恶谋和奸谋，而是因为它显示给我们看明那个行为有发生危害之倾向。

我们很容易看到这种责任是有限制的。法律并不对于一切以犯罪意思而做的行为都处以刑罚。譬如一个人从波士顿[1]出发到剑桥去，预备到了那里干一件犯罪的事情，可是他中途打消了原来的计划。折回家中，这个与他坐在椅中思想用枪把一个人击毙但是后来放弃了这种意思的情形正是相同，都是无可惩罚的。反之，譬如一个黑人追逐一个白种妇女，即使半途中止了追逐，他也已经犯了意图强奸之罪。

许多有名的法官对于那两类的案件非但分不出明确的界限来，而且连界限应当如何划分的那条原则都不能确实说出。可是我们通常以为那条原则就是我们用来划分别的界限时的一条原则，就是说：公告政策——换言之，即立法的考虑点——是划分界限的根据。这里的考虑点是：危险的远近，伤害的大小，和那引起的恐慌的程度。上面我们举了两个例子，就是买火柴焚烧一个草堆和出发到一个地方去犯一桩罪。现在我们须要知道，即使一个人已经把火柴买到或者已经出发到那地点去，他实在还有很多很多的机会来改变他的意思。可是，如果他已经把火柴擦亮了，或者已经于手枪实了弹和瞄了准，到了那时，我们就难以望他不使那目的实现了；法律看到危险之逼近，就出而加以干涉。如果一个人购买或执有一件专为犯罪之用的东西——例如币模，那么法律更可及早出而干涉。

恐慌的程度与一种犯罪行为有无成功的可能，这两点都足以影响判决。

---

〔1〕 "波士顿"原文作"包士顿"，现据今日通常译法改正。——校勘者注。

这里有一个怀疑之点，不可轻易忽略过去。一个人误认一块石头为一个人而用枪射击者，那不能算是意图犯谋害罪；同样的，将手伸入他人的空衣袋中去扒物，那个行为不能算是意图犯盗窃罪。理由是说：一种行为即使完成以后也不成为犯罪行为的，那么如果那行为半途中辍也就不成为一种意图。我们如果拿预防说做法律的根据——从反面说起来，就是不拿报应说做法律的根据——那么我们有时就得采用上面这种结论。

更进而言之，就是讲到预防，也不能过于认真，否则，反要丧失预防伤害的能效。我并不说一个人以杀人的意思向人开枪而未命中就不成为谋害的企图，因为那个放枪的行为在那种环境之下固然是同摸空袋一般不能达到犯罪的目的，可是那个行为的危险性却是强烈而且显著，所以法律要惩罚这种行为。可是，一个人用枪射击一块石头是显然不会发生危害的，而空衣袋中也是犯不成盗窃之罪的。不过话又要说一句，法律对于这种行为也应加以惩罚，目的在于使人们对于细微的罪也一概不敢犯。

下面我们还要研究几种犯罪行为，那些犯罪行为与谋害罪等有很大的分别，可是我们要解释它们，却也用得到上面那种犯罪意思的分析。

（六）盗窃罪（larceny）。那些犯罪行为的代表是盗窃罪？盗窃罪包括一切本身不能作成法律所禁止的恶事而法律却不问那恶事之作成与否一概认为犯罪那些行为。反之，谋害，误杀和放火非至恶事作成以后不成为罪。

在盗窃罪中，那行为所发生的近果对于物主每无重大损害。侵入他人之家而把物件移去，那个行为就是构成了盗窃罪，不过我们须要注意一点，就是那物件之移去如果以永远移去为目的，那么法律就认以为重大的危害而加以禁止。暂时的丧失所有权无须这种严厉的手段去对付。法律所防止的是所有权的全部的和永久的丧失，暂时拿物一用而并非剥夺物主对于该物的所有权之意，那就算不得盗窃罪。

一件东西给人拿了去，物主并不就永远丧失了所有权。永远丧失所有权乃是一串的行为所产生的结果，那一串的行为是：（1）拿别人的财物，（2）拿了那财物以后把他携往别处，和（3）占据那财物。一个人做了这一串的行为，那么他的犯罪意思是很明显的了。

毕勖伯〔1〕（Bishop）定盗窃罪之义为：“用侵入人地之方法取得并携去

---

〔1〕 “毕勖伯”是英文“Bishop”的音译，意“主教”。——校勘者注。

他人之财物，其目的在剥夺物主之所有权；此外尚有一目的，即利益起见是，惟关于此点，学者间意见纷纭，莫衷一是。"

盗窃罪以剥夺物主对于被窃之物之所有权的意思为要件。至于所以以这意思为要件的缘故是因为意思是外部事件的案引，我们可从意思而预见何种事件将行为发生，而法律在这种案件之中施用刑罚，并不根据于已成的事实而根据于可能性。这与处置意图的方法显然是相同的。偷窃可以称为永远剥夺一个人的财务的一种意图，法律对于这种意图，无论其成功与否，一概加以同等的惩罚。偷窃以外的一切意图也都以意思为要件。有些行为并不完全产生法律所禁止的结果，可是我们可以根据下面一层情由能认以为犯罪，就是：要是那些行为不因某种缘故而中止，那么是要发生那结果的。要证明这一层，唯一的方法就是证明意思。在偷窃一罪中，证明那窃贼有剥夺物主的财物的意思，就是证明他有意占据所窃之物，或者说，无意将此归还原主；即使那窃贼后来改变初衷而将物璧还，他的罪名却已确定不移了。从意图的观念看来，财物一旦取去，那犯罪行为就宣告完全成立。

对于上面的见解，我们可以提出反对的议论说：如果说意思是仅为一时的实用起见而代替实在的剥夺（actual deprivation）的，那么逢到一件东西已经实在被人剥夺的时候，意见就不需要。例如拿一个人攫夺别一人的马而骑之越过绝壁的例子来讲。在我们着手研究这个例案之前，我们先说一条法律上的原则，就是说法律所欲防止的是那在已知的环境之下所显然要发生的结果。在这个例案之中，如果那关于盗窃罪的法律是与这里所主张的理论相符合的话，那么我们只要考查那行为的倾向而不必过问犯罪者的实在意思。可是，即在这样的案情之中，那意思一层也足以牵动大局。我以为那个行为是犯法的而无可饶恕的，我又以为如果那行为是以剥夺马主的马为目的而做着的，那就构成盗窃罪。不过呢，如果那行为是为尝试起见而做着的，初未预见东西的损毁，亦无损害物主之计谋，那么我们不能拿侵人权利的人当作盗窃论罪。

所谓盗窃，是拿他人之物供自己之用。自来学者多以为那种拿别人的东西的行为必须以利益为目的，换言之，就是那个行为是有利于那窃贼的。在这种案情之中，物主因窃贼之把持其物而丧失其所有权，至其丧失之为永为暂，则视把持之意思以为断。因此之故，所以意思一物是常属需要的。

（七）夜窃（Burglary）。我们在盗窃罪中所看到的特点，在别一种犯罪行为更见得分明而且解释起来也较为容易，那就是夜窃，夜窃的定义是：夜间侵入人家，意图到里面去犯一种重罪。法律所以惩罚这一种侵入人家的行为，其目的不在于防止一般的侵犯行为，甚至也不在于防止那些在夜间所做的侵犯行为，乃是在于防止那些为重罪——例如抢劫或谋害——之厉阶的侵犯行为。在这一种罪案之中，那意思的作用较之偷窃罪中的意思作用似更明显，可是实际是一式无二的。那种犯罪行为直接显示有使某种未来的事实发生之可能，法律证明上面这种解释是确实的。因为，要是那逆料着的行为果真发生了，那么我们就毋庸说那侵入人家的行为是伴有那种意思的。在告发夜窃的状子上，说被告侵入人家中偷去若干财物，与说他以行窃的意思侵入人家中，其效力相同。

第五节　提要

英美法上刑事责任的大概原理，我想这里已经讲得很充分了。现在可以把上面所讲过的东西归纳起来做一个提要于下：

一切行为在本身上是无所谓是非，无所谓犯法与不犯法的。

行为之所以成为犯罪，是因为那行为在有发生伤害——法律所欲防止的伤害——的倾向的环境下做着。

刑罪之成立与否是以某种行为在某种环境之下通常所发生的危险的程度为测验之标准的。

当事人的责任在奸恶程度是完全不必过问的。至于提及他对于所为之事之犯法与否的自觉（consciousness），那是更足引起种种错误；只有一个关于自觉之点是须注意的，就是那为他的行为的测验标准的环境是否是他所知道的。甚至知识（此处"知识"二字是"知悉"的意思，并非是有智识或无智识的"知识"）的需要也是有限度的。凡是一般有理性和思虑力的人所能从已知的事情推知的事情，一个人就有去把那事情找出的责任。在某些案情中，尤其是在法定的犯罪行为之中，一个人必须更进一步，就是他知道了某些事实以后，他必须去寻找出还有什么别的使他的行为成为犯罪的事实存在没有。英国地方，一个人引诱一个少女离弃她的父母，他必须找出她是否在十六岁以下。

在某些事案之中，一个人必须预见行为的结果，即使那结果是一个谨慎的人，所不能预见的。我们所以拿谨慎的人做标准，又拿那在他做了是可责的行为定为犯罪成立的要素。理由是：（一）保存古时以道德行为的测验标准之风，和（二）惩罚那在社会上普通人做了是无可责备的行为，那是厉行一种在理论上说不过去而在实际上是社会上一般人所不能达到的标准。

在某些案子之中，实在的恶意或意思——此处的恶意和意思以通常意义解释——是犯罪构成的一种条件。可是我们可以看到那些案子中之所以以实在的恶意或者意思为犯罪构成的条件，是因为（一）那种行为如果恶意地做起来是要发生伤害的，单单那种行为——既无恶意——是不会发生那种伤害的，或（二）那意思引起一种强烈的倾向，就是一种本属纯正的行为如果以那种意思做起来就会引出别的许多行为或事故来，而这些行为或事故与那原来的行为结合起来便会发生法律所欲防止的那种结果。

犯罪人分类法之研究[*]

陈文藻[**]

犯罪人的分类法，在犯罪学中是一个很重要的问题。不过各学派的立场不同，其方法亦各异，所以对于犯罪人的分类法，亦各持一说，不能尽同。年来我在工作之暇，略涉犯罪以消遣，觉得学者们所论犯罪人的分类法颇有趣味，所以就略加探究，而成此短文。考犯罪科学之发达，为近百年间事，犯罪学大师龙勃罗梭[1]之于前，菲利[2]与加罗法洛[3]二氏，应于之后，由是欧美学者，继起而研究者，络绎不绝。他们所研究的立足点，虽各各不同，或以人类学，或以医学，或以心理学，或以经济学，或以社会学，或以刑事学，或以统计学，而其目的，总是同一[4]的，就是在追寻犯罪的原因而加以补救和改进。当犯罪科学没有发达的时代，一般人们对于犯罪的态度正如古时的医学一般，只问疾病的疗法，而不问疾病的原因。对于犯罪，人们从来不问其原因之所在，设法加以预防，施以补救，这犯罪发生之后，他们所知道的只是监禁和刑罚。这样的办法和原始的医学有什么分别？学者们有鉴于此，所以就将科学的方法，应用与犯罪的研究，这样，就造成了为近代伟大的犯罪学。在这个运动里，努力最早而贡献极大者当推意大利的犯罪学家龙勃罗梭氏，所以本文的所述，亦以龙氏的分类法为开始。

---

  [*] 本文原刊于《法学季刊（上海）》（第 4 卷）1929 年第 2 期。

 [**] 陈文藻，1927 年毕业于东吴法学院（第 10 届），获法学学士学位，1930 年（第 13 届）获法学硕士学位。

  [1] "龙勃罗梭"原文译作"郎勃罗梭"，现据今日通常译法改正，下同。——校勘者注。

  [2] "菲利"原文译作"菲列"，现据今日通常译法改正，下同。——校勘者注。

  [3] "加罗法洛"原文译作"伽罗法罗"，现据今日通常译法改正，下同。——校勘者注。

  [4] "统一"原文作"同一"，现据今日通常用法改正，下同。——校勘者注。

龙勃罗梭以前之犯罪人分类法

在犯罪学大师龙勃罗梭以前，对于犯罪人已加以分类者最早者为高卢[1]（Gall），一八二五年在他的 *Sue les functions cu cervean* 一书中说明犯罪可分为（一）受感情支配的，（二）受内在的本能支配的。换一句话说，就是一种是感情性的犯罪人，一种是本能的犯罪人。一八三六年讬尔茫克（Towlmonche）以为犯罪之中有的是因贫穷，鲁钝，不良的引诱及强暴的情感所致，有的是因为天生的恶根性。他们在本能上有欺骗，盗窃[2]，及其他种种的犯罪性，所以就易于犯罪。一八四〇年弗莱格（Fregier）依着费高克纪念 *Memories de Vidocg* 一书把犯罪人分为三类：

甲、职业的盗窃；

乙、品性低劣的盗窃；

丙、为生活所迫的盗窃。

这个分类只论盗窃，而不及其他，当然是很幼稚的。在另一书中他把罪犯分为二类，一类是在犯盗窃罪时，残暴凶狠，杀人流血的。一类则并不用这样的手段。也可以说，第一类是强暴的，第二类则用和平的方法。这种分类，后来为杜坎普[3]氏（Du Camp）所采用，他将当时的犯罪分为 Basse Pegre 和 Haute pegre。所谓 Basse Pegre 者，指不嗜杀及不用强暴的犯罪而言，Haute pegre 者则指残暴冷酷，先杀人而后抢掠的凶犯。兰阜格（Lanvergue）则在杀人犯和强奸犯中，加以区别，分为三类，第一是因冲动而犯罪者，第二是因没有充分发达的意志而犯罪者，第三是因兽性的本能而犯罪者。一八三五年英人普理查德[4]（Prichard）著狂者论（Treatise on Insanity）他以为：常习性的犯罪者是有特别的定型的，所以可与普通的犯罪者分开来。其他对于犯罪人的分类，曾有所贡献者如费鲁斯[5]（Ferrus）、地斯滨（Despine）、汤普森[6]

---

〔1〕 "高卢"原文作"高尔"，现据今日通常译法改正。——校勘者注。

〔2〕 "盗窃"原文作"窃盗"，现据今日通常用法改正，下同。——校勘者注。

〔3〕 "杜坎普"原文作"屠开泼"，现据今日通常译法改正。——校勘者注。

〔4〕 "普理查德"原文作"泼立卡特"，现据今日通常译法改正。——校勘者注。

〔5〕 "费鲁斯"原文作"菲罗斯"，现据今日通常译法改正。——校勘者注。

〔6〕 "汤普森"原文作"汤泼孙"，现据今日通常译法改正。——校勘者注。

（Thompson）、莫兹利〔1〕（Maudsley）、尼克尔森〔2〕（Nicholson）、卢卡斯〔3〕（Lucas）、莫雷尔〔4〕（Morel）等，但比较的不甚重要，这里姑略而不赘。

龙勃罗梭的分类法（Classification according to Lombroso）

龙勃罗梭是近代犯罪科学的大师，他的分类法，是值得我们详细的研究的。在龙氏以前，虽然有许多学者，曾经研究过这个问题，然而秩然成为系统〔5〕，当推龙氏为第一人。龙氏分犯罪人为六类，兹概述如下：

甲、生来性犯罪者；

乙、悖德狂者；

丙、癫痫性犯罪者；

丁、精神病性犯罪者；

戊、偶发性犯罪者；

己、感情性犯罪者。

龙氏以为生来性犯罪者，在生理上，心理上，知识上，道德上，都有种种特征的。在生理上是身体的异常，例如骨头，面，眼，耳，鼻，口，颊囊，口盖，齿，颐〔6〕，皱〔7〕，毛发，胸部，腹部，骨盘，上下肢，及脑髓之特征。在心理上则有感觉的及机能的特征。在道德心方向，即往往缺乏正邪善恶的理解，其所有感情，每异于今日之文明人，而与野蛮人相同。在知识上，往往在某种作用上是极浅薄而下劣的，然而在另一种作用上却又特殊地超越常人。

所谓悖德狂者，就是犯罪人中间做出反社会行为的。这种人与普通人相异的地方，就是厌恶普通人所最亲爱的双亲，夫，妻，子女等，而且对于非人道的行为没有一点后悔。悖德狂的特质较生来性犯罪者为早现，他们的父母或祖先多半是精神病及暴饮者。

---

〔1〕 "莫兹利"原文作"马特斯莱"，现据今日通常译法改正。——校勘者注。

〔2〕 "尼克尔森"原文作"尼可尔孙"，现据今日通常译法改正。——校勘者注。

〔3〕 "卢卡斯"原文作"卢卡士"，现据今日通常译法改正。——校勘者注。

〔4〕 "莫雷尔"原文作"慕勒尔"，现据今日通常译法改正。——校勘者注。

〔5〕 "系统"原文作"统系"，现据今日通常用法改正。——校勘者注。

〔6〕 "颐"指"面颊"。——校勘者注。

〔7〕 "皱"指"脸上起的褶纹"。——校勘者注。

所谓癫痫性犯罪者，是一种变质的人，往往因为癫痫症发的原故，在精神方面发生极大的矛盾，有时在意志极薄弱的昏迷状态中，甚至连最简单的观念都不能形成，过了一时他竟有独创性的观念，而且有极合理的理解。

所谓精神病性犯罪者是在脑筋方面发生了变化，使其道德的性质完全变易，而不能区别正邪善恶。所以这些人们，对于他们的行为是不能使之负完全责任的。他们的特性如不怕刑罚，又不逃避刑罚，都是与一般犯罪者不同的地方。例如精神病的犯罪者，行窃则将其所窃取的东西显示于众，毒人则将毒药残余置于被害者的室中，换言之，其行为完成之后，并不努力于隐蔽，反而宣扬于众。在审讯的时候，也往往侃侃而谈自陈，而不自辩护。精神病性的犯罪人，大概可分为以下数种：一，白痴。二，低能。三，忧郁病。四，麻痹症。五，癫狂。六，倍拉格拉〔1〕。七，思春期及月经期的妇女。八，偏执狂。此外，还有特种的精神病者，则可分为患酒精中毒，癫痫及希斯推利亚三种。

所谓偶发性犯罪者，大概是一种意志薄弱，遇事不能判别善恶的人们，他们受这种种诱惑，穷迫及教育缺乏等影响，就容易陷于犯罪。偶发性犯罪者，在身体的性质上并没有异常的特征，即使有之，其程度亦极细微的。不过在精神的特质上，偶发性的犯罪人与生来性的犯罪人颇多不同，大概生来性的犯罪者从小就有犯罪的倾向，而其动机也很普通。在偶然性的犯罪人则犯罪之时期较迟，而其动机则具有相当的理由。踌躇与后悔，是偶发性犯罪者的特质，他们在犯罪之前，往往迟疑而踌躇，在犯罪之后，往往羞耻和后悔。偶发性犯罪人之中，有课分为下面二种：（一）习惯性犯罪者；（二）法律的犯罪者。前者大概由于监狱生活的不良影响，因为久与顽劣的犯罪者相处，即习于作恶，或是是由于过度的饮酒，往往使人的良心麻痹，因此，最初以嫌忌与踌躇而犯罪的偶发性犯罪者，便变成习惯性的犯罪者了。后者则并不是因为有了邪念而犯罪，完全是因为机会而偶然犯罪的。

所谓感情性犯罪者往往是因着纯粹爱他的精神而做出违反法律的行为。他们并没有利己，无感觉，怠惰，及道德感情缺乏等等的特性，他们的异常，是有高尚的性质的，如爱情，爱他，廉洁，及爱情等等过度的发达，因而做出激烈的行为，危害及社会，或违反乎法律。在性格上，在容貌上，在表情

---

〔1〕 "倍拉格拉"指"烟酸缺乏症或糙皮病（Pellagra）"。——校勘者注。

上，他们大概和一般人并无区别，不过在我们所认识为善良而神圣的人们的性质，他们是太多了一些罢了。他们犯罪的形式，大概动机是很高尚的，不过为了太富于感情的原故，其举动不免陷于失当而已。

除了以上六种犯罪人外，龙氏还提出政治的犯罪者，和女性犯罪者，现在这里也附带解释一下。政治的犯罪者，其犯罪原因，有地理的关系，有异教思想，不良政治，及模仿等影响。这些犯罪者，大都有丰富的热情，伟大的理想，其中不但有先天的喜欢破坏秩序大胆不牺心的人，都是乐于为自己的理想而死的。女性犯罪者，在龙氏看来，以为在卖淫女子中，最占多数。在他们中间，往往有种种犯罪的特征，同时在卖淫的形式中，她们也发挥了所有的犯罪性。然而女性在社会上，因为地位的关系，当然较男性的犯罪者，其数为少。不过文明愈进步，则女性的犯罪者随着增加而已。

菲利的分类法 （Classification according to Ferri）

龙勃罗梭以医家的观点来分类，菲利则以社会学家的观点来分类。他的分类法，概论如下：

甲、精神病性的犯罪人；

乙、生来性的犯罪人；

丙、习惯性的犯罪人；

丁、偶发性的犯罪人；

戊、感情性的犯罪人。

菲利所说的（甲）精神病性的犯罪人，（乙）生来性的犯罪人与前面郎氏所论者，大略相同，所谓精神病性的犯罪人，其犯罪行为，乃出于神经错乱之故，并非由于他们的自由意志。生来性的犯罪人则禀有野蛮残忍之性，杀人放火，视为常事，牢狱囹圄，视为休息寄食之所，非监禁所能制，非刑罚所能治，他们这种犯罪的恶根性，简直是无从改善的。他们之被囚狱中，犹画家之安坐画室中，静静的构思他们的杰作，当出狱之日，就是他们实施第二次惊人的犯罪行为之时。菲氏所说的习惯性的犯罪人，大都在早年就有些轻微的[1]犯罪趋向，后来受不良环境的影响，社会制度的压迫，而渐成习惯，不久就以犯罪为他们的日常生活了。当其初时，也只是偶然的失足，

---

〔1〕 "微的"原文作"轻微的"，现据今日通常用法改正。——校勘者注。

后来因为长期的监狱生活的不良影响〔1〕，或因过度的饮酒，以致良心麻痹，廉耻丧失，加之出狱以后，往往遭人们的唾弃，受社会的白眼，他们不得不被逼着走上了犯罪之路，于是循环往复，终于成为习惯性的犯罪人了。偶发性的犯罪人只是偶然地因为某种原因而陷于犯罪，并没有犯罪之习惯的。在某种情形或某种困难之下，他们不得不陷于犯罪，尚使一旦此种情形消灭，此种困难排除时，他们就不再犯罪。感情性的犯罪人，在菲氏看来，与偶发性的犯罪人其形式相若，不过其犯罪的原因不同罢了。前者多半是由于内在的原因，后者则大都由于外缘的原因。原来偶让性的犯罪人都因所处的环境，和所感的困难，不得不被逼着去做犯罪的行为，感情性的犯罪人则大都由于一种不可遏制的冲动为犯罪的动机。

在菲氏的分类法中，并没有政治的犯罪人，因为据菲氏的意思，以为并没有真正的政治犯。所有的政治犯罪人都可依犯罪的事实及种类而列入上面的几类。

加罗法洛之分类法 (Classification according to Garofalo)

加罗法洛是意大利著名的三大犯罪学家之一，与龙勃罗梭，菲利齐名。他的分类法也很值得我们注意的。现在把他的分类略论如下：

甲、特种的犯罪人或杀人犯。

乙、强暴性的犯罪人：

（一）风土性的犯罪人；

（二）感情性的犯罪人。

丙、缺乏廉正性的犯罪人。

丁、淫乱性的犯罪人。

加罗法洛氏对于犯罪的原理曾有深博的研究，他先探讨各种原始民族的风俗习惯，究竟何者为各民族所公认的犯罪，然后从这个立场上去把犯罪人分类。在他看来，就是他所说的"自然罪"（Natural crime）——才是各民族所共同痛恨的，也可以说，是普遍的公认的犯罪。所以他的分类法即根据于此的。

所谓特种的犯罪人依加罗法洛看来，是一种完全的缺乏责任思想的人，他们往往随心所欲，任意妄为。所以，他们可以犯无论何种残酷的罪恶，只视他们所遇的机缘如何。的确，他们有时因为饥饿而行窃，然而有时也可以

---

〔1〕 "不良影响"原文作"恶影响"，现据今日通常用法改正。——校勘者注。

因为虚荣而杀人。他们这种犯罪行为之酿成。并不是因为社会的环境，多半是因为他们的不健全的思想。特种的犯罪人与强暴的犯罪人之分别，依实际上来说，加罗法洛并没有分的那么清楚。因为在他的著作中看来，似乎前者和后者的犯罪行为，都是由于一种缺乏社会制裁的观念，其相异者不过程度的差别而已。

强暴性的犯罪人与缺乏廉正政性的犯罪人之犯罪行为则是对物的，换一句话说，就是对于财产的犯罪。前者的犯罪，由于缺乏社会制裁的观念，后者的犯罪。则因缺乏"人我"的观念和不懂的社会的公意。

最后一类是指一切性的犯罪者而言的。他们犯罪的动机完全由于性欲的冲动。以其犯罪的形式而论，似乎可与强暴的犯罪人并列，不过在加氏看来，以为此种犯罪人，虽然其行为方面，往往出于强暴，但其行为之目的，绝不是为了强暴的原故，无非求满足一时之性欲而已。因为这种激烈的，难以遏制的冲动，他们竟不顾一切，甚至抛弃了名誉和地位。他们之所以出此，多半是由于缺乏道德的能力，并非由于缺乏怜悯心。因此，加氏就另辟一类，不与强暴犯并列。

在加氏的分类法中，他所最注重的就是特种的犯罪人。这类的犯罪人就是郎氏和菲氏所谓的生来性的犯罪人。在他看来，这种犯罪人，最为危险，因为刑法不足以制之，道德不足以范之，残忍凶狠，最足以危害社会的。处置之道，需改善犯人之性质，俾能适应社会生活云。

埃利斯[1]的分类法（Classification according to Ellis）

埃利斯的分类法很受意大利学派的影响。同时在英美学派的犯罪学中占据着很重要的地位。他的分类法大概如下：

甲、政治犯；

乙、感情性的犯罪人；

丙、精神病性的犯罪人；

丁、本能的犯罪人；

戊、偶然性的犯罪人；

己、习惯性的犯罪人；

---

〔1〕"埃利斯"原文作"依列斯"，现据今日通常译法改正，下同。——校勘者注。

庚、职业的犯罪人。

关系政治的犯罪，埃氏特列一项，是受着泼洛埃耳的影响，因为泼氏在一八九八年曾著政治的犯罪一书，他把政治的犯罪与感情的犯罪分开。在这一点上比较龙勃罗梭氏的分类法似略胜一筹。不过他把本能的犯罪，代替天生的或先天的犯罪，其理由未必充分。

像龙勃罗梭与菲利一般，埃利斯博士也把犯罪人分为本能的和偶然的。同时他又把习惯的犯罪人与职业的犯罪人分开来，这是埃氏的分类法和郎菲二氏不同的地方。

习惯的犯罪人与职业的犯罪人有什么分别呢？依他的意见，以为习惯的犯罪人，大都是不聪明的，他的思想和动作，往往受着习惯的，守旧的势力所支配，而无法超脱。职业的犯罪人则反之。他们是聪明的。他们并不受任何势力所支配，有充分的理智的指导，不过他们要借犯罪来谋生之故，所以自动的去作奸犯科。他们在智力上，体格上，往往超出于一般人，但是为了某种原因，他们自动的选择此道，为他们的谋生的前途。

亨德森 [1] **的分类法**（Classification by Dr. Charles Richmond Henderson）

亨德森的分类法是随着龙勃罗梭的。但是一方面也是自有其独见之处。他以为：那些被审判过和被监禁的人们，在生理上和心理上其间是截然不同的。进一步说，其中有许多人们，其实不是真的犯罪者只是抱着反社会性而已。所以他把监狱中的囚犯分为二类，一类是真实的犯罪人，一类则不是真实的犯罪人。

第一类

甲、意外的犯罪人（The accidental crminal）；

乙、偏激的改造者及道德的天才（The eccentric reformer and moral genius）；

丙、精神病的犯罪人及道德的衰落者（The insane criminal and moral imbe-cile）。

第二类

甲、本能的犯罪人（The instinctive criminal）；

乙、习惯的犯罪人（Criminal by acguired habit）；

---

〔1〕 "亨德森"原文作"汉特孙"，现据今日通常译法改正，下同。——校勘者注。

丙、感情的犯罪人（Criminal by passion）；

丁、偶发性的犯罪人（The Criminal by occasion）。

在这个分类中有几点是值得注意的。他把偏激的改造者，道德的天才二者与后面感情的犯罪人分开。他觉得政治的犯罪人（Political Criminal）这个名词并不十分适当，因为同是一个政治犯，其中有道德的天才，也有不负责任的捣乱者。因此，亨德森就舍此名而不用。道德的衰落者与精神病者，其间相差的程度是很显著的，所以在这里，虽然列在一项，但亦特别提出。

亨德森博士致力于犯罪科学凡三十年，所以在犯罪学方面，他的贡献殊多。他又目睹犯罪学的根据由解剖学而趋于心理学，所以后来他的分类法又改变了。

甲、精神病的犯罪人（The insane criminal）；

乙、本能的犯罪人（The instinctive criminal）；

丙、无行者（The characterless）；

丁、废人，流浪者，低能者（Wastrels，vagabonds，degenerates）。

这个分类法和他发表第一次分类法的时候，已经相距二十年了。在上面的分类中，较第一次分类，减去了意外的犯罪人，偏激的改造者及道德的天才，以及感情性的犯罪人等。从这里可见他后来意见的改变，和趋向的不同了。因为以上四类，都是病理的，或者低能的人，犯罪之所以酿成，物质的环境，固亦为其成因，然而内在的因子，也是一种重要的导线啊！

德老姆斯的分类法（Classification by Drahms）

德老姆斯（Angust Drahms）的分类法亦颇受意大利学派的影响。德氏在加利福尼亚[1]州任圣魁斯丁（St. Questine）典狱长有年，对于犯罪的问题，深有研究，他的分类法比较简单，兹列举如下：

一、本能性的犯罪人（Instinctive criminal）；

二、习惯性的犯罪人（Habitual criminal）；

三、单一性的犯罪人（Single offenders）。

依德氏的意思，以为一切的犯罪都跳不出这三种分类。他的解释也很简单。他以为天生的犯罪所以犯罪的原故，完全由于内在的原因，也可以说，由于他们的天赋。习惯性的犯罪人，有的略禀犯罪的倾向，大半则因环境的

---

〔1〕"加利福尼亚"原文译作"加利福利亚"，现据今日通常用法改正。——校勘者注。

关系，社会的压迫而积久成习的。他们的罪过，在他们自身这少，大部分还须社会负责的。单一性的犯罪人则因偶然的或者机会的原因，而陷于犯罪，但是不过一次，此后即不再蹈覆辙了。

帕森斯[1] 的分类法（Classification by Parsons）

美国犯罪学家帕森斯博士的分类法大概如下：

甲、精神病性的犯罪人（Insane criminal）；

乙、天生性的犯罪人（Born criminal）；

丙、习惯性的犯罪人（Habitual criminal）；

丁、职业的犯罪人（Professional criminal）；

戊、偶然性的犯罪人（Occassional criminal）；

已、感情性或意外的犯罪人（The criminal by passion or accident）。

这个分类法与菲利的分类法颇多相同处，不过他把职业的犯人与习惯的犯人分开来，这是受了依列斯的影响。这里，他取消了政治的犯罪者，应为他以为在政治的犯罪者中，其高等的则为改造家与道德的天才，实际上并不是真犯罪者。其低等的则不负责任地捣乱，不顾利害地煽惑，无非属于精神病的，天生的，或者感情的犯罪者了吧。

在这个分类法里，有一点，我们应当注意的，就是证明内在的势力作用，以这上面的次序，而逐渐减低。第一项差不多完全受内在的势力支配，其后依次递减，最后则内在的势力影响极少了。下面在把上列各项略加诠释。

（甲）精神病的犯罪者

这里所谓精神病的犯罪者即指其犯罪行为无自由意志而言。实际上他们的行为对于社会所发生的效果却是一样的。关系精神病一项，依理而论，还当分为先天精神病和后天的精神病，他们的行为都是盲目的并不受这自由意志的支配。

（乙）天生的犯罪

关系这一类犯罪，他们是完全反社会的，劣根性的。在一派的犯罪学家看来，这种反社会的，劣根性的犯罪确实天生的恶种。犯罪学大师龙勃罗梭氏对于这一类的犯罪人曾经费了很大的力气，想规定一个范围，但实际上并没有完善的效果。

---

〔1〕"帕森斯"原文作"拍孙斯"，现据今日通常译法改正。——校勘者注。

（丙）习惯的罪犯

这一类的犯罪是因为他们不健全的状态和不良的环境而陷于犯罪的。如果是一个常态的，没有什么生理上和心理上缺陷的人，他绝不致变成一个习惯犯，为习惯的势力所牢笼。因为他在生理上和心理上有重大的缺陷，所以他不得不被逼着，受着习惯的势力所支配，而堕于犯罪了。

（丁）职业的罪犯

职业的犯罪人与习惯性的犯罪人所以分开来的原因，已略述于依列斯的分类法中，但是拍氏的分类，所注重者并不在于智力的程度和解剖上的异点，却在于他们对于犯罪的态度。习惯性的犯罪人是逼于环境或习惯，处于不得不堕落犯罪的地位，职业的犯罪人则如专家之执行业务一般，认犯罪是他们生活上的天责。

（戊）偶然性的犯罪人

偶然性的犯罪人与天生的犯罪人所不同者在于他们犯罪的行为和所处的环境。天生的犯罪人大都是十分残暴的，而偶然性的犯罪人则不然，他们的犯罪只是偶然的失足而已。这些人们，在汉特孙的分类法中所说的流浪者等是最明显的例子。在这样不良的环境里，他们缺乏抵抗力，同时也无力踏进一条正当的路。

（己）感情性或意外的犯罪人

这里所谓感情性者，乃指愤怒及不可遏止的感情而言。感情性和意外的犯罪人，所以列在一起者，因为激烈的感情，大都是突然的，而且是偶然的，正如意外的事情一般。自然的与社会的淘汰已使不能控制感情的犯罪人逐渐减少，所以这种犯罪人，在犯罪百分率中占较少数的。

帕米利[1]分类法（Classification by Parmelee）

帕米利也是美国的犯罪学家，他的分类法，略有不同：

甲、痴呆的犯罪者或精神衰弱的犯罪人。

乙、精神病性的犯罪人。

丙、职业的犯罪人。

丁、偶发性的犯罪人：

---

〔1〕 "帕米利"原文作"拍米里"，现据今日通常译法改正。——校勘者注。

（一）意外的犯罪人；

（二）感情性的犯罪人。

戊、进展性的犯罪人：

（一）政治的犯罪人。

帕米利所说的精神病性的犯罪人（The Psychopattic criminal）就是指精神病者而言，不过他的范围，包含得大一点，凡在心理上的健康上，有所缺憾而陷于犯罪者，皆归此类。职业的犯罪者，与其他的分类法相同。在偶发性的犯罪人一项下，包括了意外的犯罪人与感情性的犯罪人，这是和别家不同的。政治的犯罪人列在进展性的犯罪人一项下，这个名词[1]，是拍氏所创用的。

以上把几个近代著名犯罪学者的分类法，略加评述，当然是很浅陋的。在我写这篇短短论文之时，深深地感到苦痛的，就是缺乏适当的参考书，在上海的几个图书馆中关系犯罪科学的书籍，真是寥寥无几。至于中文的参考书，除了一二本译作外，更是凤毛麟角，欲觅无从。在这里，我们可以看出，犯罪科学在中国的地位是何等幼稚，而其需要又是何等急切啊！在我国的法院里，监狱里，既缺乏精密的统计，足资参考，像龙勃罗梭氏这样的置身于中，潜心研究，更是绝无仅有，所以犯罪科学在我国学术的地位还是这样的低微，甚至差不多没有声息。这篇浅薄的短文或者能够引起同志们的兴趣，因此而加以研究和努力，那么，将来中国的犯罪科学也许有很伟大的贡献罢？这是我所以不揣浅陋而大胆地写这篇短文的希望。

参考书

Enrico Ferri, *Criminal Scciolgy*.

Garofalo, *Criminology*.

Parmelee, *Criminology*.

Parsons, *Crime and the Criminal*.

《中山大学社会科学论丛》第九号。

刘麟生译：龙勃罗梭《犯罪学》。

琴娜女士：龙勃罗梭的《犯罪人》。

---

〔1〕 "名词"原文作"名辞"，现据今日通常用法改正。——校勘者注。

犯罪原因学说概论[*]

陈文藻

　　刑事学之成为一种秩然有系统的科学，不过是最近五十年来的事情。在这半世纪中，都市日益发达，人口日益集中，工商业日益繁盛，经济的状况也时时变动，为了这种种条件的影响，世界各国的犯罪率即随之而增高。同时刑事学的地位在近代立法上亦渐渐地重要起来。

　　所为刑事学者，其鹄的是在研究犯罪的原因和防止的政策，藉着这样的研究，可以做刑法上立法计划及运用方针的指导。关系犯罪的原因论，自龙勃罗梭[1]以来，可以分为二大派。第一派普通称为刑事人类学派（Criminal Anthropology）；第二派称为刑事社会学派（Criminal Sociology）。前者的研究，注重犯罪人生理上和心理上的特质，包括犯罪的生理学和犯罪的心理学。后者的鹄的则注重犯罪之社会的原因，且兼及犯罪的法律学及刑法学。历来二派的学者，各执一说，持论皆不觉陷入偏颇，可是，在他们辛勤的努力里，都贡献了一部分的真理。

　　在我国因为种种的关系，刑事学尚未发达，有系统的研究和调查，更谈不到。目前虽然得到少数学者的注意，实际的工作，还没有着手不过，以我国目前的形势而论，盗匪遍地，犯罪激增，欲求根本的解决，刑事学之研究，似乎是很急需的罢？深望立法和司法当局能够加以注意，而设法提倡。

　　我国的刑事法既毫未发达，所以犯罪学说之有系统的介绍，为数极少，这在我国的学术方面是极可痛惜的。为了这个缘故[2]，所以浅学若藻，也

---

　　[*] 本文原刊于《法学季刊（上海）》（第 4 卷）1930 年第 4 期。
　　[1]　"龙勃罗梭"原文译作"郎勃罗梭"，现据今日通常译法改正，下同。——校勘者注。
　　[2]　"缘故"原文作"原故"，现据今日通常用法改正。——校勘者注。

敢不惴愚陋地写出了这篇东西，作最初的介绍。内容是很简陋幼稚的，不过在这一片荒芜的中国刑事学上，也许聊胜于无罢？

近代刑事学（dabidabie）大别为刑事人类学派和刑事社会派，前面已经统过。主张刑事人类学的多意大利学者故亦称为意大利学派（Italian School），主张刑事社会学的多法兰西学者，故亦称为法兰西学派（Freuch School），不过实际上，这样的名词，是很不适宜的。因为后来刑事学的研究，不但普遍于欧美诸国，而且意国学者也有主张社会学的，法国学者也有主张人类学的，那么[1]，怎能以国界来划出派别呢？刑事人类学方面，关系犯罪原因的学说可以分为：1. 隔世遗传说，2. 退化说，3. 病理说。病理说又可分为癫狂说和精神病说。刑事社会学方面，关系犯罪原因的学说，可以分为：1. 人类社会学说，2. 社会说，3. 社会主义说。社会说又可分为：1. 社会寄生说，2. 不能适应环境说，3. 离开社会中心说。兹为明了计，再列表如下：

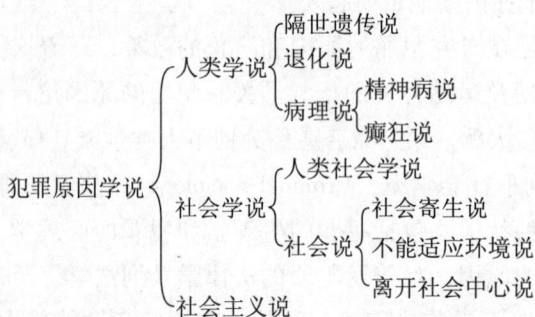

犯罪原因学说
- 人类学说
  - 隔世遗传说
  - 退化说
  - 病理说
    - 精神病说
    - 癫狂说
- 社会学说
  - 人类社会学说
  - 社会说
    - 社会寄生说
    - 不能适应环境说
    - 离开社会中心说
- 社会主义说

以下将上列各学派学说，作最简明的介绍。

一、犯罪人类学派

（一）隔代遗传说

隔代遗传学说是根据于龙勃罗梭氏的著作的。在法国，与他响应的有波迪尔[2]氏（Bordier）在威尼斯有精神病专家贝内迪克特[3]（Benedikt）。龙氏是一个医学家，在解剖学方面是深有研究的，同时，在监狱内的犯罪人

---

[1] "那么"原文作"那末"，现据今日通常用法改正，下同。——校勘者注。
[2] "波迪尔"原文作"鲍德阿"，现据今日通常译法改正。——校勘者注。
[3] "贝内迪克特"原文作"裴乃迭克脱"，现据今日通常译法改正。——校勘者注。

中也作了不少的实验。波氏在 Caen 地方专门研究杀人犯的骨头。裴氏则在意大利，测验了许多被斩犯的骨头。他们的结论是这样：这些犯人的骨头与一般人的骨头颇不相同，却和大猿猴及野兽的骨头极相类似，所以，这些人们是赋有原始人及野蛮人之遗传的，所以谓之隔代遗传。根据这种实验，奥乞斯基氏（Orchansky）即发明了一个"隔代遗传学说"的名词〔1〕。这些人们，据该派的学者说，他们的大脑组织异于常人，同时他们的智力及道德力亦低于一般人。

他们的心理的和生理的组织是并没有发达充分的，所以他们的生活就不能适应于现在社会的环境。这样底生存竞争中贫穷和犯罪就张着手臂迎接他们了。

他们这些赋有隔代遗传性的犯罪人，在人类的进化中，是停顿着或是退化了。他们是停留在幼年的状态中，而没有完全发育，虽然是现代人而仍保留着原始的遗传。他们没有遏制自己的力量，而往往脱不了孩提的心理。因此，易于冲动，缺乏远见和不安定是他们显著的呈像。

社会主义派犯罪学家可拉杰奈也是一个隔代遗传学说的主张者。他的主张除去了一切有机的，心里的条件，而专着眼于道德的元素〔2〕。在他看来，只有伦理方面的特性是可以遗传的，因此，所谓"隔代遗传"者，并不是生理方面，却是道德方面。犯罪人是一个现代的野蛮人，在他的伦理特性上和原始人是相像的。

可氏之说如是，但是依菲莱罗〔3〕（Ferrero）的说法似又不然了。据他的意见以为：关于原始人的特性，聚讼纷纭，莫衷一是，有的以为原始人是杀人者，盗窃〔4〕者，强暴者，有的则以为原始人是驯服如小羊，和善如天神，慈爱多情，较之现代人，有过之无不及的。双方的证据都很充分，那么，孰是非孰，也很难断定呢？这样说来，可拉杰奈氏所说的隔代遗传说也未必确当了。因为可氏所说的隔代遗传，意谓现代人赋有原始人之恶性，缺乏道德的观念，故往往陷于犯罪，现在原始人性之善恶，既莫得而辩，那么，可氏之说一时亦无从证明了。

---

〔1〕 "名词"原文作"名辞"，现据今日通常用法改正，下同。——校勘者注。
〔2〕 "元素"原文作"原素"，现据今日通常用法改正，下同。——校勘者注。
〔3〕 "费雷罗"原文作"依菲莱罗"，现据今日通常译法改正。——校勘者注。
〔4〕 "盗窃"原文作"窃盗"，现据今日通常用法改正，下同。——校勘者注。

证之以后来各大科学家的研究，似乎隔代遗传之说是很多隙陷的。例如考古家研究古代言语，宗教，法律，艺术，多谓古代人是富于清洁，公正，和善，勤劳，勇敢，诚实等美德的。地质学家，伦理学家如邵可侣，克罗巴得金等的著作，都旁搜博引地证明野蛮人的美德，他如卢博克〔1〕（Lubbock），艾斯比纳斯〔2〕（Espinas），福莱勒〔3〕（Forel），好得霭（Houzean），布雷姆〔4〕（Brehm）等不但证明野蛮人，即在动物的同类生活中亦多互助，合作，牺牲，友爱之行为那么所谓隔代遗传者，岂不是一个疑问么？

隔代遗传说，虽然许多学者对他发生的疑问，可是实际上还是照旧进展着，为犯罪学说之根据，不过变换一种方式罢了，菲莱罗的学说即一显例。在他看来，以为所谓"隔代遗传者"，所遗传者并不一定是某种犯罪的倾向，却是原始人的心理现象。这种心理现象普通是缺乏工作的能力，和易于冲动的感情。杀人犯，盗窃，流氓等都是赋有一种隔代遗传的劣性的，他们不能适应现在这样有规律的，一定的工作生活他们所能做的只是像原始人一般从事于渔猎，并不能按部就班地同着一般人人从事于一定的工作。因此，这些人们，不能与现社会融合，同时也立于现代文化的外面。因为缺乏工作的能力，所以他们对于那些严格的遏制冲动的规律非常痛恨，由此反应而生出一种反抗心来。这样，就往往陷于犯罪。这样的人们，菲氏以为，一方面缺乏工作的能力，不能适应于现代的社会生活，一方面则常常征服于激烈的感情之下，而往往演成强暴的惨剧，这便是酿成犯罪的原因。

在普通的观察方面说来，菲氏所举的特性〔5〕并不是少有的。倘使我们留心考察，往往能够发现这些人们，有时也赋有特殊的智力与体力，可惜因为禀有特性，终至陷于犯罪，都是很可惜的。

（二）退化说

最先创退化说者为马雷尔〔6〕氏（Marel）所谓"退化"云者，究竟是什么呢？据莫氏的意思，以为："这是在生理的和心理的抵抗力上较之最近的祖

---

〔1〕"卢博克"原文作"罗博克"，现据今日通常译法改正。——校勘者注。

〔2〕"艾斯比纳斯"原文作"爱斯壁那斯"，现据今日通常译法改正。——校勘者注。

〔3〕"福莱勒"原文作"福莱尔"，现据今日通常译法改正。——校勘者注。

〔4〕"普雷姆"原文作"勃莱墨"，现据今日通常译法改正。——校勘者注。

〔5〕"特性"原文作"特型"，现据今日通常用法改正。——校勘者注。

〔6〕"马雷尔"原文作"莫莱"，现据今日通常译法改正。——校勘者注。

先皆形衰弱，固此，在遗传的生存竞争的能力方面，只发达到一种不完全的生物状态，这样的弱点是逐渐进行着，足以使种类没绝的。"根据专门的研究，所谓退化者大概可分为三类。

（1）由于中央神经枢（Central Nervous System）滋养之缺乏。马氏所著 *The Character of Criminals* 和 *Puberty in Man and Woman* 二书中以为退化的原因是由于中央神经枢滋养之缺乏。马氏用着他的显微镜，放下极深刻的功夫，所以他的研究是很值得注意的。

（2）由于节制神经（Inhibitory Center）发育之不完全。逢非格里在他的 *Natural History of Crime* 各凡莱斯基在他的 *Criminal Psychology* 等书里，都得到同样的结论。

（3）道德的精神病 Moral insanity，Galton，Virgitio，Ribot，Bleuter 等都是如此主张。在他们看来所谓道德的精神病者，在智力方面是很清楚的，可是在感情方面则很是错乱。这种说素，法国的 Ribot——见里氏所著感情的心理学，意大利的 Virgitio 还有 Dally，Bleuter，Koch，Jelgersma 都这样主张。Nacke 所主张者则有二种。他以为道德的精神病者。一种是道德力方面与一般人相等只是禀有一种内在的病理上的缺陷或怪僻的趋向，一种禀有不道德的性质的。但是实际上一般的标准也很难树立，究竟怎样才合于一般人的道德标准，怎样才算变态呢？这个问题是很难答复的。在道德上和心理上的缺陷，并不像平原上的高山，可以一目了然，它是像层峦叠崖中的一峰须细细的辨认，始能察出，因此，我们觉得 Nacke 之说，也没有可靠的根据。

（三）病理说

（a）颠狂说。此种学说在意大利学派中非常盛行。自龙勃罗梭氏提倡隔世遗传说之后，颠狂说即起而随之，犯罪学者如龙可洛尼，翁托蓝海，托尼尼，雪维拉地等皆主张此说。拨龙尼开配拿在《无政府与无政府主义者》一文中，以为关系无政府者的犯罪，大半是由于颠狂的缘故他以为赋有颠狂性者，往往产生一种特别的犯罪冲动。这样的犯罪人往往具有过度的感觉力，高超的仁爱心和怜悯心，对于他们所认为不合的制度或不良的人们则有惊人的痛恨。在这种条件里，往往造成了奇妙的神迹或者巨大的犯罪。

主张颠狂学说者在意大利之外，有法国的路易斯[1]（Lewis）氏。

---

〔1〕 "路易斯"原文作"莱维斯"，现据今日通常译法改正。——校勘者注。

（b）精神衰弱说。在日耳曼诸国所盛行的犯罪学说是神经衰落说。此说倡于贝内迪克特（Benedikt）和之者为李斯特[1]和乏海二氏 Liszt, Varha 他们以为犯罪之原因乃由于一种内在的精神，或者可以说是一种天生的神经衰落症。由于这种神经病的结果，在体力上和心神上都呈现衰弱的现象，不能从事于工作。习性渐渐趋于轻浮，爱好下等娱乐，道德竞争力之衰弱等等。这样的病像，皮亚特氏曾解释之，故亦称为皮亚特病（Beard's Disease）皮氏以为此乃美人[2]特有之疾病，由于体力上及心力上过度的工作使然，因为这种病态，往往不适于社会的生活而陷于犯罪。不过这种疾病实际上也不独美国为然，其他各国，亦多发见的。

英杰尼罗氏（Ingegnieros）以为无论是精神病，颠狂，道德的丧失症等等，其中的界限并不一定是清楚的，大概是混合的，所以他称之为"精神的病理学"。

英氏曾著一表兹录之于后：

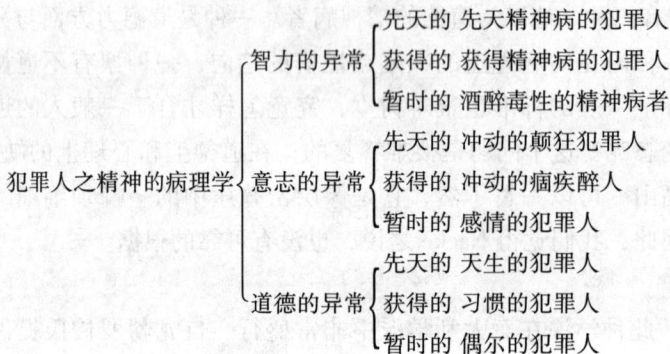

		先天的 先天精神病的犯罪人
	智力的异常	获得的 获得精神病的犯罪人
		暂时的 酒醉毒性的精神病者
		先天的 冲动的颠狂犯罪人
犯罪人之精神的病理学	意志的异常	获得的 冲动的痫疾醉人
		暂时的 感情的犯罪人
		先天的 天生的犯罪人
	道德的异常	获得的 习惯的犯罪人
		暂时的 偶尔的犯罪人

二、犯罪社会学派

（一）人类社会学说（Anthropo – Sociologic Theories）

拉开森（Lacasagne）在罗马会议中曾经这样说："社会环境乃制造犯罪之热力，犯罪人是一个微生物。微生物自身本来没有用的，直到他遇着了流

---

〔1〕 "李斯特"原文作"列斯脱"，现据今日通常译法改正。——校勘者注。

〔2〕 此处指美国人。——校勘者注。

质，才开始发酵。"所以他的结论是："犯罪是社会所应受的报应。"

简单地说来，犯罪是由于社会的刺激而发生的。举一个例来说明吧。譬如巨大的百货公司中，陈列华丽，炫人耀目，其目的原在于吸引顾客，推广营业。但是在一种禀有盗窃狂（Kleptomania）的人们，却足以引起他们的偷窃之心。因为他们被这炫人耀目的陈设所迷醉了，不能遏制其冲动，于是就发生犯罪的行为了。这并不是一个机会问题，却是一个禀性问题，凡禀性正直者，虽处于更大的引诱下，亦不为动，禀性薄弱者就不克自主了。这样的禀性，在妇女为尤甚。据迪比松[1]博士（Dr. Dubuisson）的研究，凡怀孕的，患希斯推利亚病的，有吗啡及饮酒癖的妇女往往在某种情状下，不克自主的。最近沪上轰传某著名电影明星在某百货公司窃取珍饰一事，就是一个显例。以一般的条件而论，像她这样的处境，决不必出之偷窃的，可是因为社会的刺激和禀性的关系，却不能遏制一时强烈的冲动了。与盗窃狂相类者还有一种购买狂（Oneomaniac）这种人往往任意浪费，不能自主，在法律上亦称为浪费者（Prodigal）。此外尚有藏书癖者，古玩癖者，在某种动人的刺激下，往往不能自制，出之偷窃，尝闻有百万富翁而偷窃他人之古玩者，就是这个缘故。

这派的学者以为：犯罪这件事情，并非一般人都同样的发生，却视其人之禀性而定的。奥布里[2]氏（P. Aubry）在他的《杀人犯传染》一书中曾经这样说过："从前的人们，以为虎列拉的传染，完全由于微生物所致。其实微生物从病者身上传染到他人身上以后，并不一定能够活动的，全视其人之体格而定。如果这块新的殖民地适宜于他的发展，所末，就传染了，否则，微生物亦不能活动。犯罪的现象也是如此。"

上面这样的病态——盗窃狂及购买狂，依人类社会派的学者看来，和遗传是很有关系的，因为遗传的缘故，而加之以暗示及效尤，于是就造成犯罪的现象了。

（二）社会说（Social theories）

（a）社会寄生说（Parasitsm）。主此说者有诺尔道[3]氏（Max Nordau）、

---

〔1〕"迪比松"原文作"都伯孙"，现据今日通常译法改正。——校勘者注。

〔2〕"奥布里"原文作"奥倍"，现据今日通常译法改正。——校勘者注。

〔3〕"诺儿道"原文作"脑特"，现据今日通常译法改正。——校勘者注。

萨莱耶[1]（Salilles）二人。

在诺尔道的《生理上的犯罪学说》一书中，他说，在我看来，犯罪只是一种人类的寄生而已。人类的生存像别的动物一般，应该得自自然，而不当受之同类。"残忍如狼，不相自杀"这句古话，是一切物类生存的原则。

动物中同类残杀的现象是极少有的。食人之风只是人类间的例外，或者是一种病态。人类的天性绝不是食人的，就是极残忍的野蛮人也不是这样。那么，食人族之行为又将何以解释呢？这一点，我们须得明白，他们所食者绝不是同族，而是异族，或者是敌人。这些异族和敌人是他们不肯认为同类的。平时，就是食人的野蛮人，也不以"吃人"为生活，渔猎耕种，自有其觅食之道的。总之，人类利用自然的贡献而生活，山珍海味，禽兽蔬菜，可以尽量取用，同时他们的生活应当靠着自己的工作，而不该剥夺自他人。

其后文化进步，人类渐渐地离脱了原始的状态，人和人间以及人和自然间的关系逐渐地复杂，人们不能单靠自然而生活了，因为在某种情形之下，他们已经离却了自然。一部分的土地已经被占有者所利用，而个独地享受，那些没有片土滴水的人们怎样生活呢？他们不得不低头在占有者之下而贡献个人的劳力，于是就开始了分工。人类在经济上逐渐组织起来，于是在生产上亦发生分化和专门的作用。家庭，氏族，国家以及全民族组织成了一个合作的社会，社会中间每一个份子都为了全体而工作，同时在共同的生产中个人得到他们所需要的。这样，人类就在这种生产情状下互相倚赖地生活着。

但是在这样的关系中并不造成"寄生"，因为在共同生活中是合作和互助，并不是剥削和强夺。其中的关系是平均[2]的，我所需求于人者，已经付了相当的代价。怎样才开始了"寄生"作用呢？就是：在这合作的社会中，有人想不付什么代价，而白取其所得，不化什么劳力，而强夺他人劳力，的结果，不待所有者的允许，更没有什么赔偿。换一句话说，他们想以他人为鱼肉而供其吞噬的，完全不合平均的公理。所谓犯罪人者就是这样的寄生者。

（b）不能适应环境说（Failure in Adaptantion）。此说凡卡罗氏（Vaccaro）主张最力。凡氏以为犯罪是对于实体法或是现行法的一种违反行为。但是这种行为未必一定害及社会之全体的。犯罪者只是为了社会的原因陷于堕落及

---

[1] "萨莱耶"原文作"赛立拉斯"，现据今日通常译法改正。——校勘者注。

[2] "平均"原文作"均平"，现据今日通常用法改正。——校勘者注。

退化，积之既久，就发生了生理上的现象。

社会的叛逆是怎样造成的呢？是长时期的和贫穷艰苦的扑斗，渐渐地形成了退化的象征。或者为生活的艰苦与疾病的传染，酿成了隔世遗传的惨象，这些都是不良的环境所产生的自然结果。

实在，在一般的社会方面很愿意知道多少人是因为生活竞争的失败，和不能适应社会的环境，而陷于犯罪的，因为明白之后才可以设法补救。实际上说来，这些犯罪的人们都是些不幸者，他们受着环境的压迫，生活的骗使，不得已〔1〕而趋于犯罪，我们怎么能用严刑峻法，禁之使止呢？他们要活，就不得不犯罪，而犯罪之后，亦终于趋入了死地，试问这样的社会制度是合理的么？

以进化的学说而论，适而生存，是生存竞争的原则。然而现在的社会是否"适而生存"呢？所谓适而生存之说，只能应用在同等机会之下，有同样的发展，现在这种社会制度下是完全谈不到的。各阶级的机会绝不平等，有机会者虽非适者却充分地生存，无机会者，虽适者亦绝无生存之可能。换一句话说，因为这种不良的社会制度，只有不适者反而生存了，那些适者却归于淘汰。总之，在经济上或者社会的条件上没有势力和地位的，他们就陷于不能适应环境的地步，而陷于犯罪，这种现象，如果我们留心地观察一下，是很显著的。

（c）离开社会中心说（Segregation）。此说艾伯特〔2〕Albert 主张之。在他的"社会中心论"曾详细讨论过。他以为：犯罪者是离却了社会的中心，变为一种恐惧病（Phobias）和精神病（Psychoses）的中心。

所谓 Phobias 艾伯特以为：是一种特殊的心理，常常感到生活的空虚，贫穷的压迫和社会的藐视。所谓 Psychoses 者是好赌博，求财心极热，好斗口争闹，及渴慕虚荣等现象。有了这二种病态，于是他就渐渐地离却了社会的中心，而度着背道而驰的生活，这样，就发生了犯罪的行为。

（三）社会主义说（Socialistic theories）

社会主义派的犯罪学说是以社会主义——经济的条件立论的。这一派的学说认定现在这个经济制度是犯罪之源。如果推翻这个不良的经济制度，那

---

〔1〕 "不得已"原文作"不着已"，现据今日通常用法改正。——校勘者注。
〔2〕 "艾伯特"原文作"亚勃脱"，现据今日通常译法改正。——校勘者注。

么，犯罪的现象就可以消灭。在这里，阶级斗争的原理重复占着很重要的地位。

社会主义之适用于犯罪学说推意大利学派为最甚，犯罪学家如费里[1]（Ferri），科拉扬尼[2]（Colajanni），洛里亚[3]（Loria），杜兰底（Tmrati），泼兰姆波里（Prampoini），曹拉（Zarla）等都有不少的著作。

犯罪社会学家卓利氏有这样一句名言道："马克思完成了达尔文和斯宾赛尔[4]的学说，因此在十九世纪中，他们形成了科学上的三位一体。"从这里，我们可以明白社会主义的学说在近代犯罪学中是何等地重要了。

现在且把杜兰底的意见，节述如下：

假定说：犯罪是以下三种元素的产物——自然的，个人的或者人类学的元素。假定说：犯罪人依着卓利的分析法别为类——精神病的，天生的，感情的，习惯的，偶犯的。那么，我们可以显然地看出来，以前三种当然由于个人的原因，而以后的二种则由于环境的原因。然而实际上，以前三种——精神病的，天生的，感情的，究竟属于犯罪中的少数，大部分都是属于以后二者，那么，社会的环境在犯罪现象方面是何等地重要啊！

因此就发生了这样一个结论："当这种不良的环境改革了，这种不合理的中产阶级社会推翻了，社会主义的理想实现了，那么，这种愁云惨雾就会消灭的。犯罪的动机已经销除，藉着教育的方法就可以变人类为天使。"——曹拉语。他相信，当社会环境既改变之后，虽然有一小部分的精神病者，半精神病者，天生的犯罪人和感情的犯罪人，可是，因为环境良好的缘故，不久都渐渐地淘汰的。在社会方面，在自然方面都是这样。

这个结论，似乎是太乐观了，但是他们这种真诚的信仰，伟大的幻梦是值得我们佩服的。当然，要改革一种制度，消灭一种社会疾病，并不是容易的。这是巨大的牺牲，长久的实验，或者有点效果，但是要是没有这些学者的幻梦，真正的实验又何从实现呢？

犯罪社会学大师卓利氏起先本不是一个社会主义派的学者，而且在许多地方，他还持着反对的论调。但是后来，在研究了马克思和罗利亚的著作以

---

〔1〕 "费里"原文作"卓利"，现据今日通常译法改正。——校勘者注。
〔2〕 "科拉扬尼"原文作"可拉杰内"，现据今日通常译法改正。——校勘者注。
〔3〕 "洛里亚"原文作"罗利亚"，现据今日通常译法改正。——校勘者注。
〔4〕 此处可能是指赫伯特·史宾赛（Herbert Spencer），下同。——校勘者注。

后，他便渐渐地倾向了社会主义。一八九四年的劳动纪念日，他在米兰地方演说就说出了这样一句名言："马克思完成了达尔文和斯宾赛尔的学说，因此在十九世纪中，他们形成了科学上的三位一体。"

当时，在一般的学者看来，达尔文主义和社会主义显然是互相冲突的。在黑格尔〔1〕的学说里，也曾指出下列的三点：——

（甲）社会主义鼓吹空想的人类平等。而达尔文主义则解释人类天生的不平等。

（乙）在达尔文的学说里，明明白白地告诉我们，天择物竞的结果，只有一小部分得到最后的胜利。但是社会主义却说，每一个人都能同等地享受着一切。社会中每一个份子都有同样地生活的机会。这样说来，这样说来，这二种学说，不是完全互相冲突了么？

（丙）生存的结果是适者生存，这是个人的，贵族的选择程序，并不是德谟克拉西式平等的程序。

关系以上三点，阜利都有很恰当的答复。

（甲）的确，我们承认在人类间是免不了种种不同点的，在生理上或者在心理上。但是，有一点，那是无论如何，总属平等的，就是，他们都是人类。

（乙）在达尔文的学说里，所说的少数胜利，是指整个而言，并不是指着同类。所以生物的进化，从植物到动物，从动物中最低的一级到最高的一级，都是这样选择而竞存的。

（丙）生活竞争，适者生存，其实是不确的。实际上，只有那些最易于屈就和适应环境者才得生存，可是这些人们并不一定是适者。

这样，阜利氏就得下面的结论。只要现在这样不良的社会经济制度改革了，贫穷的现象消灭了，饥寒困苦的压迫免除了，同时一般人们可以得到较好的营养，较丰富的生活，在上没有黑暗势力的高压，擅作威福的当局，在下没有害人的引诱，诡诈的陷阱，那么，至少一大半的犯罪是要消灭了的。当然一部分的因为心理上的变化，性欲上的冲动的犯罪，还是免不了的。实际上，在社会主义实现了以后，还是有病者，弱者，精神病者等，由是而变为犯罪人自杀者，所以阜利氏并不否认达尔文的生存竞争律，不过无论如何，那时，总可以大大的减少，而且也比较的易于防制和消灭。

---

〔1〕"黑格尔"原文译作"黑格儿"，现据今日通常译法改正。——校勘者注。

当然，生存竞争是免不了的。可是，在社会主义的制度下，可以渐渐地入了轨道，有所遵循，不致再像现在这样的惨酷，这样的拼命，它是至少比较的人道的和合理的了。这种进化，正像生理的和心理的进化一样，渐渐地隐定，渐渐地平均，直到社会上每一个分子，每一个人，都靠得住，拿得稳他每天身体上和思想上所必需的面包。

科拉扬尼博士（Colajanui）也是社会主义派犯罪学者中间的健将。他的学说也值得我们叙述一下的。他以为现代经济制度之结果，实为犯罪之最大原因。虽然它的影响，有的是直接的，有的是间接的。

科氏并不像别的社会主义者认定了人性的本善，他是倾向"隔世遗传说"的。古代人的野蛮性，残忍性往往再现于近代人中，而他们的行为，就趋于十二分的凶残与惨酷。然而这种古代人残忍性的再现，是什么原因呢？是由于物质的，和环境的原因。经济的原因。直接的和间接的影响于犯罪都很重大的。以直接的影响而论，则人们缺乏了生活上的必需条件，尤其是那些在文明上有较高的程度，在生活上有较大的眼界的人，处于这种情况之下，往往不期然而蹈入罪网。特别是现在这样的经济制度，许多地方惹起人们不道德底观念。在财产方面所发生的犯罪，都是由于经济的原因所造成的直接结果。

再进一步看来，战争，现代工业制度，家庭制度，婚姻制度，政治制度，懒惰及游荡，卖淫等在间接方面影响于犯罪亦很厉害的。譬如说：饮酒对于犯罪是极有关系的。试问饮酒的原因究竟是什么呢？一般穷人的纵酒，结果还是由于他们的贫穷。其他如游荡，卖淫等等，更加毫无疑问地是贫穷的产物，所以菲粤克斯以为：以上种种的犯罪，大都是为免避饥饿而造成的。甚至有许多人们，因为要苟延残喘的缘故，借犯罪而入狱，以图一椽之庇，一饭之饱，这样的惨状，都是不合理的经济制度所造成的惨果。末了，我们再介绍荷兰犯罪学家邦格[1]氏（Dr. Bonger）的学说来作我们的结束。

在邦格氏的《犯罪与经济状况》一书里，他对于现代社会制度与犯罪的因果关系，说得非常详明透彻，他这种精深的观察，宏博的引证，真值得我们叹服的。

邦氏以为：犯罪之条件，直接或间接的都发生于现代的经济制度。他所根据的理论，约略节述如下：

---

〔1〕"邦格"原文作"蓬杰"，现据今日通常译法改正，下同。——校勘者注。

（1）现代经济制度的根据筑在"交易"之上，在"交易"的观念里，就发生了人和人间的利害冲突。于是自私之心逐炽，获得之念极盛，犯罪的冲动，即伏于此。

（2）在资本主义的生产制度下，生产的工具集中于少数人之手，多数人因为陷于无产的地位，不得不出卖劳动力——劳心的或者劳力的，以求生活。这样就造成了劳资对峙的形势，同时也酿成了阶级间的仇恨。

（3）现代生产制度，其出品并不是为了需要，却是为了图利。因此，生产者只求自己的获得，不顾社会的需要，所以钩心斗角，日新月异地制造出许多奢侈品来。在社会上，一方面造成了有产者的穷奢极欲，一方面引起了无产者的嫉妒痛恨。在这样的情形中，就惹起了犯罪的动机。

（4）在智力上和物质上都缺乏的贫穷阶级，是没有坚强的意志和抵抗力的，这样，他们就极容易陷于犯罪。

（5）因为大多数的人们都很贫乏的缘故，所以就发生了童工和女工。幼年的儿童置身在极不良的环境里，与一般无赖恶汉为伍，受着种种不良的影响，养成许多低劣的习惯，这样，犯罪的种子在他们可怜的童年就种下了。

（6）长时间的劳动，机械式的工作，使人们的心绪恶劣，性情暴躁，容易发生犯罪的行为。

（7）家庭状况之不安适，生活之不安全，疾病，失业，无知识，缺乏训练等都是现代经济制度和贫穷的必然结果，同时也都足以促人趋入犯罪之路。

（8）现代的国家，一方面施行资本主义的经济制度，一方面却把孩子们的教育责任，交给他们的父母。可是在生活压迫下的无产阶级怎能尽他们教育子女的责任呢？在白日是牛马般的工作，弃置子女于家中，不能照顾，在晚上是愁眉不展地归来，那里有余力去教导孩子，因此，可怜的幼儿们——尤其是私生子和孤儿，没有良好的指导，却受恶习的熏染，于是就陷于恶劣的环境里而趋于犯罪了。

（9）卖淫和饮酒都是犯罪之重要原因，也都是现代经济制度所结成的惨果。

（10）职业的犯罪人，起先不过是偶犯而已了。犯罪之后，既受法律的处分，更遭社会的唾弃[1]，于是无路可走，就永陷于犯罪之窟了。

---

[1]　"唾弃"原文作"吐弃"，现据今日通常用法改正。——校勘者注。

（11）性的犯罪，表面上看来，似乎与现代经济制度没有什么关系。其实不然。实际上说来，现代的所谓"性的犯罪"都是由于目前的社会制度所造成的。兹将关系最密者列举如下：

（a）在现代社会的组织里，离婚或别居必需经过法律的手续，发生种种困难。因此在结婚的生活发面，总有许多缺点和不满意，于是就发生了相奸罪。

（b）在现在这样的经济制度下，许多人因为经济状况的关系，不能结婚或迟婚，因此在性欲的驱使中，就陷入了性的犯罪。

（c）性的犯罪者大半是贫穷，疾病，未受教育及不良的环境所致，而这些条件都是现代经济制度的结果。

（12）复仇性的犯罪是由于阶级间的仇视，而阶级间的仇恨是现代社会组织所造成的。

（13）杀婴堕胎等罪都是贫穷的产物。未婚之母没有法律上的地位，也是现代社会制度的结果。

（14）经济罪是现代经济制度之直接产物，政治罪则大半是反抗现代经济制度的牺牲者。

根据以上论据，邦格氏很热烈地断论道："这样说来，从前这种悲观的，宿命的犯罪论就可以推翻，只要我们能够改造环境，废除现代这样不合理的经济制度，犯罪是终可以消灭的。"

犯罪之经济的原因[*]

陈文藻

孟子曰："富岁子弟多赖，凶岁子弟多暴，非天之降才尔殊也，其所以溺陷其心者然也。"他的意思，很像近代社会主义派的犯罪学家。据他们研究的结果，以为谷价或物品的价高，则犯罪增多；反之，则犯罪可以减少。换句话说，犯罪率的增减是受经济状况的支配的。因为这个缘故[1]，我们要研究犯罪，就少不来要研究它经济的原因。

贫穷是犯罪的原因，这虽然是古已有之的理论，可是到今天，还有许多人有意或无意地不相信，以为犯罪总是由于生理的或者心理的原因，绝不是直接支配于经济条件的。其实，以目前的社会现状而论，大部分的犯罪者，的确都是经济制度下的牺牲品。近来犯罪是一天一天的增多了。杀人绑票成为报纸上的家常便饭。抢劫掳掠，更是内地日常的生活。老头儿只是摇头叹息，以为世道日衰，人心大坏。新青年亦不过负手长吁，觉得前途黑暗。没有办法，其实根本的原因，显然就是经济的危机。只是那经济上的困乏，造成了这无量数的罪恶。的确，人心已是大坏了，但是"坏"的原因，一半是内在的，一半是外缘的，这外缘的压迫，就是这里所要讨论的"经济的原因"。我想这个问题，或当还值得我研究一番吧，所以我不揣简陋而写了这篇小小的东西。

◎经济的危机

经济的危机对于犯罪者有极大的影响。据海溪氏说：当一八七五至一八

---

[*] 本文原刊于《文化半年刊》1931 年第 1 期。

[1] "缘故"原文作"原故"，现据今日通常用法改正，下同。——校勘者注。

七八年之经济危机时，巴登〔1〕大公国罪犯之受刑事处分者自一六二一八人增至二二二六四人，被罚者自一九九五人增至四四八五人。其后一八八二至一八八五年时，经济状态改善，前者即由二二七六五人减至一八八五六人（百分之十六）。后者则自四一〇六人减至四〇〇七人（百分之三）。这样说来，经济的状态，实足以左右犯罪的现象。

因为经济上发生变化，同时工商业方面就得牵动，工商业牵动，无量数的人们，在生活上都直接间接的受着了影响，于是一般的不幸者，就要堕入犯罪之深渊了。最近我国的经济状况是一个最显明的例子。十余年来，可怜的我国，一方面受外国的侵略，他方面受内乱的蹂躏。闹得民困财尽，罗掘俱穷，商业是凋零颓败，工业则一落千丈，因此许多人们就不能维持他们的生活，在困难的生存竞争中他们不得不陷于犯罪。近来的犯罪现象，所以日趋险恶者，经济的危机，实是一个重要的原因。以本年的情形而论，银价暴跌，金价奇涨。国产货物既因战事影响销路滞塞，国际贸易，则因兑汇关系，损失不资，所以无论何业，都现衰颓之象，无论何人莫不受其影响。其有业者失业，无业者堕落，寻不到出路，只有趋入犯罪之途了。

◎ **生活竞争的影响**

近来物质文明发达，生活程度逐年增高。因此，生活竞争亦日益激烈。同时教育普及，一般人的需要增高，欲望扩大，于是竞争亦不得不愈加激烈。普通的人们，一方面因为生活程度不绝地增高，一方面因为的欲望不绝地扩大，于是都拼命奋斗，以期适应这个新的环境。这样的例子，不必求之外国，即以上海的情形而论，已显然可见。上海一埠，为东方物质文明最发达的区域，年来因为人口的集中，经济的危机，生活程度上有突飞的增高，而一方面因为交通的便利，都市的繁华，一般人们需要的增高，欲望的扩大，亦遂年加甚，于是为适应这个环境计，就不得不拼命的扑斗，以求追着这个生活程度的突进，为了这个缘故，人们都忙忙碌碌奔走工作，终日辛勤，继之以夜，任教者往往走马灯一般的兼课数校，做学生的往往一面工作，一面求学，其他身兼数职，奔走不暇者尤到处皆是。推其原因，并不是他们好劳恶逸，自求多烦，实在是经济的情形，生活的竞争，迫着他们不得不如此做去。因

---

〔1〕 "巴登"原文作"巴敦"，现据今日通常译法改正。——校勘者注。

此，就发生许多不良的结果，工作过度，神经衰弱，陷于身体上不健全及精神病。同时亦发现了女工和童工。这种结果，一方面是现代的人们，陷于衰弱及失德，他方面使下代的人们——现代的孩子们因而退化，其所生的危害是很重大。

在这样激烈的生存竞争里，智力上或体力上较弱者往往陷于失败之境，他们求助无路，谋生乏术，于是痛恨忿嫉，就养成了一种反社会的观念。这样的观念，每使这些可怜的人们，舍却正道而陷于犯罪。他们的犯罪是受着社会的驱策压迫而陷落的，所以他们对于犯罪的行为，往往毫不忏悔，而且认为正当，因为在他们看来，现代工商业上许多不道德不合理的行为，不但未受惩罚，反借此得利，那么〔1〕他们的犯罪行为，有何不可呢？实际上，在现代的社会组织里，许多不公平不合理的反社会的事业，由是而造成偏颇的观念，实为许多犯罪之引线。欲求犯罪之减少，非从这些根本的事实力求改造不为功。

前面已经说过，由于生活上激烈的竞争，而产生女工和童工的制度。这二种制度和犯罪的发生也很有关系的。现在把女工和童工制度对于犯罪的影响约略分别说明之。

◎ **女工**

据许多社会学家的调查，证明工厂女工，极容易堕落，因此亦极容易的陷于犯罪。堕落的原因，大概是由于环境的不良，和生活的困乏。恩格斯〔2〕（Engels）在他的 *The Conditions of Working Class* 一书中说：集男女老幼于一屋，既没有相当的教育，更没有道德的陶养，在这样的环境里，而求女子道德的发育，当然是很难能得。雇主方面对于种种的恶影响既不能防患于未然，于是乎青年男女，就很容易堕入魔道。工厂中间所用的言语大概是很下流淫亵的。据调查所得，无论大小厂家，莫不皆然。工厂的环境不良是女子堕落的第一个原因。工厂主人及工头等，往往利用其地位，诱惑可怜的女工。意志薄弱，生活艰难的女工们当然不得不堕其术中了。倘稍加抵抗则利诱威胁，无所不为，可怜的女工们，非饿死惟有忍辱屈服耳。在上者之诱惑

〔1〕"那么"原文作"那末"，现据今日通常用法改正，下同。——校勘者注。
〔2〕"恩格斯"原文作"恩格尔斯"，现据今日通常译法改正。——校勘者注。

及侮辱实为她们堕落的第二个原因。工资低微，不足以维持生活，更谈不到奢侈，为寻找较多的进款计，是女工堕落的第三个原因。堕落是犯罪的第一步，陷入了堕落之门，那么，犯罪之网早已张着口儿预备吞吃了。还有许多可怜的女工们，因为微薄的薪资不足以维持生活，于是逼于饥寒陷于犯罪，这样的例子，也数见不鲜的。

◎童工

童工也是犯罪原因之一。在无产阶级的家庭里，不但父亲和母亲为了生活的缘故，必须早晚工作，即使未成年的孩子，也须从事于劳动，以补生活之不足，这种劳动，不但有损于他们的身体，亦而且有害于道德。因为种种不良的试诱或刺戟，往往引着他们趋入堕落之路。同时学校儿童，在早上或晚间，从事于谋生的劳动，对于学课方面，成绩不良，进步亦至困难，他们虽然在学校里，而实际上所受的教育还是白费的。因为命运的艰困，使他们不得不百计钻营握住每一个机会，不管它是好是坏，是合法的或者是违法的。这种恶习的造成，我们怪不得他们自己，所怪的只有现在的经济制度。据柏林附近的泼老真西监狱的调查，一百个儿童犯罪中有七十个都是做着小工作，借以补助家用的。有的是送饭，有的是贩卖报纸[1]，送信等等，在学校功课之外，极早到极迟，苦苦地工作着。这样看来，可见童工也足以影响于犯罪了。

◎职业的影响

职业与犯罪很有影响。据学者的研究，在劳动者方面靠每日工资度日者如矿工，建筑匠等，犯罪者较多，田庄劳动者如农村间的雇工等则犯罪者较少。在商业方面，自己营业者犯罪率较高，被雇者犯罪率较低，家庭雇仆，自由职业者，公务员犯罪率最低，街市叫卖的孩子，酒店及旅馆的女侍者，女仆等则比较的容易堕落及陷于犯罪。因为靠工资度日的劳动者，大都今朝有酒今朝醉，明日无钱明日愁，他们所得到的工资，是随手化去的。同时，他们的工作状况又并不稳定，往往工作一天，闲了二天，收入无把握，消费很容易，所以在生活上毫无保障，在寻不到工作，度不得日子的时候，就不

---

[1] "报纸"原文作"新闻纸"，现据今日通常用法改正。——校勘者注。

得不陷于犯罪了。田庄的劳动者居于乡村之间，试诱较少，欲望亦低，他们的工资虽然微薄，而无处化用。所以不容易陷于极度的贫穷，亦不致于无端犯罪。自己营业者经济方面所负的责任较大，所冒的风险较多，所以较之被雇者——比较的处于不负责任及安全的地位，容易遭着经济上的困厄而变为犯罪者。家庭雇仆，差不多为家庭之一员，与外间很少接触，生活上亦比较的稳固，所以不易犯罪。自由职业者及公务员，大都智识程度较高，经济情形较好，一方面因为了地位的关系，一方面为了经济的情形，自己谨慎防备，克己制欲，所以比较的犯罪者少。至于叫卖的孩子，公共的女侍则引诱既多环境殊恶，不良的伴侣，奸猾的痞棍，处处都导着他们趋入罪恶之路，于是他们就无法保其洁白，而陷于堕落了。

在职业方面还有一种季候的职业者亦比较的容易犯罪。什么叫作季候的职业呢？就是某种职业只需要一季或一时的。这些人们，往往在夏季有工做，到冬季则无事可做，在这风雪交加，号饥啼寒的时间，他们为生活所逼就不得不趋于犯罪了。

◎工业状况

工业状况与犯罪亦有很密切的关系。现代工业以获利为目的。当市面销路停滞厂主不能获利时，他往往毫不迟疑地停业或缩小范围，而并不顾及工人的生计。在这样的工业状况下，就发生了犯罪。所以拉法格说："生产力之增大与犯罪率之增高，适成正比例。这是什么缘故呢？原来生产力与一国财富之增高，并不足以使一般人民都得到安乐。反过来说，因为资本之集中于少数人之手，工资劳动者，受着种种的压迫，反愈形其贫穷。所以犯罪的现象实为资本主义发达的当然结果。而且住资本主义制度之下，生产力是没有一定的标准的，有时太快，因此供过于求，不能获利，资本家为自己的利益计，即不顾工人之死活，骤然停工或减工，于是无数工人，即因之失业。失业的结果即驱之陷于犯罪而已。证之历来统计所得，事实显然，当工业衰颓时，则犯罪骤然增加，情势较佳时，则犯罪亦逐渐减退，这不是经济势力的支配吗？试看麦价的涨落与犯罪的影响既是一个证明。"

工业发达之程度与犯罪亦有关系的。大概工业初发达的国家，犯罪较多。据 Jarpe 的解释，以为这是由于生活的转变之故，从一种生活过渡到另一生活，就发生混乱了。在平时一般的人们大都在经济上有固定的地位的，一旦转变，到了过渡的时间，就流离失所，于是乎发生混乱，而犯罪的黑影即随之而来了。

◎商业状况

商业上的漩涡与犯罪亦极有关系的。奥格蓬氏（Ogóurn）在一九〇〇年至一九二〇年中调查一百个都市，证明自杀与商业凋零的结果是 ±0.74 在商业状况稳定时，一般人都有常业，经济上比较的安全，所以不但一切的欲望可以满足，同时还不绝地增高。但是不幸遇着商业上的危机，经济情形因之而大受影响，同时失业的人也骤然地增多，那时有工作者工资减少所以他们在生活上当然也很艰难，生活程度不得不迫着减低。无论失业者及工资低落者，当商业危机时，不得不在日常生活上竭力搏节，从前的享用，渐渐减去，所有的愿望，完全消失，在精神上和身体上都受着很深的苦痛。在这样的情境里，一方面缺乏机会和希望，一方面难于适应这样突变的环境，于是经济罪的试诱即随之增高了。

在平时各阶级之地位稳固，感情亦易于融洽。到了商业的危机，在雇主方面，因为营业上的打击，不得不减抵工资或减少工人。在工人方面，受了工资上损失，又加失业上的苦痛于是劳资感情，遂形恶化，同时阶级间的仇恨，亦随之而起。所以愈是在商业衰败的时候，愈多罢工及骚扰，同时亦增多犯罪的机会。

◎失业与犯罪

失业和犯罪是有密切的关系的。据美国统计局一九一八年的报告，45 368 个犯罪人中，有 15.8% 都是失业者。48 566 个妇女儿童者中有一半是失业者。在威斯康辛〔1〕州监狱（Wisconsin State Prison）中据监狱医官的调查，592 个犯罪人中有 48.1% 是失业的人，120 个累犯中 82.5% 是失业者。霍布豪斯〔2〕和布洛克威〔3〕（Hobhouse and Brockway）调查英国的犯罪人，据说有 60.6% 六都是从前有职业而后来无事可做的。一九二四年当美

---

〔1〕 "威斯康辛"原文作"威斯康星"，现据今日通常译法改正。——校勘者注。
〔2〕 "霍布豪斯"原文作"霍勃胡斯"，现据今日通常译法改正。——校勘者注。
〔3〕 "布洛克威"原文作"勃洛克威"，现据今日通常译法改正。——校勘者注。

国失业情形最烈时，盗窃[1]罪亦同时增多，在犯罪率中，占了30%。其余51%是流荡罪，64%是强盗罪。105%是行乞，这些都是经济情形的直接结果。自杀及离婚亦随失业而增多，这在许多国家都是如此。

失业的直接影响是贫困。随着就是堕落和犯罪。有许多人们，平日是很节制和省俭的。在失业之后，反而浪费起来，他们放弃了前途，只顾着目前。实际上，职业对于人们不但借此生活而已，同时也足以增进他们的雄心，维持他们的自尊。一旦失却了职业，同时也失却了雄心和自尊。他们觉得自己是没有希望了，没有上进的机会了，于是放荡浪费，不顾后来。这样的心理。是一种变态同时也非常悲惨的。

◎凶年与犯罪

凶年物价腾贵，生活艰难，贫弱者无法得食，没奈何只有用不正当的手段，取得他人的财物，以充自己的口腹，这是当然的现象。古语说："衣食足而后知礼义"，实在是不错的。当凶年时因为衣食所迫，无耻，犯罪的行为，都做得出来，是故女子多出于卖淫男子则铤而走险。

据犯罪学家刻特雷说："食物的腾贵，一方面减少对于身体的犯罪，一方面则增加对于财物的犯罪。"这也颇有见地。以一般的情形而论，大概农人犯财产罪者较少，而商人职工，劳动者等则较多，这种现象，到了凶年尤其来得显著。农人比较富于食物，而商人职工，劳动者则完全为食物消费者。当凶年时农人平时甘于粗衣淡饭，纵令食物减少，也不至于陷于犯罪。然而商人职工劳动者等则所有需要，莫不仰给于他人，而一方面又养成了鲜衣美食的习惯，经不起困乏，受不住风波，一旦陷于饥寒，就毫不迟疑地趋入歧路了。最近上海的犯罪的现象，就是一个显例。

以上所论，不过略举数端，以示犯罪与经济条件之关系而已。我国刑事科学尚未发达，在研究室里，既没有终日埋头，悉心研究的学者，在法院方面，也尚未根据科学从事精密的调查，事实上的证明是很少的。所以，本文所论，也只是一般的说明而已。愿有志研究的同学们，共同努力，对于刑事科学，作实际的，科学的研究，那么他日在学术上的贡献，绝非浅显[2]的。

---

〔1〕"盗窃"原文作"窃盗"，现据今日通常用法改正。——校勘者注。
〔2〕"浅显"原文作"浅鲜"，现据今日通常用法改正。——校勘者注。

苏俄刑事法与我国刑事法之比较研究[*]

陈　晓^{**}

第一，苏俄刑事法〔1〕

1. 序言

本文之目的，在比较吾国与苏俄之刑事法规。刑事法者，乃间接管束人类在某一个特定时间及范围（地方）内之某种行为而规定其直接处分之法则也。此种法则，以不能适用于居住在特定范围以外之为原则。

其立法目的有三：

一，防御其特定范围内领土及政治组织；

二，保存其法律效力所能及之范围内之社会秩序及善良风俗；

三，以法律的功用达到其范围内之政治及社会的理想建设或一定之社会形态。是以刑事法之内容，只须迎合一定政治团体（political unit）中之民意（public opinion）民情（social condition）及其政治社会之哲学（理想）观念，而无须顾及吾人地球上诸多式别之政治团体之安全，与乎世界上所谓公理（universal Justice）及国际习惯（universal practices）。除有特定条约外，国际法之原理原则，在理论上亦可置诸不问。

＊　本文原刊于《法学杂志（上海1931）》（第8卷）1935年第6期。

＊＊　陈晓，1937年毕业于前东吴大学法学院法律研究所，东吴法学院教师。系1937届硕士，此前获得美国爱荷华大学哲学博士，而后转入东吴大学法学院法律研究所。

〔1〕　全文共分六篇，连载于《法学杂志（上海1931）》，后文脚注均有说明。另，本文第一篇，即此篇，原名《苏联刑事法与我国刑事法之比较研究》，系作者笔误，其在第二篇开始加以说明，现于此注中说明。——校勘者注。

刑事法之种类通常可分为三：即刑法，诉讼法，行刑法。三者缺一，既不能完成吾人于刑事立法上之目的；故研究刑事法者不可不作通盘之研究。

2. 统论

本文之所谓比较，即吾人在一个特定政治组织中，考察他人在他的政治组织中所有之权利义务是也。比较刑事法之方法甚多，有发展之比较，形式（条文）之比较，法理之比较等等。本文现在所取之方法，乃为形式之比较。但吾人不明苏俄法律之背境，则虽熟读苏俄刑事法，亦只知其然。不知其所以然者非研究学问之道也。本文既以比较中苏刑事法自任，当略知苏俄法律之背景（吾国法律之背景，谅读者无不知之，无庸笔者多赘）。

凡一国（或一政治组织）之法律，皆受"潜力"及"当然"限制。潜力限制者：系指吾人之法律无意或有意的受吾人之历史，思想，信仰，生活程度，习惯等所限制（influence）。当然限制者，系指吾人立法皆受宪法，党义，及不可抗力之自然约束力——如地理地文——等所限制。苏俄刑事立法固亦不能超出潜力与当然之限制。惜苏俄共产思想之实行，及其国民之性质，生活情形，人殊言异，著者既非该方面研究者，不能作若何正确之观察。至若苏俄政体及政治组织，则有较可靠的之年鉴〔1〕及宪法条文〔2〕等为参考，此略述之如下：

吾之通称之苏俄，大都根据昔日帝俄之习惯，以为是一个独立的国家，然考其政治组织，苏俄实是一个联邦国（union）中之一共和国。而苏联——社会主义苏维埃共和国联邦之简称乃由多数独立自治政治组织（sovereign republics，autonomous republics，and territories）合并而成立。其联邦宪法即为其政治及社会组织之基础。此宪法开章明义即有"自各苏维埃共和国成立之时起，世界各国，分为两个营垒：资本主义的营垒及社会主义的营垒"之句。所以表示苏联内之各共和国之政体，政策，及一切制度，是取共产社会主

---

〔1〕 著者谓年鉴为"较可靠"而不曰可靠者，非谓年鉴编者不可靠，实因年鉴之编者所根据之材料多由各国政府所供给，而各国每不愿将其国内之真实情形全般公诸世人，苏联因其所处国际上特殊地位，独有使其严守各种秘密之必要。

〔2〕 宪法条文系根据王之相君最近苏联宪法（二十四年九月《法学专刊》第五期，七四页至八四页）

义[1]之形式。然则苏联内之刑事立法,即共产社会主之刑事立法,可无疑矣。

苏联宪法中,关于刑事立法之规定,只有数条,兹录出如下:

第一章第一条:"关于苏联最高权力机关管辖之事项……15 制定全联邦法院组织法及诉讼法,以及民刑法之基础……22 施行全联邦领域内之大赦权……"

第七章述苏联之最高法院及最高检察厅之管辖事务,及组织等共六条(即由第四十三条至第四十八条)。法院指示与解释全联邦法律问题,其任务略似吾国及美国最高法院及司法部(department of Justice)。苏联检察官得于苏联领域内各级法院中提起刑诉及维护公诉,总管各联邦共和国之检察事务。[2]

第九章第六十五条:"凡经各联邦共和国司法及行政机关判定犯罪者,各联邦共和国之中央执行委员乃保有大赦,特赦及复权之权。"苏联人民委员会无司法委员会之组织(第九章第六十三条)。

苏联宪法,既规定刑事法之详细条文,应由各共和国制定施行,故在形式上固无所谓共产社会主义联邦刑事法。但就各共和国刑事法实体内容观之,则各个独立的刑事法所差无几。且其总括的观念,既受联邦宪法及共产社会主义党章正义所限制,故知其一,即可知其二。独幸苏联之土地,人口,大部分在苏俄共和国领域内[3],而其刑事法实为他共和国刑事法之样本。故吾人可取苏俄共和国刑事法以代表苏联各共和国之刑事法[4]。

3. 苏俄刑事法之类型及历史

刑事法之种类有三:即一,规定作为及不作为之违法行为及其刑罚之效力,轻重,种类者;二,规定搜查,公诉,审问,裁判,上诉者;及三,规定执行刑罚者。举凡世界各文明国之刑事法,其性质及目的(客观的)之形式,固无彼此不同之处。但一国之刑事法,既以防御,保存,及达到一种特殊政治及社会形态为任务,其具体目的固不能各国一律。统一国际刑法之梦,

---

[1] 社会主义与共产主义不同。

[2] 看本文苏俄刑事诉讼法条文。

[3] 英译本用 Jincur responsibility according to the laws of place……之句语。

[4] 国际习惯外国大公使及领事等享有治外法权。

恐非二十世纪所能实现矣。苏俄刑事法之目的，独为世界上（除在苏联内各共和国）独一无二。盖其极端之任务为减绝有产阶级，而单以劳工农民——尤其是劳工者——利益为依归。故其刑事法之内容，颇多与非共产社会主义诸国不同之处。

近世法学者多倡导"菲利派"实证主义（即主观主义）社会保安政策，务求减少犯罪者及与已犯罪者自新之机会。惜乎，学说是一事而实行又另一事也。吾人立法常受社会环境及种种不可抗力之原因，不能施行理想之刑事政策。苏俄刑事立法者亦有感于此，故虽在表面上吸收"菲利派"主义之精华，其刑事法之内容，多有与主观派之主张相反。盖在苏联——苏俄一之社会环境，虽为本身自作自为之环境，一切固有制度皆可一笔抹杀，置之不理。然其政治社会之元素是与其他诸国无异——元素者何，人类是也。人类之心理及生理之变动，除有长期特殊训练或特殊异状者外，实无国界之可分，且苏联立国只十有余年，在此短时间内，断不能"共产化"全国民之思想与习惯。且一党得权，必受别党仇视，此为世界各国政治常态，而在苏联则尤其。是以苏俄刑事法，不得不动行死刑及刑罚差别待遇等，以求暂时调剂不可抗力之社会形状。而在此过渡时期，仍如资本主义国家，承认了国家权力之存在在及阶级之区别及门争。

苏俄刑事法史可分作四个时期：第一个期为混乱时期：即十月革命后激成变态社会所应需之法令，此种法令，自无系统之可言。第二期为市民战争时期，至此时期（一九一九年），政府制定刑事立法指导原理，将刑法之目的，犯罪之观念及刑法种类等编成八章二十七项（条），巩固今日苏联刑事法之基础。第三期（一九二二年至一九二七年）为刑事立法制定时期，在一九二二年有刑法典之编制，在一九二四年公布刑事立法基本原理，至一九二七年一月一日而施行现行刑法。第四期于新经济计划之实施后，而有现行法之增改补注。苏联因鉴于政治社会形状之急变无常，其刑事法亦随之而时有增删之事。

4. 苏联刑事法之立体的内容

吾人之所谓苏俄刑事法者，系指苏俄刑法，刑事诉讼法，及改善囚人劳动法而言。

其立体之内容如下[1]：

刑法共计二编十六章二百零五条。第一编各章不分节。第二编第一章分二节。条有分条及分项等。如第五十八条共有十四分条，没分条十四分条，每分条几等于吾国刑法之一条。又如第五十九条之三（即第三分条）又分五十九条之三之甲（即分项）及五十九条之三之乙及五十九条之三之丙。每分项亦几等于吾国刑法之一条。

刑事诉讼法共计六编三十二章四百六十五条。章有分节者，如第二十八章共四节。条有省略者，如第三百九十条无条文，只云"省略——参照第二百三十六条"。

改善囚人劳动法共计"基本规定"七条及七编。第一编及第三，四，五，六，七编不分章。第二编共分为十三章。其第一章又分为五节，其中一节分三款。本法共计一百四十七条。吾国无改善囚人劳动法，但本法内容等于吾国之监狱法规。今试将苏俄刑事法之编，章，条数与吾国刑事法之编，章，条数，罗列于下，以资比较：

（甲）刑法

	第一编（总则）		第二编（分则）		共计条数
	章数	条数	章数	条数	
中国旧刑法	十二	九十九	三十五	二百五十八	三百五十七
中国现刑法	十四	百〇二	三十四	二百八十五	三百八十五
苏俄	六	五十七	十	一百四十八	二百零五

（乙）刑事诉讼法

	编数	章数	条数	
苏俄	六	三十二	四百六十五	每编至少一章
中国现刑诉法	九	二十	五百十六	第四编以下不分章
中国旧刑诉法	九	二十	五百十三	

---

[1] "下"原文作"左"，现据今日印刷排版及阅读习惯改正，下同。——校勘者注。

（丙）改善囚人劳动法

苏俄改善囚人劳动法	一百四十七
中国监狱法（规则）	一百零八条

（吾国监狱法规除监狱规则外，还有二十余种其他法规，如监狱作为规则，监狱经费保管规则等，是以吾国监狱法规条文实有五六百条之多）。

第二，苏俄刑法

1. 苏俄刑法之特色

（1）以一切违法行为分二大类：反革命罪及行政秩序罪；二，其他各种关于人，物，性等罪——普通罪。前者之刑，绝对严峻，在分则中只规定其刑之最低限度。后者之刑，则有酌情赦免，减轻，及易科等"个人主观"主义刑，在分则中只规定其刑之最高限度。

（2）一切刑罚，不曰刑罚，而曰社会防御处分（measure of social defence）。

（3）在形式上取"罪刑法定"主义，然在运用上，法院得将法无明文规定之行为（危及社会行为）用类推方法决定罪刑等加以处分。

（4）在形式上取"不溯及已往"主义。但对于"阶级"之故得取"溯及已往"主义。

（5）社会防御处分（刑罚）在原则上用以防再犯，抑制捣乱分子，及强迫养成共产劳动共同生活之习性。但对于苏联主义根本上不符合之行为（如反革命，伪造货币等）则处以绝对刑（死刑）。

（6）受社会防御处分者非仅限于中止，未遂，既遂诸犯。即使其人有危及社会性者，亦可加以相当社会防御处分。

（7）普通刑罚——如徒刑，罚金——及吾国刑法之保安处分，在苏俄总称之为社会防御处分。

（8）条文之下常附注备考。

（9）军法编入形式刑法中之一章。

（10）用刑法强迫国民变更固有习惯风俗，亦苏俄刑法之特色也。

（11）有明文规定苏俄现行刑法为过渡时期之刑法。是以今日之苏俄刑法，非纯正之共产党苏维埃之刑法也。

2. 苏俄刑法编目

第一编　总则（general section）

第一章　刑事立法之目的

第二章　刑法之效力范围

第三章　对于政策一般原则

第四章　对于犯罪者刑法上适用

第五章　缓刑及解释

第二编　分则（special section）

第一章　对于国家之罪

第一节　反革命罪

第二节　特别危及苏联之范行政罪

第二章　其他妨害行政罪

第三章　公务员职务上之罪

第四章　违反排除宗教及教会罪

第五章　经济罪

第六章　对于人命身体自由及名誉之罪

第七章　对于财产之罪

第八章　违反保护公众卫生及公共安全秩序之罪

第九章　军法〔1〕

第十章　保守旧习罪

第一编　总　则〔2〕

第一章　苏俄刑事立法之目的

第一条　苏俄刑事立法之目的，为保护劳动社会主义国家及其既成的〔3〕秩

---

〔1〕　日译文作"军事上之罪"。

〔2〕　本法译文系根据英政府外交部出版之《苏俄刑法》［*The penal code of the Russian socialist Federal Soviet Republic*，Text of 1926（with Amendments up to December 1, 1932）with three Appendices. Foreign Office，July 1934，London，p. 82.］及日本早稻田大学法学会《早稻田法学》别册第五卷，江家义男译。刑事诉讼法，劳动法［民国二十四年（1935年）九月十五日出版］，在本文前者称英译本，后者称日译本。

〔3〕　即法律秩序。

序，而对于危及社会之行为（犯罪），加以本法所规定之社会防御处分。

吾国自人民国以来，刑事立法例以"无法律则无刑罚"之学理为开宗章明之第一义。至若刑法之目的，则散见各章各条之内，如保安处分，刑之酌科，及缓刑假释之类，皆所以直接或间接表示吾人刑事立法之目的，从未有以立法之目的书成形式条文者也。苏俄则以之说明于第一章第一条。唯其立法之主旨，有表现于第一句（即苏俄刑事立法之目的……及其既成的秩序一语）而不在第二句。以其立国于社会主义，故规定以保护劳农社会主义国家为重要之目的。但苏俄政治政策本以共产社会主义为根本法则，而在实际行政上则因种种原因，不能实行其主义之精神。无已，唯有托诸"过渡时期"四字，解释其变态矛盾之政治及社会政策。且恐刑法条文横遭"主义"之攻击，故用"既成的秩序"五字保护其非共产主义之法律秩序。吾国刑法之目的固以保护既成法律秩序为任务，虽云现在亦系过度之时期，然将来因社会之进化而法律秩序不免于"时的变更"而已。似无有此项规定之必要也。

第二章　刑法之效力范围

第二条[1]　　苏俄市民（citizen of the R. S. F. S. R）在本共和国内有危及社会之行为，或在本共和国外犯罪而在本共和国内被捕者，皆适用本法。

本条所谓"本共和国外"者，系指苏俄之外，苏联之内，及苏联之外。文体简略而文意至远，凡苏俄市民，不论其所居住之地在何处，皆受其共和国刑法之管束。此"为人主义"之法规；较诸吾国刑法第五，六条之"有限制为人主义"未免包括过广。又本条之所谓犯罪云者，其解释如何，不甚明了。愚意苏俄市民犯盗之罪，可从苏俄法律处罚。设有犯苏俄刑法所规定之罪，而在苏俄则为合法行为者（如宣传赤化革命及谋杀皇室要人），苏俄法院必不处以社会防御处分。总观本条之用语等等，远不如吾国刑法第三，四，五，六，七，八诸条之详细，且无第四条及第八条同样之规定，未免粗略之极。

吾国刑法条文如下：

第三条　本法于在中华民国领域内犯罪者适用之在中华民国领域外之中

---

〔1〕　英译本将本条分为（a）（b）二节。

华民国船舰或航空机内犯罪者以在中华民国领域内犯罪论。

第四条　犯罪之行为或结果有一在中华民国领域内者为在中华民国领域内犯罪。

第五条　本法于凡在中华民国领域外犯下列各罪者适用之。

第六条　本法于中华民国公务员在中华民国领域外犯下列各罪者适用之

一、第一百二十一条至一百二十三条第一百二十五条第一百二十六条第一百二十九条第一百三十一条第一百三十二条及第一百三十四条之经济罪；

二、第一百六十三条之脱逃罪；

三、第二百十三条之伪造文书罪；

四、第三百三十六条第一项之侵占罪。

第七条　本法于中华民国人民在中华民国领域外犯前二条以外之罪而其最轻本刑为三年以上有期徒刑者适用之但依犯罪地之法律不罚者不在此限。

第八条　前条之规定于在中华民国领域外对于中华民国人民犯罪之外国人适用之。

第三条　他联盟共和国之市民在本共和国内犯罪，或在联邦外犯罪而在本共和国内被捕且受公判或审判者，皆适用本法 [1]。

对于其他联盟共和国市民在苏联境内适用犯罪地之法律。

本条为处于联邦国体之苏俄刑事法所不可无，吾国政体统一，刑法适用于全国，故无类似本条之规定。本条如以苏联为一整个"世界"而观，则本条系采取"世界主义"之一种，而又承认他国刑法适用于本国（即行为地之法律效力"侵入"行为人所在地）。

第四条　在苏联内犯罪之国外人依犯罪地之法律。

本条以苏联为一个国家国体以之对待外国侨民。与美国法例略同，但本条之解释，外国侨民如在苏联内某共和国犯罪而在苏俄被捕者，受苏俄法院之审判，无须在犯罪地审问，此点与美国法例不同。吾国刑法既无地方之别，只罚行为人，不论行为人之国籍（领事裁判权乃过渡时期，受帝国主义者侵

---

〔1〕　英译本亦将本条第一项分（a）（b）二节。

略下之办法，非民国刑法之原理原则也）。吾国刑法在第八条及第九十五条有关于外国人之规定。但无与苏俄本条同样之规定。

第五条　享有治外法权〔1〕之外国人民（foreign citizens）发生刑事责任问题时，每案依外交方法（diplomatic channel）解决之。

本条可视为"国际法之条文化"（codified international law）。惜吾国五次此项规定。愚意本条当在刑事责任章内或在法例章内加以规定，以求刑罚法定主义之确定，及国际法之"条文化"也。

第三章　刑事政策一般原则

本章称为刑事政策一般原则，未免失当。盖刑法总则全部，形成刑事政策之一般原则。故本章仿效吾国之分为刑事责任，时效等数章则较为合理。

第六条　凡作为及不作为（act or omission）之行为为敌对苏维埃政体，或侵害劳农权力所制定之建设共产社会过渡时期（the period of transition to a communist regime）之法律秩序（order of things）者，以危及社会论。

备考：凡行为之本体，虽具备本法分则各条所列形式〔2〕之一，而其危险性因事之微小，或不能发生危险结果，遂失其危险性者，不为罪（loses its socially dangerous character）。

本条将刑法分则内各条之罪名（违法行为）总括之为二大类，与第一章第一条之规定并立，为苏俄刑法之一个根本定义，指示苏俄关于刑及罪之观念。吾国刑法在总则无分罪之种类，学者则在学说上至少分吾国刑法分则之罪名为三种（即对于国家之罪，对于社会之罪，及对于个人之罪）。苏俄能将罪名大别之为二者，以其抱共产主义之故也。在吾国三民主义政体之下，社会及个人权利法益相并重，不能效苏俄本条之分类。

本条附注备考，明示苏俄刑罚理论系取社会防御说，苟无防御社会之必要（即社会之安存不受摇动），则虽有行为及法律，法院得免其罪。此规定能

---

〔1〕　国际习惯外国大公使及领事等享有治外法权。
〔2〕　即成罪条。

免极端之刑罚法定主义，且于刑政上亦较为经济。吾国条文中有类似本条备考之规定。不过苏俄则曰"不为罪"，吾国则曰"免除其刑"，形式上不同，而对于行为人所受之实际结果则一也。吾国条文如下：

第六十一条犯下列各罪之一情节轻微显可悯恕认为依第五十九条规定减轻其刑乃嫌过重者得免除其刑。

一、犯最重本刑为三年以下有期徒刑拘役或专科罚金之罪但第一百三十二条第一项第一百四十三条第一百四十五条第一百八十六条第二百七十二条第三项及第二百七十六条第一项之罪不在此限。

二、犯第三百二十条之窃盗罪。

三、犯第三百三十五条侵占罪。

四、犯第三百三十九条之欺诈罪。

五、犯第三百四十九条第二项之赃物罪。

第七条 凡犯罪危及社会之行为者，或因与犯罪者为伍[1]，或因鉴于从前之行为（past activities）认为有危及社会性者，处以法律矫正，或医药，或医教（judicial–correctional medical or medico–educational）[2]之社会防御处分。

本条亦注重社会之安危，对于个人法益不甚注重。本条之特共性，在规定何种行为当受处分，将分则之内容总括规定于此一条。故本条可称为苏俄刑法分则之定义。吾国刑法总则中无此规定。安保处分章中第九十条虽与本条之一部分有相同处，但吾国该条之处分系一种徒刑，在本刑执行完毕或赦免后始得执行。吾国刑法第九十条条文如下：

第九十条 有犯罪之习惯或以犯罪为常业或因游荡或懒惰成习而犯罪者得于刑之执行完毕或赦免后令入劳动场所强制工作前项处分期间为三年以下。

第八条 某作为依第六条之规定，在行为时认为犯罪（a crime）而在预审或裁判时，因刑法之变更，或因社会政治制度（social–political situation）

---

〔1〕 日译本作与犯罪的环境的关系。英译本作"Connection with Criminal classes"。

〔2〕 日译本作裁判的改善，医术的治疗，及矫正的教育。著者认 judicial 有裁判二字之意，但医术等之处分、乃于受裁判后方得施行，故直译英译本之字句作法律矫正，及医教处分。

之变更而失去危及社会性，或因法院裁定而已不能认为有危及社会性者，该行为人不受该作为之社会防御处分。

本条系取新法追溯既往行为之学说。但认社会政治制度之变更而不处分行为人，在法理上不甚合理，业有社会政治制度变更而法律依焉如旧之理。或曰苏俄刑法及其他法律在形式上取共产主义，但因主义实行之难，非共产之制度，亦所难免，此所以保护过渡时期之变态社会也。吾国政体，根本上不能承认变更，故只规定法律之变更而无政治制度变更之规定。社会之变更与法律之变更并行而不可分离，本无特别规定之必要。

苏俄本条不及吾国刑法第二条之详细，且无第一项但书之规定。又苏俄本条下半节之规定或可勉强援引吾国刑法第五十七条第九节及第五十九，六十，六十一各条可称立法之意旨略同。

吾国刑法第二条条文如下：

第二条　行为后法律有变更者适用裁判时之法律但裁判前之法律有利于行为人者适用最有利于行为人之法律。

保安处分适用裁判时之法律。

处罪之裁判确定后未执行或执行为完毕而法律有变更不处罚其行为者免其刑之执行。

第九条　施行社会防卫处分之目的如下：

一、预防犯罪之再犯。

二、牵制（influence）其他社会上不良分子[1]使犯罪者适应（adopt）劳动者的国家社会生活条件（the condition of the community – life of the toiler's state）。

社会防御处分不得与以肉体上痛苦或以侮辱人格（personal humiliation）为目的。复仇（retaliation）及苛罚（punishment）亦非其目的。

本条可称为"相对主义刑罚学"派之代表。吾国刑事政策亦不过如是，但无明文规定。今苏俄竟以此为刑法条文之一，吾国亦当效法也。

---

〔1〕　日译本作"社会上之动摇成员"（分子）。英译本作"unsuitable members of society"。

第十条　法律矫正，只限适用于危及社会之行为，而具有下列情形者：

一、行为出于故意者。例如行为人预见其作为之社会的危险结果，或有意成此结果，或明知结果发生而容许者。

二、行为出于过失者（acted carelessly）。例如行为人能预见其结果而不预察者，或能避免其结果而轻率不理，希望其不发生结果者。

本条系肯定的限制法律矫正处分之适用，同时规定"普适性"之刑事责任（即当常人之刑事责任）。吾国刑法第十二条之规定则为否定的规定而无限制刑之种类。苏俄本条无"过失行为之处罚，以有特别规定者为限"一项，是以在苏俄行为人不能因法无处分某种过失行为之明文而逃罪。

本条第一节等于吾国刑法第十三条。

本条第二节上半节等于吾国刑法第十四条。但无"并能注意"及"确信其不发生"二句，未免失当，使吾人常感有所不足。本条下半节之条文，愚意以为似有违背刑法原理。如译文无误者"希望"二字（英译本作 Hope，日译本作期待）含有故意之性质，吾国刑法亦以此种行为为故意（吾国刑法第十五条）。

吾国刑法第十二，十三，十四，十五条条文如下：

第一二条　行为非出于故意或过失者不罚。

过失行为之处罚以有特别规定者为限。

第一三条　行为人对于构成犯罪之事实明知并有意使其发生者为故意。

行为人对于构成犯罪之事实预见其发生而其发生并不违背其本意者以故意论。

第一四条　行为人虽非故意但按其情节应注意并能注意而不注意者未过失行为人对于构成犯罪之事实预见其能发生而确信其不发生者以过失论。

对一定结果之发生法律上有防止之义务能防止者与因积极行为发生结果者同因自己行为致有发生一定结果之危险者负有防止其发生之义务。

第十一条　因慢性的精神病（chronic mental disease）或一时的精神错乱（temporary derangement of the mental faculty）或其他病态，行为时已失去自制及理解性者，其行为不受法律矫正处分。行为时虽为常人，在宣告判决时罹精神病者，亦同。

对于前项行为人，施以医药的社会防御处分。

备考：本条不适用于酗酒状态者之犯罪行为。

本条规定（变态性）之刑事责任，兼涉及刑事诉讼法。第一项约等于吾国刑法第十九条及刑事诉讼法第四百六十九条及第第四百七十一条之一部分。吾国对于精神耗弱者只得减轻其刑，并无苏俄之绝对不执行法律矫正处分之规定。又本条之所谓医药的社会防御处分即吾国之保安处分也（刑法第八十七条）。本条备考之规定，虽合苏俄动行禁酒主义，然酗酒者之状态，实一种病态，故为预防再犯计，从吾国刑法第八十九条于刑之执行完毕或赦免后，适用医药改善之处分（强制禁戒）为适当（参看苏俄刑法第二十六条之解释）。上述吾国诸条文如下：

第一九条　心神丧失人之行为不罚。

精神耗弱人之行为得减轻其刑。

第八七条　因心神丧失而不罚者得令入相当处所施以监护。

因精神耗弱或聋哑而减轻其刑者得于刑之执行完毕赦免后令入相当处所施以禁戒。

前项处分期间为三个月以下。

第八九条　因酗酒而犯罪者得于刑之执行完毕或赦免后令入相当处所施以禁戒。

前项处分期间为三个月以下。

刑诉法第四百六十九条　受死刑之谕知者在心神丧失中于其痊愈前由司法行政最高官署命令停止执行受死刑谕知之。

妇女怀胎者于其生产前由司法行政最高官署命令停止执行依前二项规定停止执行者于痊愈或生产后非有司法行政最高官署命令不得执行。

刑诉法第四百七十一条受徒刑或拘役之谕知而有下列情形之一者依检察官之指挥于其痊愈或该事故消减停止执行。

一、心神丧失者。

二、怀胎七月以上者。

三、生产未满一月者。

四、现罹疾病恐因执行而不能保其生命者。

第十二条 对于未满十六岁者不实施法律矫正处分。该种行为人由少年审判委员会（commission of juvenile cases）施以医教之社会防御处分（本条系一九二九年十月三十一日改正）。

本条等于吾国刑法第十八条，但本条系纯粹的少年法（juvenile law），而吾国之条文，则规定免除或减轻其刑事责任。本条提高受医教处分之年龄为十六岁，是其长处。然吾国刑法第八十六条第二项之规定，颇能补第十八条之不足。又本条所称少年审判委员会，在吾国尚未成立，殊可惜也（美国之juvenile court 及日本之少年审判所亦甚发达，吾国亦不可不早确立少年法及少年特别法院）。

吾国刑法第十八条及第八十六条规定如下：

满八十岁人之行为得减轻其刑。

第八六条　因未满十八岁而减轻其刑者得于刑之执行完毕或赦免后令入感化教育处所施以感化教育但宣告三年以下有期徒刑拘役或罚金者得于执行前为之。

感化教育期间为三年以下。

第二项但书情形依感化教育之执行认为无执行刑之必要者得免其刑之执行。

第十三条 法院认行为人之行为系必要防御[1]侵害苏维埃权利（authority）或本人或他人之身体及权利，而为超过必要之防御范围者，其行为虽为刑法所规定亦不施以处分。

行为系出于避免危难[2]，而其情状实使行为人无其他方法可取者，不受处分。但该行为之结果，不得超过所欲避免之危害（本条系一九二七年六月六日改正）。

本条与吾国刑法第二十三条及第二十四条相当。但本条取绝对不罚主义（如不超过法定范围者），吾国则取"得减轻或免除"主义。又本条除自己及他人权利外，加苏维埃权力，可见苏俄立法者步步顾念其共产政体之安全，

---

[1] 即吾国之紧急防御。
[2] 日译本多"虽已为刑法所规定之行为"一句在本项之首，英译本无此句。

不肯稍稍放松。

本条第二项"无其他方法可取者"一句，比吾国第二十四条之"不得已"一语，较为切当，但其意则一也。

吾国条文如下：

第二三条　对于现在不法之侵害而出于防御自己或他人权利之行为不罚但防御行为过当者得减轻处罚其刑。

第二四条　因避免自己或他人生命身体自由财产之紧急危难而出于不得已之行为不罚但避难行为过当者减轻或免除处罚其刑。

前项关于避免自己危难之规定于公务上或业务上有特别义务者不适用之。

第十四条　凡具下项情形者不得提起刑事追诉：

（甲）犯五年以上剥夺自由刑之罪，犯后已逾十年者。

（乙）犯五年以上剥夺自由刑之罪，犯后已逾五年者。

（丙）犯一年以上剥夺自由刑之罪，犯后已逾三年者，或犯法定较剥夺自由刑更轻之罪，犯后已逾三年。

前项规定只适用于该行为人对于该行为未经若何刑事程序者[1]。但在前项时效内行为人如犯同类之罪或更重之罪，行为人在预审或审判未完时逃避者，该罪之时效认为中断，其时效之计算乃由新犯罪之实行日或新刑事程序发生之日从新起算。（本条系一九二七年六月六日改正）。

备考一：对于反革命罪（counter - revolution）之追诉时效，法院得自由裁决。但如法院裁决不适用时效之规定时，于犯枪毙刑者，当改行宣告为劳动阶级之敌，而剥夺联盟共和国及联邦国籍，终身逐出联邦外[2]，或处以二年以上剥夺自由刑（一九二七年六月六日改正）。

备考二：曾任帝政时代或内乱时期反革命政府之有责任或秘密职务（responsible or secret post）而为反劳动阶级及革命运动之积极行为或积极争斗者，被追诉时，法院得自由裁决时效及变更枪毙刑之适用（本条系一九二七年六月六日改正）。

备考三：行政处分（administrative action）之依本法起诉者不适用本条之

---

〔1〕　即诉讼程序。

〔2〕　（宣告为劳动阶级之敌……逐出联邦外）系苏俄刑名之一种。

规定。该行为之处分，限在行为后一个月施行（本条系一九二七您六月六日改正）。

苏俄之最长追诉时效，较吾国短十年，如吾人偏重于主观刑事政策，则苏俄之规定，不可谓为过短。然苏俄地大，交通不便（近或有改良进步之事实，但亦非苏联全般的改良）。且国境邻接之处，偏僻游牧之地甚多，最易藏匿犯人，逃罪十年，本非难事，为郑重计，将杀奸强盗诸重罪，定其追诉时效为二十年，或较为得策。

时效之计算，吾国条文，较为详密，第八十条之连续及继续状态云者，是否与等于苏联本条之所谓犯同类或更重之罪，颇成疑问。犯同类之罪，本可视为犯罪行为之连续或继续，似无共议。但犯更重之罪是否与前罪有连续或继续性质，法理与伦理之见解不同。吾国刑法第八十一条及第八十二条规定时效之计算当依最重最高度本刑，而于刑法第七章规定则有数罪并合之法例，而是观之，犯更重之罪，即消减以前犯罪之时效，各罪不能独立。

又苏俄时效中断，则由新事实发生之日从新计算，停止（中断）前已经过之期间亦失效，吾国则一并计算，且停止原因在某种情形之下亦得消减。

备考三则，前两则系苏俄政治上之一种报复兼自卫手段，末一则之规定，系指违警罪及违背行政官署命令等之处分而言。吾国刑法则无此项条文也。

吾国刑法第八十条至第八十三条之条文如下：

第八〇条　追诉权因下列期间内不行使而消减：

一、死刑无期徒刑或十年以上有期徒刑者二十年

二、三年以上十年未满有期徒刑者十年

三、一年以上三年未满有期徒刑者五年

四、一年未满有期徒刑者三年

五、拘役或罚金者一年

前项期间自犯罪成立之日起算但犯罪行为有连续或继续呀之状态者自行为终了之日起算。

第八一条　追诉权之时效期间依本刑之最高度计算有二种以上之主刑者依最重主刑或最重主刑之最高度计算。

第八二条　本刑应加重或减轻者追诉权之时效期间仍 依本刑计算。

第八三条　追诉权之时效如依法律之规定侦查起诉或审判之程序不能开

始或继续时停止其进行。

第十五条　行刑权由判决有罪之日起，十年内不行使则消减。

本条规定过于简略，此类总括的规定，为刑事学家所不取。学者有取极端之见解，谓治罪以"平等统一"（uniform）为要。窃以为刑法既有缓刑减刑之例，则小罪之刑可于一年之内不执行而免其刑，重罪之刑则至多十年不执行而免其刑。

吾国之规定最长期间为三十年，未免过长。追诉权则二十年而消减，执行时效加长十年，似可不必耳。关于行刑权之规定，吾国刑法有下列诸条：

第八四条　行刑权因下列期间不行使而消减：

一、死刑无期徒刑或十年以上有期徒刑者三十年；

二、三年以上十年未满有期徒刑者十五年；

三、一年以上三年未满有期徒刑者七年；

四、一年未满有期徒刑者五年；

五、拘役或罚金者三年；

前项期间自裁判确定之日起算。

第八五条　行刑权之时效如依法律之规定不能开始或继续执行时停止其进行。

前项时效停止自停止原因消减之日起与停止前已经过之期间一并计算。

挺住原因继续存在之期间如达于第八四条第一项各款所定期间四分之一者其停止原因视为消减。

第十六条　有危及社会行为而本法无明文规定者，得准据本法中性质最近似该行为之条项，定行为人之责任[1]。

夫立法，不外乎根据吾人日常经验之事实，是以条文法律（written law）常有不足以应接吾人之新经验者。如吾人盲守刑罚法定主义，在现代日新月异之世界，恐常有出乎礼而不入乎法之事实，甚者危及社会全般之安全。本条之活用，足以制止知法玩法及一切法律外（outside of the law）之"非法"行为。但此"类推解释"方法，弊端百出，故非有详细之研究，肯定的证据

---

　〔1〕　责任二字，英译本作 basis and limit，日译本用基础及范围。

（positive proof），适合一国之情形者，不足为法也。法院适用本条时，只推定"罪性"类似某条。至若罪刑之决定，则适用苏俄刑法第二十条之规定，处以相当之刑，但不得超过所类推之条文所规定之最重刑（以上系一九二五年六月十五日高等法院总会议决令）。

吾国刑法第一条之规定适于本条相反，其条文如下：

第一条　行为之处罚以行为时之法律有明文规定者为限。

第十七条　直接犯罪者——主犯及共[1] 及其教唆，帮助犯皆受法律矫正之处分。

教唆（induce）他人犯罪者为教唆人。指教（advice or instruction）供给犯罪手段，或排除障碍，或藏匿犯人，湮灭证据，补助加功犯人之行为者为帮助犯。

吾国以"共犯"二字包括一切本人以外之犯罪者，有共同正犯，教唆犯，从犯等之分别。教唆未遂，如有明文规定，亦得处罚。苏俄本条之规定较为简略（吾国刑法以"共犯"诸条成一章）。又本条末项之行为"藏匿犯人，湮灭证据等者在吾国以正犯论谕"（参看刑法分则第九章）。

本条之所谓教唆及指教，其区别在教唆无犯意者为教唆，指导有犯意犯罪者为指教。

吾国关于共犯之条文，共计四条，其条文如下（苏俄无吾国第三十一条之规定）：

二人以上共同实施犯罪之行为者皆为正犯。

教唆他人犯罪者为教唆犯。

教唆犯依其所教唆之罪处罚之。

---

〔1〕 日译本作"实行犯罪者"（正犯）及其共犯（教唆者及帮助者），英译本作"those who carry out the crimes and those who participate in their execution and to instigators and accomplice"。

（如系由行为人……而加处分）一节，英译本作"If a crime has not been carried to conclusion because the person who intended to commit it voluntarily refused to commit it the court shall fix the appropriate measure of social defence in respect of such acts as were in fact done by the person who attempted to commit the crime or made preparations for it"。

日译本作"实行犯罪者"（正犯）及其共犯（教唆者及帮助者），英译本作"those who carry out the crimes and those who participate in their execution and to instigators and accomplice"。

被教唆人虽未至犯罪教唆犯仍以未遂犯谕但以所教唆之罪有处罚未遂犯之规定者为限。

第三〇条　帮助他人犯罪者为从犯虽他人不知帮助之情者亦同。

从犯之处罚得按正犯之刑减轻之。

第三一条　因身份或其他特定关系成立之罪其共同实施或教唆帮助者虽无特定关系仍以共犯论。

第十八条　法院处分共犯时，当分别酌量各个犯人犯罪程度，及其本人及犯罪事实之危险性质。

知有犯罪事实，或知将有犯罪之发生，而不报告当道（authorities）者，得处以社会防御处分。但该处分以有本法特别规定者为限。

本条第一项系刑之酌科，其宗旨略与吾国刑法第五十七条同（参看苏俄刑法四十八条）。

本条第二项之规定，散见于吾国特别形式刑法未设有此项罪名。关于此点，现行刑法似有增添之必要。盖吾人之社会，以相扶助而确立，一切犯罪行为，系危及侵害社会之行为（斯即学者谓刑法为公法之根本理由也）。故吾人须负维护社会之责任，但苏俄立法之用意，常有醉翁之意不在酒而在乎牵制反革命者之阴谋，亦未可知也。

第十九条　未遂罪之处分，与既遂同。为预备犯罪而购置犯罪用器物，或考究犯罪手段及做成其他实行犯罪必要之条件者亦同。但法院审判处分时，当酌量未遂或预备犯罪之危险性及其预备程度，与乎发生结果之远近，又须酌量调查其不致既遂之原因。如系由行为人任意中止而不致既遂者[1]视其未遂或预备之行为程度而加以处分。

本条与吾国第二十五条至第二十七条之规定相等。差别在吾国处罚未遂，以有特别规定为限，苏俄则无须有特别规定。

---

〔1〕（如系由行为人……而加处分）一节，英译本作"If a crime has not been carried to conclusion because the person who intended to commit it voluntarily refused to commit it the court shall fix the appropriate measure of social defence in respect of such acts as were in fact done by the person who attempted to commit the crime or made preparations for it"。

又吾国规定未遂（中止）犯得减免其刑，苏俄则规定处分时之标准为详细精密。

本条说明预备或着手之程度，比吾国之"已着手于犯罪行为实行之云云"一语，较吾国刑法第二十五条至第二十七条条文如下：

第二五条　已着手于犯罪行为之实行而不遂者为未遂犯之处罚以有特别规定者为限。

第二六条　未遂犯之处罚得按既遂犯之刑减轻之但其行为不能发生犯罪之结果又无危险者减轻或免除其刑。

第二七条　已着手于犯罪行为之实行而因己意中止或防止其结果之发生者减轻或免除其刑。

第四章　对于犯罪者刑法上适用之社会防卫处分[1]

本章规定刑之种类，兼涉及行刑政策及保安处分。故本章虽在名义上等于吾国刑法第一编第五章，其内容实等于吾国刑法第一编第五，第八，第十二诸章。

第二十条　法律矫正之社会防卫处分如下：

一、宣告为劳动阶级之敌，而剥夺联盟共和国及联邦国籍，终身逐出联邦外。

二、剥夺自由，收容于联邦远僻地[2]之囚人改善劳动所（Correctional - labor Camp）。

三、剥夺自由，收容于普通拘禁所（ordinary places of imprisonment）。

四、强制劳动（compulsory labor），但不剥夺自由。

五、褫夺政治的或特定的公民权。

六、有期逐出联邦境外。

七、逐出本共和国境外，或逐出一定地方，往寓指定住所或不指定住所，同时得禁止或不禁止其寄居于某一定地方。

---

〔1〕　原文从此处开始另起一篇，载于《法学杂志（上海1931）》（第9卷）1936年第1期。

〔2〕　远僻之地云云，即指西伯利亚（原文作"西比利亚"——校勘者注）及北冰洋附近等地而言，内地森林及盐矿区，亦得谓为远僻之地。

八、免职兼禁止或不兼禁止其就任同样或者其他职务〔1〕。

九、禁止从事一定之工作或职业（a given activity or trade）。

十、公开谴责（public reprimand）。

十一、没收财产全部或一部分。

十二、罚金。

十三、负所损害之赔偿义务。

十四、警告（warning）。

　　法律矫正之社会防卫处分者，即吾人通常所负之刑事责任（按学者有以刑罚为吾人对于社会之刑事责任）。本条之特色，在第十三项。以吾国法例而论，负损害赔偿义务，系属连带民事责任，苏俄竟作为独立防卫处分——即刑罚——之一种，其性质较罚金刑犹轻一等。窃以为微小犯罪，如犯者实因环境迫成所致，当以此负损害赔偿之刑为最公道。但此类处分，如罚金，决不可适用于有资产者。纵观本条，其立法者颇能利用人情心理，如公开谴责，强制劳动，全以人皆有廉耻自悔之心为根据而立法。惟逐出国境之外，是否刑罚，颇属疑问。且逐犯罪者出境，必须得被逐到地方政府之承认，此点，在事实上恐难得满意之结果。

　　按吾国刑罚分主刑及从刑，主刑有死刑之规定，苏俄在本条不分主从刑，死刑亦在原则上已不施行，但吾人不能单以本条比较吾国刑法之类似条文而急下定论。盖苏俄本章其他各条有特别规定，分处分为基本的及补充的等，与吾国法例无异也。

　　兹列吾国刑法条文之关于刑法者于下，以助比较研究：

　　第三二条　刑分为主刑及从刑。

　　第三三条　主刑之种类如下：

一、死刑。

二、无期徒刑。

三、有期徒刑　二月以上十五年以下但遇有加减时得减至二月未满或加至二十年。

四、拘役　一日以上二月未满但遇有加重时得加至四个月。

---

〔1〕　日译本免职作免官，英译本作"dismissal from employment"。

五、罚金一元以上。

第三四条　从刑之种类如下：

一、褫夺公权。

二、没收。

第二十一条　为严制〔1〕较重之罪——如危及苏维埃国体及权力——得适用国家防护劳动者之非常手段——即枪毙。但本处分系有明文规定者为限。其适用直至联邦中央执行委员会废止本规定时为止。

吾国虽有死刑，但无类似本条之规定。吾国刑法分则中，规定死刑之罪，除危及国体及国家权力（即暴动犯内乱罪等）外，尚有杀人罪，强奸致死罪，海盗罪等。苏俄之所以规定本条也，其原因在于苏俄刑事政策，根本原则上，不得施行"死的处分"——即死刑。无已，在总则本条设例外之规定，使司法理想与一党一国之政治须要无冲突。须知人类思想，每为爱国忠心等词，引入迷途，盲目从事，虽流徙千里之外，桎梏其身体，犹不能稍变其志。苏俄执政者，多曾受帝俄政府之拘禁，知徒刑不足以除害，乃以死刑为最有效之自全方法，良有以也。设使吾国往日得将汉奸卖国贼咸处以死刑，或者目前之中国惨变不至出现。

第二十二条　犯罪行为时未满十八岁者，或怀孕妇女，不得处以枪毙处分。

本条实为现代文明国所必有之规定。吾国刑法第六十三条免未满十八岁或满八十岁人犯罪者之死刑或无期徒刑。但关于怀孕妇女之被处死刑者，不在刑法中规定，而在刑事诉讼法规定，对于怀孕妇女，可于生产后，仍得执行死刑。

第六三条　未满十八岁或满八十岁人犯罪者不得处死刑或无期徒刑本刑为死刑或无期徒刑者减轻其刑。

未满十八岁人犯第二百七十二条第一项之罪者不适用前项之规定。

刑事诉讼法第四六九条　受死刑之谕知者如在心神丧失中于其痊愈前由司

---

〔1〕　英译本作"In order to assist in the struggle"。

法行政最高官署命令停止执行。

受死刑论知之妇女怀胎者于其生产前由司法行政最高官署命令停止执行。

依前二项规定停止执行者于其痊愈或生产后非有司法行政最高官署命令不得执行。

第二十三条 基本的（Basic）法律矫正之社会防卫处分，适用于下列诸罪犯（一九二三年五月廿日改正）。

一、判决宣告被告为劳动阶级之敌，即受该判决宣告之效果。

二、剥夺自由。

三、不剥夺自由之强制劳动。

上文第二十条所规定诸处分，除警告及没收外，得作为独立处分或基本处分之补充处分。但依本法之特别规定，由法院裁决者，得将财产没收处分作为补充处分。

基本刑者，即吾国之主刑；补充刑即从刑。本条补充第二十条。在第二十条已与吾国刑法条文比较，今从略。

第二十四条 医药的社会防卫处分如下：

一、强制医疗（compulsory medical treatment）。

二、收容于治疗院（curative establishment）而隔离之。

在吾国固无医药之刑罚，有之，则为纯粹的保安处分而已。保安处分，在实质上，非刑罚也。但学者有以此种强制治疗为从刑之一种，窃以医疗处分等于公开病院之医治贫民，实无物质或精神的痛苦或损失，患病者当乐就医。且运用行政得宜，足以使患者感恩。本条——或吾国保安处分条文——列诸刑法条文中，虽免使保安处分带有一种刑罚之观。如能以保安处分，自成独立法或特别法，使受处分人了解保安医疗，虽云强制，实非刑期之延长或继续，对于受处分者之利益甚多。如是始得行刑政策及保安处分之真粹。

吾国强制治疗，多在刑之执行前为之，保安处分第八十七条一下至第八十九条及第九十一条即吾国强制医药处分之立法例也，其条文如下（参照苏俄刑法第十一条）：

第八七条 因心神丧失而不罚者得令入相当处所施以监护。

因精神耗弱或瘖哑而减轻其刑者得于刑之执行完毕或赦免后令入相当处所施以监护前二项处分期间为三年以下。

第八八条　犯吸食鸦片或施打吗啡或使用可卡因〔1〕、海洛因或其化合质料之罪者得令入相当处所施以禁戒。

前项处分于刑之执行前为之其期间为六个月以下。

依禁戒处分之执行法院认为无执行刑之必要者得免其刑之执行。

第八九条　因酗酒而犯罪者得于刑之执行完毕或赦免后令入相当处所施以禁戒。

前项处分期间为三个月以下。

第九一条　犯第二百八十五条之罪者得令入相当处所强制治疗。

前项处分于刑之执行前为之其期间至治愈时为止。

第二十五条　医教之社会防卫处分如下：（一九二七年十月二十日改正）

一、未成年人犯罪者，得交有养育能力之父母，或养父母，或监护人，或亲族，或个人，或团体监护之〔2〕。或

二、收容于特别矫正教育院（Special curative–educational estabishment）。

本条与第二十条之规定，皆系少年保护法。吾国保安处分章，亦有同样之规定。但吾国刑法第八十六条之规定。以矫正教育（感化教育）为从刑，于刑之执行完毕或赦免后，再施以教育。苏俄对于未满十六岁犯罪者，全不加以法律的矫正处分，务以教化为宗旨，颇得刑罪学家之称许。吾国监禁十四岁以上十八岁以下之少年人，未免过酷。姑不论吾国社会情形如何，十八岁以下之少年，尚可以强制教化，改良恶习，无容拘禁，不应使其终身负"犯罪"不名誉之玷。且中国国民性比诸欧美较为驯良，只以教化感动犯者之心，与以自新与谋生之机会，足以达刑法之目的，刑罚与恐吓〔3〕，非善导少年之良方也。窃以苏俄少年刑事政策（Administration of Juvenile Criminal Law）良可效法焉。吾国刑法条文如下：

---

〔1〕 "可卡因"原文译作"高根"，现据今日通常译法改正。——校勘者注。

〔2〕 日译本作"……父，养父，后见人，抚养者……"英译本作"Parents, adopted parents, guardians, or relatives"。

〔3〕 "恐吓"原文作"恐赫"，现据今日通常用法改正。——校勘者注。

第八六条　因未满十四岁而不罚者得令入感化教育处所施以感化教育。

因未满十八岁而减轻其刑者得于刑之执行完毕或赦免后令入感化教育处所施以感化教育但宣告三年以下有期徒刑拘役或罚金者得于执行之前为之。

感化教育期间为三年以下。

第二项但书情形依感化教育之执行认为无执行刑之必要者得免其刑之执行。

第二十六条　医教或医药之社会防卫处分得施行于具有下列情形之一者：

一、法院认为不当执行（application）法律矫正社会防卫处分者。

二、如果法律审查机关（the ovgans of judicial investigation）判案，未判定相当之医教或医药处分者，得用之为基本处分或补充处分〔1〕。

此条与吾国保安处分第八十七条等相若，详见苏俄刑法第二十四条及第二十五条。但是本条性质，系属刑事诉讼法及监狱管理法。吾国刑事诉讼法第四百七十一及四百七十二条，即与本条相若，所差者在吾国规定适用条件，苏俄则否。兹列吾国该刑事诉讼法条文于后：

第四百七十一条　受徒刑或拘役之论知而有下列情形之一者依检察官之指挥于其痊愈或该事故消灭前停止执行：

一、心神丧失者；

二、怀胎七月以上者；

三、生产未满一月者；

四、现罹疾病恐因执行而不能保其生命者。

第四百七十二条　依前条第一款及第四款情形停止执行者检察官得将受刑人送入医院或其他适当之处所。

---

〔1〕　本条译文是否正确，尚属疑问。日译本与英译本略有不同之处，英译本如下：

Art. 26. measures of social defence of a medical – educational or medical character may be applied：

（a）by the court if it considers inappropriate in the particular case the application of measures of social defence of a judicial correctional character, or.

（b）in order to supplement the latter if measures of social defence of a medical – educational or medical character have not been applied by the organs of judicial investigation concerned.

逐句直译日译本则如下："对于某案法院认为适用裁判的改善之社会防卫处分为不适当，得代以或用作补充处分，适用医术的治疗或矫正的教育之社会防卫处分。但医术的治疗或矫正的教育之社会防卫处分，已经由其他所辖审查机关适用之场合，不在此限。"

第二十七条 凡判定宣告为劳动阶级之敌，剥夺联盟共和国及联邦国籍，兼逐出联邦外者，不规定其处分之期限。（一九二七年六月六日改正）

苏俄刑法，在原则上无终身刑——即无期徒刑。本条无定期限云云，英文作"No time - limit shall be attached"在文字上不可以谓为决定的终身刑。但是实际上，受本条之处分者，等于被徒终身。但既逐出国境之外，则不受苏俄之管辖，被处分人之自由，在一定条件之下可以谓为完全恢复，是以吾人可以谓在苏俄无纯粹之终身刑矣。吾国无驱逐犯人出国境之条例，只外国人于刑之执行完毕或赦免后，得驱逐出境，此乃保安处分，并非刑罚也。剥夺国籍之刑，在吾国断不能执行。国籍之丧失条例（国籍法第三章）且有明文规定，犯罪人须俟刑期完毕，方得依法（自愿）丧失中国国籍。

吾国刑法亦无宣告违法人"为劳动阶级之敌"之刑罚。此种宣告，在苏俄共产党员心目中，固非常重视，但在非共产党之国，实无甚意义。惟吾人有自重心及"团体模仿心"，故在美国政界人士，最忌被指为"民主之敌"在日本则以"大不敬者"四字为最恶之名称。吾国或可效法，宣告犯罪人为"三民主义之敌"或"大不孝子"等"名誉刑"（作者名此类宣告刑为名誉刑，读者谅之），未知其效果如何也。但名誉刑有侮辱人格之虞；甚者，或使被宣告人不得在厕身社会。故名誉刑须备恢复名誉或公示取消名誉刑之手续，庶几可以施行欤？

吾国刑法第九十五条条文如下：

第九五条 外国人受有期徒刑以上刑之宣告者得于刑之执行完毕或赦免后驱逐出境。

第二十八条 剥夺自由之处分为一年至十年[1]。（一九三〇年五月二十日改正）

三年未满之剥夺自由处分，执行于普通拘禁所，三年或三年以上[2]者，入犯人改善劳动所（correctional labor camp）。

在特别情形之下[3]，法院如认被判决者（a person sentenced）处三年或

---

〔1〕日译本作"一年以上十年未满"。
〔2〕日译本作"三年以上"英译本作"three years or more"。
〔3〕英文即"In exceptional cases"日译本无此句。

三年以上之剥夺自由，而事实上被判决者断不能耐劳[1]，或其危及社会之性质，无须收容于犯人改善劳动所者（译者按即谓犯人已无危及社会之虞）得在判决时，特为裁决（inserting a special provision）改处普通拘禁所。

备考一：凡在和平时（in time of peace）工农[2]红军[3]部队继续服务中之高级或下级现役（senior or junior rank who is on continuous service……for the period of conscription）[4]触犯军法（a military crime）被处二个月至一年[5]之不剥夺权利之剥夺自由（deprived of liberty without loss of rights）者，在工农红军军人改善队[6]执行处分。又剥夺自由处分期不满二个月者，依规定之军队服务员纪律禁锢方法（in the manner prescribed for persons in military employ who are under disciplinary arrest）执行处分。有特别事情，而得法院之特别判决（special decision）者，对于上项行为人，得适用处分一般犯罪人同样之处分。

在工农红军服务之非现役中级，或上级，或最高级，或次级常务指挥官（intermediate, senior, supreme or junior regular commanding personnel）[7]，被处一年未满不剥夺权利之剥夺自由[8]；而被除军籍（discharged）[9]者，依一般原则，在判定之处分期内，执行强制劳动。（一九三〇年十一月三十日改正）

备考二：在战时编制（war footing）[10]，军人改善队队员编入工农红军之现役军（active army），而社会防卫处分之执行，暂时中止，待至军事行动告终后，继续执行[11]。

在军事行动中，军属被宣判不剥夺权利之剥夺自由之处分者，法院如认

---

〔1〕 日译本作"不耐筋肉之劳动"，英译本作"unfitted for physical labor"。

〔2〕 "工农"原文作"劳农"，现据今日通常用法改正，下同。——校勘者注。

〔3〕 "红军"原文作"赤军"，现据今日通常用法改正，下同。——校勘者注。

〔4〕 日译本作"兵卒及下级士官之现役及军属"；又"继续服务"，日译本作"常勤"，意即吾国俗语"常差或办公时"等。

〔5〕 日译本作"二月以上一年未满"。

〔6〕 日译本作"军人改善分监"，英译本作"military-correctional unit"。

〔7〕 日译本作"军属现役之预后备上级及下级士官"。

〔8〕 日译本无"一年未满"一句。

〔9〕 日译本作"脱离军籍"。

〔10〕 日译本作"战时召集"。

〔11〕 日译本作"战争终了"，英译本作"military operation"。

为适当，得裁决中止处分之执行，当将该被处分人仍编入现役军，待军事行动终止后执行处分。

凡依本备考之处分，服务于军队，而在军中显能尽力维护联邦[1]，得有所属队指挥官之声请，原判决法院得令（by order of the court）免除（releava）或减轻其原判定之社会防卫处分。（一九三〇年十一月三十日改正）

本条原文（即最初二项）系普通刑法，备考二则，属军事法规。

吾国有期徒刑为"二月以上十五年以下，但遇有加减时，得减至二月未满，或加至二十年"。拘役则为"一日以上，二月未满，但遇有加重时，得加至四个月"（刑法第三十三条第三，四项），略于与苏俄之规定同。惟吾人须注意者有二：

一、同为剥夺自由刑，在吾国最重为十五年至二十年，在苏俄则至多十年，彼此相差十年者何意？研究犯罪学及刑罚学之专家，多不赞成无期及长期处分。由社会防卫保安政策以观，则刑之执行，意在免除及防避犯罪，十年以上之监禁，是否为必须之手段？十年与二十年之监禁，其对于受刑者之危险性，有何关系？十年未改其心，而十有五年即得改善者乎？设十年足以警诫犯者之心，则其后多余之五年或十年之铁窗生活，岂非等于禁治良民于牢狱乎？人皆恶犯罪者，然一时社会欲避免危害，将同属人类拘禁于监狱，二十年后，事过境迁，再放其人出狱，其用意何在？吾人知有缓刑，假释等足以补救长期徒刑之弊，然监禁犯人二十年，不与以假释之恩典者常有，无假释而期满出狱，是等于承认该犯无悔改之心，仍为危险之徒也。如是，则又何为给"危险物"以自由，使社会再陷于危害？十年徒刑，足以警诫教化常人，且犯罪者之年龄，多在二十至三十，十年之后，年尚不高，从新自立，固无不可。二十年之监禁，设初犯时年巳三十，则出狱后年当半百，谋生不易矣。吾国未开辟之地甚多，如能以十年以上之长期监犯，与以条件之自由，使开辟新地，令犯二十年刑期之重犯，永与吾人离开，同时又得犯者自立之道，岂非良策。吾国近亦有此移囚人于旁省以开拓新地之建议，深望此事之能早日实现。然囚人开拓问题，因种种原因，不易实行，故亦有反对此说者。总之，中苏二国刑期之长短差十年，此点关心刑事政策者不可不详加研究也。

---

[1] 日译本作"出征中对于苏联有勋功者"。

苏俄之普通拘禁，或等于吾国之拘役（未详考），而苏俄以三年未满之处分为拘役，较诸吾国之以四个月为最大限者相差亦远矣。

二、苏俄监狱分犯人改善劳动所及普通拘留所，吾国虽有徒刑及拘役之别，但无两种监禁所之设备。

又苏俄之监狱，原名改善劳动所。虽名词与吾国不同，实则等于监狱，然改善劳动四字，能表示刑罚之意旨，及国家设置监禁所之目的。监狱二字，表现一种冷酷无情之慨，此点吾人——尤其是刑事心理学家及刑事社会学家——理应注意。

苏俄有易监禁为拘役之条例，此亦吾国所无。但吾国刑事诉讼法第四百七十条及刑法第四十一条之规定，略似此条例。

刑事诉讼法第四百七十条 处徒刑及拘役之人犯，除法律别有规定外，于监狱内分别拘禁之，令服劳役，但得因其情节免服劳役。

刑法第四一条 犯最重本刑为三年以下有期徒刑以下之刑之罪，而受六月以下有期徒刑或拘役之宣告，因身体教育职业或家庭之关系执行显有困难者，得以一元以上三元以下折算一日易科罚金。

备考二则之规定，亦非吾国刑法所有。以囚人编入正规军之法例，在刑事政策上观之，恐非良策。且以囚人编成之军——或每队参以囚兵数名——其军纪及战斗力，是否能得百分百之结果，颇成疑问。

吾国陆海空军刑法第一条有"除本法所列各罪外，有犯其他法律者，适用其他法律"之规定，是以吾国法例，与苏俄不同。

第二十九条 未决勾留及宣判后待执行之时期[1]算入剥夺自由处分期内。

对于非剥夺自由之法律矫正社会防卫处分，法院于宣判时，酌量未决勾留之情状，得减轻相当之社会防卫处分，或命免除社会防卫处分之执行。

对于受强制劳动之宣告者，以三日之强制劳动抵一日之剥夺自由处分。

吾国刑法之规定，大致与苏俄本条同。但吾国无以三日之劳役，抵一日之拘役或徒刑之规定。吾国刑法第四十五及第四十六条文如下：

第四五条 刑期自裁判确定之日起算，裁判虽经确定，其尚未受拘禁之日

---

[1] 原译本有"直至处分执行之日"一句。

数，不算入刑期内。

第四六条 裁判确定前羁押之日数以一日抵有期徒刑或拘役一日，或第四二条第四项裁判所定之罚金额数。

第三十条 不剥夺自由之强制劳动处分期为一日至一年[1]。

备考 不剥夺自由之强制劳动处分，不适用与非现役而仍在工农红军军务之中级或上级或最高级或次级常务指挥官，及在军籍之现役兵士及次级指挥官。当该行为人之强制劳动处分，改为不满二个月之禁锢（arrest），该禁锢之执行依现定之军务员军纪禁锢法（disciplinary arrest）。（一九三〇年十一月三十日改正）

吾国无单以强制劳动为主刑之规定，尤无所谓不剥夺自由之强制劳动刑。吾国刑法第四十二条有易服劳役之条例，但劳役期限，不得逾六个月。窃谓吾国现在情形，不难效法苏俄，设不拘禁之劳役。对于较轻微之违法者，迫令其每日报到，在公共建设事业，服役（劳动）八小时。劳资以本人及其家族所必须之最低限度为标准。富有者，不给于劳资，执行时，不用号衣，亦不用特别监视人，使其劳役之情形，与其他自由劳动者无别。其实收效果，必较胜于强制剥夺自由刑，无可疑矣。

第三十一条 剥夺政治及一定之公民权（civil right）者[2]，剥夺下项权利：

一、选举权及被选举权（active and passive rights of election）。

二、充任为公共机关之公选职务员之权（elective office in public organizations）。

三、充任为国家官署（state office）职员之权。

四、使用荣誉称号（title of honor）之权。

五、行使亲权（parental rights）。

六、领取社会保险及国家恩给之退职养老金之权利，及领取社会保险的

---

[1] 日译本作"一日以上一年未满"。
[2] 日译本作"特定之市民权"。

失业救济金之权利〔1〕。

宣告剥夺权利者，得将右列诸权利作全部或部分的剥夺。但剥夺行使亲权者，法院须有确证认明被治罪者（person convicted）曾滥用亲权。

又剥夺领受退职金〔2〕之权利者，只限执行于具有下列条件者：

一、被判决有罪，触犯对于国家之罪者（分则第一章）。

二、因触犯利己（personal gain）罪，被判决剥夺自由或指定居住地之追放（banishment）处分（基本的社会防卫处分〔3〕）者。

三、因受补充的社会防卫处分之执行（supplementary measure），财产被没收者。

四、在和平时（in time of peace）被判有罪，触犯第一九三条之三，第一九三条之四，第一九三条之七，第一九三条之九，第一九三条之十二，第一九三条之十三，第一九三条之十七，第一九三条之二十至同条之二十八者。及在战时触犯本法第九章（军法）各罪，被判决有罪者。（一九三〇年十一月二十日改正）

褫夺公权（吾国刑法第三十四条第一项），在吾国为从刑，其种类有三：即公务员之资格，公职候选人之资格，即行使公民投票权。其他因违法而失常人权力之规定，散见于他种特别法，如不能执行律师职务等是。吾国即未施行社会保险失业救济法，固无剥夺此项权利之可能。将来施行社会保险法，恐亦不能效法苏俄。盖保险基金，系由劳动者或由政府及劳资合作供给，是以失业者或老退者所当领受之保险金，系私人之劳积金，以法理论，除有必须没收犯人私有财产之全部者外，不得以违法为由，没收其私人之保险合同〔4〕。且不取消犯者之保险合同，将来出狱时，该犯人之保护事业，自亦较为容易。

吾国褫夺公权之规定如下：

---

〔1〕 原译本略有出入。英译本用"pension"退职养老金或退职俸，"state provision"国家恩给，"social insurance"社会保险。日译本作"社会保险法所给与之保险金及失业救济金"，无"国家恩给"四字，英译本无社会保险法之法字。

〔2〕 退职金英译本作"state pension"，日译本作"保险金"。

〔3〕 英译本作"as a basic measure of social defence"。原译本俱有括符号

〔4〕 "合同"原文作"契约"，现据今日通常用法改正，下同。——校勘者注。

第三六条 褫夺公权者褫夺下列资格：

一、为公务员之资格；

二、公职候选人之资格；

三、行使选举罢免创制复决四权之资格。

第三十二条 剥夺权利之处分，不得逾五年。

以剥夺权利为社会防卫处分之一，补充（译者按即并科）剥夺自由之处分者，权利之剥夺期效，除在失去自由之处分期内有效外，直至判定之期间止。

观此条，剥夺权利之处分，越五年即失效，前条之规定取消保险合同，或在取消后五年可以恢复矣。又依本条之规定，被剥夺自由之刑期中，权利亦得被夺，所谓"直至判定之期间止"者，系指剥夺自由刑期不满五年者，恢复身体之自由后，仍得受剥夺权利之处分。

吾国褫夺公权之期效，最长者终身，其条文如下：

第三七条 宣告死刑或无期徒刑者宣告褫夺公权终身。

宣告六月以上有期徒刑依法犯罪之性质认为有褫夺公权之必要者宣告褫夺公权一年以上十年以下。

褫夺公权于裁判时并宣告之依第一项宣告褫夺公权者自裁判确定时发生效力依第二项宣告褫夺公权者自主刑执行完毕或赦免之日起算。

第三十三条 第三十一条第一项，第二项，第三项所规定之剥夺权利，应同时剥夺苏维埃联邦勋章及苏维埃共和国勋章。法院须将上项情由，于处分执行时，向全联邦中央执行委员会干部会（The Presidum of the All – Union Central Executive Committee）或苏维埃共和国全俄中央执行委员会（The Central Executive Committee of the R. S. F. S. R.）权告。剥夺其他表章（mark of distinction）及荣誉（titles of honor）者，得由法院判决执行。（一九三〇年九月二十日改正）

本条之规定，在吾国则由行政院或管辖官署，依法执行，剥夺勋章奖章等，非入司法行政范围之内。但此规定，加入刑法，亦未始不可。

第三十四条 剥夺权利得为基本的社会防卫处分或为补充的社会防卫处分。

凡处分剥夺自由一年以上者，法院当决定剥夺权利之问题（the question of loss of rights）。

剥夺权利不得与执行犹豫或公开谴责并科。（一九二九年二月六日改正）

基本处分，日译本作独立刑，即吾国之主刑是也。吾国不以褫夺公权为主刑，已于上文述及，吾国刑法条文之类似本条者，亦已抄录在苏俄刑法第三十二条之后，今从略。

第三十五条 法院如认曾经犯罪者之滞留于现地有危及社会之虞者，得指定强制居住地或指定禁止居住地，或完全不作若何指定，逐其出本共和国或一定地方。同时定夺并科以强制劳动或不科以强制劳动。指定强制居住地而逐出本共和国或一定地方者，其期限为三年以上十年以下。本处分如系补充处分，则不得逾五年。指定强制居住地而逐出本共和国或一定地方，并科以强制劳动者，当作为基本的社会防卫处分。

指定禁止居住一定地方，或不禁止之逐出本共和国或一定地方者，其期限为一年至五年。

以上诸处分，如系用作补充剥夺自由之处分者，由出监（release from prison）之日起计算执行。（译者按：日译本作"其补充处分之期间，由拘禁执行之日起计算"。）指定强制居住一定地方而被逐出一定地方，同时被剥夺自由，而服役（undergoes）于囚人改善劳动所者，恢复自由时，须在劳动所区内（camp zone）居住，直至恢复居住自由时止。对于该被处分人应受以田地（land）或有给工作（paid work）。

未满十六岁人，不得处以若何种之逐出本共和国或一定地方之处分。（一九三〇年五月二十日改正）

吾国对于本国国民无逐出国境或省境之处分。在保安或行政上，常有期限强制迁移之举，如迫令难民离境，或遂乞丐出市等，但此非刑罚处分。苏俄一仍其帝俄时代之旧习，及其政治的及地理的关系，能有此类条文，在吾国恐难效法。譬如逐出上海之乞丐，或能使上海改善，但乞丐问题仍难解决。刑事行政亦然。故在吾国，普通之流徒刑，不合国情。流刑须有一种强制开垦僻地之政策，庶几可以施行。

本条有规定被处分人得受田地或有给工作一句，吾国能否施行此例，不论何种囚犯，凡无独立谋生之出路者，皆受以田地或有给工作，此问题尤值得吾人详细研究。

第三十六条　有期（a fixed period）逐出苏联或本共和国之处分，须依苏联立法（the legislation of the U. S. S. R）[1]之规定。

被判决有罪，触犯第五十八条之二至五十八条之[2]十四，第五十九条之二（第一部之甲），第五十九条之三，第五十九条之三之甲乙二项，第五十九条之七，第五十九条之八（第一部），第五十九条之九，第五十九条之十，第五十九条之十二，第六十一条（第三部），第七十三条之一，第七十四条（第二部），第一〇四条，第一〇七条，第一一六条（第二部），第一一七条（第二部），第一一八条，第一二九条，第一二九条之甲，第一三六条，第一四〇条（第二部），第一四二条（第二部），第一五三条[3]（第二部），第一五五条，第一六二条（乙，丙，丁，戊项），第一六四条（第二部），第一六五条（第三部），第一六六条，第一六七条，第一六九条（第二部），第一七三条，第一七五条（第二及第三部）诸条者，得适用限制居住地之逐出一定地方之处分。

强制居住地之处分，如系不并科强制劳动者，由人民委员会（Council of People's Commissars）所属民兵署（Principal Office of Militia）[4]，得本共和国人民司法委员会之同意，指定居住地域。强制居住地之处分，如系并科以强制劳动者，由本共和国人民司法委员会（The People's Commissariate of Justice of the R. S. F. S. R.）指定居住地域。（一九三一年二月十五日及五月三十日改正）

本条所列各罪，大致如下：
武装叛乱及反革命罪等危害苏俄及苏联之国家及主义者。

---

〔1〕　日译本作"联邦共通法"。
〔2〕　"五十八条之十四"原文作"五十八之条十四"，疑为印刷错误。——校勘者注。
〔3〕　"第一五三条（第二部）"原文作"第一五三（第二部）"，据上下文观之，应为漏印。——校勘者注。
〔4〕　英译本"（i. e.，Police）"一句，译即公安局。

破坏交通，及杀人犯放火罪。

明火打劫罪。

窃取军器罪。

非共产的主义者——资本主义罪。

游荡不守规律罪。

贩卖毒品〔1〕——如鸦片——罪。

违背公务罪。

不法堕胎罪

强奸罪。

伤害罪。

卖淫罪。

第三十七条　〔2〕夺职〔3〕处分之执行，须经法院认为被治罪人不应保留其宣判时或行为时所有之职务，然后始得适用。同时法院且得限制被治罪人，在不逾五年之期间内，不准其恢复原职或充任其他职务。

本条日译本不曰"夺职"等字，而用"免官职"等词。如以日译本为蓝本，则本条之规定，只适用于官职（即公务员）之行为人，系一种行政处分兼褫夺公权之处分。与吾国刑法第三十六条第一项之规定及第三十七条之规定相雷同。如本条"夺职"二字，英译本作"discharge from employment"，包括一切官私职业，则本处分恐有危及行为人之生活问题，良非刑事政策所许。但在苏俄共产社会，工商农业，咸归国有，且有种种与吾国不同之社会组织及政治政策，是以本条之规定：不论其为处分有官职行为人，抑或一切有职务行为人，在实行适用上，或可无问题。

（参阅吾国刑法第三十六条第一项，及第三十七条）

第三十八条　如经证明被治罪人有滥用其专门职业（profession）或营业（trade）之执行（exercise thereof），因而法院认为以后不当任从其继续工作

---

〔1〕　"毒品"原文作"毒药"，现据今日通常用法改正。——校勘者注。

〔2〕　原文从此处开始另起一篇，载于《法学杂志（上海1931）》（第9卷）1936年第2期。

〔3〕　日译本作"免官"，英译本作"discharge from employment"。

（given activities）或营业者，得适用禁止从事一定工作或营业之处分。但其禁止期间，不得逾五年。

在特别（particular）情形之下，法院得禁止被治罪人从事下列诸项之事务〔1〕：

一、与政府负责合订契约或负责供给之任务（译者按：即私人包办事业，如供给军粮等）。

二、与国家（state）或公共事业及机关（public enterprises and institution）〔2〕承包企业。

三、为自己或为他人〔3〕管理（mange）贸易（trading）或佣商（commission undertaking）〔4〕。

滥用职务或业务上权利等，因而被处行政处分，或保安处分，或刑事处分者，在吾国社会，已成目前一大问题。惜吾国刑法总则，无类似本条之规定。在分则中，虽有处分业务上之种种违法行为，但取消营业执照，及不许登记，与禁止从事专门技术等之处分，归省市县或中央政府行政部之管辖，手续既烦，行政上又不经济，吾国当效法苏俄，将本条或类似本条之规定，追加在刑法总则中。

第三十九条 公开谴责之执行，当由法院以该法院名义（in the name of the court），公布被治罪人之判罪（judgment）。

吾国虽无此项规定，然在实际上，因报纸及杂志，常登载刑事案件，故在公开审判制度之下，一切刑罚，可以谓为公开。特设公开谴责之处分，在实际上，恐无甚意义。不过被治罪者确有廉耻心，则可以不拘束其自由，又不科以罚金，而只公开谴责，其收效或等于监禁等重刑。

第四十条 没收财产者，将被治罪人之私有财产或共有财产中属被治罪人之部分（his share in property held in common），全部（或法院明示指定之一

---

〔1〕 原文无分项目，为避免语句之复杂，译者将一句分作数句，读者谅之。
〔2〕 日译本作"国家或公共之企业或营造物"。
〔3〕 日译本文意不同，日译本作"用自名或他人之名……"
〔4〕 日译本作"管理"二字作"营む"，"佣商"字作"代理业"。

部分）〔1〕没收，无代价的（without compensation）强制移提，收入国库。

下列财产，不得没收：被治罪人或其家属所不可无之家常用具，及其他用以维持生活之手作细工用具（small-scale craft），或营业用具，或农作用具。

留与被治罪人，及其家属之粮食及费用，每一人所受之数量及价额（quantity and value），不得较少于该地方（译者按即被治罪人及其家属之居住地）一个劳动者平均在三个月内能收入之总数。

如法院宣论剥夺被治罪人从事其业务之权利，则被治罪人在业务上不可少之用具及设备（indispensable tools and equipment），得被没收。

备考〔2〕：没收富农（Kulak）之用具〔3〕时，只有一九三三年三月三日日本共和国内务人民委员部所公布之财产登记法第三条规定征收滞纳国税及地方税时，不得扣押〔4〕之财产，得免没收。（一九三三年四月一日改正）

吾国刑法，无没收全部私人财产之刑，且没收云云，系没收与犯罪行为有直接关系之物。又在原则上，没收物，以属于犯人者为限，其家属不连坐。备考一则、系苏俄法例之特色，由于其政治之不同吾国，遂有此项规定。敌视富农，差别待遇，与苏俄之虐待劳工农民，其又何异焉？本条中，令吾人最注意者，苏俄以三个月之生活费等，给与行为人及其家属。吾国无此项条文。

关于没收之规定，参阅吾国刑法第三十八条至四十条。

第四十一条　因系没收财产案件，而财产已被预审或公判机关（investigating judicial authority）封押保管〔5〕后，当该被治罪人，未经上项机关之允许，有发生债务等情，执行没收时，国家概不负责。

---

　〔1〕　原文有括弧号，英译本如下："or of such part of it as may be clearly defined by the court."

　〔2〕　本条系据日译本而译。英译本之条文（一九三〇年改正条文），现已失效，兹录之如下，以资参考：

"The only property on kulak farms is not liable to confiscation is that specified in Article I to 9 of the List of those kinds of Property which may not be taken in satisfaction of arrears of taxes, duties or imposts."

　〔3〕　"用具"二字，或"财产"之误。

　〔4〕　"扣押"二字，日译本作"充当"。

　〔5〕　"封押"二字，日译本作"管理"，英译本作"safeguarding"。

对于被没收财产所负债务，国家只负该财产资产（assets）范围内之债务。关于债权人之优先权（the order of priority），依民法第九九条及第一〇一条，及民事诉讼法第二六六条，及第二六六条之一，及第二六六条之二办理。（一九三〇年四月十日改正）

本条性质，系属民事法规，盖本条所规定之假定利害关系人，一造为债权人——与犯罪行为人无刑事关系——一造为国家——亦与刑事法无关系——将被管押之财产，暗中再押与第三人等行为，当在刑法分则中规定罪名及处分，似无庸在刑法总则中特为规定。

第四十二条 罚金者，系由法院在本法各条所限定之金额范围内，征收现金。但以罚金为补充处分者，法院得自由斟酌。

凡决定罚金之金额，须酌量被治罪人之资力状况（financial[1] standing）。

被治罪人不完纳其罚金者，法院得宣告易服不剥夺自由之强制劳动，而以一百俄币（Rs 100）折算一个月之强制劳动。但不得以剥夺自由处分替代罚金，或以罚金替代剥夺自由处分。

凡强制执行（译者按：原文无强制执行四字）征金时，物件之不受没收处分者，皆不得扣押。

吾国规定罚金刑之条文，甚为详细，兹列吾国与苏俄之优劣处于下，以资比较：

一、完纳期限。苏俄不规定完纳罚金限期，未免失当。

二、折算法。苏俄以一个月折算一百元，吾国以一日折算一元至三元，当以吾国立法例为优，其故有二：

1. 月有大小，一月与二月，以日计算，相差三日，是以日计算，较为公道。

2. 苏俄限制法官之裁夺权，虽或得一视同仁之本旨，吾国法官，得酌情加减，同被处罚金三十元，而情可悯恕者，易服劳役十日，无可恕免者，三十日，能得刑事政策上极大效果。

---

〔1〕 "financial" 原文作 "finaucial"，应为印刷错误。——校勘者注。

三、易科期限。苏俄无明文规定易科劳役之最长期限，吾国规定不得逾六个月。

四、易科罚金。苏俄之规定，正与吾国刑法第四十一条相反，不准以罚金替代有期徒刑。吾国既以"因身体……关系"执行困难，为易科罚金之条件，当以吾国法例为优。

五、易服劳役 吾国无"自由之劳役刑"，苏俄则有不失去自由之强制劳动，吾国实当效法焉。盖不完纳罚金，往往系资力问题，与行为人之危险性无关系。（参与吾国刑法第四十一条、第四十二条及第五十八条）

第四十三条 法院虽以判定（accusing）被告（accused）无罪，如法院鉴于其人之行为（conduct），有将危及社会之性质者，仍得科以（inflicted）警告。

按"警告"非纯粹之刑罚也，吾国刑法与警告有类似之性质者则有训诫之执行。（参阅吾国刑法第三十三条及第三十四条）。关于训诫之规定，参阅吾国刑法第四十三条，第四十四条。

第四十四条 法院认为被治罪人应解除（remove）其对被害人所作为之违法结果（consequence of the breach of law）为适当[1]，得令被治罪人负所为害之赔偿义务。但本条之社会防卫处分，不得重过其基本的社会防卫处分（译者按：但书一项之文意，不甚明了）。

本条系附带民事诉讼程序之基本规定，苏俄竟以此为刑罚之一种，如平时守法良民，偶有过失而犯伤害人体或毁坏物件财产等罪者，只以赔偿损失及负担诉讼费用基本刑，亦未始不可，惜吾国无此项规定。惟刑法第四百九十一条关于附带民事诉讼法之规定与苏俄本条略似。（参阅刑诉法第四百九十一条）

第五章 惩治法律矫正社会防卫处分适用细则

第四十五条 决定被治罪人之法律矫正社会防卫处分时，法院应以下列

---

[1] 日译本作"如认为被宣判有罪者当回复其侵害法律之结果或恢复被害者所损失……"。

事项〔1〕为标准（shall be guided）。

（甲）本法总则之规定。

（乙）关于当该犯罪受适用之分则条文所规定限制。

（丙）以社会主义的司法观念（social conception of social justice）审酌犯罪所发生之公共危险，及其行为之原委〔2〕，及犯罪行为人之个性。

类似本条之规定，系现代刑法之基本原理，尤其是本条甲、乙两项，系刑法与刑事诉讼法之基础。丙项亦然，不过在吾国未有明文规定限用某一种政治观念来审查〔3〕犯罪之轻重及责任者。吾国刑法第一条及第五十七条等，即规定审决犯人时之标准及限制，但较苏俄为详细。又本条有社会主义一语，窃意当改为共产主义四字，盖现在社会主义之用语，不限于苏俄。德、意、美诸国，各有社会主义者，但皆反对共产主义，尤以德之社会党（Nazi）已形成苏俄之劲敌。是以苏俄之社会主义，非唯一之社会主义，因此吾人不能单以社会主义四字，代表某一种主义，须用国家，或共产，或共和，或三民等词，区别各种社会主义。

（参阅吾国刑法第五十七条）

第四十六条 本法所规定之罪，分类如下：

（甲）侵害工农权力所制定之苏俄内所有苏维埃制度之基础，因是被认为最危险之罪。

（乙）其他各罪。

对于第一类之罪，法律〔4〕规定法律矫正处分之最低限度，法院无权（has not the right）再减低该限度。

对于其他各罪，法律〔5〕只规定法院在宣判时，得适用之最重处分（maximum penalty）。

---

〔1〕 原文无"左列事项"四字，但汉译"the court shall be guided —"一句，加"左列事项"四字，文意较为清楚。

〔2〕 英译本作"the circumstances of the case"，日译本作"行为状况"。

〔3〕 "审查"原文作"审察"，现据今日通常用法改正。——校勘者注。

〔4〕 日译本作"刑法规定"。

〔5〕 日译本作"刑法规定……"

本条文之所以规定罪之种类（以"罪恶性质"之轻重为全区别标准），在吾国故无此项条文，若欲效法苏俄，于理亦无不可。但一切刑法分则条文，当规定最重及最轻处分，使法官不以私见或误解，执行过于极端之刑罚。

吾国立法例，有类似苏俄者，即刑法所规定之罪及违警罪是。前者可以称之为重罪，后者为轻罪，但此亦学理上之辩解，在法律上，违警罪与犯刑法之罪，各视所犯行为而分轻重；如犯刑法，被罚金数元，其处分或较违警罪之处分为轻。总之，苏俄之立法例，在实施上，诸多不便，一国之司法，除陷于苏俄同样之过度的变态者，可以不设本条（按法国刑法分罪之种类为三：违警（contravention），轻罪（delit），及重罪（crime）；英美刑法亦有"felony"及"misdemeanor"等）。

第四十七条 对于每案，法院必须决定之紧要问题，乃系该犯罪之危及社会性的程度。

关于此点，在选定本法中之某社会防卫处分时，如有下列情由，当认为有加重处分之理由：

（甲）以恢复中产阶级之权力（the power of bourgeoisie）[1]为目的而反之罪。

（乙）虽非直接有意侵害国家或劳动者之利益，但其犯罪行为，有损害国家或劳动者之利益之可能性者。

（丙）成群（group）或结团（band）犯罪者。

（丙之一）所犯之罪以前曾经犯过者。但该犯之前罪，已作为未经控诉论者（第五十五条）[2]，或因计算前罪之行为日，或受处分日之日期，已逾执行时效者（第五十四条及第十五条），法院得酌审其前罪之性质，拒绝承认前罪为加重处分之理由。

（丁）因贪财（mercenary）或有卑劣的目的（base motive）而犯之罪。

（戊）以特别残忍或暴力或奸计所犯之罪；或对其抚养者（dependent），对其所保护下之人，或对年老或因其他情态（age or condition）特别不能自助的人犯之罪。（一九二七年五月六日）（一九三〇年四月十日改正）

---

〔1〕 日译本作"资本家阶级之权力"。

〔2〕 日译本作"被宣判无罪"，英译本作"not having been indicted"。以本条文意论，不当译作无罪，盖既经宣判无罪，不得谓为前科犯罪者。

苏俄刑事政策，以危及社会性为"目的物"，而不以违法为唯一之处分理由。换言之，凡不危及社会之违法行为，可以不罚，例如吾人以杀人为重罪，然在战时杀敌，以其不危及吾人社会，反加以奖励，在法理上或谓战争为特别例外，然故意杀人便是杀人，刑法之所以不罚杀敌行为者，无他，吾人以自己主观的社会之安全为对象故也。苏俄本条，除丙、丙之一，及戊项外，皆以苏俄共产主义为对象，故吾国无是项规定。因累犯（即本条丙之一）及因犯罪手段（即本条戊项）等，而被加重其刑者，吾国亦有此例（第六章及第八章）。又吾国刑法分则中，常有加重处分之规定，如第三百第三条云"对于直系血亲尊亲属〔1〕犯……之罪者，加重其刑之二分之一"。总之，对于刑之加重条例，吾国刑法之规定，较为详密周到。吾国关于累犯及加重刑之规定应参考刑法第四十七条至第四十九条及第五十八条、第六十四条、第六十五条、第六十七条、第六十八条、第六十九条、第七十条、第七十一条。

第四十八条 在选定社会防卫处分时，如犯罪行为，出于下列各项情由者，当认为得减轻其罪之理由：

（甲）为抵抗攻击苏维埃权力或革命的法律秩序（revolutionary order of things），或为自卫行动，抵抗侵害个人或个人权利，或为保护他人等之行为，虽其行为已超过合法自为之限度〔2〕。（中国刑法第二十三条及第二十四条。）

（乙）初犯者。（吾国无特别之规定，但累犯既应受加重其刑之处分，初犯固得较轻之。且初犯行为，在事实上，常有"情可悯恕"，减轻或免除其刑之例案。）

（丙）非因贪财及卑劣目的而犯之罪。（参阅吾国刑法第五十七条第二项规定。）

（丁）因受恐吓之强迫，或因公务（on account of official）或为依靠人（material dependence）而犯罪者。（日译本作"职务上或从属的地位之影响……"或为英译本之"official"等字，略不同意。吾国法例，有第十二条——对诸出于故意或过失者，即包括被迫犯罪行为——及第二十一及第二

---

〔1〕 "直系尊亲属"原文作"直系尊亲族"，疑为印刷错误。——校勘者注。
〔2〕 日译本有"紧急防卫"等字，但英译本用"self-defence"一语，且其行为乃"repelling attack"，毫无紧急之意，故本译文志勇只用"自卫"二字。

十二条等。）

（戊）受强度的精神刺激之影响而犯者。（参阅吾国刑法第五十七条第三项，及第十九条。第十九条之"心神丧失"云云，与"精神刺激"状态不同。）

（已）有饥饿或缺乏生活必需品〔1〕等情，或个人或家族被迫处于种种困难事情，因而犯罪者。（参阅吾国刑法第五十七条第五项及第五十九条。）

（庚）因无知（ignorant），或缺乏理解力（lack of understanding），或因偶发的各种环境而犯之罪。（吾国刑法第十六条；及第五十七条第七项等相若。）

（辛）未成年人或怀孕妇女之犯罪（一九二七年六月六日改正）〔2〕。（吾国刑法有第十八条及第六十三条规定对于未成年人及未满十八岁或满十八岁之刑事责任及处分等，对于怀孕妇女之规定则见刑事诉讼法中。）

本条规定处分之酌减及刑事责任等（但非免罪之规定），其条例与吾国刑法诸条，无甚出入，惟有苏俄条文规定较为详细者，有吾国条文规定较为详细者。本条甲项之规定："特许"国民以自卫手段，抵抗攻破苏俄政体者，恐于正规之司法行政上，虽免有碍。且本项之规定，与吾国之所谓实行卧薪尝胆之宗旨有违，设以本项规定加诸吾国刑法中，恐有置吾国外交当局于苦地，故本条甲项之上半项，只能在苏俄施行，在吾国则或须待诸将来，斯亦弱国国民之苦衷也。

第四十九条 凡被告诉之某行为，形成罪型类一件以上者（comprises elements of more than one crime 译者按：罪型类系日本刑法名词，或译作罪名或罪类亦可）。或同一被告曾犯一件以上之罪，而无一罪曾受裁判，法院在决定每罪各个之社会防卫处分之后，视各罪中最重之罪所适用之社会防卫处分之规定，而处以最重社会防卫处分。

数罪并罚之规定，在吾国（第七章）有七条。关于数罪并罚问题。如数罪系各个独立之行为，应合并处分否？在美国常成最大问题，例如在美国杀

---

〔1〕 英文为"destitute"即贫穷也（日译本亦作"贫穷"），但贫穷之文意太广，故译作缺乏生活必需品。

〔2〕 日译本作"五月六日改正"。

人兼盗车罪，得先控以杀人罪，如判决无罪，得再控以盗车之罪。但如合并控告，万一皆判决无罪时，检察官不能上诉或要求再审。是以在美国常有分数次告诉行为人之一件犯罪行为，每次之罪名不同，甚者，有从杀人，强奸，等罪起诉，而最后只受无执照携枪罪之处分者。中苏二国之立法例，较诸美国类似儿戏之司法为优，但问题在乎一行为之触犯数罪名及一行为之触犯一个罪名，与行为人之危险性有何关系？是否一行为之触犯数罪，只因环境或法律条文之所致，而与行为人之危险性无关？此点为法官所当注意，宣刑时不当盲从数罪并罚之规定（关于数罪并罚之规定可参考吾国刑法第五十条、第五十一条、第五十二条、第五十三条、第五十四条、第五十五条、第五十六条等）。

第五十条　凡宣判十六岁至十八岁之未成年人（a minor between 16 and 18 years of age），之剥夺自由或强制劳动处分者，较对于同样犯罪成年人之应受处分期，减三分之一。且其社会防卫处分期限，不得过本法所规定之该犯罪最重处分之半。（一九二九年十月三十日改正）

本条日译本作十六岁以上十八岁未满。吾国刑法规定十四岁以上未满十八岁人之行为，得减轻其刑（见第十八条），且不得处以死刑或无期徒刑（见第六十三条）。苏俄本条，较吾国刑法详密，但规定最重刑之一半为原则，在吾国不得施行（无期徒刑及死刑之一半云云，岂非笑话），窃意未满十八岁或二十一岁之行为人，当一律收入教育院（感化院之名称，带有暗示入所者皆凶恶之徒，故改称为教育院为优），期限不得过五年，出所后仍有"危险性"者，送至强制劳动所或移民团，务使初犯之少年人，不尝铁窗风味为上策。

吾国以忠孝为立身治国之本，故凡杀直系血亲尊亲属者，即年龄未满十八，亦得处以死刑或无期徒刑（见刑法第六十三条第二项）。又吾人以国家社会之安宁为最大目的，则当规定凡犯外患罪者，不论年龄环境等，当依分则法例执行，毋得减轻。

第五十一条　如因有例外事情，法院认为对于该案不得不减轻本法适用条文所规定之最轻处分者，得减轻或适用他条较轻之处分。但此例外处分之宣判，以法院能在判词中，作准确的说明例外之理由为条件。

本法得适用于法院认为被告在审判时已无危及社会之虞，而不加以若何种之社会防卫处分者。（一九三〇年四月十日改正）

吾国刑法第六十一条，有"情节轻微，显可悯恕……得免除其刑"之规定，但无以失去危险性为由，而不处以刑罚之特别规定。然吾国刑法第八章（刑之酌科及加减）及第九章（缓刑）等，在运用上，得收苏俄本条同样之效果。

第五十二条 除在本法有明文规定者外，免除行为人之社会防卫处分之一部分或全部之权，在本共和国内法院所判决者，属于全俄中央执行委员会干部会。（一九三〇年四月十日改正）

苏联宪法第一章第一条云"属于苏联最高权力机关管辖之事项……施行联邦领域内之大赦权……"吾国之大赦权则操于国民政府，约法第七章第六十八条云"国民政府行大赦，特赦及减刑复权"。吾国刑法无类似苏俄刑法本条之规定，盖赦免之权，除法院得依法缓刑等外，当归行政或司法当局管辖。法官不得兼行赦免之权，此各国立法例之原则也。（本条之免除二字，译作赦免亦可，但英文用"exempt"一字，与赦免"pardon"略有不同，故本条译作免除。）

第六章 缓刑及假释

（在第八卷第六期八八一页第十一行作"第六章缓刑及解释"者，系手民之误）

第五十三条 因被治罪人之危险性的程度（degree of danger），法院如认为无庸施以强制隔离（compulsory isolation），或强制劳动之处分者，得行使其权力，宣告有条件的释放被治罪人（pass an order for his conditional release）。

作上项之宣告时，法院当宣告，凡被治罪人在一定期限内，不触犯较本罪未见轻微之新罪者，则不执行处分。上述期限不得在一年以下或逾十年[1]。

备考：以金钱或财产之处分为剥夺自由或强制劳动之补充的社会防卫处分者，其基本的处分，虽或受有条件的执行（imposed conditionally），其补充处分，仍依一般原则处理。

---

[1] 日译本作"犹豫期间须为一年以上十年未满"。

　　缓刑之规定，吾国计有一章三条，吾国不以社会的危险性为唯一之标准，依法律及理论，在吾国须具备三条件，方得受缓刑之恩典。原则的条件为受二年以下有期徒刑之宣告等轻罪，此限制是否适当，颇可疑问。如有因义愤而杀人，但其行为非当场激于义愤者，依法当处以十年以上有期徒刑，设有减刑之举，以不过减去五年，被处五年之有期徒刑者则无缓刑，吾人并非宣传义愤杀人主义，但以刑事政策及社会政策之目的而论，是否当视行为人之性情及社会之安危，而决定缓刑之适用，抑或当以现行刑法之三条件为标准，窃以苏俄之立法例为优。

　　本条规定期限，中苏相差五年，如缓刑之后，被治罪人能在社会上保全其人格及生活者，缓刑期限愈久，则戒治其人之功效愈长；如被治罪人因缓刑而受某种之困苦，失去"社会人"之地位者，当以短速之缓刑期限为优。本问题之解决，视缓刑后社会及当局对于被治罪人之态度及行动而定。

　　缓刑二字及假释二字，系吾国刑法所用名词，本章本条及以下诸条，英文用"conditional sentence"（缓刑）及"conditional release before expiry of sentence"（假释）等字，直译当作"有条件的处分"及"有条件的中止刑期"。（参阅苏俄本法第五十五条）（参阅吾国刑法第七十四条之规定）

　　第五十四条　受有条件的处分之人，在缓刑期限（period of probation）内犯罪者，法院得行使其权力，将有条件的处分时所定之社会防卫处分，全部或一部分，并入新罪之社会防卫处分内。但亦得只处以新罪之社会防卫处分。如并入处分者，剥夺自由之处分期，共计不得逾十年，强制劳动之处分期，共计不得逾十年。（一九三〇年四月十日改正）

　　撤销缓刑之规定，吾国有刑法第七十五条，其内容与苏俄本条，略有出入。（参阅吾国刑法第七十五条之规定）

　　第五十五条　有下列情形者，不以前科论[1]：

　　（一）受法院判决无罪者。

　　（二）受有条件的处分，而在法院所规定之缓刑期限内，未触犯更重之

---

　　[1]　英译本作"not having been indicted"，在英美法"indicted"作"被控告为某案件之犯人"解释，但在本条当译作"未受判决"。日译本亦作"不以前科论"。

罪者。

（三）前受未满三个月之剥夺自由，或其他轻微之社会防卫处分，自执行完毕之日起，计三年内，未触犯更重之罪者；及前科受六个月以上三年以下之剥夺自由之处分，而在六年内，未触犯更重之罪者。（一九二七年六月六日改正）

本条第一项之规定，为吾国刑法所无，但既受无罪之判决，固不能为前科犯，行为人——被告——在社会上及法律上之地位，与常人无异，苏俄本规定似无甚意义。惟以吾人心理而论，凡受"被告"之"名"，虽得法院宣告无罪，仍不免受人疑惑，故有以本项作为独立之条文，规定判决无罪之效力者，夫如是，对于被告——尤其是无辜之被告——裨益不少。

本条第二、三项与吾国刑法第七十四条第二项（参看苏俄刑法第五十三条以下）相似，但较为详细。

吾国刑法第七十六规定"缓刑期满而缓刑后之宣告未经撤销者，其刑之宣告失其效力"，苏俄无此。

又本条规定何者为非前科犯，吾国则规定何者为前科犯（即累犯），无规定何者为非前科等条文。

第五十六条　如被治罪人，受有期社会防卫处分之执行，而处分期未满前，有后悔之表示者（show sings of reform），得与以有条件的免除所余剩之法定的处分期之执行。

处分期未满而与已有条件的免除执行时，当解除其法定的社会防卫处分。或改处较轻之处分。上项规定之执行，在本共和国囚人改善劳动法内规定之。

凡在囚人改善劳动所内，受剥夺自由之处分，而在期限未满前，受有条件的免除执行者，至执行期满止，被治罪人当在劳动所区内（camp zone）居住。

有条件的免除执行后，于期限未满前，如触犯更重之罪者，法院得将已免除之处分期，并入新罪之社会防卫处分。但处以剥夺自由者，共计不得逾十年；处以强制劳动者，共计不得逾一年。（一九三〇年三月二十日改正）

吾国假释条例，共计一章三条，较苏俄本条尤为详细。苏俄之假释，有改处较轻之处分者，苏俄之特例也。

（参考吾国刑法第十章第七十七条、第七十九条）

第五十七条　未成年人受剥夺自由处分而监禁于少年劳动所（house of labor for minor），直至其有改善之表示止，继续收容。但已满十八岁者，不得容留。如满十八岁时，尚未完了法定的剥夺自由处分之期间者，不待满期后释放。

如以免除未成年人之未满处分期为不当者，依囚人改善劳动法之原则，当留于该劳动所，或改入其他劳动所，或派往劳动殖民地〔1〕（labor colony）。

吾国无少年劳动所等，但依刑法第八十六条，少年人在刑之赦免后，得令感化教育处所，与本条略似。

以上完结苏俄刑法总则编，在量的方面，较吾国少六章四十二条；在质的方面，因中苏二国政体之不同，各有出入，其中有数立法例，见于吾国刑法总则中者，有第九条、第十条、第十一条、第十七条、第六十二条等可供参考。

吾国刑法第十一条，第十七条，及第六十二条，皆与刑法原理有极大关系，不可忽略。第九条之规定，在实施上，因受国际法及犯人引渡条约等之限制，及受外交程序的干涉（diplomatic interference）等，恐成复杂问题。但现在国际法未成"法律"，国家主权的思想，尚在"唯我独尊"的时代，各国只求自己之安全，不愿他人及他国之权利幸福，即使吾国设例再审再罚在外国已受裁决之行为人，他国无我奈何也。以纯粹的学理而论，窃取英美法例，每一行为不当受一次以上之裁决（但检察官在同一法院或其直接之高级法院上诉者，系审判程序，非受二次之裁决也）。关于重伤之条例，当分为二级，关于第一级者为极重伤，如毁败二目之视能，毁败双足等；属于第二级者为普通重伤，如毁败一目之视能，毁败嗅能等。致人于极重伤者，除受刑罚外，当处以终身辅助被害人生活费用之强制义务，执刑时，亦与以有收入之工作，而以收入之一部分或全部分，交与被害人。（但须顾念行为人及其家

---

〔1〕　"殖民地"原文译作"植民地"，现据今日通常译法改正。——校勘者注。

属之生活问题，兼且须审酌被害人之资产及生活程度。）

第二编　分　则[1]

第一章　对于国家之罪

广义的对于国家之罪，包括一切违法行为；狭义的对于国家之罪，专指内乱罪及外患罪而言，他如妨害公务罪，渎职罪等，亦可作狭义的对于国家之罪。苏俄本章之规定，较狭义的范围为广，其所取之态度，系以彼辈共产主义为标准，凡危及其主义之发展及安全者，皆作为对于国家之罪。吾国刑法不设本章，而内乱罪及外患罪等，各成一章，内容简洁易读。苏俄本章，以一条条文，分出十三四分条，内容复杂，颇难与吾国刑法条文比对。

第一节　反革命罪

第五十八条之一　下述诸行为，作反革命论：

行为之目的，系意图颠覆，煽惑，削弱根据苏联宪法及苏联内各共和国宪法而设立之工农苏维埃权力及工农政府（不论其为苏联共和国抑或为自治共和国之政体）[2]者。

行为之目的，系意图煽惑削弱苏联之对外安全（external security），及劳动革命（proletarion revolution）所视为基础之经济的，政治的，民族的胜利者。

因劳动阶级，有国际团结的相互利害关系，凡侵害任何劳动者之国家（toiler's state）者，即其国非苏俄之一部分，其行为亦以反革命论。（一九二七年六月六日施行）

---

〔1〕　分则各条，句语甚长，如依照英译文或日译文译出，句长难解，甚或不成国文。故以后本篇各条之译文，如有不得已处，或将原译文之一句，改作数句，或将一项改作数项。惟文意及用语等，全依原文。〔例如第五十八条之一，英译本只有两节（paragraph）〕如下：

Art. 58（1）. Any action is considered counter - revolutionary which is directed······or the proletarian revolution. In virtue of······of the U. S. S. B.

〔2〕　英译本有此括弧号。

第五十八条之二 一切武装暴动者，及以反革命为目的〔1〕，武装结队（armed band），侵入（invasion）苏维埃领土者（译者按：如白俄党徒，在外国团结，乘机由德，波，中国东三省等处攻入苏俄者，即犯此罪）；及一切以反革命为目的——尤其是以暴力意图分割苏联或联邦内某一共和国之领土，或意图破坏苏联与外国政府所缔结之条约——占据中央或其他地方者，皆处以最重（supreme）社会防卫处分——即枪毙——或宣告行为人〔2〕为劳动阶级之敌，没收其财产，剥夺联盟共和国及联邦国籍，终身逐出联邦外。但情可悯恕者，得减低其处分，剥夺自由三年以上，没收财产全部或一部分。（一九二七年六月六日施行）

按吾国刑法无特别规定破坏中外条约之罪。

第五十八条之三 以反革命为目的，通谋（Communication）外国政府或其代表者；及以任何方法，助力于与苏联交战之国，或助力于以武力干涉（intervention）或封锁（blockade 日译本作经济封锁）等手段，支持对联邦争斗（struggle）之国者，皆处以本法第五十八条之二所规定的社会防卫处分。（一九二七年六月六日施行）

武力干涉及封锁等手段云云一项，吾国刑法外患罪章，无明文规定。

第五十八条之四 凡以某种方法：

（一）援助不承认已代资本主义（capitalism）而起之共产制度平等权，而图（striving）颠覆上项制度之国际有产阶级（international bourgeoisie）者；及

（二）直接的或间接的援助受有产阶级之导诱（influence），组织从事于敌对苏联的工作之一切社会团体〔3〕者。

其处分为剥夺自由三年或三年以上，兼没收财产全部或一部分；但如果

---

〔1〕 日译本将"反革命为目的"一句，书于"武装暴动"之上，英译本只云"any armed rising"，无"以反革命为目的"之语。

〔2〕 英译本作"a sentence declaring that the accused……"

〔3〕 英译本作："social group and organization"，"group"与"organization"不同，但在本条，颇难分别译出，故作"社会团体"。

犯罪情状特别严重者，加重其处分，处以最重社会防卫处分——即枪毙——或宣告行为人为劳动阶级之敌，剥夺联盟共和国及联邦国籍，终身逐出联邦外，兼没收其财产。（一九二七年六月六日施行）

吾国危害民国紧急治罪法第六条有云：“以危害民国为目的，而组织团体或集会或宣传与三民主义不相容之主义者，处五年以上十五年以下有期徒刑”，故吾国法例与苏俄之规定，内容正相反。吾国现行刑法无明文规定处分反对三民主义等罪之条文。

第五十八条之五 与外国政府代表通谋（communication），或以伪造公文（false documents）及其他方法，引起（induce）外国政府或其社会团体（social group in it），发生下项事情者，处以本法第五十八条之二所规定的社会防卫处分：

（一）对苏维埃联盟（Social Union）宣战。

（二）施行武装干涉苏维埃联盟之国事（affairs）。

（三）施行其他种种敌对工作，尤其是实行封锁。（日译本作“经济封锁”）

（四）占据苏联或联邦共和国之国有财产。

（五）破坏外交关系。（译者按：即断绝国交，召回使节等）

（六）推翻（subversion）与苏联所缔结之条约[1]。（注一九二七年六月六日施行）

第五十八条之六 凡向外国政府或反革命团体，或向私人，泄露[2]本应特为保守之国家秘密资料者，以间谍（espionage）论。以泄露为目的，窃取或收集上项资料者，亦同。本罪处分为剥夺自由三年以上，兼没收财产[3]全部或一部分。但其间谍行为对于苏俄之利益，发生极重大之结果，或有发生极重大结果之虞者[4]，处以最重社会防卫处分——即枪毙[5]——或宣告

---

〔1〕 英译本在句尾有“&c.”一字，按即“等等”。

〔2〕 “泄露”原文作“泄漏”，现据今日通用用法改正，下同。——校勘者注。

〔3〕 英译本作“confiscation of goods”，日译本作“没收财产”。

〔4〕 本条英译本作“particularly grave consequence”三字，日译本则有“著しく侵害”，“著”者甚也。

〔5〕 英译本在本条无“枪毙”（death by shooting）一句，日译本则有“枪毙”一语。

行为人为劳动阶级之敌，剥夺联盟共和国及联邦国籍，终身逐出联邦外，兼没收财产。

凡向上述团体或个人，受有酬报或无赏赐的（for remuneration or without reward）泄露经济消息者，其内容虽或非应特为保守之国家秘密，然其公布，有违法律之规定，或受当局官署，部长，及关系方面〔1〕明令禁止传出者，处以剥夺自由三年以下。以泄露为目的，窃取或收集上项资料者，亦同。（一九二七年六月六日施行）

吾国无泄露经济消息之罪。

备考一：应特为保守之国家秘密者，即各种资料，罗列于特别表中（e-numerated in the special schedule），得各联邦共和国人民委员会之同意（agree-ment 日译本作决议），及苏联人民委员会之追认（confirmed），出示公布者。（一九二七年六月六日施行）

备考二：犯本法第一九三条之间谍行为者，适用本法第一九三条之二四之规定。（一九二八年一月九日施行）

第五十八条之七 以反革命为目的，使用国营机关〔2〕及企业，或从事于妨碍其常规的动作（normal activity），图谋扰乱国家之工业，运输，营业，通币，信用制度（credit system），及合作制度（cc‑operative system）者；及因欲利及前时的业主（former owner）之利益，或因欲利及有利害关系之资本家团体之利益，而使用国营机关及企业，或反抗（opposition）上述机关企业之动作者，皆处以本法第五十八条之二所规定的社会的防卫处分。（一九二七年六月六日施行）

本分条第一项之罪，在吾国原则上不以内乱罪论，但有反革命之目的者，亦难免兼受内乱罪之处分。第二项之规定，吾国既无政府占有一切私营工商业之事，固不能有此罪名。总之，本分条系苏俄共产国所应有，而非"共产国"所必无。

---

〔1〕 英译本作"chiefs of departments，administration or enterprises"，日译本作"官厅，营造物或企业体长"。

〔2〕 英译本作"state institutions" 日译本作"国家营造物"。

第五十八条之八 对苏维埃当局[1]的代表，或对革命的工农团体之执行干事（executive officers of revolutionary workers & peasant's organizations）有恐吓（terrorism）行为，或参与恐吓行为者，行为人虽或不属反革命之团体，皆处以本法第五十八条之二所规定的社会防卫处分。（一九二七年六月六日施行）

吾国刑法分则第五章（妨害公务罪）第一百三十五条有处分强暴、胁迫公务员之行为者，与本分条无异，但在吾国强暴、胁迫公务员，在普通情形之下，不成内乱罪。

第五十八条之九 凡以反革命为目的，放火或用其他手段，破毁（destruction）或损坏（damage）下列各项建设[2]者，处以本法第五十八条之二所规定的社会防卫处分。

（一）铁路或其他一切交通设备（means of communication）；

（二）一切国内联络设备（national means of connection）（电报电话等等）[3]；

（三）一切给水设备（water system）；

（四）公共栈房（public depot）或其他建筑（building），或国家公共财产。（一九二七年六月六日施行）

本分条之行为，吾国在原则上，以危及公共治安罪论（看分则第十一章公共危险罪）。

第五十八条之十 一切宣传或煽动（agitation）行为，其用意在诱致颠覆，煽惑或削弱苏维埃权力，或在诱致犯个人的反革命罪（本法第五十八条之二至第五十八条之九）[4]者；及散布，作成，或持有上项所用之文书者，处以剥夺六个月以上之自由。

在公共秩序扰乱时（mass disturbance），或利用民族之宗教或种族偏见

---

[1] "Soviet authority" 日译本作"苏维埃权力"。

[2] 原文无"左列各项建设"一句，系译者加入此句。

[3] 英译本有此括弧号。

[4] 原文有括弧号。

心，或在战时及施行或戒严法之地方，如犯前项所述行为者，处以本法第五十八条之二所规定的社会防卫处分。（一九二七年六月六日施行）

吾国无类似本分条之规定，但本行为得照内乱罪及第七章妨害秩序罪等论罪。

第五十八条之十一　凡因预备或实行本章所规定之罪，而为有组织的活动（organised activity），或加入因预备或实行本章所规定之罪而组织之团体者，皆处以该当（respective）本章各分条所规定的社会防卫处分。（一九二七年六月六日施行）

吾国刑法有处分预备或阴谋犯内乱或外患罪，致若处分加入内乱反革命团体一节，则无明文规定，但参与以犯罪为宗旨之结社，触犯刑法第一百五十四条。此类行为人，得视为共犯或从犯等，而加以处分。

第五十八条之十二　确知有预备或已实行反革命罪之事实，而不报告者，处以剥夺六个月以上之自由。（一九二七年六月六日施行）

吾国刑法无此规定，参看苏俄刑法第十八条以下。

第五十八条之十三　曾任帝政时代或内乱时期的反革命政府之有责任或秘密职务（如奸细）〔1〕，而犯反对劳动阶级或反对革命运动之行为或积极的争斗（act of active struggle）者，处以本法第五十八条之二所规定的社会防卫处分。（一九二七年六月六日施行）

本分条之目的，在彻底的排除苏俄之政敌，使反对苏联之俄国帝制或共和党等官吏——尤其是捕杀共党之秘密巡捕——不得不避居外国。苏联仇视旧敌，在此取新法"溯及已往行为"之原则，实一特例也。

第五十八条之十四　凡特以削弱政府之权力或政府机关之办公为目的，

---

〔1〕　原文有括弧号。"奸细"二字，日译本作"代理"，英译本作"secret post agent"本文译其意，作奸细。

而图反革命的怠工行为（sabotage），例如故意不履行其本来之职分，或故意疏忽其所履行之职分者，处以剥夺一年以上之自由，兼没收财产全部或一部分。但如其犯罪情状特别严重者，加重其处分，处以最重社会防卫处分——即枪毙——兼没收财产。（一九二七年六月六日施行）

本分条之意义，较吾国渎职罪之类似规条尤广。如在工厂职工，犯怠工罪者，亦受适用本分条。是以本分条之职分二字，非专指吾国所称公务员而言。

以上完结分则第一章第一节之条文，寻释其内容，实与吾国刑事立法例，除政治、社会思想之冲突外，本无甚大之差别，不过单以吾国刑法分则第一、二章比较本节，则颇有不同之处。苏俄本节之各分条，其"中心目的"（central objective）是"一切行为，以反抗共产主义为目的者，加重其刑，一切行为，与共产主义相反者，加重其刑"。所谓与共产主义相反之行为者，即含有资本的经济思想行为及破坏国家之统制经济（Nationalization of economic life）行为。吾国虽并非共共产，然统制经济，在吾国目前只危急时期，不可不早日实行，英、美、法、德、意、日等国，皆已实行或准备战时实行统制。是以吾国刑法，虽有数罪并罚等例，不妨在内乱及外患罪章，特为规定凡以内乱外患为目的（或助成内乱外患之危机或实行者），触犯分则各条之罪者，加重其刑（或规定其刑为死刑等），借以国家之安全保障。刑事政策，现已超于"行为人中心观念"，但窃以为内乱外患罪之时，盈千累万无辜人民，死于非命，故对于犯内乱外患之罪人，只须依法证明其有罪，即处以极刑可也。吾人试读吾国因内乱外患损失之统计，即能明了其结果之可怖，罗马法有云"共和国之幸福，乃为最大目的"[1]。此为法律适应时代最重要之本旨也。

第二节　反行政罪之特别危及苏联罪 [2]

反行政罪（crime against the administration）者，日译本作反行政秩序罪。吾国有妨害公务罪等，但与本节之规定有甚大不同之处，苏俄之反行政罪，

---

〔1〕　本文欲于本号完结刑法分则，且欲省节篇幅，今后只指出苏俄某条等于吾国某条，而不将吾国刑法条文，全部录出，读者谅之。

〔2〕　注意：此处不曰苏俄，而曰苏联。

其意义亦甚广，如前节之反革命罪，其内容几可以谓为"扰乱行政，治安，国防，及经济秩序罪"，故颇难吾国刑法比对。

第五十九条之一 下述行为，以反行政罪论

虽非直接图谋颠覆苏维埃权力或工农政府，然引起（lead to）行政机关或国家经济之半时工作，受其扰乱，且兼有反抗当局权力[1]及妨碍其工作，不服从法律（disobedience to the law，日译本作"违反法律上之义务"）等情，或有其他削弱政府之权威（power of authority）之动作等诸行为。（以上说明反行政罪）

无反革命的用意之反行政罪；其行为仍有摇动（shake）[2]苏联或联盟共和国之国家行政及经济能力之基础者，视为特别危险（specially dangerous）。（一九二七年六月六日施行）

（以上说明本节之名目，即反行政之特别危及苏联者）

第五十九条之二 聚众骚扰（mass disorder）而附有（accompany）下项举动，即：

（一）"ㄆㄛㄍㄖㄛㄇ"[3]；

（二）破坏铁路或其他交通设备及联络设备（电报电话等）[4]；

（三）放火，杀人，或其他类似行为。

（甲）其组织者（organisers 日译本作"首魁"），指挥者[5]，及各参与同事者。有触犯上项诸罪或以武装抵抗当局[6]等情，即处以剥夺自由二年以上，兼没收财产全部或一部分，但如其犯罪情状特别严重者，加重其处分，处以最重社会防卫处分——即死刑——兼没收财产。

---

〔1〕 日译本作"反抗公务员"，英译本作"opposition to the organs of authority."

〔2〕 日译本作"危及"。

〔3〕 "ㄆㄛㄍㄖㄛㄇ"即英文之"pogrom"（日译本无此句语），系俄国言语，意即公然——或作正式——组织暴动（riot）而虐杀（massacre）指定的某一种人群，例如屠杀犹太种俄人，或屠杀信仰某种宗教之信徒等。吾国无相当之法律名词，英文亦以"pogrom"作外来语用。

〔4〕 原文有此括弧号。

〔5〕 英译本指挥者（leaders）一语之后，有"of the mass disorders"一句，本译文从略。

〔6〕 日译本作"公务员"。英译本"authority"即"当局"。

（乙）其他参加人，处以剥夺三年以下之自由〔1〕。

虽无上项所述犯罪情形，然聚众骚扰，仍附有公然不服从当局之合法要求（demands），或反抗当局执行本分的（incumbent）公务，或以暴力要约当局执行显系（obvious）不合法之要求〔2〕等情者，处以剥夺一年以下之自由。（一九二七年六月六日施行）

参看吾国刑法妨害公务罪章第一百三十六条——吾国多强迫辞职及因而致死伤等二项——及妨害秩序罪章第一百四十九条及五十条，及公共危险罪章中，关于放火及破坏铁路邮务之条文。吾国无本分条之反行政罪。

第五十九条之三　强盗集团（banditry）〔3〕者，即组织武装团体，或参与其中，设计攻击苏维埃〔4〕或私人之建筑物或个人，或掠夺（holding up）火车〔5〕，破坏铁路，交通设备，及联络设备（电报、电话等）等行为，其处分为剥夺自由三年以上，兼没收财产全部或一部分，但如其犯罪情状特别严重者，加重处分，处以最重社会防卫处分——即枪毙——兼没收财产。（一九二七年六月六日施行）

吾国有特别法惩治盗匪，刑法亦有第三百二十六条等处分结伙抢夺之条文。在吾国盗匪之罪，甚者或得视为内乱罪，但不能谓为妨害公务罪——即反行政罪。

第五十九条之三之甲　凡（一）工农红军军需兵站（depot）及火药贮藏库（store room）〔6〕，或向人民交通委员所辖交通路路警（guard of any way of communication），或向国家视为特别重要之企业或建筑之军队式卫队（militarised guard），偷私或公然（secret or overt）盗取（stealing）火器，火器之一

---

〔1〕英译本作"不超过（not to exceed）三年"。

〔2〕日译本无"本分的"及"关系"二语，又"暴力要胁"（exercise of force），日译本作"强要"。

〔3〕日人谓为掠夺者。

〔4〕日译本作"国家的"。

〔5〕日译本作"袭击停车场"，英译本作"holding up trains"。

〔6〕日译本单作"工农红军之厂库"。（原文作"劳农赤军"，现据今日通常用法改正。——校勘者注。）

部分，或火药者；及凡（二）由军队部队（military unit），或由人民交通委员所辖交通路路警部队，或由国家视为特别重要之企业或建筑之军队式卫队等之常用或临时所用处所，将其保管（guard）或（只）〔1〕，特为看守（surveillance）〔2〕之火器，火器之一部分，或火器，偷私或公然盗取者，处以剥夺自由一年以上，如本项盗窃〔3〕（theft），附以暴力，致使危及保管者或看守者之生命或身体（life or health）者，处以剥夺自由三年以上；但如其犯罪情状特别严重，加重其处分，处以最重社会防卫处分——即枪毙——兼没收财产。（一九二九年六月十七日施行）

吾国刑法无特别规定处分盗取国有军火之条文，但在特别法内有同样之规定，如照陆海空军刑法第八十二条之规定，虽非军人，如掠取械弹者，得处无期徒刑或七年以上有期徒刑。

第五十九条之三之乙　意图发生火车或舟车（vessel）之意外的损失（accident 日译本作"颠覆覆没"），破毁或损坏铁路，交通路，与夫铁路上，交通路上诸设施（construction），或破毁损坏标识记号（signal，日译本作"危险标识"），车辆，舟船者，处以剥夺自由三年以上，兼没收财产全部或一部分，但如其犯罪情状，特别严重者，加重其处分，处以最重社会防卫处分——即枪毙——兼没收财产。（一九二九年六月二十五日施行）

参看吾国刑法第一百八十三条及第一百八十四条。吾国多"现有人在"及"灯塔"等词句。本分条与反行政行为，在原则上，似乎无关系；但广义的解释"行政"与"反行政"之词，即谓本分条之行为为反行政，在理亦无不可。

第五十九条之三之丙　运输业务员（transport workers）违反劳工管理法（Labor discipline），干犯运输规定及不善修理铁路或车辆等，致使或能令致使〔4〕损坏或破坏车辆，铁路，铁路建筑物，发生意外而危及（involving）人身

---

〔1〕　英译本有此话括弧号如下"（merely）"。
〔2〕　日译本作"警备或特为保管之场合"。
〔3〕　"盗窃"原文作"窃盗"，现据今日通常用法改正。——校勘者注。
〔4〕　"致使"者即既遂之谓；"能令致使"者即谓有成既遂之可能性或有既遂之虞。

（日译本作致人于死伤），失时开发火车或舟车，堆积空货车（truck）于卸货场（unloading places），及阻迟火车或舟车等情者，与夫其他不遵行（non - execution）国家所规定之运输计划，及危及运输上之常规或安全者，皆处以剥夺自由十年以下。但如上项犯罪行为，显系出于恶意（malicious）者，处以最重社会防卫处分[1]——即枪毙——及没收财产。（一九三一年二月十五日追加）

本分条即吾国之义务上过失或故意刑法第一百八十三条等罪。但过失误时，及不尽责任或有违工作规例等情，在吾国只受行政处分。交通部有铁路员工服务条例，其第五章即规定惩罚条例，有颇似苏俄本分条之规定。

第五十九条之四 逃避常备兵役征集令者，处以一年一下之强制劳动。

逃避常备兵征集令，而其犯罪情状严重者——尤其是以毁伤自己身体，假装疾病，伪造文书，贿赂当局等手段[2]，或借口宗教信仰，而希图逃避兵役者——处以剥夺五年以下之自由。（一九三一年一月十日改正）

第五十九条之五 因宗教信仰，得免除强制兵役义务（compulsory military service）者，及已编入国内预备队[3]，而逃避开往加入前线或国内部队勤务之命令者，剥夺一年以上之自由。（一九三一年一月十日改正）

第五十九条之五及六，系兵役法，吾国刑法无此。

第五十九条之六 凡在战时拒绝或逃避纳税，及履行其他义务——尤其是关于军事汽车运输，军马，军用车辆舟车之供给义务者，处以剥夺自由六个月以上，但如其犯罪情状特别严重者，加重其处分，处以最重社会防卫处分——即枪毙——兼没收财产。（一九二七年六月六日施行）

吾国刑法第一百零八条略似本分条，但无关于纳税之规定。且以有供给军需之契约为条件。在吾国战时军队利用民间车马者，有军法等特别之规定。

---

〔1〕 英译本无枪毙一语，日译本有之。
〔2〕 日译本作"或其他方法"，英译本只用"etc."一语。
〔3〕 英译本作"home reserve"，日译本作"兵站部队"。

第五十九条之七　宣传或煽动行为，其用意在掀起种族的或宗教的不和及敌忾心者，与夫散布，作成，或持有上项所用之文书者，处以剥夺二年以下之自由。

前项犯罪，在战时或在公共秩序扰乱时为之者，处以剥夺自由二年以上，兼没收财产全部或一部分。但如其犯罪情状特别严重者，加重其处分，处以最重社会防卫处分——即枪毙——兼没收财产。（一九二七年六月六日施行）

吾国无类似本分条之刑法规定。

第五十九条之八　伪造五金（metallic）通币，国家财政库券〔1〕，苏联国家银行纸币，国家债券〔2〕，及外国通币者；或以行使上项伪造物为常业者，处以最重社会防卫处分——即枪毙——兼没收财产。但如其情有可恕者，得减轻其处分，处以剥夺自由二年以上，兼没收财产全部或一部分。

以伪造为常业，伪造支票，金钱或债券之收据存单，及信用证（Letter of credit）者，处以剥夺自由二年以上，兼没收财产全部或一部分。

伪造邮政局付款表记（token）〔3〕，火车船舶等乘车乘船票，及各种运货单〔4〕者，或以行使上项伪造物为常业者，处以剥夺三年以下之自由。（一九三〇年二月十日改正）

参阅吾国刑法分则第十二章伪造货币罪，及第十三章伪造有价证券罪。伪造币券而受死刑之宣告者，除苏俄外，其他文明国恐无此条文。数十年前之英国，亦有如苏俄之法例，但今已取消矣。苏俄以共产立国，货币金钱，视为资本主义之遗臭物；但又不能完全废除资本制度——在事实上，无货币之"理想的无政府共和国"，非现代可能实现——所以苏俄一方面保存资本家之制度（工具），一方面以极端手段，防卫资本制度下所必有之伪造货币罪，其用心可怜亦复可笑矣。

第五十九条之九　以偷运为常业者（professional smuggling），除由税关当

---

〔1〕　英译本作"state treasury notes"，在美国则一种纸币。
〔2〕　日译本作"国家发行之有价证券"。
〔3〕　日译本作"邮便切手"，即邮票。
〔4〕　日译本作"货物引换证"。

局没收偷运物件及处以罚金外，剥夺自由一年以上，兼没收财产全部或一部分。但如其犯罪情状特别严重，加重其处分，处以最重社会防卫处分——即枪毙——兼没收财产。（一九二七年六月六日施行）

吾国刑法亦无独立密输罪，但私贩鸦片等则受刑法之适用，否则受行政处分，或受特别刑法之适用。

第五十九条之十　以帮助他人不法出入国境为常业者，或公务员犯上述之罪者，处以剥夺自由一年以上。（一九二七年六月六日施行）

吾国人民，出入自由，除往外国或须护照外，国民之出国或入国，视为常事。但不法出国云者，包括一切非法纵放犯人等行为，故至某种条件之下，吾国刑法第八章脱逃罪，得适用于本分条之行为人。

第五十九条之十一　触犯关于独占（monopoly）外国贸易之法律者，处以剥夺自由十年以下，兼没收财产全部或一部分。（一九三〇年五月二十日改正）

吾国无此类似之条文，惟所谓独占外国贸易之法律者为何，译者不知其详。想系禁止或限制私人从事专利国际贸易事业之法律。

第五十九条之十二　触犯关于交易外国货币（transaction of foreign currency）（日译本作"关于证券流通"）之规例（regulation）者，处以剥夺自由三年以下，兼没收财产全部或一部分。（一九二七年六月六日施行）

本分条与前分条在吾国同为财政部及实业部等之行政规例所管辖，与刑法似无关系。

第五十九条之十三　确知有预备或已实行本法第五十九条之二、三、八诸分条之犯罪，而不报告者，处以剥夺自由一年以下。（一九二七年六月六日施行）

参看苏俄刑法第五十八条之十二。

以上完结第一章第二节。本节之规定，可以谓为苏俄立法例之代表，亦可谓为法律之政治化。逐条独立而观之，则与吾国刑法及其他法例无甚差别。综合之于反行政罪之名下，看其罪型类[1]，又以其处分之轻重，比较吾国刑法，则无往而非共产主义之特色。军犯法是否当规定于刑法之中，吾人尚须考虑。不愿戎装救国，是否犯罪？设以其为罪恶，是否属刑事法上的罪恶，抑或系良心的犯罪，或道义的罪恶？国难临头，犹不肯以身报国者，自然死有余辜，惟刑事立法者，不可不顾及刑事法——尤其是刑法——之目的，范围，及其定义。

第二章　其他妨害行政罪[2]

本章与前章同为犯行政罪，但本章之处分，较为轻微。（参看本法第四十六条）

第六十条　对于国税或强制保险之赋款，有纳付之能力，而到期不缴者，如受补损处分（recovery measure），其财产被扣押或扣押拍卖时虽——系在上年度或在本年度应缴税额内，只曾犯本行为一次——当处分如下：

第一次之犯罪，处以等于所未缴金额之罚金处分；

第二次之犯罪，处以六个月以下之强制劳动，或处以等于所当缴金额二倍之罚金处分[3]。

前项行为，系数人集合，因在事前谋约（previous agreement），而犯及之者；或系无事前谋约等情，而犯者业农（farmer，日译本作"从事农业者"），且被特别法（根据农业赋税法令）[4]认为富农（kulaks）者；或系依课税表第三号[5]之规定，未纳所得税之人犯及之者；皆处以剥夺自由或一年以下

---

〔1〕 罪型类者，犯罪之名称，条件，性质等是也，吾国尚未通用此名词。

〔2〕 原文从此处开始另起一篇，载于《法学杂志（上海1931）》（第9卷）1936年第3期。——校勘者注。

〔3〕 本项日译本文意略不同。本项日译本作"……关于前年度或当年度之纳付金，受财产之差押或受竞卖（译者按：即拍卖）差押财产，已达一回以上者……"英译本如下："……in case where measures of recovery are taken by the making of an inventory of property or sale by auction of property thus inventoried, entails—even if the offence has been committed only once during the preceding or the current year of assessment for the first offence……"

〔4〕 原文有此括符号。

〔5〕 英译本作"liable to income tax under Schedule No. 3."本文从日译本作课税表第三号。

之强制劳动，或处以不超过未缴金额十倍之罚金处分。（一九三〇年三月三十日改正）

吾国既无强制保险制，不得有不纳强制保险金之罪。不缴纳赋税等罪，在吾国受行政处分，或受强制执行等，惟无以不缴纳为由——又无其他犯罪行为——而施以刑罚之例。

第六十条之一　对于特别战事税（war tax，日译本作"军事税"），其纳付之能力，而到期不缴者，没处以强制劳动三个月以下，或处以不超过所不缴税额三倍之罚金。

上述行为之犯者，如系因不缴上年度或本年度应缴及特别战事税，而曾判处罪刑者（译者按：即再犯），处以强制劳动六个月以下，或处以为缴税额五倍以下之罚金。

不缴战事税之行为，系由数人集合，因有事前谋约而为之者——虽系初次〔1〕——处以二年以下之剥夺自由。（一九二九年七月二十九日追加）

吾国刑法亦无此项规定。

第六十一条　拒绝履行一切义务，国家工作，或工事之有国家重要性者（perform any duty，state task or works of state importance，日译本作"一般国家的给付或赋金之履行，或劳动之遂行"），处以该义务，工作，或工事之价值五倍以下之罚金。罚金由该关系当局执行处分。

再犯者，处以剥夺自由或一年以下之强制劳动。富农之类，虽系初次——犯第一项之行为，或其他有用特别严重之手段，如数人通谋，或积极的反抗当局执行上述义务，工作，或工事，而犯第一项之行为者，皆处以剥夺自由二年以下，兼收财产全部或一部分。且得并科以逐出一定的地方（英译本无此逐出地方之句）。（一九三一年二月十五日改正）

吾国刑法无此项规定，但强制人民筑路等，吾国亦实行久矣，惟并不特别规定处分国民不负工作等义务之刑法。本条之行为人，在吾国除有特别法

---

〔1〕　日译本无"虽系初次"一句。

规定者外，在刑法上或得适用妨害公务罪的处分之。

第六十二条 以相互谋约（mutual agreement，日译本作"数人共谋"）之手段，对于应缴之税金（assessable amount of duty）及应履行之工作工事，隐匿或作不正确之报告[1]。其组织者（日译本作"首魁"）及指挥者，处以剥夺自由二年以下，或处以一年以下之强制劳动。且得并科（原文无"并科"二字）没收财产全部或一部分。其他参与犯罪者，处以不超过所应缴数额五倍（日译本作三倍）之罚金。

继续犯上项藏匿行为者，虽无与其他纳税人（tax - payers）共谋等情，亦处以组织或指挥共谋藏匿者之社会防卫处分。

初次造成（effected）藏匿行为者，处以不超过所应缴纳数额五倍之罚金。（一九二七年六月十七日改正）

备考：如系藏匿关于农业税之税收（source of income），而受关于该种赋税法令之程序被执行法规所定之行政处分（administrative collection）者，不适用本条第三项之规定。（一九二九年六月十七日追补）

第六十三条 意图避免管理继承及赠与（gift）的法律规定，或意图避免继承财产及因赠与移转财产之税则（Law of taxation），全部或一部分的藏匿所继承之财产或承受赠与之财产，或诈伪的减低该物产之价值者，将行为人所承继或所受赠之财产没收全部或一部分。

吾国刑法无此规定。

第六十四条 兵役义务者，军事勤务者，掌握编成兵役义务及军事勤务之机关[2]企业公务员等，违反关于编成兵役义务及军事勤务之法规者，以行政程序，由市或州军事委员会，处以五十俄金以下之罚金。

累次犯上述之罪者，依下列各款，分别处分：

（一）属于预备[3]军之兵卒及下级士官，处以一个月以下之强制劳动，或二百俄金以下之罚金。

---

〔1〕 日译本不同。日译本作"隐匿课税之目的物，或将其数量品质，作不实之申告"。
〔2〕 日译本作"营造物及企业体"。
〔3〕 "预备"原文作"豫备"，现据今日通常用法改正，下同。——校勘者注。

（二）属于预备军之预备上级士官及长期退伍兵，处以二个月以下之强制劳动，或三百俄金以下之罚金。

（三）任经理军事义务及军事勤务之机关企业公务员，及未教育补充兵监督局公务员，处以三个月以下之强制劳动，或五百俄金以下之罚金。[1]（一九三三年三月二十日改正）

本条系军法，吾国刑法无此规定。

第六十五条 （删除）（一九二七年六月六日）

吾国现行刑法立法例，尚未有删除取消条文之事——即追加改正等，亦所未见——但民国元年公布之暂行新刑律有删除条文之例。

第六十六条 逃避实验或试验的动员（experimental or trial mobilization，日译本作"忌避简点阅呼"）者，处以三个月以下之强制劳动，或五百俄金以下之罚金。

此亦军法，为吾国刑法所无。

第六十七条 （删除）（一九二七年六月六日）

第六十八条 受军事预备教育者[2]，及非工农红军[3]士（ranks）而服务于军队者，及属于红军所支配之兵役补充人员者，拒绝或逃避强制兵役者，处以六个月以下之剥夺自由或强制劳动，或五百俄金以下之罚金。

受军事预备教育者，及非工农红军士而服务于军队者，及属于兵役补充人员者，拒绝或逃避强制兵役，而以毁伤自己之身体，假装疾病，伪造文书，贿赂当局，及其他意图欺瞒之行为，或借口宗教的或个人的信念，而为拒绝或逃避者，处以三年以下之剥夺自由。（一九二七年六月六日改正）

---

[1] 本条英译本系改正前之日条文，故本条系根据日译本译出。又"未教育补充兵……"，日译本作"未教员补充兵……"想系手笔之误。

[2] 日译本作"未征募兵"。英译本作"persons undergoing preliminary training"。

[3] "工农"原文作"劳农"；"红军"原文作"赤军"，现据今日通常用法改正，下同。——校勘者注。

吾国刑法无此条。

第六十九条 因宗教的信念，得被免除兵役者，及服务于国内预备队者，逃避其所被委之公共便利事业之工作时（to perform work of public utility，日译本作"一般的必要劳动"），处以二年以下之剥夺自由，或处以一年以下之强制劳动，或处以一千俄金以下之罚金。（一九三一年一月十日改正）[1]

吾国刑法亦无此条。

第七十条 凡在训练，教导，及短期复队服务（short - period recurrent service）[2]时，对于组织红军地方部队所需马匹，车辆，马具，逃避供给之义务者，处以二百俄金以下之罚金，且得并科处或不并科以没收所不肯供给之动物或物件。

关于应当登记之劳动用动物（马，牛，骆驼等）[3]，汽车，自动脚踏车，脚踏车，或其他运输机关，或关于书上运输机器之附属品及预备品，在实验的或试验的动员时，有违反军事上或登记上之法规等情，或无正当理由，忘漏报告上述各件，以备登记及调查（census）者，处以一个月以下之强制劳动，或二百俄金以下之罚金。（一九三一年八月三十日改正）

本条第二项，日译本与英译本有不同之处[4]，亦为吾国刑法所无，但登记车辆等之义务，吾国行政法亦取强制程序。

第七十一条 （删除）（一九三二年六月一日）

第七十二条 为自己或他人之用，伪造国家或公共机关所颁给的授予[5]权利或免除义务之证书或其他文书者，处以三年以下之剥夺自由，或

---

〔1〕日译本不书年月日。

〔2〕日译本作"为供给赤卫工农军地方部队演习及教练时一时之用……"译者按："一时"即"临时"之意。

〔3〕日译本无"应当登记"四字。

〔4〕日译本作"违反关于劳动动物（马牛骆驼等），车辆，马具，自动车，自动自转车，自转车，其他属于军事编成之运输机关，或其预备品之战时或平时编成之法规"。日人称汽车为自动车，脚踏车为自转车。

〔5〕"授予"原文作"授与"，现据今日通常用法改正。——校勘者注。

一年以下之强制劳动。

知情适用伪造文书者，处以六个月以下之剥夺自由或强制劳动，或一百俄金以下之罚金。

吾国有伪造文书之罪，但无完全与本条相符之条文。吾国刑法第二百十二条及二百十六条之规定，即包括本条之行为。

第七十三条 各个市民（individual citizens），反抗（日译本作有"以暴力"三字）依法执行职务之当局（public authority）代表者，及施行强暴，胁迫当局代表，致使其执行显系违法之行为者，处以一年以上之剥夺自由。

不用暴力，反抗当局者，处以六个月以下之剥夺自由或强制劳动，或处以五百俄金以下之罚金。

本条与吾国刑法第一百三十五条同。

第七十三条之一 以危及生命，或以伤害其身体，又或以毁坏其财产等，恐吓政府官吏（public functionary）或社会工作人员（social worker）（日译本作公共劳动者），意图限制（Restrict 日译本作"抛弃"）其公务或社会工作，或图改换其公务工作，以谋自己之利益者，视其犯罪情状及恐吓之性质，而处以六个月以下之强制劳动，或处以三百俄金以下之罚金，或指定强制居住地——或不指定——逐其出一定之地方三年（日译本作"三年未满"）。

对于从事社会的或生产的（productive）工作之社会工作人员主干部员，生产事业之特选精锐工人（shock‐worker），及集团农园（collective‐farm）工作人员[1]，施行殴打或施以其他暴力时，如其行为，因其性质，情状，及结果，不能认为暴虐（terrorism）行为者，处以五年以下之剥夺自由。（一九三二年二月二十日改正）[2]

本条乃为妨害公务罪，但吾国无类似如苏俄本条之行为——且无本条所述各项被害人之职位——吾国恐吓罪章，亦无类似之规定。

---

〔1〕 日译本作"社会改善队员或生产突击队员，或国营农场员执行社会改善或生产之职者"。

〔2〕 日译本作"一九二九年二月二十五日追补，一九三一年二月二十日改正"。

第七十四条 无赖行为（Hooliganism）者，即露骨的蔑视社会之无耻行为，如在刑事追诉时，行为人未受若何之行政处分者，处以三个月以下之剥夺自由。[1]

如上述行为，兼有暴力或暴乱举动，或系累犯之者，或系曾经公共治安保守者之警告，仍顽固继续者，或系有过于乖戾的或无耻的（cynicism or impertinence）性质者，处以二年以下之剥夺自由。

本条行为，在吾国视为违警罪——妨害风俗及秩序——最重主罚为十五日之拘留。加重亦至多二十二日又半。

第七十五条 不依从军事哨兵之合法命令要求，或不依从保全公安秩序当局之合法命令要求者，处以三个月以下之剥夺自由或强制劳动，或三百俄金以下之罚金。

吾国刑法无此条，但本行为当视为违警罪或违反军法等罪。

第七十五条之一 违反人民交通委员会及其所属机关颁布之交通秩序保安法，运输财产保全法，防止不法使用运输法，及管理卫生防火法等者，处以——如其违反行为发生重大结果时——三年以下之剥夺自由，或三千俄金以下之罚金。（一九二九年六月廿五日追加）

吾国刑法有处分失火烧失舟车，违背预防传染病，危及公共安全卫生等行为之条文，故本条行为，在吾国各视其所犯行为，而得适用刑法之规定。但普通以行政处分了事。

第七十五条之二 违反港外海上之法定规则，或所管理当局之法令，触犯关于海上船舶冲突防止法，或保管海底电线法，与夫海上航行法者，处以三百俄金以下之罚金。如本违反行为，有发生重大结果等情，则处以三年以下之剥夺自由，或三千俄金以下之罚金。但行为人之违反行为，当受职务上之处分者，不在此限。（一九二七年六月二十五日追加）

_____

〔1〕 日译本作"无赖行为，即……之行为者，处以三月以下之剥夺自由但在刑事诉追前，对于该行为，已受行政处分者，不在此限"。

本分条与前分条同系行政兼刑法混合条例。

第七十五条之三　违反关于苏联船舶及在苏联领海上之外国船舶，使用无线电装置之法规者，处以二年以下之剥夺自由，或一万俄金以下之罚金。（一九三一年二月十五日追加）

本条亦系行政处分之一种，吾国刑法无类似条文。罚金俄金一万云云，不知苏联之人民，能否有此大笔款项，如苏联真系共产者，本罚金刑，只能适用于外国船舶。

第七十六条　对于执行公务之当局代表，公然侮辱之者，处以六个月以下之剥夺自由或强制劳动，或五百俄金以下之罚金。

本条较吾国刑法第一百四十条为简单。

第七十七条　自行（arbitrary）冒充官吏之称号或职权，因而损害苏维埃权力之信用，而兼有（accompanied）触犯危机社会之行为者[1]，处以剥夺自由二年以下。

参吾国刑法第一百五十八条及一百五十九条。

第七十八条　意图妨害商业或官厅之常规工作[2]，而盗取，毁弃，藏匿，或损坏公务所之文书或私人文书者，处以剥夺自由一年以下。如该文书系特别秘密或特别重要之国家文书者，处以剥夺自由三年以下。

参看吾国刑法第一百三十八条。

第七十九条　故意破毁或损坏国家机关营造物之财产，或故意破毁损坏公共团体——合作社，营业协会等——及电线，联络机关——电报电话等——

---

〔1〕　日译本作"或因而造成发生社会的危险行为之原由者"。

〔2〕　日译本作"公务所事件之公正的解决，或其职务之执行"，英译本作"……due course of business or departmental activities……"

者处以一年以下之剥夺自由，或强制劳动。

如上述行为人，被证实〔1〕前曾犯同样之罪者，或因上项行为，致使发生停止或中止生产之工作或使国家受严重之损失者，处以五年以下之剥夺自由，并科以没收财产——或不并科。

本条之行为，在吾国除适用公共危险罪章条文外，且得适用刑法第三百五十三、四条。

第七十九条之一　意图扰乱或妨碍农业集团计划（collectivisation），或意图妨害农业集团计划之进步，滥杀或故意毁伤牲畜者，及煽动他人犯上述之罪者，处以二年以下之剥夺自由，兼科以逐出一定地方之处分——或不兼科。（一九三〇年一月二十日追加）

本分条日译本，将滥杀及故意毁伤牲畜为罪——即不附以意图敌对集团计划之条件——姑无论日译本或英译本是否正确，本分条之行为，在吾国不成犯罪。如吾国实施集团计划等者，本行为亦只能处以行政处分。毁坏已有之财产者，不论其用意如何，不危及公共之保安者，不受刑事处罚，此现在公认之法理也。然毁损供给国家国防用之牲畜，或毁损该牲畜，致有破坏国家之经济能力及危及民食问题者，当严重处分。

第七十九条之三　因违法的不注意管理（criminally careless treatment，日译本作"因重大之不注意"）属于国营农场，机器及曳引车场，或集团农场之曳引车（tractor，日译本作"农业机关"），致使其腐烂或破坏者，处以六个月以下强制劳动。

累犯上项行为者，及该行为有发生严重之损失时，处以三年以下之剥夺自由。

备考：如上述之破坏或损失系微小者，行为人不受刑事公诉，而依内部秩序之规则（译者按：即其所属机关之行政或管理规则）处分之，又依法律所规定，而扣除行为人之工资（日译本作"金钱赔偿"）。（一九三一年五月二日追加）

---

〔1〕　日译本无此语，英译本作"if it is proved"一句。

本分条系苏俄感于农工设备生产之困难，及训练技术人员之苦况，而有此项规定。吾国刑法无类似本条之规定，但毁损国有财产，不论其为故意抑或过失行为，当受行政或刑事处分。

第七十九条之三　凡系富农或私营牲口商（未得管辖牲畜当局之准许）[1]，违法屠杀马匹，或故意伤害马匹，又或以其他加害行为，致使损失马匹，或令马匹不堪使用者，处以二年以下之剥夺自由，并科以逐出一定地方——或不并科。

富农或私营牲口商煽动他人犯上述行为者，其处分亦同上。凡在集团[2]农场，国营农场，机械及马匹站（machine and horse station）或其他社会化区域（socialised spector，日译本作"公共的"）内机关企业之工作员及会员，对于上述农场机关等之马匹，犯本分条第一项之行为者，处以一年以下之强制劳动。（一九三二年四月二十九日追加）

吾国无此项规定，本分条之规定，只能施行于苏俄等劳资争斗极端化之国家。

第七十九条之四　对于待遇（treatment）集团农场，国营农场，机械及马匹站，社会化区域内机关企业之马匹，尤其是怀中之牡马，因违法的不注意（日译本作"重大的不注意"），致使损失之马匹，或令马匹不堪使用者，处以六个月以下之强制劳动。

如有系统组织的（systematically，日译本作"连续"）触犯前项行为，或因前项行为而损失多数之马匹者，处以三年以下之剥夺自由。

备考：如不注意之行为，并未发生本分条所述结果者，得依内部秩序规程，处以惩戒处分，兼要行为人负赔偿义务，而以之代（substitute）刑事诉讼。（一九三二年四月二十九日追加）

吾国刑法无此。

---

〔1〕　原文有此括符号。
〔2〕　"集团"原文作"集国"，疑为印刷错误。——校勘者注。

第八十条　因不注意而损坏海底电线，致有发生断绝电信联络之虞者，处以三个月以下之强制劳动，或三百俄金以下之罚金。

通常在吾国不能处分过失妨害电报之行为（参看刑法第一百八十条，该条不处罚过失行为）。但难免行政处分及民事责任。

第八十一条　违法的放纵[1]被监视或被收容于拘禁所之人，或帮助其脱逃者，处以一年以下之剥夺自由。

犯前项行为时，对于看守人，施行暴力，但未致于该看守人受重伤，而无危及其生命之虞者，处三年以下之剥夺自由。

如有使该看守人受致命重伤者，处十年以下之剥夺自由。

吾国刑法第一百六十二条与本条相似，且多国于聚众暴胁行为之规定，及减轻配偶五亲等内之血亲或三亲等内之姻亲犯便利犯人脱逃罪之特例。重视人伦，吾国之美德也；惟帮助犯人脱逃者，公然妨害国家之公务，损害国家之权威，如不严重处理，将或危及国家社会之基础。吾国刑法，已有减轻或免除配偶五亲等……犯藏匿犯人等罪之特例，可谓已得吾国重视人伦之精神，帮助其脱逃一罪，不当以人情二字，减轻犯人之罪。

第八十二条　凡被逮捕监禁，或被处剥夺自由之人，脱逃者，处以三年以下之剥夺自由。

吾国刑法第一百六十一条即与本条同，但又多关于暴力脱逃，及聚众暴胁等行为之规定，苏俄无是项规定，如有遗漏之虞。

凡被处强制居住一定地方（放逐）[2]，或被押解往强制居住地方时，脱逃或拒绝从事强制劳务者，放逐期间内，执行剥夺自由之处分，以替代放逐处分。

吾国刑法无此。

被处驱逐除分之人，自动的（voluntary）回复禁止居住之地方者，当该处

---

[1]　"放纵"原文作"纵放"，现据今日通常用法改正。——校勘者注。
[2]　原文有此括符号。

分期间内，执行剥夺自由或放逐处分，以之替代驱逐处分。但放逐者，得代以禁止居住一定之地方三年以下。（一九三一年六月十日改正）

备考：关于本条第二项及第三项之处分，法院得判令以何方法执行其处分（刑事诉讼法第四百六十一条）。[1]（一九三一年六月十日追加）

本备考之刑诉法条系指苏俄刑事诉讼法。又本条第二、三项之规定，吾国刑法所无。

第八十三条 普通的（ordinary，日译本作"单纯的"）密轮入罪，依关说法规之行政处分，没收所密轮之物件及罚金。累犯密轮者，除没收及罚金外，且得下驱逐出境之行政命令。（一九二七年六月六日改正）

本条系规定法院得以普通之刑事诉讼程序——即以刑法为定罪之标准法规——而处以刑法以外之特别刑法——行政刑法——所规定之处分，吾国无此法例。

第八十四条 无正规的护照，或为得所辖当局（competent authority，日译本作公务员）之许可，出入苏联国境者，处以一年以下之强制劳动，或五百俄金以下之罚金。

备考：外国人民为因政治的活动或因宗教的信仰，被人逼害，而意图利用苏俄宪法第十二条所规定之"政治犯避难"（asylum）权者，未得正规的护照或所辖当局之许可，走入苏联国境时，不适用本条之规定。

吾国刑法无此。管理国民或外国人之出入国境，通常在原则上，与刑事法无关系。但管理犯人等出入国境，与刑事政策等有密切[2]之关系。本条之规定，固可适用于犯人等出入苏联之时，但其最大目的，系禁制国内反动分子，及保护国外共产分子。又本条与国际法有特别之关系——参看国际法书籍，犯人引渡及政治犯章。

第八十四条之一 在苏联境内有所发明，或国家派遣出外之苏维埃市民

---

〔1〕 原文有此括符号。
〔2〕 "密切"原文作"密接"，现据今日通常用法改正。——校勘者注。

有所发明，而未得所辖当局之许可，向国外请求登记（application for registration，日译本作"发表"）者，处以一年以下之强制劳动，或一千俄金以下之罚金。将本分条第一项所述发明，未得所辖当局之许可，移转（transfer，日译本作"让渡"）国外地方者，处以十年以下之剥夺自由，兼没收财产全部或一部分。（一九三一年八月三十日追加）

本条吾国刑法所无。发明云云，是包括一切科学上之发明（看苏俄刑法第八十四条之二）。科学工艺上之发明，当无国界之区别，学者——科学发明家亦然——不当以金钱，私利，甚至国家，为发明之标的物，当求人类整个的幸福，其所发明，在吾国抑或在外国登记——或发表——本无关紧要。然学者亦人也，爱国之情相同，必使其首先在本国发表，先谋国家同胞之幸福，尽国民之责任，可无疑义。本条刑法，故当加以限制，规定国防关系之发明，方得适用。

第八十四条之二　将关于国防上或法律规定认为秘密的发明或其改良（improvement），向国外地方请求登记，或移转于外国者，及或以某种方法，将该发明或改良之内容，宣泄于国外者处以本法第五十八条之六所规定之处分〔1〕。（一九三一年八月三十日追加）

本条之规定，各国皆加入刑法条文之中。吾国刑法第一百零九条及三百十七条之规定略似本条。

第八十五条　触犯防止盗伐及损害树木森林之规令者，如其非法所得财产（译者按：即树木等）价额，或其所为害森林经济（forestry economy）之程度，由州或地方执行委员会，以卖买价额（日译本作"森林所在地之卖买价格"）为标准，评定为未超过五百俄金者，除取回非法所得之财产外，处以六个月以下之强制劳动，或处以等于非法所得财产之价额或损害价额三倍以下之罚金。〔2〕

如以上项行为为营业而犯之者（不论其非法所得财产之价额，或其所为

---

〔1〕　英译本作"五十八条之二"，想系"五十八条之六"之误。
〔2〕　日译本作"三倍以上"，想系三倍以下之误。

害森林经济之程度）处以剥夺自由或强制劳动一年以下，兼取回非法所得之财产。（一九二八年十二月十日改正）

吾国虽有森林法，但吾国刑法无特别规定本条行为之法律。盗伐或故意损害国有或他人之树木者，犯盗窃或侵占等罪，过失损害国有或他人森林者，负民事责任及行政处分。

第八十六条　在禁渔猎期内，或在禁渔猎之区，或以禁用之装置，器具，及手段，在有一般国家的重要性之海，河，湖内，未得所辖当局之许可，捕捉鱼类或兽类或其他物者，处以一年以下之剥夺自由或强制劳动，或五百俄金以下之罚金，且必没收非法所得财产。并科没收非法渔猎所用器具，舟车，及其附属物，或不并没收。

捕猎海豹或海獭于公海者，或捕猎海豹于海岸三里以内者，或不顾禁猎之规令，在陆上捕猎海豹或海獭者，与夫不顾禁猎之规令，在海岸三里以内捕猎海獭者，处以前项之社会防卫处分，但不并科没收所用舟车器具。（一九三一年一月十日改正）

第八十六条之一　在禁猎地方，或在禁猎期内，或以禁用之方法或装置，狩猎野物者，处以六个月以下之剥夺自由或强制劳动，或三百俄金以下之罚金，且必没收非法所得财产，并科没收用器，或不并科没收用器。（一九三儿年五月十日改正）

第八十六条系行政处分法例，吾国刑法所无。

第八十七条　违反规定之法律而掘矿者，处以六个月以下之剥夺自由或强制劳动，或五百俄金以下之罚金。

吾国刑法亦无此。

第八十七条之一　公然或秘密触犯土地归国有之法律，买卖，承售，赠与，抵押土地，或擅自交换土地者，及一切违法的改变土地使用权者[1]，处以三年以下之剥夺自由，并没收当该处置之土地及该土地之对价所受入金

---

〔1〕 日译本作"关于禁止让渡土地的劳动使用权之法律"。

额或财产，且剥夺六年以下之分配权（allotment，日译本作使用）。

违反现行法之规定，将租借之地，转租与他人（二重租借）者〔1〕，处以一年以下之剥夺自由或强制劳动，或五百俄金以下之罚金，并科或不并科六年以下之剥夺分配土地接受权。

累次触犯二重租借罪者，或初犯而将由劳动耕植者（toiling caltivator）租借之地，转租二区地（parcel）以上者，处以二年以下之剥夺自由，并科或不并科剥夺六年以下之分配土地接受权。（一九二八年三月廿六日改正）

吾国既未施行土地国有制，无此规定。

第八十八条 隐匿不当结婚的理由（impediment to a marriage，译者按：即身体器官中之障碍——尤其是花柳性病）或向管理民事身份〔2〕（civil status，日译本作"户籍吏"）之当局，作虚伪之报告者，处以一年以下之剥夺自由或强制劳动，或一千俄金罚金。

吾国虽无此项刑法条文，但此项行为人，在一定条件之下，仍得处以刑法第二百十四条之罪——即故意使公务员登载不实之事项于职务上所掌之公文书——吾国习俗，视婚姻为一家之大事，占卜巫卦，无所不为，而独于优生学一道，鲜有提及之者，当局如宜早日施行强制调查已订婚之男女，如有某种疾病或其他原因，不宜生育子女者，严禁该男或该女之成亲。为保存民族之前途计，吾人不能常以尊重古代遗风自居也。

第八十九条 扯裂或毁损所辖当局所施保管特别物件或家屋用之印押者，处以三个月以下之强制劳动，或三百俄金以下之罚金。

参看吾国刑法第一百三十九条。

第九十条 擅自施行法权（taking the law into ones own hands）者，即如非当局人员，而以一己之意执行与他人争执中之真正或假想权利，处以六个月以下之强制劳动，或五百俄金以下之罚金。

---

〔1〕 原文有此括符号。
〔2〕 "身份"原文作"身分"，现据今日通常用法改正，下同。——校勘者注。

擅自施行法权，吾国亦所严禁。但中国不少此类犯罪人，故不妨在刑法总则中规定人民不得擅自施行法权——即以明文规定之刑事处分之定刑及执行权，而于刑法分则中，再规定违反该条之罪刑。吾国现行刑法第一百五十八条之规定，与本条稍有不同之处，即本条不以冒充公务员为犯罪条件之一。

第九十一条 无参与选举之权，而参与苏维埃之各种选举，或参与苏维埃议会之选举者，处以六个月以下之强制劳动，或五百俄金以下之罚金。

吾国刑法无此条，但以极端之理论解释法律，则本条之行为人，在吾国或可以适用第一百四十七条妨害扰乱投票罪，及第一百四十六条之扰乱选举结果之罪。通常本条系选举法之行政处分。

第九十一条之一 凡在农村地方（village area），佣人劳动之雇主，阻碍其所雇工人执行选举权者，处以六个月以下之强制劳动，或五百俄金以下之罚金。

犯前项行为，而其所阻碍之工人数，系三人以上者，及累犯前项行为者——虽阻碍工人数不及三人，处以强制劳动一年以下，或罚金一千俄金以下。（一九二九年一月二十六日改正）

吾国刑法无此条，但妨碍他人之选举权者，触犯刑法第一百四十二条或一百四十五条。

第九十二条 凡为证人（witness），而逃避审问机关，搜查机关，及法院之传票者，或为证人而拒绝举证者，处以三个月以下强制劳动，或一百俄金以下罚金。为证人在物质上或业务上所依靠之人，该人借势设法妨碍为证人，使其不得出场者，处该人同上之刑。

凡系专家，通译员，及与案件有关系之人（日译本作"立会人"，英译本作"witness"），逃避前项所述当初之传票，或拒绝执行其职责者，处以五十俄金以下之罚金。如系参审员[1]，在物质上或业务上所依靠之人，借势妨碍人民法院参审员之出场执行职务者，处该人同上之处分。

---

[1] 英译本作"people's assessor"，译即人民之评价员。

人民法院参审员逃避其职责者，处以三俄金以下之罚金。（据日译本之译者曰，三俄金云云，想原版——即俄国刑法原文——手民之误，或作三十俄金为适当。）

本条及吾国刑事诉讼法第一百六十五条及一百八十条——兼参以一百八十四条——之规定相似。专家（expert）即吾国之鉴定人。吾国刑法无此项条文，本条规定于刑法，不甚适宜。

第九十三条 无揭扬苏联国旗权之商船，而揭扬苏联国旗者，处以一年以下之剥夺自由，并科没收该船只，或不并科。或处以不超过该船只价额之罚金。

未得所辖当局之许可，买卖〔1〕揭扬苏联国旗之商船者，处以一年以下之剥夺自由，并科没收该船只，或并科等于该船只价额或不满一千俄金以下之罚金。

吾国刑法无此条。但商船之国籍——即揭扬国旗权——及其买卖，皆由行政法，商船法，及国际公私法等分别规定，通常与刑法本无关系。但非交战国之商船，平时滥用他人之国旗者，恐无其事。本条所与吾人之参考资料，在国旗问题。侮辱国旗，刑事罪也，今不妨规定为不许滥用国旗，凡国旗之揭扬，当有一定之合法原因，且当在合法之地方。

第九十四条 私人滥用一九〇六年所规定之军医队徽章及识别记号（红十字及红半月形）者〔2〕，或私人使用红十字或红半月形，以之作营商或工业之标记，或以之图谋一切私人利益者，处以一年以下剥夺自由，兼科没收财产一部分一千俄金以下之罚金。

本条系国际公法——成文法——之一，吾国亦不许私人滥用红十字章，但刑法无特别之规定。吾国刑法第一百五十九条处分冒用公章，红十字章系公章之一种，然犯本罪者，战时处军法，平时受行政处分，较为适当。用红十字章作商标者，各国往往有之，苏俄禁用，吾国于商标法亦有禁止之规定，

---

〔1〕 "买卖"原文作"卖买"，现据今日通常用法改正。——校勘者注。

〔2〕 原文有此括符号。

所以尊重国际公法也。本条之红半月形，系苏联之徽章，与国际红十字会无关。

第九十五条 明知为不实之事情，而向搜查机关，司法机关，或有权提起刑事诉追之公务员，作虚伪之报告，或证人，专家，通译员，明知为不实而在搜查或审判时，提出虚伪之证据者，处以剥夺自由或三个月以下之强制劳动。

明知为假伪，而作虚伪之报告或提出虚伪之证据时，有下列情由者，处以二年以下之剥夺自由。

（一）诬告重罪犯者；

（二）意图私人之利欲者；

（三）伪造有罪证据者。

参看吾国刑法第十章伪证及诬告罪。

第九十六条 未得检察官，搜查司法官，执行审问官，或执行再搜查官之许可，刊行初次搜查审问时，或再搜查时之内容者，处以六个月以下之剥夺自由，或五百俄金以下之罚金。

在吾国本条之行为人，如系公务员，则以渎职罪论——吾国刑法第一百三十二条——否则只能处以行政处分，在原则上非公务员不能犯此罪，盖一切司法当局文书，常人不能得而刊行也。

第九十七条 对于民法第一百五十六条所规定之各种劳工者之住宅，收取所辖当局所定租价以上之屋租者，或未得法院之判决，而对于上述劳工执行强制逐出住宅者，或对于上述劳工，不依关于机关及企业所属房屋之特别法规定，执强制行政逐出住宅（administrative eviction）者[1]，处以三个月以下之强制劳动，或五百俄金以下之罚金。

吾国刑法无此规定。一切不法强制执行，应负民事责任，屋租之不法收

---

[1] 日译本文法构造不同，译作"但依关于营造物及企业体附属住宅之特别法规定，执行行政上之立退者，不在此限"。

入，现亦未有若何法规——但当局已注意此项问题，已有草案——本条规定劳工者之住宅等，盖亦工农赤俄之立法的自然现象也。

第九十八条　在市有化（municipalised）或国有化之城市建筑内，卖买一套住房（apartment）或房间（room），而收取或支付房价以外之住宅设备费（living accommodation）者，处以等于该收支额五倍以下之罚金。但在有建筑物权的所有地之住宅者，不适用本条[1]。

吾国刑法无此条。

第九十九条　意图经商或贩卖，调制，置有，收买特别禁止或受限制之出产物，材料（materials，日译本作"原料"）及工业制品者，处以二年以下之剥夺自由，兼没收财产及剥夺经商权。

吾国刑法无此条。吾国刑法第一百八十六条及二百五十六条等类似本条，但不能谓同一类似之规定。

第九十九条之一　意图贩卖，而收取生鱼或意图贩卖，而调制所收买之生鱼，或超过规定一个渔区（fishing area）之法定限量，大量的调制生鱼为营商者（已有特许开设渔业[2]工场者例外）[3]，处以二年以下之剥夺自由，兼没收不法收买及调制之鱼。（一九三〇年二月十日改正）

吾国刑法无此。

第一百条　违反国内消费税（excise）法规，或违反特许执照税（license tax）法规者（如该法规无行政处分之规定时）[4]，处以一年以下之强制劳动，或一千俄金以下之罚金，且并科没收所付未税之物件及制造用工之工具与原料。（一九三〇年二月十日改正）

---

〔1〕 英译本作"……one let out on 'zastroika' lease（i. e.，to be rebuilt, reconditioned, added to, etc）……"

〔2〕 "渔业"原文作"鱼业"，现据今日通常用法改正。——校勘者注。

〔3〕 原文有此括符号。

〔4〕 原文有此括符号。

吾国刑法无此。但漏税行为，危及国家财政经济之基础，当特别规定于刑法，以刑事犯论。

第一百零一条　意图贩卖，未得正式执照，而调制果酒（wine），伏特加[1]酒（vodka），烈酒性饮料，或其他含有酒性物质（substance）者；或意图贩卖，调制上述各酒类等，而其酒量成分，超过法定度量者；或贩卖，或意图贩卖而置有上述酒类或物质者，处以一年以下之剥夺自由，兼科没收财产一部份——或不兼科。

吾国刑法无此条。禁酒法之施行，有赞成者，有不赞成者。禁酒之结果与成绩，在美国已有以此之失败。在吾国是否须施行禁酒，非有详细的考虑，不可定论。但本条之规定，实有必须施行于吾国之虑，盖劣等酒料，足以危及人命，不可不严禁也。烟酒之调制，须严重取缔，最好完全由国家办理经营。

第一百零二条　意图贩卖，调制或贮藏自家蒸馏（home‐distilled）之酒类，或以贩卖上述酒类为营业者，处以一年以下之剥夺自由或强制劳动，或五百俄金以下之罚金。兼没收该酒类及调制用器。

无贩卖之意，而调制或置有自家蒸馏之酒类，或非以贩卖上述酒类为常业而贩卖者，根据全俄中央执行委员会及人民委员会之特别规令，执行一月以下之强制劳动，或罚一百俄金以下之行政处分。（一九二八年一月十六日改正）

本条第一项，违反营业取缔规则，在吾国亦能处分——但非刑事犯——如所调制，不合卫生者，犯吾国刑法第一百九十一条。本条第二项之规定，由社会的方面看来颇可称许，但在实行上，盖难取缔。吾国现在，正处汲汲危亡之秋，惩治烟毒，已不胜其难。取缔私人私造酒类一事，既不危及公共卫生者，可暂置不理。但将来仍须设法禁治，以求国家整个的民族健康。

第一百零三条　制造，置有，修理或贩卖专用作调制自家蒸馏酒类之器

---

[1]　"伏特加"原文译作"服德卡"，现据今日通常译法改正。——校勘者注。

具，而以之为常业者，处以一年以下之剥夺自由或强制劳动，或五百俄金以下之罚金。

不以之为常业，而犯前项之罪者，根据全俄中央执行委员会及人民委员会之特别规令，执行强制劳动一个月以下，或罚金一百俄金以下之行政处分。（一九二八年一月十六日改正）

吾国刑法无此条。

第一百零四条 擅自（unauthorised）调制或置有可卡因（cocaine），鸦片，吗啡，醚[1]（ether），或其他麻醉毒药（narcotic），而意图贩卖或贩卖者，处以一年以下之剥夺自由或强制劳动。并科没收财产一部分，或不并科。

以前项之罪为常业者，或开设店户贩卖或供吸用本法所述各种之物资（substance）者，处以三年以下之剥夺自由，兼没收犯罪者之财产全部。（一九三〇年五月二十日改正）

吾国刑法第二十章鸦片罪之规定——本章名为鸦片罪，但其内容包括其他毒品，或称麻醉毒药罪较为适当——本条之规定，只等于吾国刑法第二百五十六，七，九条。

第一百零五条 触犯关于管理营业之规则，而该规则条文，未规定任何特定行政处分者，处以一年以下之强制劳动，或二千俄金以下之罚金。

合作社（co-operative）或信用机关（credit institution）之经理部部员，触犯该机关之法律（law）或成文法案（statute）所禁止之行为者，处以六个月以下之强制劳动，或五百俄金以下之罚金。

吾国刑法无此条。

第一百零六条 在经商场所，置有或贩卖无证明质量纯正之官印（hallmark）的金银及铂制物品者，处以没收该物品及征收不超过检验及证印费十倍之罚金。

---

〔1〕 "醚"原文译作"以太"，现据今日通常译法改正。——校勘者注。

吾国刑法无此条。吾国法律亦未有检验金银、铂制物品之法例。本条之规定，非指贩卖假伪金银、铂制物品之罪，故虽贩卖真金，亦得被处分，斯亦苏俄实行国家统制权之法例也。吾国不妨施行本条之行政法规。

第一百零七条 私人意图私利——即投机——而收买或再卖农产物或民众消费品（articles of mass consumption）者，处以五年以上之剥夺自由，兼没收财产全部或一部分。（一九三二年十一月十日改正）

本条之规定，虽系共产主义之法律的自然现象，而为吾国刑法所无，但投机行为，常有致使国家财政及民生问题发生严重之危险，故不可不限制也。吾国刑法第二百五十一条，当规定投机行为，使市价暴涨，危及民生者，处以刑罚。民生问题，岂非三民主义之一？岂可一任投机者之玩弄，徒饱其私囊！

第一百零八条 建筑作业中，不履行或违反所辖当局所规定之建筑，卫生，防火法律，及命令者，或从事矿业中，不履行或违反法律所规定之保安法规者，如发生重大结果者——处以三年以下之剥夺自由，或三千俄金以下之罚金。

前项犯罪，如无发生重大结果等情者，以行政程序，执行一个月以下之强制劳动，或一百俄金以下之罚金。

参看吾国刑法第一百九十三条，本条之行为人，在某种条件之下，得以业务上过失致人死伤罪——看吾国刑法第二百七十六条及二百四十八条。

以上完第二章。苏俄刑法，因多其政治的色彩，然身处共产主义之国，其立法必以仇视资本主义为基本原则，此吾人所不能责难苏俄之立法例也。但其中有以行政处分，刑事诉讼法，军法等，参入本章之条文者，与吾国立法之习惯相反，不免引起新异。其适当与否，则尚须研究。

译本章而与吾国刑法比较研究者，固能指出其异同得失，今以管见所及，将本章所授予吾人之参考资料，列出如下：

（一）本章有关于国境出入——尤其是政治犯之"避难"——及红十字

章等之规定，以国际习惯及条约，参入刑法之内，对于国际法之发展，颇有相关，吾国亦当效法，除已有之规律，——如妨害国际外交罪——外，当增设违背中外修缔条约罪章，以重国际道义，兼保国际信用。

（二）吾国人民，素无公共生活之利害认识，对于森林树木，鲜有知爱护者。近年来，则提倡改良，普及三民主义，新生活运动等，宣传甚力，窃谓吾国民族性，以刑法——或单一个刑字——为官或民间所必存在之物，故莫不知有刑法者，且畏惧刑罚，已成一种民族心理，何不将森林法，新生活，三民主义等，编入刑法之中，然后从事刑法之民众化，借识字运动将刑法作一教材，一则收普及教育，及宣传三民主义等之效力，一则养成知法不敢犯法之习惯。此种畸形负责政策，吾知必有反对之者，然为急进计，非警之以刑，迫成改良民俗不可。就中国之历史的教训以观，则非有刑罚在后，一切言语的宣传，每迟迟不进焉。——上述方法，与暴刑苛政不同，盖有刑法民众化与识字教育之连带运用在内，且于刑法总则中，得规定乡村不识字之人民，未经规定之训练者，犯某某等条，只加警戒，不处以主刑或从刑。

第三章　公务员职务上之罪（即吾国之渎职罪）[1]

第一百零九条　滥用职权或公务上之地位者，即系公务员藉其地位始可执行某种事情，而该种事情，实非公务职责上所必须执行者，而有执行等情，因而致使官厅机关或企业之工作，受一定的妨碍或受物质的损失；或因而致使发生妨碍公共秩序或发生妨碍市民之法律所保护的权利者——如该行为，系有组织的（systematic）犯罪，或系意图金钱上或私人的利益者；或系行为人明知其行为有发生重大结果之虞，则虽未发生重大结果——皆处以六个月以上之剥夺自由。[2]

参阅吾国刑法第一百三十一条及一百三十四条。[3]

---

〔1〕　原文从此处另起一篇，载于《法学杂志（上海1931）》（第9卷）1934年第4期。——校勘者注。
〔2〕　公务员者，系指一切任职于常设的或临时的地位——苏维埃——机关企业服务，或在法律委以执行经济的，行政的，商业协会的（trade union），或其他公事（public task）的一定职责，权利（right）或权力（power）之机关（organisation）或联会（association）服务者。
〔3〕　备考一：参看吾国刑法总则编第十条
　　　　备考二：商业之规则，被追诉者，以公务员犯罪论。

参阅吾国刑法第一百二十一条及三百三十六条。

第一百十条 行为之超过公务员职权范围者，即系具备前条件，而该行为人，显系超过法律所委任之权利及权力之范围者，处以六个月以上之剥夺自由。

凡越权行为，兼用暴力，武器等，或使被害人受肉体的痛苦或侮辱（insult to his dignity）者，处以二年以上之剥夺自由（一九二七年十月三一日改正）。[1]

第一百十一条 不执行职权者，即系具备第一百零九条之条件，不履行其职务上应当执行之公务者，处以三年以下之剥夺自由。取忽略职务之态度者，即如具备第一百零九条之条件，对于其职务所辖职责，取不注意的或不负责的（unconscientious）态度，因而致使职务上之信件及会计之准备，延搁迟滞者，及其他一切公务上之不注意，其处分为剥夺自由三年以下[2]。

看吾国刑法第一百三十条。

第一百十一条之一 凡因滥用职权或不执行职权，或因取忽略职务之态度，而管理合作工作之登记及检验的政府公务员，或合作社公务员，惩恿组织不正当合作社，或默认不正当合作社继续其工作，或在供给材料物品时及收取屋租时，与以特别优遇（preferential treatment）等各种方法援助合作社者[3]。

（甲）如上述行为时，无金钱上或私利的动机（motive）者，处以六个月以上之剥夺自由。

（乙）如上述行为，系图谋金钱上或私人的利益者，处以二年以上之剥夺自由。（一九二九年八月九日改正）

---

〔1〕 参看吾国刑法第一百三十四条。公务员之越权行为，在原则上，吾国处以行政处分，刑法不处分普通的越权行为，如刑法第一百二十五条的等，则专指滥用追诉或处分权而已。

〔2〕 本条日译本作"职务不执行，即如公务员不履行其职务上之义务时，或职务怠慢，即如对于职务不注意或不诚实，因而迟滞事物，及为其他职务上失错时。在具备第百九条后段之要件场合，处以……"

〔3〕 日译本作"……或其他公务员，以某种之方法（材料及商品之免税，或屋租之免除等），援助不正合作社者……"英译本如下："…or assists it in any way, e, g,.t y preferential treatment in the issue of materials or goods or in the matter of rent, etc…"

吾国无此条。

第一百十二条　公务员因滥用职权，或因越权或不执行职权，或因取忽略公职之态度，致使其所掌中央行政，或其他类似的生产，营业，信用，运输等经济的或国家的行政，紊乱者，处以二年以上之剥夺自由。

一切滥用职权或滥用公务地位，与乎越权或不执行职权，或取忽略公职之态度等诸行为，而不适合本条或以前三条——第一百零九条至第一百十一条——所规定之范围（scope）者，处以一个月以下之强制劳动，或与以免职，或剥夺就任行政（executive）日译本作"监督"或有责任的公务之权二年以下，或负所损害之赔偿义务，或与以公开谴责。[1]（一九二八年五月二十八改正）[2]

吾国法例，以有明文规定者，方有效力，故某种行为，并未规定于刑法，但已在其他法律规定者，行为人不受刑法之处分。苏俄本条第二项，以总括的方法，给法院无限制行政处分权，已与吾国法例不同，而备考之一，则又以犯罪性质轻微，而将刑事法权，"让与"行政官，此亦在吾国法律原则上所不许者也。

第一百十三条　毁坏当局权威者，即系公务员之某种行为，虽与其公务无干涉，但显系在劳工者之眼前，污损该公务员所代表之当局机关之尊严[3]。

吾国刑法，惜乎无此条文。本条之规定，虽云行政处分，然公务员当为民聚的模范，如公务员不求高尚正大之生活者，则举凡一切强迫市乡民聚实行新生活之运动，亦只受民聚之藐视嘲笑，终无改良之日也。

---

〔1〕 日译本作"……当依服务纪律而处分之行为……"英译本作"……but merely render the offender liable to disciplinary responsibility towards his official superiors……"

〔2〕 在公务上之疏忽或不尽责任（neglect or delinquency 日译本单位作"错失"）而因其性质（日译本作）"危险性之程度"无执行社会防卫处分之必要，且该行为人只须对其上级官员负行政上之惩戒责任者，不适用本条第二项之规定。（一九二八年五月二十八日改正）

法院判决本条第二项之犯罪时，有权并合该项所规定之各种社会防御处分而宣告处分。（一九二八年五月二十八日改正）

〔3〕 （dignity）日译本作"名誉"及权力（authority）日译作"威信"者，处以二年以下之剥夺自由，或处以第一百十二条第二项所规定之社会防御处分。（一九二八年五月二十八日改正）

第一百十四条 为金钱上或私利上之动机，法官宣告不公正之处分，判决，或命令者，处以二年以上之剥夺自由。（一九二七年十月三十一日改正）

参看吾国刑法第一百二十四条及一百二十五条，兼看第二百二十二条。

第一百十五条 不法逮捕，或不法置人于拘禁者，处以一年以下之剥夺自由。

询问时用不法之手段，强迫提供证据，或为金钱上或私利上之动机，而有看守监禁他人等妨碍手段者，处以五年以下之剥夺自由。

参看吾国刑法第一百二十六条一旦该条与本条，内容略异——第三百〇二条，及第一百二十五条第一、二款。

第一百十六条 公务员，或受国家或社会机关委任执行公务之人，将其职务上所管辖或将其在职务上有关系之金钱，贵重品，（valuables）日译本作"有价证券"或其他财产，消费或侵占者，处以三年以下之剥夺自由。[1]

看吾国刑法第一百二十九条及第三百三十六条。

第一百十七条 公务员在职务上对于其能为及应为之事情，直接或经由中间人，收受贿赂，因而执行或不执行其职责，以图利及赠贿人者[2]，处以二年以下之剥夺自由。（英译本如此，但日译本作"二年以上"想系"二年以下之误"。）

收贿行为，而兼有加重情形者，例如（甲）受贿者，身任有责任之地位时，或如（乙）前曾因受贿而被治罪，或受贿一次以上者，或如（丙）受贿者，曾用勒索手段者，处以二年以上之剥夺自由，兼没收财产（日译本作二年以下，想系二年以上之误）。（一九二七年十月三十一改正）

---

〔1〕 上项行为人，系特别受委全权者，或消费特别重要之国家的贵重品（state valuables）日译本作"国有财产"者，处以剥夺自由二年以上，兼没收财产。（一九二七年十月三十一日改正）

〔2〕 日译本作"公务员关于其职务上收受贿赂，因而为赠贿者之利益，执行成不执行其职者……"较英译本少 "……whether personally or through an intermediary…which the official could and should perform by reason of his official position only……" 等句话。

看吾国刑法第一百二十一、二条。

第一百十八条　赠贿者，或为赠贿时之中间人者，处以五年以下之剥夺自由。

备考：本条行为人，如有下列情形者，免除其刑事责任：（甲）系被勒索而赠贿者，或

（甲）赠贿之后，即时自首者。

看吾国刑法第一百二十二条第三项。

第一百十九条　挑动（provocation）贿赂者，即系故意构成他人赠贿者，或收贿之诱导的环境或条件，以图挑动赠贿人或受贿人者（日译本作）"……公务员图摘发……"处以二年以下之剥夺自由。

吾国刑法第二十九条有教唆犯之规定，但无类似本条之规定，本条当加入吾国渎职罪章。

第一百二十条　公务上伪造文书者，即系意图金钱上之利益，公务员明知其为不实之事项，而将其登载于公文书者，或伪造变造或改串日期（date 日译作"数字"）者，或公务员制作或公布明知为虚伪之公文书者，或明知为虚伪之事项，而为之登记注册者，处以二年以下之剥夺自由。上项行为，无金钱上之动机者，处以第一百十二项所规定之社会防御处分。（一九二八年五月二十八日改正）

参看吾国刑法第二百十三条一伪造文书罪——及第二百十六条。

第一百二十一条　公务员将未得当局准许公布之事项，泄露（divulgation）（日译本作"公表"）或传知他人（passing on）（日译作"通信"）者，或归集上述事项，意图告知他人者，处三年以下之剥夺自由，或处以第一百十二条第二项所规定之社会防御处分。（一九二八年五月二十八日改正）（参看吾国刑法第一百三十二条。）

以上完本章之规定，本章较吾国第四章多关于公务员伪造公文书等之规

定，但吾国该章多数条，且吾国各条之规定，甚为详细。吾国所多之条文系第一百二十条委弃守地罪，第一百二十三未为公务员前的渎职罪，及第一百三十三条邮务公务员开拆或隐匿投寄之邮件等罪。他如第一百二十七、八条之规定，苏俄刑法第一百十二条，得不足其明文之简略处。

第四章　违反关于政教分离法规罪[1]

吾国刑法无本章。

第一百二十二条　凡在国立，私立教育机关或学校，对于小儿或未成年少年人，施以宗教教育（日译本作"教授宗教之教义"）者，或违反关于上述事项之法规者，处以一年以下之强制劳动。（日译本作"一年以上"），想系"一年以下"之误。

苏维埃主义一，乃反对历史上一切宗教思想，故有此条文，吾国刑法无此。吾国教育行政，主张宗教自由，故学校——尤其是大学——得设宗教科，惟不得以宗教为必修科目之一，违反者，该学校不得当局之承认立案，但行为人不受刑事处分。

第一百二十三条　意图谋得利益，以欺瞒行为，引起民聚迷信者，处以一年以下之强制劳动，兼没收财产一部分或五百俄金以下之罚金。

吾国刑法，可惜未有此条文。

第一百二十四条　为教育或宗教团体之裨益，用强硬之手段募捐者，处以六个月以下之强制劳动，或三百俄金以下之罚金。

吾国刑法亦无此条，良可惜也。

第一百二十五条　宗教或教会团体，私擅行使行政的，司法的，或其他的属于公法之权限，（functions pertaining to public law），或行使法人团体之权

---

〔1〕　本章章名，英译本作"infringements of the regulations regarding the disestablishment of the church"。但细观本章内容－尤其是第一百二十七条，毫无排除宗教之明文，故依日译本作"违反关于政教分离……"

力（corporate rights）者，处以六个月以下之强制劳动，或三百俄金以下之罚金。

吾国刑法无此条，但本项行为人，得根据刑法分则各章，分别依法定罪。

第一百二十六　凡在国家机关，公共机关及企业[1]，举行宗教之仪式者，或在上述各机关等内，装置宗教之图书者，处以三个月以下之强制劳动，或三百俄金以下之罚金。[2]

第一百二十七条　凡妨碍宗教仪式之执行者，如该仪式之执行，不扰乱公共秩序，又无侵害市民权利之用意（attempt）者，处以六个月以下之强制劳动。

本条略似吾国刑法第二百四十六条第二项——妨害祭礼说教礼拜罪—在不信神鬼，且又极端的，绝对的，反对宗教之苏俄，能规定本条之法例者，诚难得也。数年前，当闻美国某牧师云，"不出二十五年，苏联将无安慰其灵魂之所矣一"，但依本条之规定，在法律的形式上，宗教的聚会，并未完全禁绝于苏联之地也。

以上完本章之规定。本章第一百二十三、四两条，鉴于吾国迷信风行，劣僧恶道等强索募化，所在皆是，吾国当取而规定于刑法或违警法中。第一百二十五条之规定，除去宗教，教会等词，而规定于吾国刑法中，不许私人等执行行政司法等权，亦未始不可一本行为与冒充公务员稍异，此不可不注意者也。

第五章　经济罪[3]

第一百二十八条　国家或公共机关，企业之主管人或其指定（authorised）代表，对于其所受委任之事，取不注意或不忠实之态度，因而管理失当

---

〔1〕英译本单作"……in any state institution or undertaking……"无"公共"等字样。
〔2〕本条得视为一种行政法规，在吾国亦不能在官厅办公之处，举行宗教仪式。惟吾国刑法无此条。
〔3〕吾国刑法无此章。

（maladministration 日译作"不经济行为"），致使该机关或企业之财产受耗费（waste），或受不可挽回之损失者，处以二年以下之剥夺自由，或一年以下之强制劳动。（一九三一年三月二十日追加）

本条系一种行政处分，或可名为特别身分人之行政刑法。勉强亦可谓为渎职罪——参看吾国刑法第一百三十条。吾国刑法无此条。

第一百二十八条之一 （本分条英译本如下：）凡工业或商业之企业体，有组织的或大量的发送（delivery）劣质货品者，处以五年以下之剥夺自由，或一年以下之强制劳动。（一九三一年三月二十日追加）（本分条日译如下：）由生产不良之工企业体或商企业体，多数团结或组织的退职者，处以五年以下之剥夺自由，或一年以下之强制劳动。（一九三一年三月二十日追加）[1]

第一百二十八条之二 不遵守强制的标准（compulsory standards 日译作"强制生产标准"）者，处以二年以下之剥夺自由，或一年以下强制劳动。（一九三一年三月二十日追加）

吾国刑法无此条。但此亦行政处分之一也。

第一百二十九条 经理（managing）国家或公共机关企业者，侵用（misappropriate）国家或公共财产，尤其是缔结不利之契约（disadvantageous contract）者，如该行为系与上述机关或企业之对方订约人通谋而为之者—处以一年以上之剥夺自由，并科没收财产全部或一部分，或不并科。

吾国虽无完全类似本条之规定，但本项行为，得以诈欺背信罪论—看吾国刑法第三百四十二条—或得适用吾国刑法第一百三十一条公务员对于其主管事务图利罪。

---

[1] 出产或贩卖劣质货品者，处以行政处分，未始不可。但如该劣品，取价低廉，且无需伪之标记，又不危害公共卫生及安全者—看吾国刑法第一百九十一条及二百五十五条等—不当处分。吾国刑法无完全类似本条之规定。至若团结退职，有碍工业之生产能力，在某种条件之下—如国难危急之时等—当为法所限禁。但根据日译本，有"生产不良"一语。夫工人拒绝在拙劣工场劳动，或拒绝制造劣货，不独无罪，反当嘉许，何得云处分？想必"生产不良"者，系指生产能力薄弱，而退职之行为，能使国家工商"指教"减低，有违苏俄之政策，故处分之。穷以英译本为准确，且合理。

第一百二十九条之一　设立经营或办理不正当之合作社者，即系用合作社之外观的形式，以图得合作社所享之特权及优待（preference 日译本作"免税"），而实际上则为私人之企业体，其主管关系人员，系资本家，而专谋该资本主义的成分之利益者，处以五年以下之剥夺自由，兼没收财产全部或一部分。

明知其为不正当之合作社，而参与该社之工作，且因参与而取得发起人同样之利益[1]者，或知情而帮助隐匿该组织之真实性质者，处以二年以下之剥夺自由，或一年以下之强制劳动。（一九二九年九月九日追加）（日译本作八月九日）

吾国刑法无此分条。

第一百三十条　依契约而接收国家或公共财产之承租人或公司（corporation 日译本作"法人"）法定代表人，耗费该财产者，处以六个月以上之剥夺自由，兼取消该契约，及没收财产全部或一部分。

吾国刑法无此。观本条之用语，其行为，不以故意或过失为条件，——并不须犯罪，耗费英文作 wasting，故如行为人不节俭者，恐或受本条之处分。类似本条之刑法，只能在苏维埃国家施行。

第一百三十一条　不履行对于国家公共机关或企业之契约上的义务，而在民事诉讼时，如被证明该违约行为，系出自恶意者，处以六个月以上之剥夺自由，兼没收财产全部，或一部分。

吾国刑法第一百九十四条之规定，以"灾害之际"及"致生公共危险"为条件，与本条异。吾国无处分本条行为人之规定，但"出自恶意"者，则其行为触犯他罪矣。

第一百三十二条　如在战时犯本法第一百二十八条至一百三十一条所规定之行为者，或关于供给赤御陆海军军用物品时，犯上述诸条之行为，而有

---

〔1〕　日译本作对三名以上之劳动者团，或对于因同职之故加入该劳动团者，或对其全员……英译本作"……involves a group of not less than three persons, is of the same character in regard to all the members of the group, and is committed in respect to all of them at the same time……"

至成损害战斗能力之虞者，处以二年以上之剥夺自由。（一九二七年十月三十一日改正）

参看吾国刑法第一〇八条。

第一百三十三条　雇主—不论其为私人抑或在国家公共机关或企业执行类似之地位者—违反管理用劳动者之法律，或违反保护劳动者之法律及社会保险法者，处以六个月以下之强制劳动，或三百俄金以下之罚金。

对三人以上同样性质之劳动团，同时犯上项之违法行为者〔1〕处以一年以下之剥夺自由或强制劳动，或一万俄金以下之罚金。

违背关于保护劳动者之法规，置劳动者于发生或能发生损失其工作能力之劳动状况者，处以二年以下之剥夺自由，或一年以下之强制劳动，或五百俄金以下之罚金。对于地方当局依据其法令所规定之责任，而施行关于劳动保护，安全设备，工业卫生，及工业保险（英译本无"工业保险"一语）之法规，或对于人民劳动委员会所决议，命令，或训令（decision, order, or instruction 日译本作"训令，指令，通牒"）之上述诸法规有违反之者，处以行政处分，一个月以下之执行强制劳动，或一百俄金以下之罚金。

吾国可惜未有类似本条之刑法条文，即吾国行政处分之条文，亦未十分齐备—且未普及施行，强制改良救护劳动者之生活——恶劣之劳动生活，即犯罪诱动原因之一也。吾人不可不注意。

第一百三十四条　雇主违背其与工会所订之集体合同（collective agreement）或工资协定，或违背劳资调停会（board of conciliation）所决定之协约，而（日译本作"强制调停之协定"），而在进行司法的仲裁的程序时，被证明该违背行为，系出自恶意者，处以第一百三十三条第一、二项所规定之处分。

吾国刑法无此条。本行为人当负民事责任及行政处分。

第一百三十五条　对于工场委员会，或工人委员会，或地方委员会，或工会；或对于上述委员会工会等代表，妨碍其合法的工作者，处以一年以下

---

〔1〕　日译本只作"有杀人或伤害之前科者"。

之剥夺自由或强制劳动，或一千俄金以下之罚金。

吾国刑法无此条，但本条行为人仍不免刑事上之责任，盖吾人不能妨碍"合法"团体之"合法"的工作。

以上完第五章。其中多系苏维埃制度之法制之法例，虽施行于吾国。但第一百二十八条之一（指英译条文），及该条之二，及第一百三十三条等，吾国当急速施行，以振与吾国工业，及保护劳工阶级。

第六章　对于人民身体自由及名誉之罪

本章即吾国刑法之杀人罪，伤害罪，强奸罪，妨侵自由罪，妨害名誉罪等等，将吾国刑法之数章，合为一章，斯亦苏俄本法之特色也。

第一百三十六条　故意杀人，而有下列情形之一者，处以剥夺自由自由十年以下：

（甲）出于利息，嫉妒（但在不该当第一百三十八条之情状者），或其他卑贱的动机（incentive）者。

（乙）曾因预先有计划的杀人（premedtiated），或因致人于重伤害，而被审判，又因而受过法院所宣判之社会防御处分者。

（丙）其所取方法，危及多数人之生命，或使其被害人受极度之痛苦（extreme suffering）日译本"用特别残虐的方法"者。

（丁）目的在使容易犯其他重罪，或在图隐蔽所犯其他重罪者（facilitating or concealing 日译本）。

（戊）对于被害人之一般安全（welfare），行为人负有特定的责任者（日译本作"有扶养被害人之义务者"）。

（己）趁[1] 被害人之无援助状态（helpless condition）者。

吾国刑法第二百七十一之规定，只云"杀人者死……"而其最轻本刑为十年以上有期徒刑，苏俄则以十年为最重刑，吾人对于此点，当作若何感想？

---

[1]　"趁"原文作"乘"，据现今通常用法改正。——校勘者注。

又苏俄无吾国第二百七十二条——杀尊亲属等——之规定者，彼此传统的社会观念不同之故也。

第一百三十七条 预先有计划杀人（日译本单作杀人），而无第一百三十六条之情状者，处以八年以下之剥夺自由。

吾国刑法无此条。观本条之规定，则谋杀父兄之徒，如无前条之各种情状者，适合本条矣、何无伦理之甚也。

第一百三十八条 预先有计划杀人（日译本单作杀人），系因受被杀者（deceased）之暴行或重大侮辱，在骤发的刺戟与奋状态而犯之者，处以五年以下之剥夺自由，或一你啊你以下之强制劳动。

本条与吾国刑法第二百七十三条异。吾国以"当场"为条件，且"义愤"一语，带有一种义侠行为之意，与普通之反抗自卫手段不同。苏俄本条之规定，可以谓为一种禁止私人报仇之法规。且既云 premeditated，则非当场激于愤怒之行为也。本条之规定，在吾国亦间接的适用，盖法官得照刑法第五十七条等，酌情减轻本条行为人之罪。

第一百三十九条 因不留心（negligence）译者按即过失，或超过不可避免的自卫范围而致人于死者，处以三年以下之剥夺自由，或一年以下之强制劳动。

参看吾国刑法第二百七十六条及第二十三、四条。

第一百四十条 凡未受适当之医学教育者或曾经受过该教育，但在不合卫生之情状下，得怀胎妇女之承诺而执行堕胎手术者，处以一年以下之剥夺劳动，或五百俄金以下之罚金。

以之为常业，或未得该妇女之承诺，而犯前项之承诺，而犯前项之罪者，或因犯前项之罪，致妇女于死者，处以五年以下之剥夺自由。

吾国刑法之规定——第二十四章——与苏俄本条异。盖吾国在原则上，以堕胎为刑事罪，即因防止生命上危险之必要而堕胎者，亦云"……而犯前项之罪者，免除其刑"，而不曰"……而有前项之行为者，不以罪论"。避妊既成社会的合法政策，堕胎实系妊之第二步骤，故如得怀胎妇女之承诺或要求，西医执行堕胎手术者，不当以罪论。但该手术须照医学上公认之方法执行。避妊堕胎之类，固与社会风化有关，即急于侵略他国之野蛮国家，亦严禁一切减少其战场上牺牲品——即兵卒——之行为。吾国人口既多，又受种种社会的原因，避妊之术，今已公开，惟堕胎则尚受限制。唯一国之性的生活，及道德风化，非可以禁止堕胎而改良或限制者也。且因禁止堕胎，私生儿之问题发生矣。私生儿为社会犯罪学之一大问题，吾人所共知，立法者当虑及此。惜乎吾国旧习未除，如法律许可堕胎，必受一部分人之反对责骂。据本年四月二十九日之上海申报，有关于本法之记载如下："苏联取缔离婚堕胎……目的在使苏俄于三十五年有民聚三万万人……将规定……除在医院者外，禁止以医药方法避孕。"

第一百四十一条 对于其在物质上（日译本在"生活上"）或其他的关系，依靠自己之人（日译本作"属自"己之监督者），用虐待或类似虐待的方法，使该人自杀或谋图自杀［（attempt his own life）译者按：即自杀未遂］者，处以五年以下之剥夺自由。

对于未成年人，或对于人人所知（known to be）为不能了解其行为之性质或意义，或不能自己限制自己的行为之人，帮助或教唆自杀者——如因而致使发生自杀或谋图自杀者——处以三年以下之剥夺自由。

参看刑法第二百七十五条。对于监督或看护之人，施以陵虐等、致使被陵虐人自杀者，在吾国无规定之处分——参看刑法第二百八十六条，第二百二十六条等——苏俄本条之规定，当追加在吾国刑法之中，以保护贫弱之人。

第一百四十二条 预先有计划的（注一四七）使人受重伤，因而致被害人损失视能或听能，或其他器官之能力，或因而致被害人之颜面永远毁形，或其心神狂乱，或因而致使被害人受健康上的损失，遂使谋生力（earning power 日译作"劳动能力"）显然减小者，处以八年以下之剥夺自由。

犯前项之罪，因而致人于死者，或伤害行为之有用残虐或苦刑（torture）者，或伤害轻微，但系有组织的加害行为者，处以十年以下之剥夺自由。

参看吾国刑法第十条第四项及第二百七十八条。

第一百四十三条 预先有计划的[1]使人受轻伤，因而致被害人损害健康，但不致危及其生命者，处以一年以下之剥夺自由或强制劳动。

前项行为如不损害健康者，处以六个月以下之强制劳动，或三百俄金以下之罚金。

参看吾国刑法第二百七十七条。

第一百四十四条 受被害人之暴行或重大侮辱，在骤发的刺激兴奋状态，因而犯第一百四十三条第一项所规定之伤害行为者，处以六个月以下之强制劳动，或三百俄金以下之罚金。

参看吾国刑法第二百七十九条及本文苏俄刑法第一百三十八条之注释。

第一百四十五条 因故意藐视（willful disregard）管辖当局所规定关于谨防危险之法律或命令，致发生过失伤害（bodily injury thorough negligence），且又因而致发生第一百四十二条及第一百四十三条第一项所规定之结果者，处以一年以下之强制劳动，或五百俄金以下之罚金。过失伤害之无重大结果者（日译本作"过失轻伤"）处以六个月之强制劳动，或三百俄金以下罚金。

参看吾国刑法第二百八十四条。

第一百四十六条 故意的（deliberate）日译本无此语殴打他人，或用其他暴行，致使他人受肉体的痛楚者，处以六个月以下之强制劳动，或三百俄金以下之罚金。

前项行为，带有苦刑性质者（nature of torture）日译本作"残虐手段"，处以三年以下之剥夺自由。

本行为在吾国通常视为违警行为，刑法无完全类似本条之规定。

第一百四十七 以暴力不法的夺去（depriving 日译本作"约束"）他人之

---

[1] 日译本无"预先有计划的"（premeditated）一语——即故意。

自由者，处以一年以下之剥夺自由或强制劳动。

以危及被害人之身体或健康，或以致使被害人受肉体的痛苦等手段，夺去他人之自由者，处以两年以下之剥夺自由。

第一百四十八条　因谋金钱上的利益或因私人之动机（译者按：即谋报仇或谋使他人与自己及社会隔绝等私自的阴谋），收容明知为健全之人于精神病院者，处以三年以下之剥夺自由。

本条及前条等于吾国刑法第三百零二条。

第一百四十九条　因金钱的动机，或阴谋报仇，或因其他私人目的，绑拐，藏匿，调换（exchange）他人之子女者（日译本作"未成年人者"），处以三年以下剥夺自由。

本条为何特别规定"他人之子女"或未成年人——－绑拐成年人者，则又作何办法？窃谓本法当分别规定，绑拐成年人者处几年以下之刑，绑拐未成年人者，加重其刑一倍。吾国刑法第三百四十七条只规定掳人勒赎罪，故本条之行为，亦适用吾国刑法妨害自由罪。

第一百五十条　自己（英文用 he 及 she）知系花柳性病患者，而传染（infection）与他人者，处以三年以下之剥夺自由。以性交或其他方法，知情而置他人于感染花柳性病之危险者，处以六个月以下之剥夺自由或强制劳动。

吾国刑法第二百八十五条，只等于本条第一项。依第二项之规定，搗母及医师，明知某人有性病，而不报告关系人，如该人之配偶或"客人"者，当受处分。对于性病患者，当设法使其不能散布其病菌，可惜吾国尚未强制施行此法。

第一百五十一条　与生殖器官能未成熟者性交，有侮辱处女（defloration，日译本作"伤害"）或有以变态方法，满足其性欲者，处以八年以下之剥夺自由。

与生殖器官能未成熟者性交，而无前项所规定之严重情形者，处以三年以下之剥夺自由。

第一百五十二条　对于幼年小儿或未成年人，为猥亵之行为，因而致使该幼年小儿或未成年人堕落（corruption，日译本作"陷于性的放纵"）者，处以五年以下之剥夺自由。本条与前条之规定，略似吾国刑法第二百三十三条及其他妨害风化罪章之对于未满十四岁男女之规定。

第一百五十三条 强奸者，即系以暴力，恐吓，威胁，或乘被害人之无援状态（helpless condition）或以欺瞒手段（英译本无"欺瞒手段"一语）获得性交者，处以五年以下之剥夺自由。

如因强奸，致使被害人自杀者，或如被害人系生殖器未成熟者，或如数人轮奸者——则该被害人之生殖器虽已成长——皆处以八年以下之剥夺自由。

参看吾国刑法第二百二十一条，第二百二十二条，第二百二十五条，第二百二十六条，第二百二十七条，第二百二十九条。吾国对于无援状态，详加规定，且兼规定猥亵行为，较苏俄本条为优。关于吾国刑法第二百二十三条之规定，参看苏俄刑法第二百二三十六条条之丁项。

第一百五十四条 对于其在物质上或因业务上之关系，依靠自己之妇女，用强迫手段，迫成性交或其他满足性欲之方法者，处以五年以下之剥夺自由。

参看吾国刑法第二百二十八条。

第一百五十五条 强迫妇女为卖淫妇者，及介绍卖淫[1]，开设卖淫所（brothel），或募集妇女卖淫者，处以五年以下之剥夺自由，兼没收财产全部或一部分。

参看吾国刑法第二百三十一条。本条行为，亦属违警罪 看违警罪法第四十三条第三、四款。

第一百五十六条 凡对于生命落在危难之人——而该人因年幼，老衰，疾病，或其他原因失了自助能力，致不能取必须的自卫（self - protection）手段者——知情而遗弃不理，且该遗弃人，负有保护该被遗弃人之责任，及又处于能保住该遗弃人之地位者（注一四九），处以六个月以下之强制劳动，或三百俄金以下之罚金。

---

〔1〕 英译本无"介绍卖淫"，"procuring, keeping brothel"译即获得开设卖淫所。

吾国刑法第二百九十三条之规定，无"负有……责任……"等条件。吾国刑法第二百九十四条则略似本条，但该条等于苏俄刑法第一百五十七、八条。

第一百五十六条之一　船主在海上或他处（elsewhere 日译作"其他航路上"）遇见将溺死之人，如救助该人，亦不致十分危及其船，及船员船客，而不救助者，处以二年以下之剥夺自由。（一九二九年六月二十五日追加）

吾国刑法无明文规定本条之行为。参看海商法第一百二十一条。

第一百五十七条　凡受法律或特别法规之规定，负必须保护病人者，无相当之理由，而不保护该病人时，处以一年以下之强制劳动，或三百俄金以下之罚金。医师知情拒绝医药，致病人有发生重大危险之虞，而不与以医药者，处以一年以下之剥夺自由或强制劳动（日译本作一年以上，想系一年以下上之误）。或一千俄金以下之罚金。

吾国刑法无此条。

第一百五十八条　受法院之命令，负有给费养育小孩之义务者，有给费能力，而恶意的（malicious）逃避给费者，处以六个月以下之剥夺自由，或三百俄金以下之罚金。父母遗弃其年幼子女者，或强迫其子女行乞者，处以前项之社会防御处分。

本条与吾国刑法第二百九十四条略似。强迫子女行乞，子啊上海一埠，司空见惯，已成下愚无志气者的职业。如施行本条，恐非易事，惟当局又不能愿意"将来的国民"之品性人格，及其训育问题。故严禁强迫子女行乞一法，当由公安局及系市教育局，社会局等协力防范。

第一百五十九条　以暴力（assault）日译作动作侮辱他人者，处以二个月下之强制劳动，或三百俄金以下之罚金。

看吾国刑法第三百零九条。

第一百六十条　以文书印刷物，或以图书，散布或公然陈列，侮辱他人者，处以六个月以下之强制劳动，或三百俄金以下之罚金。

看吾国刑法第三百十条。

第一百六十一条 损毁名誉者，即系明知为虚伪之事情，且能毁损他人之名誉而将其传播者，（日译本作"诬罔他人"），处以六个月以下之强制劳动，或五百俄金以下之罚金。

看吾国刑法第三百十三条。

在印刷物，或在版本数多的出版物（published in any form of manifold production 日译本作"广告手段"）诽谤他人者，处以一年以下之强制劳动，或一千俄金以下之罚金。

本条毁损名誉，英译本作 defamation of character，译即诋毁他人之品行，本条与前条，在吾国则合为一条，即第三百十条是也。

以上完结本章。本章关于妨害风化罪之规定，处分过于轻微，对于行为，规定又不甚详细。关于各罪，吾国特别规定对于"直系血亲尊亲属"犯罪之处分——可惜在妨害信誉罪章，无此特别规定——苏俄只是子女之实贵，似已忘记"生我者之父母也"。本章较吾国之相当各章，少三十余条。其中苏俄所无条文、如散布贩卖猥亵文字图书，教唆或帮助自伤，掠诱结婚，侮辱已死之人等等，皆甚重要，且不能在他章规定者也。

第七章　对于财产之罪

本章除规定盗窃及侵权行为外，兼规定赃物罪，重利罪，损坏罪，恐吓罪等。

第一百六十二条 盗窃者，即系暗中（secret）盗取他人之财产者，其处分如下：

（甲）如系初犯，且不用技术的手段〔（technical means）译者按：即不用窃盗用之器械，如破坏保库的锥簪等〕，又不与他人预谋而犯之者，剥夺自由或强制劳动三个月以下。

如合适前项条件之犯罪，其行为系迫于缺乏或失业，而其目的在使行为人或其家族获得生活上必须之最低限度者，处以三个月以下之强制劳动。

（乙）如累犯者（repeatedly）日译本作再犯，或情知其为窃盗者生机上所不可缺乏之财产而取者，剥夺自由六个月以下。

（丙）如用技术的手段，或非系初犯（日译本此处作连续而犯），或与他人预谋而犯之者，或无上述情事，但在车站，登陆处，汽船内，火车上，及旅店内犯之者，处以剥夺自由一年以下。

（丁）凡私人，由国家或公共之栈房，或由火车，舟车，或其他贮藏所，或用（丙）项〔英译在（乙）项，想是（丙）项之误〕所述供公用之处所盗取财产者——如行为人。是用技术的手段或与他人预谋而犯之者；或是累犯之者；或无上述情形，然系行为人因特别机会，得接近出入栈房等处，或是行为人在其所管辖之栈房等犯之者；或在水，火，及其他天灾时犯之者——处以二年以下之剥夺自由，或一年以下之强制劳动。

（戊）凡有特别机会，得接近出入国家或公共之栈房及贮藏处之人，或管辖上述栈房及贮藏处之人，用技术的手段，或有与他人预谋，或屡次盗取上述栈房贮藏处之财产者；或特别大量的盗取上述栈房贮藏处之财产者，处于剥夺自由五年以下。

备考：工人或雇员，在其所服务之企业地方，盗取工厂或工作俄金者——根据人民劳动委员所规定之特别处分表，处以惩戒处分。

本条内丙、丁二项之"管辖之人"（person in charge）一语，为日译本所无。以本条比较吾国刑法盗窃罪章，甲乙二项等于吾国刑法第三百二十条；丙项以下等于吾国刑法第三百二十一条。累犯之规定，吾国有第三百二十二条，当众盗窃备考一项，为吾国刑法所无。为求刑事政策之完善，吾国不妨效法之，将微小之初犯盗窃，处以一种不经法院或公安局之惩戒处分，例如由工会，同乡会，乡老会——保甲长会等执行处分。中苏刑法，用语上，各有出入。吾人须注意者，苏俄无携带凶器犯窃盗罪之规定，又无吾国刑法第三百二十四条之规定。

第一百六十三条 窃取电流者，处以一个月以下之剥夺自由，兼负赔偿损失之责。

参阅吾国刑法第三百二十三条。

第一百六十四条 知其为赃物而收买者，处以六个月以下之剥夺自由或强制劳动，或五百以上俄金以下之罚金。

以上项行为为营业者，处以三年以下之剥夺自由，兼没收财产。

收受赃物，其罪实甚于窃盗，盖有收受赃物之人，然后能诱动盗贼。消灭此类奸商，则窃盗者难以继续其常业矣。苏俄处分本条行为人，仍嫌不甚严重，其处分当于窃盗者等，即倍之亦不为过。参看吾国刑法第三百四十九条及五十条。

第一百六十四条之一 情知其为赃物者，而收买，持有，或贩卖盗取得来的火器—除狩猎用或小口径铳器（small－bore weapon）外—或其火药者，处以五年以下之剥夺自由。（一九二九年六月十七旧追加）

本条将狩猎用等火器除外，未免失当，盖狩猎用者，亦得危及人命，且其威力，有等于军器者。吾国无类似本条之规定，但本行为，有一部分类似吾国刑法第一百八十七条。

第一百六十五条 在某财产所有人之面前或对该财产之使用人或所管人，不用暴力而公然夺取者，处以一年以下之剥夺自由（本项"所管人"一语，英文作 control，即在某人之权限内之意）。以暴力犯前项之罪者，处以三年以下之剥夺自由（英译本无此项）。

参看吾国刑法第三百二十五、六、七、诸条。

第一百六十六条 暗中或公然自农民或畜职业者，盗取马匹或其他重要（英译本作 large 译即大）家畜者，处以五年以下之剥夺自由。

与其他人约谋犯前项之罪，或累犯之者，处以八年以下之剥夺自由。（一九二九年八月七旧改正）（日译本作一九二八年）

吾国刑法无特别规定本条之犯罪。苏俄因其重视农畜，且多盗取马匹等罪，故有本条之规定。美国西部游牧州郡，亦常有特别法例，规定盗窃牛马者，处以死刑。

第一百六十六条之一　暗中或公然盗取火器——除狩猎用及小口径铳外——或其火药者，如该行为，不该当本法第五十九条之三之甲所规定行为者，处以五年以下之剥夺自由。（一九二九年六月十七旧追加）

吾国刑法无此条。

第一百六十七条　强盗者，即系意图取得他人之财产，公然袭击他人，使用暴力，危及被害人生命或健康者，剥夺五年以下之自由。

如累犯前项行为者，或因前项行为，致使被害人死亡或受重伤者，处以十年以下之剥夺自由。

武装强盗者，处以十年以下之剥夺自由，但如其犯罪情状，有特别严重之性质者，处以罪重社会防卫处分。（一九二九年八月二十六旧改正）

参看吾国刑法第三百二十八条，第三百三十条，及第三百三十一条。

第一百六十八条　滥用侵占财产者〔1〕，即系因金钱之动机（日译本作"意欲不法领得"），将他人曾规定一定之目的，而与以信托之财产，（日译本作"自己占有之他人财产"）私自留为己有（retention 译者按：即侵占，日译本作"抑留"），或滥用〔2〕之者，剥夺自由二年以下。

滥用侵占拾得之物件者，处以一个月以下之剥夺自由。

本条即等于吾国刑法第三百三十五条及三百三十七条。本条第二项日译本作"遗失物"一语，但英译本作"article found"，意即包括吾国刑法之所谓"遗失物，漂流物，或其他离本人所持有之物"。

第一百六十九条　诈欺背信取材（fraud）者，即系违背信用或诈欺，而谋图财产或其他私人利益者，处以二年以下之剥夺自由。

---

〔1〕　滥用侵占罪，旧文作"横领罪"，英文作"misappropriation"吾国刑法作"侵占罪"。本处加"滥用"二字，盖苏俄本法之规定，有滥用及侵占两种行为。

〔2〕　此语英文作"misuse"直译即误用。日译本作"消费"。

以诈术窃取（larceny by trick）财物，因而致使国家或公共机关，有所损失者，处以五年以下之剥夺自由，兼没收财产全部或一部分。

看吾国刑法第三百三十九条及三百四十二条。

第一百六十九条之一　发票人明知其付款人无付款之义务（not bound to meet it 日译本作"无能力付款"）而发出支票者；或发票人无正当理由，停支（stopping 日译本作"拒绝支款"）其已发出支票者；或发票人用其他手段，妨碍持票人支取票面金额（cashing the cheque）者；或持票人明知该票之付款人无付款人无付款之义务，而流通（negotiate）该票者，处以二年以下之剥夺自由。

犯前项行为，因而致使国家公共机关或企业受损失者，处以五年以下之剥夺自由。（一九三〇年二月二十八日追加）

吾国刑法无明文特别规定本分条之行为。

第一百七十条　因金钱的动机，伪造公文书或收据（official paper, document, or receipt 日译本作"公用通达书，证明书，或受领书"），处以一年以下之剥夺自由或强制劳动，或一千俄金以下之罚金。

本条该当吾国之伪造公文书罪。

第一百七十一条　因金钱的动机，将贩卖用或公用之物件，故意改换其外形或性质，因致伤害他人之健康，或有伤害健康之虞者；或贩卖上诉物件者，处以一年以下之剥夺自由，兼没收财产一部分，而禁止其营业：或处以一千俄金以下之罚金。（日译本作"……"年以下，及没收财产，并压收该物品或罚金……不作"……part – confiscation…prohibition to trade……"）

本条在吾国亦无明文规定。但本行为，在某条件下，得适用第二百五十五及第一百九十一等条。

第一百七十二条　意图贩卖，调制，或持有伪造的证明金银纯度之官印者；或用上述假印，刻在金银或白金制品或铸块者；或用类似该官印之印章或记号，刻在五金属制品者，处以两年以下之剥夺自由，或强制劳动一年以下，且皆没收该伪印物件或该伪件。

参看吾国刑法第二百五十五条。本条行为，一部分可作伪造官印罪论。

第一百七十三条 重利罪者，即系对于借钱或接物（loan of properly），收取超过法律所规定最高利率之利息者，尤其是将利息计入本金之内，或在借贷时，有本金一次扣出报酬（remuneration）若干，或规定到期不还时之处分或罚金（penalty or fine 日译本作"赔偿金或违约金"），或用其他地方法，暗中收取利息等者，处以一年以下之剥夺自由或强制劳动，或罚金五千俄金以下。

以上述行为为常业（business），或乘借贷人之拮据境遇（embarrassed situation）而取上述之利者，处以一年以下之剥夺自由，兼没收财产或罚金一万俄金以下。

利用借贷人之需要或拮据境遇，借与生产用具或牛马时，超过该地方习惯的报酬价额，而收取金钱或相当于金钱的报酬或劳役者，处以一年以下之剥夺自由。（一九二八年三月二十九旧改正）

本条之规定，虽含有苏维埃的思想，然乘人之危而劫之者，几与强盗无异，实为社会上罪可恶的事，故吾国刑法第三百四十四、五条，规定处分重利罪。但该二条尚未得谓为完满，最好由中央银行及邮政贮金局等统制经营，一切取利小借贷，不得由私人办理，且规定各项借款利率，私人不得擅自加减，则国家之民生问题，少一个"破坏势力"矣。

第一百七十四条 恐吓勒索（Extortion）者，即系对于被害人，胁之以暴力。或胁以发表有毁损被害人名誉之事情，或胁以毁坏被害人之财产，而要求让度财产上之利益或权利，或使他人交付其财产者（……or effecting any transaction in respect of property……日译本作"使人提供有财产的价值之劳务"），处以三年以下之剥夺自由。

参看吾国刑法第三百四十六条。

第一百七十五条 故意破坏或损坏私人之财产者，处以六个月以下之剥夺自由或强制劳动，或五百俄金以下之罚金。

用放火，决水，或其他一切危及公众之手段犯前项之罪者，处以五年以下之剥夺自由。

因而致人于死者，或因而发生一般的灾害者，处以十年以下之剥夺自由。

吾国刑法第三百五十二、三、四条分毁案损坏文书罪。及毁弃损坏上述书物以外之物罪。放火，决水等罪，则有公共危险罪章之规定－见刑法第一百七十三条至一百七十五条，及第一百七十八条至一百八十条。又本条之行为，得谓为包括一切吾国刑法之损坏矿坑，道路，桥梁等罪，但须属于私人所有权者。

第一百七十六条　海上突袭时，一方之船主，如取救助他船的必须手段，亦不至十分危及自己船上之搭客及船员，或其船本身，然仍不作若何救助他船之手段者，除负第一百五十六条所规定之救助难船船客及船员之责任外，处以一年以下之剥夺自由或强制劳动，或五百俄金以下之罚金。（一九二九年六月二十五旧改正）

看本法第一百五十六条之注释及吾国海商法第一百二十八条。

第一百七十七条　未经发明者之承诺，在未请求特许登记之前（before a patent has been applied for 日译本无此句），发表该发明者，或违反版权法律，擅自利用文学、音乐，或其他美术或科学的创作（日译本作"他人的创作"，又"科学的"日译本作学术的）者，处以强制劳动三个月，或一千俄金以下之罚金。（一九三一年八月三十旧改正）

吾国亦有版权法等特别法，但在刑法无明文规定类似本条之行为。

第一百七十八条　为谋不公平的竞争（unfair competition），擅自用他人之营业，工厂，或工业的标记，设计图案，及模型者（……trade, factory, or industry－mark, design or model, 日译本作"商品，制造品，或手艺品之商标，记号，或模型"）；或用他人之式样或形式（style or description 日译本作"商号或名称"）者，处以六个月以下之强制劳动，或三千俄金以下之罚金。

吾国刑法第二百五十三、四条略似本条，但吾国以意图欺人或贩卖为条件。

以上完结本章关于财产之罪，其内容与吾国刑法条文相若，特异之处，是规定海上救命条例。本章英译本所用名词故难译汉，如 stealing, theft, open theft, larceny, robbery, 及 robbery with violence 等词，于吾国刑法上通用名词不甚适用。

第八章　违反保护公共卫生及公共安全秩序之罪
(Public Health，Public Security and Public Order)〔1〕

本章之名称，与吾国刑法第七章（妨碍秩序）及第十一章（公共危险）之名称相若，但其内容，以吾国立法例之观点而论之，多系一种行政处分——违反行政法令之罪。

第一百七十九条　未得当局之许可〔2〕之私人之，调制，特有，或贩卖有毒性物质（posion osusubstance 日译本作"激发物"）者，处以六个月以下之强制劳动，或一千俄金以下之罚金。

吾国刑法第一百九十一条之规定，有"其他物品者"一句，该句即包含本条之所谓"有毒性物质"。吾国刑法不罚持有，只罚制造贩卖或意图贩卖而陈列之者（非意图贩卖而陈列之者，不得适用该刑法条文）。苏俄法例，则宗旨在完全不许私人置有（持有）毒物，取缔上或有难题，然有此条，得使人人戒备，不敢乱置毒物，亦一良法也。但无恶意置有（持有）毒物者，其罚轻微，以违警罪论亦可矣。

第一百八十条　无规定的〔3〕医学教育之证书〔4〕，而以行医（practice of medicine）为职业者；或医术业者（medical worker）执行其权限外之医术者〔5〕，处以六个月以下之强制劳动，或五百俄金以下之罚金。

---

〔1〕　原文从此处开始另起一篇，载于《法学杂志（上海1931）》（第9卷）1937年第5期。
〔2〕　英译本作"unauthorized person"日译本作"无特别之许可而……"
〔3〕　"无规定的"四字，系译英文"necessary"之文意，直译当作"必须的"。
〔4〕　"diploma of medical education"，日译本作"医师之免许状"，即执照。
〔5〕　日译本作"免许以外的治疗"。

本条日译本作"处以一年以下之强制劳动，或……"想系六个月之误，"医术业者执行权限之医术"云云，其意义不甚明了。医师虽分外科，内科等，然一个医师本无只知内科而不知外科者，凡系西医——苏俄无吾国之所谓中医国医之别——当得自由执行一切各种医术。如牙医执行内科手术，或可谓为医术业者执行其权限外之医术。但窃以此项行为，与无执照行医术无异，当以该罪论。是以本条只须有第一项之规定，第二项之规定，可以取消——如将来医术分门别类，医校分内外专科等者，则又另一问题——吾国在原则上，以本罪为违反特别法——医师法——论，刑法无专条之规定。

第一百八十一条　对于因预防[1]（combat）传染病而特别公布之公共健康（public health 日译本作"国民保健"）法规，有违反之者，处以六个月以下之强制劳动，或五百俄金以下之罚金。

参看吾国刑法第一百九十二条。

第一百八十二条　无许可而制造，贮藏，或贩卖爆破[2]物或弹药者；或无许可而持有火器——猎枪除外——者，处以五年以下之剥夺自由，且没收其爆破物，弹药，及火器。

将火器或火药，弹药等，容易爆破之物，交邮或用其他方法发送者，处以五年以下之剥夺自由，且没收该发送之物件。

将盐酸或其他激药性物质，交邮发送者，处以六个月以下之强制劳动或一千俄金以下之罚金，且兼没收该邮送物件。（一九三三年三月二十日改正）[3]

本条系根据日译本。英译本条文，系一九三二年改正条文，现已不适用，

〔1〕"预防"原文作"豫防"，现据今日通常用法改正。——校勘者注。
〔2〕"爆破"原文作"爆发"，现据今日通常用法改正，下同。——校勘者注。
〔3〕本条英译本——已不适用——今摄其要点，尤其是与一九三三年改正条文不同之处如下："The preparation , possession , purchase or sale of explosive substances or bombs…or any infringement of the regulations regarding the acquisition , possession and use of rifled fire - arms , entails forced labour for a period not exceeding six months or a fine……aggravating circumstances……entails……or deprivation of liberty for a period not exceeding two years……The sending by post of explosive or inflammable substances……or of corrosive acids or other corrosive substances……"

参看注一五六。吾国刑法第一百八十六条类似本条。

第一百八十三条 无佩带苏联或其中之共和国的勋章之权利，或无佩带识别全俄中央执行委员或中央执行委员之标章之身份，或无佩带红十字或红半月形标章之权利，而擅自佩带上述各标章者〔1〕，处以三个月以下之强制劳动或三百俄金以下之罚金，兼没收该勋章或标章。（一九三〇年八月二十日改正）

参看吾国刑法第一百五十九条。

第一百八十四条 在船舶冲突时（日译本作"在海上冲突时"），一方之船主，虽处在可以将其船名，船籍，最近所出港港名（last port of call 日译本作"出航地"。译者按：出航地得指最初出航地点，与 last port of call 文意不同）及开往地点，通知对方之船，而竟不通知者（failure to communicate 日译本作"怠而不通知"），处以三个月以下之强制劳动，或三百俄金以下之罚金。

吾国刑法无本条。参看吾国海商法第一百二十八条第三项。

第一百八十五条 违反关于印刷物之翻印及出版（reproduction and publication）日译本作"印刷物之发行及配布"法规者，或违反检阅相片（photograph）及影片（films）法规者，处以三个月以下之强制劳动或三百俄金以下之罚金。

吾国亦有出版法规，及检阅电影戏片法规，惟不入刑法之规定内。本行为系一种"行政罪"或"特别刑事罪"。但本条行为，在某条件之下，或触犯刑法条文——如制造妨害风化之文字图书罪。

第一百八十六条 违反关于保存须贴有印花税之文书或商业书类（business paper）者；或违反关于保存商业账簿之法规者；或不将文书，书类，账簿，供检查印花税公务员之检查者（Failure to present……to any official，日译

---

〔1〕 本条英译本作"The unauthorized wearing of……"日译本作"无权利而使用……"为求文意清楚，本文译作"无佩带……勋章之权利，……标章之身份……标章之权利……"等，分作三项。

本作"公务员……检查时……隐匿者");处以三个月以下之强制劳动,或三百俄金以下之罚金。

在一九三〇年,苏俄已经取消印花税,故本条当改正或削除——或者早于去年或本年改正(或削除)亦未可知,惜无从查考——。吾国最近施行印花税法,但在刑法条文,尚无明文规定本条之罪。

第一百八十七条 关于工商业,住宅,或其他公会,公司等之登记时,依法当向国家公务所或公务员申请报告之事项,故意(known to be false 日译本无此句)作虚伪之记载者,处以三个月以下之强制劳动,或三百俄金以下之罚金。

违反关于会计公布〔1〕法规者,处以前项之社会防卫处分。

本条第一项即吾国之伪造文书罪——第二百十四条——。第二项则为行政罪,在原则上,不当以刑事罪论。

第一百八十八条 藏匿应当登记或应当归入国家保管所之收藏品(collections),古代(ancient 日译本作"历史的")纪念品,或美术纪念品,处以三个月以下之强制劳动,兼没收该藏匿物件。

吾国刑法无此条。本条当以"特别刑事罪"论。国民政府成立以来,保管古迹古物之法规,业已施行,惜往日之失策,今已无法挽回,帝国主义者,以金钱或武力,由吾国夺去之古迹古物不少,殊堪痛恨。

第一百八十九条 违反关于装置电力厂(power plant 日译本作"动力机械")之法规者,处以三个月以下之强制劳动,或三百俄金以下之罚金。

吾国刑法无此条。盖此条亦行政罪或特别刑事罪也。

第一百九十条 违反关于开设及经营印刷所,石印所(lithographic),或其他类似商业之法规者,处以前条之社会防卫处分。

---

〔1〕 会计公布一语,英译本作"publication of account"日译本作"决算公布"。

吾国刑法亦无此条。

第一百九十一条 未得当局之许可或违反当局所许可之条件。或违反人民交通委员会之管理规则，而使用私人无线电台（using a private wireless station，日译本作"听取供公众用之 radio 放送者"）者，处以不超过每年年费（annual subscription paid or due to be paid 日译本作"一年间之听取料"）之五倍的罚金。

未经正式注册，或未得当局之许可，设立无线电台；或使用电台，而不付年费（without payment of subscription fee，日译本作"不付听取料而收听之radio 放送"）者用行政程序（administratively levied）处以前项罚金处分。

吾国刑法亦无此条。关于无线电台之规定，当设特别法——特别刑法，严密取缔。但利用无线电台，宣传扰乱公安秩序及伤风败俗之事情者，受刑法妨害风化或秩序罪之适用，故可无须特别规定利用无线电台之罪。

第一百九十二条 对于地方政府，在其法定权限内所施行之法律（by - laws. 日译本作"强行规则"），有违反之者，或对于各个当局（individual authority 日译本作"官厅"）根据其由立法机关授予之权限而颁布之法令，命令，或训令，有违反之者，——如该法定或授予权限，明示有权规定行政处分者（日译本用语稍不同[1]）——处以警告，或一个月以下之强制劳动，或一百俄金以下之罚金，以上处分，以行政处分程序执行之。

本条系补充行政法之处分条例，吾国刑法无类似本条之规定。本条处分轻微，若以之为刑法处分，又未免过酷。普通之违背者，市，地方政府，公安局等之训令者，当以违警罪论，或与以行政处分，如惩戒，罚金等。

以上完结第八章，以吾国现行刑法之形式而论，纯粹的刑法条文至本章而完结，以后两章（军刑法及保守旧习罪章），非吾国学者及吾国法例所称为"刑法"之规定。第八章之内容，有数条不能与其章名符合，如第一百八十四条及第一百八十六，七，八条等，与国民之健康或公安秩序，无直接之关系，

---

[1] 本句日译本作"但该规则，命令，或训令，有特别明示，得课以行政罚之场合……"英译本作 "provided that the powers in question apecifically confer the right to impose administrative penalties"。

当在本法他章中——或在其他法律中——规定，本章只可保留第一百七十九至八十三条，第一百八十五条及第一百八十九条。第一百九十至九十二条则为一种行政处分法规。换言之，本章共计十有四条，其中只有七条，得谓为与本章章名符合，且有直接关系。

第九章　军事罪[1]

吾国刑法无军事罪，已如上述。至若军事罪，当独立自成一法，或当在形式刑法中规定之，窃以为两者皆可。如以军刑法规定在形式刑法中者，则许多犯罪行为，如杀人，盗窃等，可以不在军事罪章中再提。但在总则中，当规定军人犯军事罪章以外之罪者，当加重其刑。吾国法例，军刑法亦适用形式刑法（海陆空军刑法第一条云"……有犯其他法律者，适用其他法律"），且非军人亦有受军刑法之适用者（同法第二条云"虽非陆海空军军人，于战地或戒严区域犯左列各罪者，亦适用本法……"）。故以军事罪规定于形式刑法中，亦无不可，且收法律统一，而不分立之效果。

读本章时，须兼看吾国刑法（分则）第二章外患罪章。

第一百九十三条之一　军事罪者，系指（甲）服务军中之人，或有工农红军[2]兵役义务之人，正在红军队伍服务者[3]，或（乙）在战时，服务于前线或后方特别部队之市民，触犯关于军务执行（performance of military service）之规律等行为而言。

下列各人，如触犯其服务之规律，而有触犯军务执行之规律者，以军事罪论[4]：

（甲）行为人系在国家之重要企业或建筑物，服务为军事防备（militarised defence）或军事防火（militarised fire - defence）之战斗员或行政经济员（combatant or the administrative - economic personnel 日译本作"从事于……之

---

〔1〕　前译本章为"军法"，系笔者粗忽误译，今订正作"军事罪"，即英文之 military crime。

〔2〕　"工农红军"原文作"劳农赤军"，现据今日通用用法改正，下同。——校勘者注。

〔3〕　"……by persons liable to military service in the Workers and Peasants', Red Army , while serving in the ranks of the Red Army……" 日译本作"在工农红军军团服兵役之工农红军预备军人"。

〔4〕　本项英日译本略不同。英译本作"The following are also considered military crimes , viz , directed crimes against the regulations laid down for the performance of military service , if committed by (a)……"日译本不分（甲），（乙）等数款，而上录英文句语，日译本单作"违反其服务纪律者，亦同"。

设立或行政经理"）者；

（乙）行为人系属于工农^[1]警察（police）之干部战斗员（executive - combatant）或行政人员者（注日译本无此款）；

（丙）行为人系国内民兵（home militia）部队之指挥人员者（日译本作"从事于指挥特别民兵部队的工农红军之现地勤务，设立，及行政经理者"）；

（丁）行为人系囚人改善劳动所之干部执行员（executive 日译本作"行刑者"）或行政经济人员者。

（一九三一年七月三十日及一九三二年七月十一日改正）

备考 参与军事罪，而无本条所述身份者亦适用本法第九章各条之处分^[2]。

参看吾国陆海空军刑法（民国十八年公布施行，本法以后简称吾国军刑法）第一条，第二条，第五条，及第六条。

第一百九十三条之二

（甲）不执行军务上之命令者^[3]，处以二年以下之剥夺自由。

（乙）前项之罪，其情状轻微者，依红军军纪律（disciplinary regulatons）之规定，执行处分。

（丙）聚众（a group of persons 日译本作"组成徒党"）而犯（甲）项之罪，或在军事行动（military operation 日译本作"战斗状态"）时犯（甲）项之罪，或因犯（甲）项之罪，而发生特别严重之结果者，处以一年以上之剥夺自由。

（丁）军事行动时，犯（甲）项之罪，因而致害及该军事行动者，处以最重社会防卫处分。

吾国军刑法无类似本分条之规定，盖吾国军刑法，不服从军令等罪，皆分别详细规定，不复作苏俄本分条同样之总括的规定。参看吾国军刑法第四章抗命罪等。

---

〔1〕 "工农"原文作"劳农"，现据今日通常用法改正，下同。——校勘者注。

〔2〕 "亦适用……"一语，英译作本"entails responsibility under the relevant articles……"

〔3〕 日译本作"不遵守关于服务纪律之命令者"。

第一百九十三条之三

（甲）对于执行其本分的军务之人，有抵抗之者，处以三年以下之剥夺自由。

（乙）聚众犯前项之罪，或用暴力，或用武器，或在军事行动之时，犯前项之罪者，处以三年以上之剥夺自由。

（丙）犯（乙）项之罪，而其性状严重者，处以最重社会防卫处分。

本分条之行为人，知系普通人民，则在戒严令下，始得适用，此法律之原则也。然在苏俄，平时——即非有军事行动之时——亦得适用本分条之处分。又本分条之罪，吾国军刑法，亦分别规定，看每一案之罪状，而决定其为抗命罪，暴行胁迫罪，或违背职守罪等。但在平时，普通人民之犯本罪者，不适用军刑法为原则。

第一百九十三条之四

（甲）对于因军务而执行其职责之人强要其违背该职责者，处以一年以上之剥夺自由。

（乙）聚众犯前项之罪，或用暴力，或用武器，或在军事行动时，犯前项之罪者，处以五年以上之剥夺自由。

（丙）犯（乙）项之罪，而其情状严重者，处以最重社会防卫处分。

本分条与前分条系相对立的，一则抵抗他人之执行职守，一则强使他人不执行其职守。吾国军刑法第六十八条至七十二条之规定，得谓为类似本分条之规定。

第一百九十三条之五

（甲）部下（subordinate）或后辈（junior），以暴力侮辱其上官或前辈者——在一方面或双方执行其军务上之职守者——处以六个月以上之剥夺自由。

（乙）适合前项之情状，但该侮辱，系用言语或用其他非暴力的行为者，处以六个月以下之剥夺自由。

（丙）犯（乙）项之罪，而情状轻微者，依红军军纪律之规定，执行处分。

（丁）如在同样之情状下，上官对其部下，或前辈对于后辈犯之者，负同原则之责任（entails responsibility on the same principles 译者按：即适用甲，乙，丙项之处分。）

吾国军刑法第七十五条规定侮辱上官罪，本分条之丁项则未见规定。

第一百九十三条之六

（甲）如侮辱者及被侮辱者，有第一百九十三条之一所规定之身份，但彼此无官阶（rank）或等级（grade）者——如一方或双方系执行其军务上之职守者——处以一年以下之剥夺自由。

（乙）犯前项之罪，而其情状轻微者，依红军军纪律之规定处分。

吾国军刑法第七十六条侮辱哨兵罪，得谓为类似本条——该哨兵系下级士卒充任，其同辈或加以侮辱，即成立苏俄本分条之罪。

第一百九十三条之七

（甲）逃亡罪者，即系未得许可，而离去其部队或服务地（place of service）。而其逃亡（absence）超过六日以上者，或——在舰队出巡（cruise 日译本作"演习"）及演习时（manoeuvres 日译本作"机动演习"），或在短期召集，复习召集，试练（test 日译本作"检阅"）召集等时——逃亡超过二百日者，处以一年以下之剥夺自由。

（乙）由部队或服务地逃亡，意图长期的或完全的逃避军务上之职守者，处以三年以下之剥夺自由。（一九三五年二月十日改正）

（丙）犯（甲），（乙）项之罪，二次或二次以上（日译本作"犯及数次"）者，或在战时——虽系初次犯之者——处以六个月以上之剥夺自由。兼没收财产，或不兼没收财产（日译本则作"处以六个月以上之剥夺自由，及没收财产全部或一部分"）。

（丁）在战时犯（甲）（乙）项之罪，而其情状特别严重者，处以最重社会防卫处分，兼没收财产。

（戊）兵役期满后，仍在勤务中之中级，上级，最高级，或次级指挥官员，犯（甲），（乙）项之罪者，处以二年以上之剥夺自由。兼没收财产或不兼没收财产。但在战时犯之者，处以最重社会防卫处分，兼没收财产。

（己）在和平之时，犯（甲）项之罪——即使系指挥官犯之者——如其情状特别轻微可恕，且其无许可之缺席（unauthorised absence）[1]不超过十二日或四日[2]者，依红军军纪律之规定处分[3]。（一九二九年八月十二日改正）

参看吾国军刑法第九十三条及第一百〇八条。中苏二国之规定稍异。

第一百九十三条之八

（甲）无许可之缺席（任意缺勤）者，即系任意脱离其部队或服务地，惟无完全逃避执行军务之意思者，如其期间不超过六日或二日（日译本单作"六日"），但又系有组织的累犯者，处以第一百九十三条之七之（甲），（乙）项的社会防卫处分。[日译本作"第一百九十三条之七（甲）项的……"]

（乙）兵役期满后，继续服务中之中级，上级，最高级，或次级指挥官员，犯前项之罪者，处以第一百九十三条之七之（戊）项的社会防卫处分。（一九二九年八月十二日改正）

备考：犯本分条（甲）项之罪二次以上者，或在战时初次犯该（甲）项者，或受第一百九十三条之七（甲），（乙），（丁）项所述犯罪之审判者（after being tried for 日译本作"受有罪之判决者"），初次（日译本无此语）犯本分条之（甲）项者，处以第一百九十三条之七之（丙）项的社会防卫处分。（一九二九年八月十二日改正）（日译本作"一九三一年一月十日改正"）

吾国军刑法无此条。本行为当适用陆海空军惩罚法，在战时敌前犯之者，当以逃亡罪论。

第一百九十三条之九

（甲）军事行动时，无许可而脱离其部队或服务地者，处以最要社会防卫

---

[1] 本处既云情状轻微，不当曰逃亡，故译作缺席。

[2] 十二日或四日云者，或系第一百九十三条之七之甲项"不超过六日"及"不超过二日"等规定之倍数。

[3] 日译本不同，单作"在平时犯本条甲项之罪的士官，其情状轻微，脱离日数不满十二日者，依……处分"。英译本如下："……if done in time of peace – even if by a person belonging to the commanding personnel – if there are extenuating circumstances of a particularly weighty character and if the unauthorized absence is not prolonged for more than 12 (4) days……"

处分，兼没收财产。

（乙）犯前项之罪，其情状轻微者，处以三年以上之剥夺自由，兼没收财产，或不兼没收财产。

吾国军刑法第九十三条之第一，二款，略似本条。但军事行动一语，其意义较吾国之敌前一语，包括犹广。第一百九十三条之七及八两条，既规定战时逃亡之处分，本分条之规定，可以无庸自成一分条，其特别——特殊例——之处，得在上述二分条中规定。

第一百九十三条之十

（甲）无相当之理由，而不依时报到（appear punctually）者；或因公务出差，而不依时回返者；或在休假后，不依时回返者（日译本作"受命任命，或派遣之时，或在赐假之时，无相当之理由，而不在期日内到着任地，或归着者……"），依第一百九十三条之七，第一百九十三条之八，及第一百九十三条之九的原则处分。

（乙）服役（performing military service）中或负有服役义务（liable to military service）之人，（日译本作"补充兵役军人"）无相当之理由，在教练动员时，或在演习或其他教练时，又或在试验动员时，不依时报到者，依前项之原则处分。（一九三一年一月十日改正）

参看吾国军刑法第一百〇八条及吾国陆海空军惩罚法第十二条之十六，十七款。本行为不当以刑事罪论，行为人虽有故意犯规者，亦可以军法论罪。

第一百九十三条之十一

（甲）战时逃避不应红军动员召集令者，或在战时补充（subseguent call for formation）红军之召集时，不应征者，处以一年以上之剥夺自由——如系指挥人员（日译本作"士官"），则二年以上——兼没收财产全部或一部分。如情状特别严重者，加重其处分，处以最重社会防卫处分即枪毙，兼没收财产。（一九三一年一月十日改正）

参看吾国军刑法第一百〇八条第一款。

第一百九十三条之十一

（甲）在军中服务（military employ）之人，其有属于红军地方骑兵部队之临时人员（temporary personnel 日译本作"交代勤务军人"），而违反其义务，不将在该部队注册之自己的军马携来者，处以六个月以下之剥夺自由。

（乙）犯前项之罪，其情状轻微者，依红军军纪律之规定，执行处分。

吾国无此条。吾国军队，在战时得征集民间马匹，但在原则上，从军者，不须自备军马。

第一百九十三条之十二

（甲）毁伤己体，或假装疾病，或伪造文书，或用其他诈伪手段，而谋避免军事义务者，处以三年以下之剥夺自由。

（乙）战时或在军事行动时（in time of war or military operation 日译本作"战时或在战地"），犯前项之罪者，处以最重社会防卫处分，兼没收财产。

（丙）犯（乙）项之罪，而其情状轻微者，处以三年以上之剥夺自由，兼没收财产。

参看吾国军刑法第八十九条及九十条。

第一百九十三条之十三　对于藉口宗教或其他信仰，而图避免军事义务者，如因其情状，不能适用本章各分条之罪名者，处以第一百九十三条之二所规定的社会防卫处分。

吾国军刑法无此条。

第一百九十三条之十四

（甲）侵占罪者，即系行为人对于其暂时或平时所用之委受物件，不法的让与他人，或质入（pledging）或转换（transfer）之者；与夫故意破毁或损坏该物件，或违反保存该物件之法规者，处以一年以下之剥夺自由。

（乙）犯前项之罪，而其情状轻微者，依红军军纪律之规定，执行处分。

（丙）对于军务上需用之刀剑，枪，弹，及运输机关之使用人，犯（甲）项之罪者，处以三年以下之剥夺自由。

（丁）战时或在军事行动时，犯（甲）项之罪者，处以一年以上之剥夺自由。

（戊）战时或在军事行动时，犯（丙）项之罪者，处以三年以上之剥夺自由，（英译本作"not exceeding three years"，想系误译）如其情状严重者，处以最重社会防卫处分。

备考：关于本分条所述物件，有情知其为不法之让与或质入，或情知其为不法之转换使用权或转换所有权，而接收该物件者，负共犯之责任（incurs responsibility as an accomplice）。

参看吾国军刑法第七章盗卖军用品罪，第十五章损坏军用物品罪，及第一百一十条。

第一百九十三条之十五

（甲）违反关于哨兵或护送（convoy）之规则者，或违反补充（supplement 日译本作"实行上"）该规则之命令者，处以六个月以下之剥夺自由。

（乙）犯前项之罪，而其情状轻微者，依红军军纪律之规定，执行处分。

（丙）在军器，弹药，或爆破物之贮藏处任哨兵时，或任国家的或军事上的特别重要之各种守卫时，违反关于哨兵规则者，处以三年以下之剥夺自由。

（丁）违反关于哨兵或护送之规则，致使该哨兵或护送队所防备之危害因而发生者（日译本作"因而致使所警备或保护之物，发生有害结果"），处以一年以上之剥夺自由。

（戊）在军事行动中，犯（丙），（丁）二项之罪者，处以三年以上之剥夺自由；如其情状严重者，处以最重社会防卫处分。（一九三一年一月十五日改正）

吾国军刑法有种种之稍哨兵[1]守望规则及其违反之处分规则，如军刑法第四十九条，第五十一条，第五十二条，第一百一十八条及第一百〇七条等是也。

第一百九十三条之十六

（甲）哨兵以外之人，系属于二十四小时交代之部队者（a unit selected

---

[1] "哨兵"原文作"梢兵"，现据今日通常用法改正。——校勘者注

for a 24 – hour roster），违反内部——警备——事务（日译本作"当值"）之规则者，处以六个月以下之剥夺自由。

（乙）犯前项之罪，而其情状轻微者，依红军军纪律之规定，执行处分。

（丙）行为人责任内所应防避（prevent）的有害结果，因（甲）项之行为，而发生该结果者，处以二年以下之剥夺自由。

（丁）战时或在军事行动时，犯（甲）项之罪者，处以一年以上之剥夺自由。

（戊）犯（丁）项之罪，而情状轻微者，处以三年以下之剥夺自由。

吾国军刑法，分别详细规定违背职守之罪，如第一百一十条。又非哨兵不尽其守卫责任者，亦有各种不同之规定，如第五十一条。

第一百九十三条之十七

（甲）红军指挥人员，有乱用军务上之权力，或有越权行为，或有不执行其职权及怠职等，而有下列情形之一者，处以六个月以上之剥夺自由：

（一）有组织的（systematically 日译本作"连续"）犯本罪者；

（二）有金钱上的或私利上的动机者；

（三）因而致使行为人所统辖之军队或所受委之工作紊乱者；

（四）泄露军事秘密者；

（五）发生其他严重之结果者；

（六）上列各款之结果，虽未发生，但行为人知其有发生该结果之虞者，或

（七）在战时或军事行动时犯之者。

（乙）犯前项之罪，而其情状特别严重者，处以最重社会防卫处分。

（丙）犯本罪，而其行为不该当（甲），（乙）二项之规定者，依红军军纪律之规定，执行处分。

参看吾国军刑法第二章擅权罪及第三章辱职罪中各条。

第一百九十三条之十八

（甲）高级人员，对于其军属部下或该部下之家属，以命令或用某种手

段，妨碍付与红军军人及其家属之法定的利益及特权者，处以一年以下之剥夺自由。

（乙）犯前项之罪，而其情状轻微者，依红军军纪律执行处分。

（丙）有组织的犯（甲）项之罪者，及因金钱或私利之动机而犯（甲）项之罪者，处以一年以上之剥夺自由。（日译本无此项）

吾国军刑法无此分条，但在吾国上官不得虐待部下，或妨碍部下及其家属之法益，固不待言。

第一百九十三条之十九　指挥官非法使用其部下，以供自己或自己家族之使役，或供他人之使役者，处以六个月以下之剥夺自由。

吾国军刑法无类似本条之规定。军士者国家之特别公务员也，其职责在为国服务，上官不当以其部下为私有奴仆，除卫兵及仆役兵等有法律规定者外，不当滥用其部下，使之执行军务以外之使役。苏俄本法于此有明文规定，实足为吾国军刑法取法。

第一百九十三条之二十

（甲）指挥官，如意图利敌，而为左列行为之一者，处以最重社会防卫处分：

（一）将其所受委之军队，投降敌人者；

（二）将其所受委之要塞，军舰，军用飞行用品，大炮，兵站，或其他军用品，遗弃与敌人，或损坏之者，及使之不堪再用者；

（三）在前项所述军用品，有为敌人所占取之虞，而无法保存设救时，不取必须手段，不将该军用品损坏或使之不堪再用者。

（乙）前项行为，其目的非图利敌，但触犯军规（military regulation 日译本作"战时法规"）者，处以三年以上之剥夺自由，但如其情状严重者，处以最重社会防卫处分，兼没收财产。

参看吾国军刑法第十八条至二十条。

第一百九十三条之二十一

（甲）指挥官，如意图利敌，擅离其所被配置之战地（日译本作"违反战斗命令而退却者"）者，处以最重社会防卫处分，兼没收财产。

（乙）前项行为，其目的非图利敌，但触犯军规者，处以三年以上之剥夺自由；但如其情状特别严重者，处以最重社会防卫处分。

参看吾国军刑法第十九条第三款及第三十六条。

第一百九十三条之二十二〔1〕在战斗中，擅自遗弃战地者，及无军事行动上不得已之理由而降敌者（surrender 日译本作"被俘虏"），及拒绝使用其武器者（日译本作"不参加战斗者"），及投入（going over）敌军者（日译本作"降服敌军"），处以最重社会防卫处分，兼没收财产。

参看吾国军刑法第三十三条及第九十七条。

第一百九十三条之二十三　指挥长官（日译本作"舰长"）不尽果其职守之责任（carried out to the last the duties……），而放弃濒于沉没之军舰者，及船员放弃于沉没之军舰者——但如得指挥官之放弃命令者除外〔2〕——处以最重社会防卫处分。

吾国军刑法，不特别规定本分条之行为，但于军法各条规定违背放弃职守等该当本分条行为之罪。

第一百九十三条之二十四　将苏联之军情及国防力等事项，通知外国政府，或通知敌军或反革命之团体者，及撮取（abstraction 译者按：或作"窃取"解）或搜集上述事项，以谋通知外国政府或上述团体者，处以五年以上之剥夺自由，兼没收财产，或不兼没收财产。但如该间谍行为，已发生特别有害于苏联之利益的结果，或有发生该结果之虞者，处以最重社会防卫处分，兼没收财产。

---

〔1〕"一百九十三条之二十二"原文作"一百三十九条之二十二"，据上下文应为印刷错误。——校勘者注。

〔2〕日译本与英译本略不同。日译本作"无指挥官（译者按：本处日译本不曰"舰长"）之命令，而军舰之乘组员，由其军舰退去者"，英译本作"……or abandonment by the crew, unless they have received the necessary oorders to that effect from the commanding officer……"

参看吾国军刑法第十八条第二款及第三款。

第一百九十三条之二十五

（甲）发表特别应守秘密之关于苏联军情及国防力等事项者——一九二六年四月二十七日苏联人民委员会委员〔1〕规令第一条至第六条；全联邦法律集第三十二号第二百一十三条——处以一年以上之剥夺自由。

（乙）前项之罪，如因而发生特别严重之结果者，或行为人明知有发生该结果之虞者（日译本不同〔2〕），处以最重社会防卫处分兼没收财产。

（丙）发表非用作为（not intended for 日译本作"发表禁止的"）公布之军情，但该军情非特别应守秘密之事项者，处以一年以下之剥夺自由。

（丁）犯（丙）项之罪，而其情状轻微者，依红军军纪律之规定执行处分。

吾国无完全恰似本分条之规定，但泄露军情之罪，有明文规定处分。

第一百九十三条之二十六　战时以文书或其他方法，与属于敌军之人通信者，及与居住于敌国或敌军占领地之人通信者，处以三年以下之剥夺自由。

本分条之行为，依正条文字眼而论，系普通之通信，并无泄露军机之行为。窃以为两国战争，非国民私人之战争，私人仍得对敌国之某一个国民，表示敬爱，继续为亲友。本法规定不准与敌军占领地之居民通信，然则设有某甲之父母居住于敌军占领之敌，某甲不得与其父母通信乎？本法当改为未得当局之检阅及许可，在战时与敌军军人或在敌军后方居民通信者，处罚。盖战时检阅私信，是万不可免者也。吾国军刑法第十八条第三款以泄漏军机及授意敌人为本行为之成罪条件。

第一百九十三条之二十七

（甲）劫掠者，即系在战场夺取伤兵或死者之财物者，处以三年以上之剥夺自由。

（乙）犯前项之罪，而其情状严重者，处以最重社会防卫处分，兼没收财产。

---

〔1〕日译本作"中央执行委员会"。又日译本无"全联邦法律集第……条"一句。

〔2〕日译本作"犯前项之罪，因而致使发生重大结果，或发生该危险者……"，英译本作"……if it causes or, to the knowledge of the offender, might have caused, ……"

吾国军刑法无此分条之规定，但劫掠他人之财物者，犯第八十三条或八十五条之罪。

第一百九十三条之二十八　在军事行动区内，有盗窃，劫掠或不法的损毁该区内居民之财产者，或对该居民暴行者，或藉口军事上必要手段，不法的占取该居民之财产者，处以三年以上之剥夺自由，兼没收财产，或不兼没收财产。但其情状严重者，处以最重社会防卫处分，兼没收财产。

参看吾国军刑法第八十三条及八十五条之抢夺盗取罪。又恐吓人民及侵害居民之法益等罪，吾国军刑法有许多之规定，如第三十一条，第三十二条，第三十七条，及第八十一条等。

第一百九十三条之二十九

（甲）恶待（ill‑treatment）俘虏者，如系累犯，或系用特别残酷手段，又或系虐待伤病者；或负有看护或医治伤病俘虏兵之责任人，懈怠其执行该责任者，处以三年以下之剥夺自由。

（乙）恶待俘虏者，如无前项之情形者，依红军军纪律之规定执行处分。

参看吾国军刑法第六十条。

第一百九十三条之三十　在军事行动区内，无佩带红十字章或红半月章之权，而擅自佩带者；或任指挥官之人（日译本无"指挥官"一语）命令上述之人佩带该章者（日译本作"使无权利之自己的部下用之者"）处以一年以下之剥夺自由。

吾国军刑法第九十二条有处分冒用军制服及徽章之规定，但无文明规定滥用红十字章之罪。红十字章者乃"战争文明化"的一种方法。在战时犹谈人道，系现代军政专家之标语，虽可付诸一笑而不顾，然吾人既不能免两国之战端，固当尽吾人之力，使帝国主义者于侵掠小弱国时，其主使之罪人有所顾忌，使小弱国之人民，在万苦之中，犹得一点光明。故红十字章之规定，实于吾人——被侵掠国国民——有极大关系。此次意埃[1]之战，阿民乱用

---

〔1〕"意埃"原文作"意阿"，即"意大利和阿比西尼亚（埃塞俄比亚）"，现据今日通常译法改正。——校勘者注。

红十字章——是否真实，尚须考查——被意军得藉口空袭病院等，故如吾国严禁滥用红十字章，则将来抵抗被侵掠时，帝国主义者，亦只能虚言骗人，而不能有所借口虐杀我伤病兵矣。所谓兵不厌诈者，盖不当适用于利用红十字章也。

第一百九十三条之三十一　在战时侵犯（abuse 日译本作"滥用"）红十字或红半月[1]旗章者，或侵犯运输撤退伤病兵时专用之旗（日译本不同[2]）者，处以一年以下之剥夺自由。

本分条与前分条大同小异。

以上完第十章之规定，兹将本章与吾国军刑法形式上不同之处，指出如下：

（一）本章不分总则及分则。

（二）吾国军刑法之分则（罪名），共计十六章一百零三条。加入总则第一编之十五条及附则一条，则吾国军刑法共计有一百一十九条。苏俄本法只有一条，而此条分为三十一分条，较吾国军刑法分则少七十二条。

（三）本章每分条中，多分为最重，普通，最轻三种处分，但无完全未遂犯之规定。有之则系结果之未发生时的处分——即事实或目的之未遂罪而非行为之未遂罪——。吾国军刑法则作总括的规定，如"处一年以上七年以下有期徒刑"及如"第六十六条至第七十二条之未遂罪罚之"等。

（四）本章系刑法中之一章，故吾国军刑法之私造军火罪，收容逃亡罪，强奸罪等，无须再规定于本章内。

总观本章条文，从军刑法的方面而论，则有过于简略之嫌；若以本章作形式刑法之一部分而观之，则见其条文复杂。如吾国试以军刑法与形式刑法相并和者，当将刑法全部改正，在分则各条，特设数项，规定军人在平时，戒严时，及战时或敌前犯该条之罪者，加重其处分，又当于刑事诉讼法内，

---

〔1〕"红半月"原文作"半红月"，疑为印刷错误。——校勘者注。

〔2〕英译本作"……or of a color reserved for means of transport for the evacuation of the sick and wounded……"日译本作"……将伤病兵护送卫生部队旗，作运输手段用者……"

加入军人刑事诉讼之规定。

第十章　保守旧习罪（一九二八年四月六日施行）

本章之所谓旧习者，系指部落的生活习俗（tribal manner of life）。吾国刑法虽无本章，之规定，除数条之外，散见于吾国刑法条文之中，故以从质的方面来看，吾国刑法，亦得谓为有同样之规定。

第一百九十四条　被杀害人之父母，亲戚，族人（tribe），接受杀人犯或其父母，亲戚，族人所提出之财产，以之作为不报私仇或不提起诉讼之代金者[1]，处以不超过该代金二倍以上之罚金。

杀人一罪，"公诉罪"也，私人不得干涉告诉权，故在原则上，吾国不能有此种犯罪。但被害人之家人，受金钱之诱惑，湮灭证据，不将案情报告当局，或以恐吓手段，勒索行为人等情，在所或有。吾国现行刑法，惜无是项之规定。又本条根据日译本[2]，则不独接受代金者犯法，即赠与该代金者——杀人犯之父母等——亦以违法论。

第一百九十五条　被杀害人之亲族辈（any member of the tribe），不肯根据和解程序之地方法令[3]，与杀害人或其族人和解者；或妨碍上述程序者（"or placing any obstacle……"日译本无此句），逐出该地方，兼没收财产一部分——或不兼没收（with or without part-confiscation，日译本作"……且没收财产全部或一部分"）。

本条在法治国有重大之意义，吾国民事法有和解之程序，刑事亦当设和

---

　[1]　本条英译本作"The acceptance of a property consideration paid by a murderer or his parents or relatives or tribe to the parents or relatives or tribe of the victim in order to buy off private reveage or legal proceedings, entails……"而日译本则作"作为释放或不起诉处分杀害犯人之赎金，由本人或其父母或亲族取得财产上之利益者，或使被害者之父母或亲族取得该赎金者……"

　[2]　"Local decree on conciliation proceedings."日译本作"依该地方习惯而定的和睦手续"。

　[3]　本条英译本作"Baranta, i.e, the arbitrary taking, without appropriation, of any cattle or other property belonging to another person, with the sole object of compelling the owner or his relatives to give satisfaction for an insult inflicted or to make good some material loss, entails……"日译本则作"对于自己加以侮辱，或与以财产上之损害之人或其亲族，以强制赔偿为目的，任意差押加害者或其亲族之家畜及其他财产者（报复袭夺），处以……"

解程序，俾行为人与被害者，得于事后不留死恨。伤害杀人之罪，常有因甲置乙于牢狱，乙期满出狱后——或乙之亲族朋友——寻甲滋事，或因甲不满于乙所受刑罚，复欲加以私刑等，诸如此类往往有之。故法院当局，每于刑案完结时，如能训令双方和解谢罪，不留私怨私仇，则刑事案件，或得因而减少。吾国刑法无本条之规定。

第一百九十六条　新郎（bridegroom 译者按：此字亦得作"订婚男子"解）或其父母，或其血亲，婚亲，对于其新妇（译者按：或定婚女子）或其父母，血亲，婚亲，给与（payment 日译本作"提供"）金钱，牲畜，或其他财产或个人劳务（property or in personal labour）作聘资（英译本无"作聘资"一语，日译本有之）者，处以一年以下之剥夺自由（日译本作"剥夺自由或强制劳动……"）。

接受上述之给与者，处以同样之处分，及该给与价额相等之罚金（"……the same measure and fine……"本项日译本作"且受聘资者，处以相当于聘资额之罚金"）。

共产之国，绝对禁制卖买式之婚姻，故以刑法规定婚姻不能有聘金。吾国向来以婚姻为一种谋财或攀高之利器，所谓"嫁得好"，"娶得好"者，多指夫家或妻家有钱财有势力，此种恶风，殊应有法律上改良，且浪费金钱于婚姻丧祭，法律更当加以限制，所谓"中国人破产凡三次，结婚破产，生子破产，出丧破产"，岂非事实耶？吾国当依"新生活"之精神，严禁聘金等无益有害之习惯。

第一百九十七条　强迫妇女结婚者，或强迫妇女继续其夫妻关系（marital relations）者，或以结婚为目的，绑架（kidnapping 日译本作"诱拐"）妇女者。处以二年以下之剥夺自由。

备考：犯本条之罪时，有强奸（rape 日译本作"加以暴行"）妇女者，处以本法第一百五十一条或第一百五十三条所规定之处分。

参看吾国刑法第二百九十八条及第二百九十九条。强迫妇女结婚及强迫继续其婚姻关系之罪，为吾国刑法所无。强迫云云，是否单指对婚人而言，抑或包括一切参与强迫之人——如该妇女之父母等——本条未加以规定，殊失策也。在吾国现下社会情形：父母迫女结婚，司空见惯，一时颇难改变。欲施行本法，首当解放妇女之自由及改良婚娶之观念。犯本罪而兼犯强奸罪云云，在实际上颇难运用，设某甲（夫）与乙（妻）不和，但因在乡村，未得离婚，在此情形之下，甲是否犯强奸罪？吾国学者之通说，谓夫妻之间，强奸罪不成立，今观本条，则在某种条件之下，仍得成立矣。

本条英日二译本之用语不同，诱拐与绑架不同，"绑架"他人，即成侵害他人之自由罪，与诱拐不同。"暴行"与"强奸"又相差甚远。在吾国夫得对妻犯暴行罪，但不能犯强奸罪。但日语常以暴行二字作强奸解，故日译本之译者，或以斯意解释暴行二字，亦未可知也。

本条之问题，甚有兴趣，惜限于篇幅，不能在此详细讨论。

第一百九十八条　与未达结婚年龄之人结婚者，处以二年以下之剥夺自由。与生殖器未成熟之人结婚者，或强迫生殖器未成熟之人结婚者，处以第一百五十一条所规定之处分。

为民族之健存，及为保持人道，吾国刑法，当有本条之规定，惜无明文述及。与生殖器未成熟之人结婚者，窃以为得谓之违反吾国刑法第二百八十六条之规定（在"对于未满十六岁之男女施以凌虐或以他法致妨害其身体之自然发育"罪，"他法"一语得包括婚姻后的性交及使被害人怀孕等情。）强迫生殖器未成熟之人结婚者，窃以为得谓之违反吾国刑法第二百二十一条，奸淫未满十四岁之女子罪，及刑法伤害罪妨害自由罪等罪。吾国刑法将来能作总括的规定如下者则最好：凡与十七岁未满之男女性交者，处罚（条文得详细分别各种行为，如强迫，引诱，借口婚姻等），凡使二十一岁未满（或十八岁未满）之妇女怀胎者处罚。上项规定，或有嫌其过于严重者，然为民族前途计，宁有万难施行之法规，逐步缓通，务期完全普及施行，不当以不能即时施行，或目前之难境，而退避守旧，袖手旁观也。

第一百九十九条　重婚（bigamy）或一夫多妻及一妻多夫（polygamy 日译本单作"一夫多妻"）者，处以一年以下之强制劳动，或一千俄金以下之罚金。

备考：重婚及一夫多妻，一妻多夫之刑法，不适用于本法施行前已成立之婚姻（union concluded 日译本作……"本法施行前成立之数妻同居婚姻，不适用之"）

参看吾国刑法第二百三十七条。本条备考一节，吾国无须明文规定，盖刑法不溯已往之原则，已于总则章规定。窃谓本法——在吾国——当限期迫令有妻妾者，解除夫妾婚姻关系，使为妾者再嫁或谋独立（独立者之生活费由其前夫供给），其子女得由法院或用他法断定规母家或父家养育。为妾者如年已逾四十五，则只须分居，不解除夫妾关系亦可，年逾六十者，得继续其现在之状态。

第二百条　"ㄅㄚㄖㄢㄊㄚ"（baranta）者，即系不付金钱而擅自取去他人之牲畜或财产，而该行为之唯一目的，系行为人迫使该牲畜或财产之所有人，或该所有人之亲戚，对行为人赔偿所受之侮辱或所受之物资的损失者，处以六个月以下之强制劳动，或五百俄金以下之罚金。[1]

前项行为人系武装者，处以一年以下之剥夺自由。

如系纠合武装亲戚而犯第一项之罪者，其组织者，煽动者及首魁，处以三年以下之剥夺自由，其参与者处以一年以下之剥夺自由。

吾国刑法无此条，但本条之行为，适用各种刑法条文之规定，如抢夺罪等。

第二百零一条　因氏族[2]之不和（tribal enmity）而纠合得大多数之亲戚或同族人[3]的参加，而袭击个人或一家或一族者，又或袭击屋宇或住宅地者，其组织人或首魁（日译本作"首魁或指挥者"），处一年以下之剥夺自由。

第二百零二条　犯第二百条及二百零一条之袭击时，对于他人加以暴行，或杀人或伤害人体，或殴人者（日译本"无殴人"一语），其处分即依该暴

---

　〔1〕　本项英译本作"Where any such offence is committed by a group of armed relatives it entailsde - privation of……（for the organizers, instigator, and leaders），and deprivation of……（for any other partici- pant）."

　日译本作"从左之区别而处分：一、首魁，煽动者及指挥者……二、其他干与者……"

　〔2〕　日译本作"氏族或种族"。

　〔3〕　"同族人""fellow - tribesmen"日译本作"援助者"。

行所成立之罪而定（日译本作"依各本条所定之例处分"）。

本条与前条之罪，在吾国以妨害秩序及伤害等罪论，无特别规定两族——或两姓——争斗之罪。此条实无规定之必要。

第二百零三条 妄夺司法权，而根据部落习惯——adat 等——执行判决者；或乘两造因部落关系，处于不能自主之地位，而侵犯苏维埃法律之原理者（日译本不同[1]），处以一年以下之强制劳动，或一千俄金以下之罚金。

吾国刑法无类似本条之明文，然吾国乡村之地，常有长老辈专权，执行私刑之事，理当有本条之规定，一切大小司法权，当归地方或中央司法及警务机关管辖。

第二百零四条 恶劣的利用（taking flagrant advantage）他人因部落的关系，处于不能自主的地位而强制征收税金，以之充作地方宗教（domestic religion）之用者（日译本用语略异[2]），处以六个月以下之强制劳动或一千俄金以下之罚金。

吾国刑法无此条，但鉴于吾国之民风，及"宗教家"之利用迷信心理，强迫"信徒"捐款等情之多，不妨施行本条于吾国。

第二百零五条 凡居住在自治共和国，自治省（autonomous provinces）（日译本作"县"），或其他苏俄境内之种族（races），有本章所规定之保守旧习等危及公众之行为者，在上述各地方，皆适用本章。

以上完结苏俄刑法分则编，在质和量的方面，都有与吾国刑法分则不同之处。然一国之刑法分则，务以适合该国之民情，及满足该国政治社会的需要为原则。故比较刑法者，不能单以条文上之差异，而论某某国刑法之得失。今试将苏俄刑法分则之特异处，略举一二于下：

---

[1] 日译本作"利用因民族的习俗之人民归服心，无视国家之裁判权，依土著民之习惯，而解决事件，因而侵害苏维埃法之基础者"。英译本作"The arrogation of judicial powers … or any infringement of the principles of Soviet law……"。

[2] 日译本作"利用因民族的习俗之人民归依心，而为宗教的风俗，强要收获物之寄件者"。

（一）分则各章之名称，得用"单行罪型"分类法，或用"被害标的物型"分类法。所谓"单行罪型"者，以犯罪手段之种类，分别之为数十"型"，如"杀人罪型"，"伤害罪型"，"堕胎罪型"，"强奸罪型"等。所谓"被害标的物型"者，以犯罪之被害人或物体等，分别之为数"刑"，如"侵犯人身罪型"——上述杀人伤害强奸等，皆侵犯人身之罪——"侵犯国体罪型"等。吾国刑法分则，取"单行罪型"分类法，苏俄则"取被害标的物型"分类法（"被害标的物型"，谓为"总括罪型"亦可）。

（二）苏俄刑法无告诉乃论罪，吾国刑法常有告诉乃论之罪。窃以吾国法律知识不普及，且多弱肉强食之社会黑幕，用特主张改为"被害人恐因诉讼而败其名誉，或恐因诉讼而受经济上之损失等情，而其理由确系正当者——即非受对方之胁迫等——得请求撤销诉讼"，或其他类似之规定，而废除"告诉乃论"之规定。

（三）苏俄刑法之处分，常适用刑法以外之处分，如军纪律处分，员工惩罚法等。

（四）苏俄刑法——总则及分则——随时增加条文，或改正，删除等，非如吾国刑法之隔数年改正一次，而改正时则从新公布施行新刑法。但以法理论，吾国刑法亦得随时改正一部分，或删除其条文。

吾国刑法，在原则上适用于全国，固无规定某章某条，适用于某一省或一市之条文。

一九三四年三月七日苏联中央执行委员会提议，各共和国追加下列条文：

男性间的性交者，处以三年至五年之剥夺自由。

以暴力或乘被害人之不能自立状态，而犯鸡奸（sodomy）者，处以五年至八年之剥夺自由。

吾国刑法无此项条文。

从吾国社会实际需要略论刑法[*]

董　康^{**}

一、刑法与社会之关紧

刑法何自昉乎？曰随乎社会而发生而进展。社会者何？左氏昭二十五年哀十五年等注云，二十五家为社。又管子乘马篇，方六里命之曰社。诚以吾人所托体于社以谋生活，故有此名。以今之学说言之"社会"即人类集团之代名词：不宜设家或里之限域。大学条目八事，初未有社会之阶段在。然论语云：君子群而不党。又云：君子周二部比。群也周也，无非混合之一机体。正心诚意修身是孔子以个人为社会之单位。继而曰齐家，曰治国，乃以次扩充社会；从精密中陶淑之；其意固昭然可见矣。

晋叔向有言：上古议事以制，不以刑辟。似吾国古昔制裁犯罪，略秉陪审之精神；御奸。是以周秦诸子如荀卿等所言："杀人者死伤人者刑"为百王之大法。李悝撰诸国之法为法经，仅及六篇。萧何增至九章。唐广为十二篇。明清两朝于名例外，分隶六曹：事例更为繁赜。近今规仿欧陆区刑事于民事法外。且实体与程叙各自为编。此皆刑法随社会而进展之实在证据也。

　＊　本文原刊于《国立北京大学社会科学季刊》（第 6 卷）1936 年第 1 期，第 241～250 页。

　＊＊　董康（1867～1947 年），江苏武进人。法学家。董康是清末举人、进士，曾出任清政府的刑部主事、员外郎、郎中，修订法律馆提调，大理院刑庭推事等职。中华民国成立后，出任大理院院长，中央文官高等惩戒委员会委员长，全国选举资格审查会会长，修订法律馆总裁。其间，董康先后兼任东吴大学、上海法科大学、北京大学等大学法科的教授，也从事一段时间的律师业务。在学术研究方面，董康先后推出了《历朝法律沿革》、《宪法大纲》、《前清法制概要》、《书舶庸谭》、《第一次刑法修正案》、《第二次刑法修正案》、《调查日本裁判监狱报告书》、《中国修订法律之经过》、《中国编纂法典之概要》等众多作品。董康既是中国近代最早的立法、司法工作者之一，也是中国最早从事法律教育、法学研究的学者之一。

二、吾国法律以刑法革新之历史

吾国法律以刑法发达最早，历宋迄清叠经修订无不奉为圭臬。诚开东大陆法律系统不兆之祖也。清光绪间，马关缔约；续经庚子事变。清廷欲统揽法权，知修订法律之必要；毅然开馆，简派大员从事纂修。渐逢改革。驯至今日，所成刑事法案，凡为左列五种。虽主者屡次更易，而抱革新之旨则一也。

大清刑律 清修订法律馆起草，交责政院核议，至奸非罪章止，以谕旨颁行。民元删其与国体抵触者，司法部呈请作为暂行刑律援用。

第一次修正草案 法典编纂会酌采清各省签注修正，交法制局会同司法部大理院核议。值洪宪政变遂寝。此本外间罕观。

第二次修正草案 修订法律馆据前案修正，提交议会，寝而未议。世称王亮畴草案。

旧刑法 立法院据前案删改若干条，于民国十七年三月十日公布，同年七月一日施行。

刑法 立法院据前法二次修改，于民国二十四年一月一日公布，七月一日施行。

三、从今日社会之受损害处略论今法

社会体态估无论今昔中外之应有区异即同一时期同一国籍亦不能治于一范。故周官分轻平重为三典；而宋史刑法志设重法地之区域为后世各省专例之碕矢。美且因联邦与省之法律不同，分设二种法院。是社会含有流动性质，非定体也。十年前申报于六十年纪念，属撰"司法二十年之回顾"。当以刑法之对于社会行为应视社会自身之行为为重：曾建议惩乱惩暴贪三策。尔时颇有嗤思想腐旧者。然试问若干年中，人民蒙此三者之痛苦，宁可言状？洎乎今日，网纪之惰坏，国事之凌迟，尤有岌岌不可终日之概。

若就左列各欵，集合全国之智识界，充分研究，或可认为切要之图欸。

甲、丧失土地罪。吾国亘古幅员占有亚陆之东半部强半。陶唐氏分异青徐兖豫杨荆雍梁为九州，即禹贡是。予于冀州析出幽并二州，于青州析出营州，为十二州、夏复州。此唐虞三代土地沿革之大较也。周礼夏官识方氏所掌九畿。除侯甸男采卫蛮属于九州外，尚有夷镇藩三畿。畿或称服。乃依远近，定贡税之制度。而吾民族生聚于斯，可以澄其源流之绵邈。春秋以降，史籍所记，递有分并。皆一姓祚运之兴替，于名族之生存不受影响也。清廷交际，因应无方。边陲渐失羁縻，声教阻于荒服。披图循索，已失职方氏之旧。迺者时局不宁，园桥激愤，各方响应，疾甚洛钟。然鉴于石晋之前踪，益切杞人之忧虑。尚书大传甫刑云："降叛寇贼夺攘矫虔者，其刑死"。又周礼秋官士师成事八篇，如二之邦贼，三之邦谍，其为至重事例，亦可想见。又墨子号令篇云："伍人踰城归敌，伍人不得斩。与伯归敌，遂吏斩。与吏归敌，遂将斩。归敌者父母妻子同产皆车裂。"又云"若欲以城为外谋者，父母妻子同产皆断。左右知而不捕者，与同罪"。汉律当仍法经之旧。史记商君传云："匿奸者与降敌同罚。索隐案降敌者诛其身，没其家。"故汉书功臣表亲阳侯月氏，若阳侯猛，俱坐谋反入匈奴要斩，正坐此律。一称降敌，一称谋反，名词偶殊，性质则一。凡此皆刑法重惩丧夫土地之彰彰可考者。吾国物产饶沃，列国垂涎。

若任各挟一势力圈，恣其剸割，必且效清初摄政王覆史可法书曰，吾之奄有某地，乃得之于某，非取之于民国也。噫，今犹太有民族而无土地，非吾轩黄世裔之殷鉴耶！窃以为欲弭斯祸，卒宜行下之二策。

回复斩刑。死刑盖为斩绞。二者虽俱系夺其生命而斩刑实较绞刑为重。故英国于谋大逆谋杀廷尉及度支大臣得阁员副署仍执行斩刑。杀一儆百仍留斯例、若损失土地之出于消极者，为恧畏退缩，有负国家委任，在清季多处以军前正法，本不为可。若出于积极纯属今法外患罪章之行为元恶大憝人神共怒。师汉之县首豪街，讵为过耶？

移师征讨。兵刑分隶夏秋二官；而助奸除暴，职志异同。即从实际观察，如前款之积极行为，大率皆拥有一部分之势力。一经告发，未必束手受逮。为申司法之威严，自宜移师征讨。此鲁语所云"大刑用甲兵"是也。至处分犯者家属如何，自宜统季年业除缘坐之酷法；然知情与同罪，为古今中外不易之立法例。凡知情之父母妻子同产，俱系"休戚相关"，企容逍遥法外？宜从讨论，用符辟以止辟之旨。

偏设治疗所。国家厉行禁烟从消极一方为刑罚，从积极一方为治疗。且治疗本刑法上之保安处分。惟各地一生之业戒烟者，大半以代用品注射，流弊滋甚。各地设治疗所，延聘名医，分期施治，务求根本戒除。并另定戒后复吸条例，从严科罪。

四、结论

第三项中分列四款，乃从社会受害之显著者言之，以促当局之特别重视并非谓矫正社会仅限于此也。盖刑法之于社会，譬如医药之之诸证，宜探索其感召之由。若攻补误投必致生命之危。又如堤堰 之束群流，宜适其淳涵之性。设疏遏共用反肇奔颓之险。至纂修失业，须经历二之时期。一知新时期。凡成就必由于破败即法律何莫不然。为表示改革之决心，荟萃各法案，甄择所长；无论何国皆然。不能执以为起草者之咎。二，温故时期。民族随生聚而成惯习。故成王之诰康叔，于文轨大同之日独许用殷罚殷彝。此出于经验后之认定，不得嗤为墨守旧章。上年赴日本大审院调查，民事部长菊池君言：日本诸法偏放德国。自经承用殊感凿枘。今依据民俗改定，始返真纯。由是言之，日本于法律之迂回 曲折皆吾国将来趋势之径涂。所冀立法诸君子斟酌社会状态，无胶柱鼓瑟也。

我国现行刑法中并合论罪之研究及其所采之各主义[*]

刘文华[**]

（甲）并合论罪之研究

在刑法中关于犯罪之裁判有单科一刑者，有从重处断者，有合并论罪者。立法之用意虽殊，要皆以保卫人群，安宁社会为职责。顾科刑不当，有失法意，刑罚愈重者，愈当审慎。我国现行刑法中合并科刑者，则并合论罪。是也，刑法第六十九条至七十三条，皆关于并合论罪之规定，惟如何犯罪，始得并合论罪。兹将其意义详释于下[1]：

同一犯罪人，以数个犯意，连犯数罪，而发觉同时同地，或异时异地，而其犯罪之时，并在裁判宣告前者，曰并合论罪。换言之，并合论罪，以裁判宣告前之犯罪为成立要件。而于裁判宣告后之犯罪，对于裁判宣告前之犯罪，则不得发生并合论罪之关系。（至若以裁判宣告后所犯之罪，或在执行未满之期中，所犯之罪，一并认为并合论罪者，乃又一立法例，我刑法不采此例）。

以上所述，乃我现行刑法中并合论罪之意义，但此中有不同之情形[2]焉，即所犯数罪，于裁判宣告前同时发觉者，与所犯数罪，于裁判宣告前发觉一罪，而余罪在裁判宣告后始行发觉者是。兹分别详释于下：

（一）于裁判宣告前数罪同时并发者

同一犯罪人，其所犯之罪，确系数罪，于裁判宣告前同时并发，即按其

---

[*] 本文原刊于《政法月刊》（第 8 卷）1932 年第 8～9 期。

[**] 刘文华，1944 年毕业于东吴大学法学院（第 27 届），获法学士学位。

[1] "于下"原文作"于左"，现据今日排版需要改正，下同。——校勘者注。

[2] "情形"原文作"情刑"，现据今日通常用法改正，下同。——校勘者注。

所犯各罪，一一科以应得之刑，而合并执行之。如甲某犯甲、乙、丙三罪，而此三罪，于裁判宣告前，次第发觉，此三个犯罪，有并合论罪之关系，此并合论罪之一种情形也。

（二）一罪先发，而余罪在裁判宣告后始行发觉者

此种情形，如同一犯人，犯甲、乙、丙三罪，丙罪先发，已经宣判，而甲乙两罪始行发觉。丙罪即刑法第七十一条所谓已经裁判者，甲乙两罪，即同条所谓未经裁判者。其未经裁判之甲乙两罪，就未经裁判处断，（用条）即对于该犯人当以未经裁判论，而不得以丙罪已受裁判，为已经裁判之犯罪人论也。盖丙罪与甲乙两罪有并合论罪之关系，甲罪对于乙罪，亦有并合论罪之关系，故必须三罪完全裁判而后可。此又并合论罪之一种情形也。

就我国现行刑法中观之，其中并合论罪者，仅以上述二种为限。至若一罪先发，已受判决，判决后，复行犯罪，于审判后罪之时，其判决前所犯之余罪，又一并发觉，斯时也，而受审判，是为并合论罪与非并合论罪之互合，而非并合论罪与并合论罪之互合也。并合论罪中，当然有非并合论罪之关系存在，而不得以判决前之余罪，与判决后之犯罪，一概认为并合论罪也。盖判决后之犯罪，当独立科刑，不过与并合论罪之刑，可一并执行之耳。例如，某甲于某年某月犯甲乙两罪，有并合论罪之关系，甲罪当处徒刑若干年，而未发觉，仅发觉乙罪。裁判后，宣告徒刑若干年，执行完毕，后十年，又犯丙罪，当处徒刑若干年，恰于审判丙罪时，又将从前所余之甲罪，一并发觉，审判官即应援用刑法第七十条至七十二条之规定，将甲罪之徒刑若干年，与乙罪之徒刑若干年并合，于并合刑期以下，最长刑期以上之范围内，定其刑期若干年，将执行完毕之乙罪之刑期除去，然后与丙罪之刑期一并执行。此即并合论罪与非并合论罪之互合也。假使甲某于执行乙罪完毕后，在五年之内又犯丙罪时，则与前例又异其结果矣。盖不出五年而又犯有期徒刑以上之丙罪，是为累犯。累犯一次，按刑法第六十六条之规定，应加重本刑三分之一，就丙罪应处徒刑若干年，再加重本刑三分之一，于甲乙二罪并合之酌得刑期中，扣除已行执行之乙罪刑期，与丙罪应得之刑，及累犯加重之刑，一并执行之。此并合论罪与累犯罪互合之情形也。

（乙）我国刑法所采用处分并合论罪之各主义

我国现行刑法中，关于并合论罪之规定，仅五条耳（第六九——七三）。

而其所采用处分并合论罪之主义，则有三焉，即吸收主义、并科主义、限制加重主义是也。兹先将三主义胪述于下：

（1）吸收主义。于并合各罪中，择其最重之刑罚而处罚之者，曰吸收主义。

（2）并科主义。本一罪一刑之原则，将并合各罪之刑，完全令犯罪人担负者，曰并科主义。

（3）限制加重主义。此主义乃前二主义之折衷者。详言之，既不并科，而又不吸收，乃于并合各罪共得之刑以下，于并合各罪中最重刑以上之范围内，酌定其刑，而又不得愈法定最重刑期范围者，曰限制加重主义。

兹将其现行刑法所采此三主义，参合条文，详述于下：

第一，所采用之吸收主义。刑法第七十条第一项前半段"宣告之量重刑为死刑者，不执行他刑。"即谓并合论罪之各罪中，有一罪应处死刑者，则不执行他刑。同条第二项前半段"宣告之最重刑为无期徒刑者，不执行他刑。"即谓并合论罪中有一罪应处无期徒刑者，则不执行他刑。又同条第六项之褫夺公权，亦只执行最长期之褫夺公权。此我现行刑法中对于处分并合论罪所采用之吸收主义也。惟适用此条项应注意者，即不执行之刑，亦必须宣告也。何则，盖若不宣告其不执行之刑，设于上诉或赦免之事发生，变更或消灭其量重刑时，则所余不执行之较轻刑，势必再事审理，方能执行。司法者，岂非自添其烦琐乎，故宣告而不执刑者，正为救此缺点也。刑法第七十条以明文规定，"并合论罪，分别宣告其罪之刑"者，即此旨趣也。

第二，所采之并科主义。刑法第七十条第七项、八项之规定，即于宣告裁判前犯数罪，而此数罪中有应科二个以上之自由刑、财产刑及从刑之没收时，得一并执行之，此我刑法所采用之并科主义也。但有应注意者，即所采之吸收主义，只吸收拘役以上之刑，而不及于从刑与财产刑也。观第七十条一、二两项之但书，即可明了。故对于从刑财产刑，则又采并科主义者也。如有一犯人，犯杀人罪，而于审判时，又犯刑法第一四七条之侮辱公署罪，并身藏凶器及违禁物，亦被搜获，审判结果，处该犯杀人罪以无期徒刑，侮辱公署，处罚金九十元，二罪一并执，又将凶器及违禁物一并没收，是即其适例也。

第三，所采用之限制加重主义。刑法第七十条第三项、四项、五项之规定，即采用限制加重主义之明征也。其意义即谓于裁判宣告前犯数罪，而此数罪，皆当科以有期徒刑，或财产刑，于此有期徒刑中之最长期以上，各刑合并之刑期以下，在此范围内，与裁判官以自由裁量之权，斟酌而定其应执行之刑期（财产刑亦同此理）。但适用此数项之规定，有应注意者，即审判官判决此类案件时，须于判决理由书中，分别宣告各罪应得之刑罚。（第七十条）又第七十条第三项之刑期，审判官固得于上述之范围内自由裁量，然毫无限制，则不特与并科主义无殊，且与无期徒刑相去几何，故于三项后半段但书下有"不得愈二十年"之规定。法至善也。

（丙）结论

准观上述各主义，限制加重主义，似得其中道。然犯情千差万别，犯罪人性格，良莠不齐，而执行刑罚，自亦不能一律，若纯用限制加重主义，则难免窒碍之处。故各国立法例，及刑法学者，多是折衷主义。折衷主义者，即兼采吸收并科限制加重三主义而用之者也。我现行刑法亦以是为处分合并论罪之准则，不可谓非立法例之善者也。

一九三二年、九月、十五日

刑法上旧法适用论[*]

冯泽昌[**]

一、引端

法律之效力，开始于施行之日，而终止于废止之时，此原则也。刑法亦然。然所谓施行，应与颁布区别之；废止应与停止适用区别之。颁布云者，法律经合法程序制定，由政府以命令公布于人民之谓。法律一经颁布，人民不容不知：换言之，人民不得以不知法令为言，对抗政府。施行云者，经颁布之法律开始适用之谓，法律有于颁布之日施行者；有于颁布后另定施行日期者；应由政府以命令定之。废止云者，消减法律效力之谓。停止适用谓搁置不适用之谓。废止无继续适用之时，而停止有重行适用之日，此其区别。停止适用有限于一部地域者，如法院组织法三级三审制于广西等省停止适用是。有限于一定期者，如战争开始戒严法施行而普通法律停止适用是。有限于一部分条文者，如行营禁烟禁毒两条例施行，而刑法鸦片罪一章停止适用是。虽刑法之效力，限于施行之后，废止之前，此仅就原则言耳。例外亦有适用已发之刑法者，刑法第二条第一项但书规定是也。

二、适用旧刑法之理由

物惟贵新，非厚新而薄旧也。盖以旧者与吾人之环境互为枘凿，而新者较合于吾人之需要故也。法律之为物亦然。盖法颁行已久，事隔境迁，而社会之进化靡有已时，转瞬即为落伍之物，不得不有新者以代之。诚以法律为

---

[*] 本文原刊于《法学杂志（上海 1931）》（第 9 卷）1937 年第 6 期。

[**] 冯泽昌，1932 年毕业于东吴法学院（第 15 届），获法学学士学位。

社会之产物。与其他科学同，应随社会之进化而演进。新刑法之产生，其必具有时代之背景，必较旧刑法合于现今社会之需要无疑。是新法施行而独适用旧法，独穿胄甲而登舞场，其不合时宜可知。此从新主义之所有由产生。然因新法之颁行，在旧法时无罪之行为因新法颁行而获罪，在旧法受轻之刑罚者，因新法而加重处分，是岂人情？是故于从新主义之下，复兼采从轻主义，庶得法律之平。在旧法时不以为罪之行为，非但不因新法之颁行而获罪；即旧法受轻处分之行为，亦不因变更法律而受轻重之刑。学者有谓从轻主义为辜恩，易启犯罪者侥幸之心，躲避裁制以待法律之变更。殊不知犯罪者逃避裁判，固其所欲而竟不可得者，则在从新主义之下，兼采从轻主义，适用较有利于行为人之旧法，亦正义人道所当然，而无更优良办法以代之。是旧法在新法施行之后，有不得不适用之理由在。我国新刑法第二条第一项于采从新原则外，复采用有利于行为人之法律，理由即在斯乎？

三、适用旧法之要件

已废止之刑法，亦得适用固矣。然此为变例，非原则。故适用旧刑法以合于特别条件为限，非废止之刑法皆得适用，亦非任何情形皆得适用旧刑法，要亦不无一定之要件耳。要件维何？即

甲、新旧刑法变更。法律为社会之产物，非千万年不变，必随社会进化而遭递，无新法之颁行，亦无旧法之废止，旧法适用问题自无由发生，故旧法之适用以新旧刑法之变更为要件。

乙、裁判在新法施行后。法律既有变更，以新法优于旧法原则而论，则新刑法尚焉。所谓从新主义是也。但亦以裁判在新法施行后为然耳。然严格采从新主义非无弊端，其于犯人有利于之处，兼适用旧法。是适用旧法仅为从新主义之例外，而以裁判在新法施行之后从为必要。

丙、犯罪在新法施行前不溯既往，为法律学上之铁律。行为之处罚，以行为时刑法有明文规定者为限。行为时刑法无处罚之明文，即使日后从新法颁行有处罚之规定，亦不能以此入人于罪。如犯罪在新法施行之后，则适用新法，绝无适用旧法之余地。所以适用旧法者，以犯罪在新法施行以前者始然。

丁、新旧法均有处罚之明文罪刑法定主义，为刑法上之大原则，行为时法律有处罚之明文，始可以罪刑相绳。故以旧法有无处罚之明文为先决问题。

然犯罪后法律已废止其刑，则犯罪行为已因社会之变迁而不计，依刑事诉讼法第二百九十九条第四款应为免诉之判决。根本适用刑法问题不发生，安有新旧之足云。故又以新旧有处罚该行文之明文为必要。

戊、新旧法异其处罚新旧法均以为罪矣，若新旧法同其处罚，则适用新法也可，适用旧法也亦无不可。必也新旧法处罚异其趣，取舍适从于犯人之利害关系重大，于焉而新旧法适用之问题以生。

己、旧法比较新法有利于行为人新法在从新法在从新主义下，既占优胜地位，故在绝对采从新主义国家，旧法无适用之余地。行为人因国家行使刑罚权之迟早，而重其处罚，殊失平衡，从轻主义因之产生。故适用旧法，必以旧法规定较有利于行为人而始然。

四、旧刑法适用之范围

所谓旧刑法，凡新刑法颁行以前一切有效施行之刑法法典及特别刑事法令均属之。不以刑法法典为限。而刑法上所用之旧法，则有一定之畴范。畴范维何，即行为后之刑法是矣。故刑法上适用旧法，以行为后，裁判时所适用之新法颁行前之一切有效施行之刑法法典，及刑事特别法令均属之。故旧刑法之畴范，可分为二：一行为时之刑法法典及刑事特别法令，二行为时适用旧法，以行为后，裁判时所适用之新法颁行前之一切有效施行之中间刑法法典及刑事特别法令。即学者所谓中间法。然法律之颁行，废止，停止适用，并非一法易一法也。此刑法法典废止，而彼刑法法典颁行，此固为常例。然亦有刑法法典废止，而颁行一种或数种特别刑法者。亦有刑法法典依然适用，而颁行一二种特别刑法以补充之者。有刑法法典一部停止适用，而颁行一种或数种特别法以代之者。有废止特别刑法，而仍适用刑法法典者。亦有此特别刑法废止，而另颁一特别法者。总之刑上所适用之旧法，以经言，有行为时施行之刑法，及中间法二种。以绪言，有刑法法典，及刑事特别法令二种。适用时互为错综，应咸集而比较之。

五、何者为有利于行为人之法律

所谓有利于行为人之法律，必适用旧法之结果，行为人得减轻罪责始足以当之。减轻罪责非但减轻刑罚，刑罚以外之事项于行为人有便宜者亦包括在内。兹分述之：

甲、刑罚较轻。同一罪名，新旧法轻重异其罚者，事所常见。刑罚较轻者为有利于行为人之法律，此人所皆知。故适用之际，宜就裁判时之现行刑法。与行为时之法律及中间法作一比较。适用刑罚之最轻者。必旧法之刑较轻于现行法，乃有适用旧法之余地。至行为时法律与中间法亦应作一比较，以决孰者最有利于行为人，更不待言。例如甲于民国二十三年犯恐吓罪，于今年始获案，本应适用现行新刑法第三百四十六第一项处断，但依旧刑法第三百七十条第一项较新刑法为轻，即旧刑法之规定较有利于行为人，即应依旧刑法科刑。至轻重如何比较，当另释述之。此其一。

乙、时效较短。时效可分为二，起诉时效及行刑时效是也。当新旧法变更之时，刑罚较轻之刑法固为有利于行为人之法律。然除刑罚较轻者外，时效亦在比较之列，例如甲于民国十七年犯侵占罪，按当时适用之暂行刑律第三百九十一项为三等至五等有期徒刑，依同法第六十九条第一项第四款起诉时效为三年，至民国二十年起诉时效已经完成。倘犯罪被害人以甲犯罪事实向检察官告诉，检察官应依刑事诉讼法第二百三十一条第二款为不起诉处分。若检察官起诉矣，法院应依同法第二百九十四条第二款为免诉之判决。但依新刑法第三百三十五条第一项规定，最重刑为五年有期徒刑，依同法第第八十条第一项第二款起诉时效为十年，计至今年（廿六年）止起诉时效尚未完成，甲尚难逃刑法之制裁。是暂行刑律关于起诉时效之规定较新刑法为短，亦为有利于行为人之法律。此其二。

丙、追诉之条件有无刑法上一定之罪，须具有一定告诉条件，法院始得受理，谓之追诉条件。如告诉乃论之罪，非经合法告诉，检察官应为不起诉处分，法院应为不受理之判决。其应由一定人告诉而未经其人出而告诉，或须于一定期限告诉者未于此一定期限内告诉亦同。例如略诱未满二十岁男女脱离家庭，现行刑法为非告诉乃论之罪，而暂行刑律则须告诉乃论。有人于民国十六年犯该罪，于今被公安局发觉，未经合法告诉，移送法院，依行为时之暂时刑律检察官应适用有利于行为人之法律即暂行刑律，为不起诉处分是。又如刑法第二百三十条之罪，依刑事诉讼法第二百十三条配偶之直系尊亲属亦得告诉。但暂行刑律第二百九十条之罪（与刑法第二百三十条同）依刑事诉讼条例第二百二十条第二项丈夫之直系尊亲属无权告诉。可知以上二罪，暂行刑律及刑事诉讼条例之规定，均较现行法为有利于行为人之法律，此其三。

六、适用旧刑法时有关联八个问题

适用旧刑法须犯罪行为时之法律与裁判时之法律已变更，及旧法较有利于行为人，已如上述。故适用旧刑法时，尚有相关联数问题如下：

甲、何谓行为。时既有所谓行为后，则必有所谓行为时，行为时确定而后应否适用旧刑法始有准绳。至所谓犯罪时，究指行为时抑指结果发生时，学说不一其揆，我国现行刑法以采行为时说较为确当。然犯罪有一时完毕者，有历多时而始完毕者。一时完毕之行为，确定行为时，至为容易。历么时完毕之行为，及行为时不明了之行为，欲确定何时为行为时，则不能谓无问题。如连续犯，继续犯，常业犯，结合犯等犯罪行为，皆须经相当期间而后完成。且往往跨过新旧法两时期者。学者均以为此数种犯罪应以该犯罪行为完了时为犯罪时，其开始之时非所问也。行为完了于何时不甚明了之犯罪，如过失犯，不作为犯。以应负过失责任时，及应履行作为义务时，为行为时。然学者不无异说。至于教唆及帮助犯，则应以实施教唆时及帮助时为行为时，与被教唆者及被帮助者何时实施犯罪无涉也。

乙、何谓裁判。裁判必须新刑法施行后之裁判始有适用旧刑法之可言，已如前述。故行为后而法律变革，所为之第一审判决为适用旧刑法之裁判固不待言。即第一审裁判后，遇法律变更，第二审裁判亦应适用旧法之有利于行为人者。盖第二审仍为事实审故也。又按之刑事诉讼法第三百七十三条第三百八十五条第五款第三百九十三条第三款第三审裁判亦为适用旧法之裁判，而为有利于行为之裁判则一也。再审既得为受判决认之利益而声请，刑事诉讼法第四百十三条第一项第六款有明文规定。似亦得因法律变更而适用较有利于行为人之旧法而为裁判。至于非常上诉则无明文规定殊未便同视也。

丙、刑之比较。适用旧刑法，必以旧刑法较有利于行为人，已再三言之矣。所谓有利，固不以刑之轻者为限，而适用之最常见者，则仍为刑之比较。刑之比较者较有利于行为人，为人人所皆知。但刑之比较以主刑为限，从刑应从新法，不与比较之列。主刑之重轻依刑法第三十五条之规定，即种类不同者依第三十三条之次序。先死刑次无期徒刑再为有期徒刑，更次为拘役，末为罚金。同种类之刑，以最高度较低者为轻，最高度相等则以最低度较短或较少者为轻。高低多少之程度均同者，以犯罪情定之。一罪而有数刑者，有并科者以并科者为重，有选择者较无选择者为轻。无易科者较有易科者为重。然所谓刑，专指法定刑而言，与宣告刑无涉，若有加减，应各依同法加减而从比较之。

廿五（1936年）、九、八、书于鄞地院

共犯之研究*

刘文华

　　共犯者，数人共同犯罪之谓也。数人共同犯罪，而令其各个人负该罪全部之责任。兹言其故，今有杀人以器者，是人之死也，死于力者半，死于器者亦半。然而论定刑责，则不得委其罪之半于器也，夫人而皆知矣。令共犯各负全责之理，亦独是也。是则共犯云者，法律罚其互相利用以达犯罪之目的，故科以全部之责任。假如法律对于集聚力以犯罪者，分而罚之，则杀人者将无死法，而刑法之目的，亦永无达到之日。故刑法对于集聚力以犯罪而有共同之关系者，各科以全部之刑责，俾利用聚力或利用他人之行为而犯罪者。无所逃于法网，以期收刑罚之效果，此共犯制度之所由立也。但共犯者，必有共犯之关系，始能成立。如何而后谓之共同。于兹焉有二学说，即犯罪共同说与行为共同说[1]是也。今述其略于下。

　　甲、犯罪共同说，是说以犯罪事实为共犯之标的。详言之，即对于一个犯罪事实，以数人之加力共有责任能力，以同一犯意，为其行为，各自成立同一之犯罪者，谓之共犯。共犯之中，其行为占直接重要之地位者，曰正犯。

　　* 本文原刊于《政法月刊》（第8卷）1932年第10期。原文仅有简易句读。

　　[1] "犯罪共同说"与"行为共同说"的实质分歧在于行为主义与行为人主义的对立。犯罪共同说由旧派提出。根据旧派的基本立场，刑事责任的基础是表现在外部的行为及其实害与危险；根据罪刑法定原则，这里的行为首先是指刑法分则各本条所规定的实行行为。所以，共同实行犯罪，意味着各共犯人共同实行了符合相同构成要件的行为；教唆行为与帮助行为从属于实行行为，当实行犯所实施的犯罪与教唆犯、帮助犯所教唆、帮助的犯罪不同时，应当按照实行犯所犯之罪确定共同犯罪的罪名。行为共同说由新派倡导。根据新派的基本立场，犯罪行为是行为人反社会性格的征表，易言之，表明行为人反社会性格的举动就是犯罪行为；所以，只要客观行为相同，即使犯意有别，也能说明相同的反社会性格。因此，共同犯罪并非特定犯罪的共同，而是依共同行为实现各自的犯意。——校勘者注。

而不然者，曰从犯，曰教唆犯。从犯教唆犯皆从属于正犯而成立犯罪者，故认是等犯罪，皆带有从属性。是说观察犯人，皆以客观的犯罪事实为其着眼之点，故又名为客观说。泉二新熊[1]、大场茂马[2]属此派。

乙、行为共同说，是说以犯罪为恶性之表现，故不能仅以数人共同一罪谓为共犯，即就其行为仅有共同之认识，即为共犯，至其犯罪能力及犯意，原无关涉。故其结果有同一犯罪，而成立各别名罪者，盖是说以行为为共犯共同之标的，即令一个犯罪事实，因彼此行为者之犯意有异。致各成立别种罪名者，亦得谓为共犯云，且不认所谓从犯教唆犯者有从属性，谓从犯之帮助行为。教唆犯之教唆行为，莫非其固有犯意之表现。此说观察犯罪，以犯人固有犯意为主眼，故又名为主观说。岛田武夫牧野英一均属此派。

以上二说，以着眼点不同，故论调有差。犯罪共同说谓，共犯关系，仅于别种犯罪事实时，不得谓之共犯。行为共同说谓，数人依共同之目的协力而犯罪者，曰共犯，故共犯关系，不限于一种犯罪事实。苟在其意思范围内，即数个别种犯罪事实，皆可成立共犯。此二说之大相径庭者也。但于共犯之中，有一人不具备犯罪要件时，则该行为者不生共犯关系。此又二说之共同承认者也。顾共犯者，乃以彼此要有犯罪之认识，以遂犯罪目的，故不当以一定犯罪事实为限，且以专属的法益为犯罪个数之标准。与近代刑法思潮不相合。是则不可谓非客观说之失当，故近代学者主张将数人之行为，合一而观察，并宜注意犯人之犯意，是皆趋向于行为共同说之表现。亦趋主观说之特征也。但共犯之成立，不仅以行为共同为已足，尚有其他要件焉，要件为何？即主观的要件与客观的要件是也。兹分述于下。

甲、主观的要件，共犯之主观的要件，即意思之联络是也。意思之联络云者，乃共同行为者之间，有意思联络之谓，因此意思之联络而发生犯罪事实，则共犯之关系乃生。故不有共同行为之认识者，不得谓为共犯。惟于此有一问题焉，即共犯之间，是否以有共犯犯罪之互相认识为必要，抑以片面的合意即可成立。我国王觐氏主张谓，意思之联络，乃属于犯人的心理事项，而互相认识，乃外界之事项。意思之联络，既为共犯主观的要件，则于片面

---

[1] "泉二新熊"为（もとじしんぐま）教授，明治九年生于鹿儿岛，出身岛上世代为官的名门，父亲名叫泉二当整，母亲大岛德千代也是出身岛上的名门望族。——校勘者注。

[2] 大场茂马，明治二年生于山形市，父亲大场岩藏是原当地诸侯的藩士。——校勘者注。

的合意，亦可成立共犯。申言之，即有此共同犯罪之认识者，成立一方共犯。无此认识者，以单犯正犯论。对于此点，学者间之主张，不一其说。是认此说者，为胜本勘三郎牧野一等。否认是说者，为大场茂马、泉二新熊等。我国旧刑法（暂刑律）及现行刑法之立法例，皆韪前说。（旧刑法三四条现行刑法四六条）二者之规定。皆是认一方共犯之成立，即以片面的合意，亦以共犯论也。

乙、客观的要件，共犯客观的要件者，即行为之分担是也。此要件依前面犯罪共同说与行为共同说之主张而有异。（1）犯罪共同说谓，共犯之分担行为，以一个犯罪事实为限，即一个犯罪事实由数人之有责行为协力而成者。曰共犯。（2）行为共同说，不以一个犯罪事实为限，尤不以全体有责为限。苟于事实上有数人行为之相结合，同向目的方面，相应联络而为犯罪之行为时，皆得谓为共犯也。

客观主观二说，对于共犯成立之主张故异。然其是认共犯中有正犯从犯教唆犯之别，则二说固相同也。以客而论，共犯中各个人所占之地位，有直接间接重要与不重要之异。以主观而论，共犯中各犯人亦有恶性大小之不同，因是之故。则法律上对于共犯之科刑，亦有分量之重轻，是以在学理上面法律上。对于共犯，皆分别析类而观察，兹区其种类，一一说明于下。

一、学理上共犯之分类

（1）独立犯与从属犯。独立犯为主犯罪，即指正犯而言，从属犯为从犯罪，即指教教唆与从犯而言。此客观说之分类也，而主观说则不认此种分类。

（2）重要犯与轻微犯各国刑法立法例中。有别共犯为重要与轻微者，以为处分之差异。重要犯罪者，为正犯。轻微犯罪者，为从犯。

（3）有形的共犯与无形的共犯有形的共犯者。直接加功实行犯罪之共犯也，若实行正犯帮助从犯。皆有形的共犯也，无形的共犯者。启发诱导。正犯之意思，以及其他无形的方法而影响于完成犯罪之共犯也。若教唆犯，及教唆教唆犯，皆是无形的共犯也。

（4）纵的共犯与横的共犯纵的共犯者。延长共犯因果关系之时间之共犯也，若教唆犯从犯是也，横的共犯者，扩张共犯因果关系之面积之共犯也，若共同正犯是也。

（5）必要的共犯与任意的共犯必要的共犯者，即法定某种犯罪以数人共同为要件之共犯也，如内乱罪聚集为强暴胁迫罪是也。任意的共犯者，即一人可犯之罪。而数人共同犯之者是也，必要的共犯中，又有所谓对行犯与共犯之别。对行犯以有二个对立行为，始能构成犯罪，若通奸罪、重婚罪是也。共行犯以有多数人之共同行为，始能构成犯罪，若赌博罪、内乱罪是也。必要的共犯，以双方负责为原则（若通奸重婚是），然有时亦有仅使一方负责者，仍不失为刑法上之共犯。此不可不注意者也，盖必要的共犯，不以犯罪者双方负责为要件，不过分别观察各犯人之行为，以定有罪无罪之标准而已。

二、法律上共犯之分类

（1）共同犯罪共同犯罪云者。二人以上共同实施犯罪行为之谓，因其共同实施犯罪之行为也，故使各共犯就共犯就共同所为之行为，各自责全部之刑责。不仅如此，即数人同谋犯罪，其中之一人担任实行，其余各共犯对于犯罪实行行为，纵令不予参加，仍是共同正犯，各负全责。盖共同正犯者，既有同意之计划，与行为之实行，即与自己以故意而为犯罪之行为者无异。一人完成犯罪之行为，岂能将故意实行等分而罚之乎。共同正犯，亦独是也，故同正犯之成立，固不必人人均参与实行也。关于此点，我前大理院曾有判例。其说曰，以共同利害关系，参与谋议，并有同意计划，推定他人担任实施杀人之事者，应负共同杀人责任（民国九年大理院上字第七百二十号判例）。但学者间亦有对此主张异议者，如大场茂马泉二新熊等是也（大场茂马著刑法统论下卷。泉二新熊著日本刑法论第四十版）。顾共同正犯之成立亦得有其相当之要件焉。兹分述于下。

a. 共同意思之联络共同正犯间，以有意思之联络为必要。反之，则不得谓之为共同正犯也，但意思之联络，不必存在于实行开始犯罪之前，即于实行中加入，仍不失为意思之联络。学者名此曰相继的共同正犯。盖有暗默的认识，即可谓为合意，不必有所明示也。此点为一般学者所公认。

b. 共同行为之认识共同行为之认识者。认识他人之行为与自己之行为，相共同而为之之谓也。反之，而彼此行为不有认识时，虽令数人杀人，在同时同地，侵害共一法益，亦不得谓为共犯，称此种犯罪曰同时犯。若共同行为之人，有共同行为之意思，继令时期有异，场所有异，罪责有异，由共同行为者。分担犯罪行为之实行时，仍是共同正犯。盖合此数种行为而为一个犯罪也。

此外又有以共同不作为而成立者，是为不作为之共同正犯。如甲乙二人共侵入丙之住宅，丙要求退出，甲乙共谋，留滞其内不去者，是为纯正不作为之侵入住宅共同正犯。

（1）教唆犯使人决意实行其所教唆之犯罪行为者，曰教唆犯，学者又名之曰造意犯。自教唆与犯罪结果间有因果关系言之，正与教唆者自己犯罪无异。故主观说者，不认教唆犯为从属的犯罪者以此。然客观说之学者，咸谓教唆犯有从属的性质。泉二新熊大场茂马我国谢越石，均属此派。是因二说观察点不同，故主张自异。然则对于确定教唆犯，果以何为标准。自学说上言之，固有客观主观之分，而在一般刑法上之确定教唆犯之标准有二。即①被教唆者之犯意，由教唆者之教唆而生。②被教唆者之犯罪行为，即为教唆者之决意行为。此确定教唆犯之准据，亦即教唆犯成立之要件焉，若被教唆者先有犯意，或被教唆者之犯罪行为，与教唆者之造意不符合时，则教唆之罪不能成立。对于此点，前大理院曾有判例。其说曰："……若被教唆者已先有犯意，而为共同之计划，或与以训导指示者，则应成立他项罪名，不能以教唆论"（民国七年大理院上字第八百二十号判例）。盖自不知已有犯罪之决意而教唆观之，则为教唆未遂。自己有犯罪之决意而与以诱导观之，则为从犯，故皆不能成立教唆犯也。惟教唆犯情形，颇极复杂，今分别言之。

a. 教唆当时。不以特定被教唆人存在为必要，尤不以犯罪目的物存在为必要，如登文于报端，对于不特定之阅报人教唆其为犯罪者，或对聚演说。而教唆为犯罪之行为者，皆是教唆犯。又如教唆妇女怀胎后，令其堕之，亦教唆犯也。

b. 教唆犯以不确定的故意（如教人以诈欺取材或窃盗取材是）教唆他人实施犯罪之行为时，被教唆者因其教唆而决意实施其所教唆之犯罪行为者，仍是教唆犯。对于此点，为一般学者所公认。

c. 数人共同而向一人为犯罪之教唆者，皆为教唆犯。关于此点与共同正犯之观念，同一理论，即在时间上与场所上，亦不必一致。换言之，即共同教唆者，在异时地而教唆，亦不影响于共同教唆犯之成立。时间上相继，即足以成立，故是种教唆，又名为相继的教唆。

d. 教唆犯有以不作为而成立者，如教唆扶养义务人，对于扶养权利人断绝生活上之供给，致扶养权利人于死者，是为不作为之杀人教唆犯。

e. 教唆犯中又有所谓教唆犯。如甲教唆乙杀人，乙不实行，而又以甲教唆之意，转教唆于丙。甲对于丙，即为教唆教唆犯，教唆教唆犯，亦教唆犯也（我刑法四三条）。

（3）从犯在正犯实行犯罪行为中而与以帮助者，曰从犯者。必于正犯实行犯罪中，而与以帮助，始得成立。若于事后帮助，则又成立别项罪名，而不得谓为从犯也。（如我刑法中藏匿犯人湮灭证据罪，皆事后之帮助，定为独立罪，而不以从犯论。）从犯之论定，以主观说与客观而有异，主观说不从犯有从属性故主张处罚从犯行为，不以正犯行为成否为转移，而客观说则谓从犯者，从属于正犯而不有独立性之犯罪者也。教唆犯从犯，是为从属犯。从属犯与正犯有异，因其从属于正犯而犯罪也。所以准正犯，则无所谓从属犯。（我国王觐氏属于主观说谢越石氏则属于客观说者。）顾二说之观察从犯之性质虽不同，而是认共犯中有正犯从犯之分则一。从犯之因帮助正犯而成立，前已言之，然所谓帮助者，究指何种帮助而言。此在通说，谓举犯一切有形的帮助于无形的帮助，皆属之。有形的帮助，曰物理的帮助。无形的帮助，曰精神的帮助，亦曰智的帮助。至帮助行为，不以积极为限，消极的帮助，亦属之。如仓库看守人，见窃盗行窃，故意回避，以待窃盗之窃取财物（即以不作为帮助窃盗）。又如见有将往杀人者，不向该公务员报告，而又恐触犯刑条，问计于人。人以伪为不知之方法告之，帮助其不尽举发义务者，皆为不尽举发义务之从犯。

综上所述，在学理上与法律上，对于共犯中之犯罪行为，皆有分别。若学理上独立从属轻微重要……种种分别。若法律上共同正犯教唆犯从犯之分别。已如上所述矣，是知共犯之区别，亦不可忽视者也，盖罪名既异，则刑罚亦随之而异。区别稍有不当，则有失于法意也甚大。而且关系于犯人方面，亦甚深切。故对于共犯，区别其孰为正，孰为从，孰为教唆，亦属重要之事项也。兹区别详述于下：

甲、共同正犯与教唆犯之区别二人以上共同实施犯罪之行为者，曰共同正犯。使人决意实施其所教唆之犯罪行为者，曰教唆犯。二者之区分明显，固无须详论也。

乙、正犯与从犯之区别正犯从犯之区别，有客观主观之不同。于客观的方面求标准者，曰客观说。以行为者之意思为标准者，曰主观说。兹分别略述于下。

（子）客观说。客观说中，又有形式说与实质说之别。

（1）形式说。形式说中。又分为二。（A）在犯罪结果发生之诸条件中，以有重大价值之条件为原因，以价值轻微之条件为单纯条件，对于结果之发生，有共同原因关系者，为共同正犯。仅为犯罪结果发生之单纯条件者，为从犯。（B）以实施中之帮助与实施以前之帮助，为正犯从犯区别之标准。加功于实施犯罪行为以前者，为从犯。反是，则为正犯。采形式说者，有伯克迈耶[1]（Bir*k*meyer）、弗兰克[2]（Frank）等。

（2）实质说。实质说以完成犯罪行为之实际效果，为区别正犯从犯之标准。其说谓对于犯罪完成。与以重要之助力者，为正犯。以轻微之助力，使人易于犯罪，而不有绝大之影响者，为从犯。采此说者，有芬格[3]（Finger）、贝林格[4]（Beling）等。

（丑）主观说。主观说谓区别正犯与从犯之标准，须于犯罪人主观方面求之，以以正犯之意思而犯罪者，曰正犯。以从犯之意思而犯罪者，曰从犯。详言之，即正犯者，以求自己之利益，无条件而决意为此犯罪之行为者也。至从犯，则不过为他人之利益，而为此行为者也。采此种说，有方巴尔氏（V. Bar）。

以上客观主观二说中，区别正犯与从犯，究竟以何说为当。冈田朝太郎[5]曾有批评。其说曰，关于正犯从犯之区别有二说：（一）客观主义。（即上述客观说中之实质说）客观主义以助力实行之轻重，为从犯正犯区别之标准，若系重要助力时，则为正犯。若系轻微之助力时，则为从犯。（二）主观主义。（即上述主观说）主观主义根据犯人之意思，以定正犯从犯区别之标准……此二说，实际上均有不便。故中国暂行新刑律，别设规定曰，加功于实施中者，为正犯。实施以前帮助正犯者，为从犯。即以帮助之时期，区别正犯与从犯，法至善矣。（冈田刑法总则讲义）观上述冈田之说，其主张乃采客观说中之形式说也。然形式与实质二说，均置重于客观方面，故现代统名

---

[1] "伯克迈伊"原文作"毕尔克玛尔"，现据今日通常译法改正。——校勘者注。

[2] "弗兰克"原文作"夫兰克"，现据今日通常译法改正。——校勘者注。

[3] "芬格"原文作"芬葛"，现据今日通常译法改正。——校勘者注。

[4] "贝林格"原文作"毕叶林"，现据今日通常译法改正。——校勘者注。

[5] "冈田朝太郎"（1868年5月~1936年11月13日），1891年毕业于东京帝国大学法学科，后受日本政府派遣赴德国和法国，回国后不到30岁即被聘为东京大学法科教授，1901年获得法学博士学位。1906年被清政府高薪聘请担任刑律起草的顾问。——校勘者注。

之曰客观说。是冈田所举之学说，尚有未备耳。

我国王觐氏对于上述之各学说，亦有精确之评论。（中华刑法论统则页六二九一六三二）其文颇长，兹不繁引。惟将其个人对于共犯之主张，及区别之见解，录之当区别之结论焉。其说曰：客观说与主流说应用于实际，均感不便。欲求一合理之标准，复不易易。自立法论言之，不若废止正从之区别，苟对于犯罪事实之发生。有原因且有一定之意思者，皆为正犯。刑之裁量，一任诸审判上之个别主义，较为适当。如必欲留此正从之区别也，则应注重犯人在共同关系中所居之地位，犯人在共同关系中，居于为主旨地位者。则为正犯。立于为从之地位者，则为从犯。于共同关系中认地位之有主从，正如群聚运动中。有主动的分子与受动的分子者无异。据此标准，而论正犯从犯之标准，既无客观说中所述弊端，又不如主观说之偏专犯人意思。其殆为一种较善之折衷说欤。此氏之主张及见解也，应用于实际，当较优于上述诸说。此从修订刑法，或亦采用欤。

丙、教唆犯与从犯之区别。使人发生犯意或确定犯意者，为教唆犯。帮助他人，使促成结果犯罪之结果者，为从犯。从犯之帮助，有所谓无形的帮助，似与教唆犯相似，而其实效果不同，盖教唆犯以愚惩不有犯意之人，而使其确定犯意为要件。而从犯，则不过促成他人实施犯罪之效力而已，而于正犯之犯意。不有若何之影响，故对于已有犯罪决意之人，无论其为有形的帮助，与无形的帮助。与无形的帮助，均是从犯。此二者区别之要点也。（未完）

共犯之研究（继八卷十期）[1]

前期之中，已将共犯之成立及共犯相互间之区别略为述其梗概矣。兹尤有言者，即共犯中应性研究之关系事项也，一一述之于下。

一、共犯与身份之关系

犯罪而身份（身份云者指犯罪人之特殊地位特有关系以及各种状态而言也如堕胎罪之于怀胎妇女和奸罪之有夫之妇遗弃罪之于扶养义务者皆是也）

---

〔1〕 此文改为第二部。——校勘者注。

为构成罪质之要件者，非有身份则该罪不成立。假如有身份之人与不有身份之人共同犯罪，此时对于身份在共犯间宜如何处置，此在共犯中应有之问题。亦事实上习见而不罕者也，于此问题中有二种情形。今分别说明之。

甲、以一定身份为成立犯罪之要件时。因无身份者之与共应如何处置？共犯之成立不必以身份为全体之要件，苟正犯而具备身份要件，其他共犯继令不有身份，亦无影响于共犯之成立。我刑法第四十五条第一项：“因身份成立之罪。其共同实施或教唆帮助者。虽无身份。仍以共犯论。”即明示此旨也。兹条析于下。

1. 无身份者教唆或帮助有身份者为身份犯罪时，教唆或帮助者任普通（无身份）教唆犯或从犯之责，而不得以正犯身份之关系责任，加诸无身份者之上也。

2. 有身份者教唆或帮助无身份者为身份犯罪时，无身份者不成立身份犯罪，（或竟不成罪）有身份者仍以教唆犯或从犯负其固有之刑责。

3. 无身份者与有身份者共同为身份犯罪之实施者，仍以共同正犯论。

乙、以一定身份为刑罚之加减或免除之犯罪，无身份者之与共，对于无身份者又应如何处置？因身份关系而有刑之加减或免除者，其影响不及于其他无身份者之共犯。此为现代各国刑法上通行之原列，故我刑法亦采此原则。于动四十五条第二项规定云：“因身份致刑有重轻或免除者，其无身份之人，仍科通常之刑。”即此旨也。本项适用之范围，自不以共同正犯为限，即教唆犯从犯亦受本项之适用也。兹缕析于左而说明之。

1. 有身份者与无身份者为共同正犯时，处无身份者以通常之刑。

2. 有身份者犯罪，无身份者为该项犯罪之教唆犯或从犯时，对于教唆者之处罚，依无身份正犯处刑，从犯则较无身份正犯之刑减轻之。

3. 无身份者犯罪，有身份者为教唆犯或从犯时，处教唆者以有身份正犯之刑，对于从犯则较有身份正犯之刑减轻之。

二、共犯与故意过失之关系

共同正犯教唆犯从犯是否得以过失成立，因犯罪共同说与行为共同说而有异。前说以犯罪共同为共犯之根据，谓共犯以有共同犯罪之认识为成立要件，既无犯罪之故意自无共同犯罪认识之足言。因过失而成立共犯者，殊难想其存在，从说以行为共同为共犯之根据。谓意思联络一语系指有意与他人共同而为行为者而言，有共同行为之认识，即可谓之意思联络，不以行为者彼此皆有犯罪之认识为必要。我刑法即采取此说之立法例。故于第四十七条特赦规定曰："二人以上于过失罪有共同过失者。皆为过失正犯。"是列是认共犯可以过失而成立也，本条规定有宜注意者数点。

1. 所谓过失系指分则中有明文规定应论过失者而言，若无明文，虽有共同过失，亦不能以过失而成立共犯。

2. 过失共犯以行为者有共同行为认识，而于犯罪事实之发生。因共犯中之各人，均不注意，致缺乏认识而成立过失共犯，盖此时共犯中既有故意存在，则与法条之所谓"共同过失"之要件不相符合也，故不得以过失共犯论罪也。

3. 二人以上有共同过失而犯罪者以共同正犯为限教唆犯从犯不得以过失而成立也。

三、共犯与任责能力之关系

有责任能力人加功于无责任能力以遂其犯罪之犯意，是否以共犯论罪，此在学者间有二派主张之主张。法国学者之主张，谓仍以共犯论。盖共犯之成立，不以主犯罪者有任责能力为要件，有责能力人加功于任责无能力人以遂其犯罪之目的，仍不失为共犯。德国学者则以此种犯罪不是共犯，而名之曰间接正犯。综上二派之主张，是认为共犯者，不外主张行为共同说者根本上不认共犯中之教唆犯与从犯有所谓从属性之结果。故虽主犯罪，（正犯）不成立，而教唆者仍当以教唆犯论罪。主张间接正犯者，乃采用犯罪共同说与共犯从属性说之结果，一种救济方法而已。但此种学说与现在之思潮不相容，颇形陈旧。似当以时认为共犯者为是。

四、共犯与竞合之关系

共犯竞合之情形，可别为三而说明之。

1. 教唆者同时为共同正犯。教唆他人犯罪而又为犯罪行为之实行，以表面而论。似为二种犯罪行为，然此仅为形式之差别，于罪质毫无稍异。

行为被正犯行为所吸收，科以正犯之罪足矣。

2. 教唆者同时又帮助他人实施犯罪。此与前之理论相合，应认从犯行为被教唆行为所吸收，论以教唆犯足矣。

3. 帮助犯同时为共同正犯。此亦与前之理论相同，当科以正犯之刑足矣。

要而论之。同一犯罪一人就正犯行为教唆行为帮助行为三者兼而有之，或于三者之中兼二者之时，从其重者处断。关于共犯之竞合，我现行刑法中无明文规定。外国立法例亦多有不设明文者，然一般解释者多非如是之解释。所谓低级行为为高级行所吸收，是亦此意也。

五、共犯与中止未遂之关系

数人共同犯罪。其中一人中止其行为，或遇外部障碍而未遂其目的者。是即共犯与中止未遂之关系也，兹当分别研究之。即（一）共同正犯与中止未遂（二）教唆犯从犯与中止未遂。（一）二人皆以共同正犯之意思实施犯罪之行为时，其中一人中止其行为，一人着手实行时，遇有外部障碍而成未遂之状态，或达既遂之目的，于此情形之下，又当分别而论定刑责也。兹分述之。

1. 二人共同犯罪。各以全部的分担实行之意思，而参与实行，不以一人之未遂而影响于犯罪之既遂也。无他，盖共同正犯之犯罪，当合而观察之也。二人共犯，一人未遂，一人遂其他犯罪目的，而在法律上论定刑责，不生未遂之效果也。何以故？一人虽然未遂，而于他方犯罪之效果不有消减之故也。斯其所以不能以一人未遂之行为而遂以未遂犯论罪也。

2. 二人共同犯罪。各以一部的分担实行之意思，参与实行，一人因外部之障碍而未遂，则共同正犯之全体，俱以未遂论。何也？盖各人既以部分的分担实行，则一部分虽即完成，而他部分未遂，亦不能达犯罪之目的的故也。故令二人均负未遂之责。

3. 二人共同犯罪。一人中止其行为，又对于他人之实行而施以障碍，以致犯罪之结果不能发生者，中止者，任中止之责。未遂者，任未遂之责。

（参看中止犯与未遂犯自明）

六、教唆犯从犯与中止未遂之关系

可分为三项而说明之：

1. 正犯障碍未遂，而未遂之原因出于教唆者帮助者之意外时。

2. 正犯中止出于己意，教唆犯从犯不受中止之利益。而负未遂之责。

3. 正犯中止或未遂，皆由于教唆者与帮助者之劝导或障碍时。

七、共犯与认识错误之关系

共同正犯实施犯罪之行为。彼此之间,对于犯罪事实有认识上有龃龉。教唆犯从犯所认识之事实,与现实实施有龃龉[1]时,是为共犯与认识错误之关系。于此中关系,按现代刑法旨趣,多趋向于主观的精神,处罚犯人。以其固有恶意重要之标准。故于其恶意外而生之过剩部分,则不当使之负责,我国刑法对此既无明文规定。本现代立法旨趣,是不外根据第二十九条之旨趣以解决共犯之错误问题也。第二十九条之文云:"犯罪因发生一定之结果而加重其刑者,若犯人不能预见其发生时,不得从重处断。"玩此条之旨,盖就行为者所能认识之部分使其负责而已,若行为者所认识之事实,与现实犯罪之事实发生错误时,则当择其轻者处断而已。但有应注意者,认定事实之范围,是为事实上问题,必就具体的事情。详加考察,始能决定,若用推定方法推定其有无错误,则为刑法所不许。

八、共犯与科刑之关系

关于共犯之科刑,因学说不同而又有差异。采共犯从属性说者,谓从犯教唆犯系附属于正犯而成,其责任亦以正犯为转变。故科刑之标准,亦为正犯是视。采共犯固有犯罪说者,则反是。盖是说不认刑法中有所谓从属犯。犯罪者。无一非其本人固有恶性之表现,故教唆犯之科刑,不当以正犯而生轩轾。以上二说究当采用何说,以处罚共犯,则为立法问题。至孰优孰劣,则又为时代之关系也。曩[2]昔一般立法例皆从客观方面观察,故谓从犯教唆犯不有实行之害。其害较小,应减轻其刑责。而现代立法,则又多从主观方面着眼,不以共犯中有从属性为然。谓从犯之责,亦因其固有恶意而生,当独立负责。处罚从犯,不见有减轻之理由,且既有因果关系。而谓处罚时必须减轻,诚属无谓,而况从犯恶性,有较大于正犯者在。如利用未成年之人而犯罪者,在主观方面观察,则无非其固有之恶意,应当独立科刑,不生枝节问题。而在客观说则无以名之,故又造出间接正犯一词,以济其穷。若

---

〔1〕"龃龉"比喻意见不合。出自 战国·楚·宋玉《九辨》:圆凿而方枘兮,吾固知其龃龉而难入。——校勘者注。

〔2〕"曩",以往;从前;过去的。——校勘者注。

谓于从犯必减轻其刑，于刑法防御社会之旨企不相背乎，惟纯然采主观说。对于从犯，有时又未免过苛。故对从犯减轻之问题，似非采用得减主义不为功。得减主义者，减轻与否。一任审判之自由裁量以决定之，庶于实际有当也。我现行刑法不认从犯为独立的犯罪，已有陈腐之嫌。而于处罚从犯，又采必减主义，不可谓非立法上之诟病也。

——以上见王觐氏著《刑法论》七一三页，一九三三，三，二十五日

刑事政策之基本问题[*]

木村龟二著　王学文[**]译

　　人类之犯罪，与一切行为相同，皆由原因所决定，而为因果的事实者，久已无人认识矣。所以阻碍此认识者，则古典学问之"应报刑论"阶之厉也。应报刑论者，以人乃自由意思之主体，人之犯罪，其由于自由意思可知，且自由意思云者，其意思非因他而决定，乃有自行决定之能力之谓也。犯人者，以其自由之意思，决定之能力，本得为合规范行为之意思决定，乃悍然不顾，而出此反规范的行为者也。我是之故，对其行为，从道义的规范的见地，而加以非难者，可能也。于犯人意思方面，而探究其反规范行为之原因者，论理上不可能也。刑法之理论，自十九世纪以来至今日之发展，不外由于（应报刑论所主张）自由意思之概念之解放，与夫犯罪原因论的研究之发达已矣。自由意思之否定，固非并犯罪之反规范的行为，而亦否认之也。惟以反规范的行为，有非基于自由意思，而基于犯人之性格者。而犯人之性格，又有因社会环境而规定者，世所同认也。此所以探究犯罪之原因，而讲求其对策，即所谓刑事政策者，得以发达焉矣。对刑事政策而树立基础者为李斯特[1]氏，舍李斯特而考求今日之刑事政策，其道无由，此吾人所以于李斯特氏之思想，当先加考察者也。

　　犯罪原因论的研究，与夫刑事政策之发达，乃要求根本变更对于刑罚从来之观念。盖刑罚者，非如应报刑论所谓对于犯罪之恶报，与夫道义的非难，必加以相当之痛害恶而后可。刑罚之目的，在使犯罪者之反规范反社会的行

---

　　[*]　本文原刊于《法治周报》（第1卷）1933年第47期。

　　[**]　王学文，1935年毕业于东吴法学院（第18届），获法学学士学位。

　　[1]　"李斯特"原文译为"李斯德"，现据今日通常译法改正，下同。——校勘者注。

为，勿重蹈覆辙可矣。换言之，即与保安处分相同，使犯人不再陷于犯罪之预防[1]方法及防卫手段也。就预防及防卫之目的言之，则以刑罚乃对于犯人，使徒感痛苦[2]，而加以害恶者，其不得为合同的之事也明矣。刑罚者，在使犯人再为社会上有用之一分子，务以发挥此目的为依归。吾人表称此刑罚之新目的，所谓"教育刑"是也。教育刑之意义，不仅使犯人为理智的有识已也，乃是再为健全社会之一分子，而应用之一切手段方法之谓也。感化教育，劳动教育，医学上精神病的治疗等，所有社会教育的方法，适应犯人之个性，而尽量施行者，皆教育刑之根本请求也。而行刑之科学化、与刑之个别化，乃树立于此请求之上。吾人爰又理解刑罚乃至保安处分之技术化一事矣。因深悟刑罚乃保安处分之新任务，而研究立布曼之思想，因欲试其实现，而分析[3]德国现行刑法草案，更考察布罗易森累进行刑令之重要性。此吾人之职志也。

犯罪，吾人既认识为本于犯人之性格，而为反规范之行为，则刑罚者，非对于犯罪行为应报之反动，乃在使犯人适应社会化，而为其新任务也；同时，刑罚以及保安处分之界限，亦于可不有彻底[4]之觉悟。何则，犯罪固属犯人之行为，而犯人究为社会环境之产物。刑罚也，保安处分也，仅对于犯罪及犯人之处分，而对于彼方之犯罪现象之社会的原因，直接非有何等影响故也。于此欲求减少或根绝犯罪现象者，则对于社会的原因，不可不讲其对策，故社会政策以及社会之改革，为其重要之图，可恍然悟矣。

现代社会之最深，且最为根本矛盾者，乃在以生产手段之私有与自由竞争为基柱，而植立于今日之资本主义的社会组织中，为一般人所认同也。资本主义社会的组织，一方使富者有独占之可能，他方使贫乏与失业，有慢性[5]的增加之倾向，现代之犯罪现象，潜滋暗长于此畸形社会者，亦人所同认也。然则犯罪乃现存社会组织之矛盾产物，就某种意义言之，谓为对现存社会秩序之反抗，亦无不可矣。其无意识之反抗，以常习犯人为主，其意识的反抗，则专由确信犯人所担当者，乃今日之事实也。此常习犯人与确信

---

〔1〕 "预防"原文作"豫防"，现据今日通常用法改正，下同。——校勘者注。
〔2〕 "痛苦"原文作"苦痛"，现据今日通常用法改正。——校勘者注
〔3〕 "分析"原文作"分晰"，现据今日通常用法改正。——校勘者注。
〔4〕 "彻底"原文作"澈底"，现据今日通常用法改正。——校勘者注。
〔5〕 "慢性"原文作"漫性"，现据今日通常用法改正。——校勘者注。

犯人，又在今日犯罪现象中，所常提出之最困难问题。吾人乃知现代刑事政策之中心的现实问题，实在于此。教育刑者，必先对此两种犯人，因最大限度之社会政策，与社会改革，有所补救，始得尽刑事政策之任务者，吾人之结论也。以社会政策为最善之刑事政策，其意旨亦昭然若揭矣。

吾人于此更有一言者，即现代社会政策之主义，厥为国家，然现代之国家，所自立之基础，即社会资本主义的组织之矛盾，非得自为解决者也。故因现代社会组织之矛盾，所产生之犯罪问题，欲期待之社会政策者，亦徒为空想耳。然则根本思想，应依革命的方法而后可乎？是则刑事政策，乃立于革命或改革问题之前矣。惟问题最后之决定，乃关于意思范围与信仰范围者，科学化刑事政策，亦非例外，可断言也。盖科学化刑事政策，乃辟改革之途径，以近代〔1〕为前提也，其于此后新社会犯罪及刑罚问题之进化，非为无见，固不待言。吾人于是回顾国际刑法及刑务会议过去亦六十余年历史，语气发展之踪迹。同时展望索斐德刑法之发展，其必要及其理由，在今日之刑事政策上，所课之科学的任务，亦可想见其存在矣。

---

〔1〕"近代"原文作"进代"，疑为印刷错误。——校勘者注。

刑事政策之科学化[*]

陈文藻

从前科学尚未发达的时候，人类的知识有限，所以迷信极深，对于疾病创痛[1]，往往认为是神鬼的愤怒，仇敌的恶意，而并不知道它的自然原因。所以，对于疾病创痛，只得听天由命，或者呼号待死，而不知道用科学的方法来疗治。人类的行为，也像疾病一般，是由于许多原因的，自气候以至遗传，都有相当的影响。因此，人类的行为，并非无法控制，不能预防的，也像疾病一般，可以用科学的方法来了解和分析，正如医生的分析人体一般。所谓犯罪者，只是法律上所禁止的不良行为，是人类行为之一种，所以，也可以用科学的方法来，加以精密的研究。

最近普鲁士（Prussia）与墨西哥（Mexico）二国的新刑事政策，就是实施科学方法于犯罪行为之显例，这种刑法上的新进步，或者还值得介绍吧，所以我不揣浅陋，在下面略谈一下。

一、普鲁士的新刑事政策

（甲）审判委员会

普国的新制度中，最足以震惊世界的，就是最后的审决者并不是法官，却是一个审判委员会。法官审判制度，以现在而论，差不多还普遍于各国，而普国却有此创举，这样的改革，的确是很革命的。这个审判委员会，对于犯罪者的本身和历史，加以详密的研究和调查，然后判决，正如治病一般，有了精密的诊断，然后可以开方施药，得到适当的疗治。

---

[*] 本文原刊于《法学季刊（上海）》（第 4 卷）1930 年第 5 期。
[1] "创伤"原文作"疮伤"，现据今日通常用法改正，下同。——校勘者注。

（乙）新式的监禁制度

关系监禁制度的新学说，论者主张不一。有主张定期监禁者，有主张不定期监禁者，后者的主张，当然比较的新颖而更彻底[1]。为什么呢？如果监禁的意思，是以改造疗治为目的，那么，正如疗病一般，决不能定期治好。送一个病人到医院里去，谁也不能使他定期出院，因为谁也不能预知他什么时候痊愈。送一个犯人到监狱里去，也是这样。如果以疗治改造为目的，那么[2]，定期的监禁，是完全不通的。因为谁也不能预知他到什么时候全被改造而配重入社会。现在普鲁士的刑事政策，为渐进计，并未趋于不定期说的极端，却采取一个中庸之道。监禁是有定期的，不过规定一个最长期间和最短期间为伸缩之余地。犯罪者在监禁中的生活，也和别过不同。在普鲁士的新式监狱中，所谓"犯人"者并不是一群凶徒，却是许多正在疗治中的病者。从前"投之黑狱，备受凌虐"的办法已经过去了，变为陈迹了，现在的办法是用科学的方法来改造犯人心理上和生理上的恶习，使他们对世的关系，渐渐地转变，重复适应于社会。因此，在监狱中的犯人常受专家的看顾，研究，测验，疗治，不但为了犯人自身，同时也为了社会。犯罪者之监禁地完全依种类性质，而分配。长期者和短期者，初犯者和屡犯者，年在二十五岁以下者和年长者，正常心理者和变态心理者皆分别监禁，以免恶习的熏染，感化的障碍。从这种新办法普国当局就创设了一种感化机关的分类制度，以应实际的需要。这种制度，一方面可以免除从前监狱中所有的弊病，一方面易于实施感化的计划，在近代刑事政策上实在是极大的进步。普鲁士尚在草创时代，所以分类殊为简单，现在的犯人大别之为三类，曰短期监禁者，曰长期监禁者，曰犯人之难于感化者。狱中犯人常受心理学专家继续的观察和研究，推求其所以趋入歧途及不能适应环境之原因。寻出了相当的原因。然后因势利导，逐渐地感化他们，趋入正常之路。因此，感化犯人之效能，往往出于意料之外，其成绩之优良，实为他国所未有。狱中专家当观察某一犯人在行为上已有进步时，即异其待遇，使他从普通狱室中移居于特别狱室。此种特别狱室，比较的宽大舒适，窗上只有窗幔，并无铁栅，食时改用银器，且可自置衣服，接见宾客，书写信札，不受狱吏之监督。这种办法，一方面

---

〔1〕"彻底"原文作"澈底"，现据今日通常用法改正。——校勘者注。

〔2〕"那么"原文作"那末"，现据今日通常用法改正，下同。——校勘者注。

测验犯人心理上之改善，是否可靠，一方面可以逐渐地恢复其社会的观念。从前狱因，一旦释放之后，往往无路可走，因为社会上一般的人们，对于犯罪者每多歧视，他们寻不到生路，于是重复堕落，陷于罪恶。所以监禁制度，不但不足以改善犯人，实际上徒使他们循环往复，永陷于罪恶吧了。普国新政策，关系这种弊端，亦设法排除之。凡犯人之感化较易者则给以机会，使赴狱外工作，由监狱当局与工厂订立契约，每日早晚，犯人们也手提食篮，像外面的劳动者一般，度着自由的生活，这样，在犯罪者方面，可以逐渐地恢复他正常的社会生活，在社会方面，可以慢慢地除却歧视之心。他日释放，就不至于重陷罪数，而能自立生活了。

二、墨西哥的新刑律

墨西哥的新刑律是完全根据于近代犯罪科学而制定的。自本年一月一日起，已经实施。该法现在只适用于联邦政府管辖下之犯罪者。在实施有效后，或者其余各州，亦将逐渐采取。自理论方面言之，墨国的新刑律较之普国的新政策更为进步。自实施方面言之，则将来的效能如何，尚难逆料[1]，还须待之来日耳。现在且把墨西哥新刑律的特点，略述如下：

（甲）改善主义

从前刑罚之目的是在报复，而现在刑罚的目的则在改善。墨西哥的新刑律就是能够实现这种改善主义精神的。立法者扫除了以前一切的偏见，一切的错误，把全部的法律建筑在最新的犯罪科学上。在他们看来，犯罪者并不一定是恶人，刑法的实施也并不一定是专在刑罚，其目的无非欲镇压犯罪及设法预防而已。所以最重要的方法是改善和隔离。犯人之有害于社会者则设法隔离之，可以改善者则设法改善之。一方面为了保护社会大多数的利益起见，对于犯罪者竭力防制。一方面也并不忘了犯罪者原是社会中的一分子，罪恶的产生，固然由于个人的原因，同时也是社会的环境所造成，所以在可能的范围内，当设法改善，使超脱于恶习，重复得为社会之一员。现在墨西哥的刑罚机关都是根据于这个原理而设备的。

（乙）犯罪者之科学的研究

对于犯罪者，加以精密的，系统的，科学的研究，一方面可以为裁判之

---

[1]　指预料、预测。——校勘者注。

助，一方面可以作预防之计。关系这种科学的研究，有人类学的，心理学的，社会学的分类，墨国司法当局，决定把以上各种最新的理论和方法，及科学的仪器，在可能的范围内，实施于犯罪人的研究。从事于该项研究者为各种专家所成之专门委员会。

1. 社会学的研究。调查犯罪者之社会的背景，而推求其所以陷于犯罪之根本的原因。这种原因有关系家庭的，经济的，职业的，生活情形的，风俗习惯的，详细考查之后，然后确定其最重要的因子。

2. 人类学的及医药学的研究。研究犯罪者身体上的特征，遗传的和生理的缺隙，身体的长度及疾病等。

3. 心理学的研究。心理的分析，测验犯罪者心理上的能力，智力之深浅，以定其犯罪之轻重。

4. 教育上的研究。研究公众教育及学校教育之影响于个人之犯罪。

以上各方面的条件，都用科学的方法，加以详密的研究。使犯罪者自身的状况与历史，像电影般地呈现于法官之前，使裁判者了然于犯罪之真因，给以公平的判决。同时，处刑的时候，也可以决定改善的计划，安置犯罪者于相当的刑罚机关。这种犯罪者之科学的研究，在刑事审判方面是非常重要的。

（丙）陪审制之废除

陪审制的本旨，所以免除法官的偏袒和不公，现在有了上面这样专家的科学研究，门外汉的陪审员当然不必需的了。所谓陪审员者，大都是普通的公民，在法律上既无高深的知识，在观察上亦缺相当的能力，使执决定裁判之权，不但未必公平，而且也很危险的。行之既久，尤多流弊。今由专门委员会，依科学的方法，作深入的研究，当然比较的完善得多了，那么，昔日的陪审制自可废除了。

（丁）社会保护及预防最高委员会

墨西哥新刑律中规定一种极有趣味的组织，名曰社会保护及预防最高委员会（Supreme Council of Social Protection and Prevention）。这个委员会由五个社会学家及犯罪学专家组织之。其职权大概有二。（一）执行法官所判决的刑罚；（二）对于犯罪预防之设计。国内各种刑罚及预防机关皆隶属之。前者如监狱，隔离所等，后者如儿童法庭，社会病院，反省院等都受这些专家的指挥。法官与法庭，在终结审判之后，责任即完，以后的事情，都由这个最高委员会加以处置。因为该会的委员，都是专家，所以他们就把已经判决了的犯罪者，加以详细的分析和研究，然后按其性质，而分别处置。如果这个犯罪者，认为需要施以改善的，就送往改善的机关，认为需要疗治的，就送往疗治的场所。正如医生一般，开方诊断，各视其疾病的性质和种类而加以医治。关系监禁制度，墨西哥比普鲁士的新刑事政策，尤其来得急进，它是完全不定期的。在感化到相当的时期，认为某一犯罪者的确可以重入社会时，即释放了，这样的政策，我不能不说是一种勇敢的试验啊！

三、结论

上面将普墨二国的新刑事政策，略略提及，简单浅陋，未能详细介绍，这是作者所很抱歉的。这种新政策，在普国已经得到了相当的成绩，在墨国也已经开始实施，无论将来之结果如何，即以他们改革之勇气而论，也值得我们佩服的。环顾我国，则不但说不到最新的刑事政策，实验的科学研究，即身居法曹，职司监狱者，往往不知刑罚之目的，犯罪科学为何物，牢狱中充满了黑暗，社会上遍布了陷阱，那么，何怪乎犯罪之日益增多，刑罚之失其效力呢？愿有志于司法之改良者，共同努力，使我国法律机关，日趋于科学化，这样才足以福利社会啊！

死刑之研究*

李世杰**

    人类之于世间，唯生命最贵，何以然？因为世界的进化，全靠人类的作为，又赖人人之有动作力，故人类之夺其生命，是永远剥夺其动作能力，为刑之残，莫此为甚。以此世界各国、提倡废止死刑者，日渐半多，各国之实际废止死刑者亦非罕见。至于死刑究竟宜存宜废，颇难断言。盖因近代科学日进，思想界之主张不同，仁者见仁，智者见智，诸议分歧，莫衷一是，我辈欲作彻底之研究，必先研究先哲硕儒之言论，各国专家之思想，然后酌以我国的情形，再作理论事实之推定，庶乎不失其立法之正，所以我国今日宜否废止死刑，即此文最后之目的，至于死刑废止后，究须以何刑代替，则须以社会之环境，专家之建议，余为稍加讨论计，不得不就以前所有之建议，略为引述，是否有合现下中国时宜，余因未详研究，故不敢武断为之。这是我要先加声明的，此文所述约分四点：（一）执行死刑之方法及变迁；（二）主张与反对废止者之理由；（三）各国对于执行死刑趋势；（四）中国今日是否宜废除死刑。

一、执行死刑之方法及其变迁

    苟欲知死刑之残忍状态，我们须略知道执行死刑之方法。所谓死刑者，其方法古代与今代互有不同。如古代亚述（Assyria）[1]之执行死刑，乃用物

---

  * 本文原刊于《监狱杂志》第十卷1929年第1期。

  ** 李世杰，1933年毕业于东吴大学法学院（第16届），获法学学士学位。

  〔1〕"亚述"（Assyria）原文作"亚丝利亚"，现据今日通常用法改正。亚述：古代西亚奴隶制国家。位于底格里斯河中游。公元前三千年代中叶，属于闪米特族的亚述人在此建立亚述尔城后逐渐形成贵族专制的奴隶制城邦。公元前十九到前十八世纪发展成为王国。版图南及阿卡德，西达地中海。——校勘者注。

打碎犯人头骨，波斯[1]人（Persians），希腊[2]人，罗马人于古代多用斩首，巴比伦[3]人（Babylonians）曾用火焚，古书籍中，曾载用锯割身之法，他如钉十字架之行于罗马，溺毙之施于巴比伦，用锐器穿胸之见亚述（Assyria），用石击死之见于希伯来[4]（Hebrew），是皆古代对于死刑所采之法，除此之外，仍有多种，此其略耳，及至近代，此种方法，多经变迁，此前残具，概多废止，现所用者，大都以绞刑，枭首，枪毙，电杀为常法，其他如Asphyxiation 死屋局毙之法，乃例外耳。（以上见 Criminology and Fenology——Gillin 三百五十至三百五十六页）

对于执行死刑之政策，往往采有两种主义，一为公开主义。一为秘密主义，所谓公开主义者，即指执行死刑时，使大家可任意参观；所谓秘密主义者。即于执行所，择一秘密处为之，而不使他人见之也：对于此二政策，各国虽有不同，不过近代趋势，是由公开主义，而渐改为秘密主义，是又与大异之一点耳。（以上见法学新报第十九期十页至十二页十七年一月）

二、主张与反对废止者之理由

此项可分为二（甲）主张废止之理由，（乙）反对废止之理由。

（甲）主张废止之理由。主张废止，大概不外学者舆舆论界。学者之研究此问题者，为科颇多，如哲学家，法学家，社会学家等，兹略述其主要者如下：（1）人道主义……昔之主张人道主义最显者，为宗教家，彼辈以为死刑之法有背人道，故大倡废止之议，及至近二百年来，民主政治日渐昌隆，对于社会公共人民之情感，特别重视，是以今之学者，有以执行死刑实有伤与社会者，因为死刑之执行，非独犯者因痛苦而生之，警惕，即观之用之，亦皆为之震动，此于公共之感觉，实属有害，故为人道计，为公共感觉计，当宜废止死刑（见 criminology andpenology – Gillin 3599）。（2）霍尔岑多夫[5]（Holtzendorff）对于废止死刑之理由，即谓死刑苟经执行后，其减息每见诸报端，此种犯死罪情形，若常载诸报端，则不但不能保护社会，改善社会，宛

---

〔1〕 "波斯"原文译作"波丝"，现据今日通常译法改正。——校勘者注。

〔2〕 "希腊"原文译作"西拉"，现据今日通常译法改正。——校勘者注。

〔3〕 "巴比伦"原文作"八彼伦"，现据今日通常译法改正。——校勘者注。

〔4〕 "希伯来"原文作"西波拉"，现据今日通常译法改正。——校勘者注。

〔5〕 "霍尔岑多夫"原文作"何参豆夫"，现据今日通常译法改正，下同。——校勘者注。

据经验而言之，则使每年犯此罪人之数目渐增多，盖普通人多因仿效而然也。苟能废止死刑，必能立除此弊。（3）以统计之法，研究死刑之宜去留，霍尔岑多夫 Holtzendorff 曾举意大利国中之托斯卡纳[1] Tuscany 自一七八〇后死刑废止，而犯罪者并未增加，是可推定死刑废止，并不一定能增加犯罪，而更减少犯罪，故宜废止之。（见 Penal Philosophy – Tard p. 541）（4）据勃拉得氏之定义"处罚犯人之正常当目的，第一在改善犯罪，使之得益，第二在预防一般犯罪"。死刑显然不能达到第一改善之目的，因为死刑致人于死，即使犯人有悔改之心，亦不能施行悔改而事迁善。即第二点，预防一般犯罪，死刑之效果亦甚微小。盖犯罪之预防，全在刑罚之确实。贝卡利亚有云"刑罚之确实，于犯罪之预防，较严刑峻法，更为有效"。（以上见《法律评论》1956年3月）。按此足以证明死刑既不足以改善犯人，又不足以预防犯罪，是于用刑之目的，已失其本意矣，故死刑可以废止。（5）死刑不能防止犯罪动机，犯罪之动机，往往因各种情形而不同，如意大利犯罪学派之费里[2]（Ferri）对于犯罪原因动机之解释，约分三点：一曰天然界要素，二人类学的要素，三社会要素，据天然界要素而论。又有地理，气候，温度的关系种种，所以犯罪虽有时异地皆同，然其动机或背景不同，苟背景不同，处罚宜有轻重之分，死刑一经判决，则无论背景一律执行，不分轻重，殊欠平允，故宜废除。（关于 Ferri 见 Criminology and Penology p. 337）。（6）死刑不足以替代因犯罪而牺牲之良民，盖法律今日不采报复主义，而科犯人以复仇报应的刑罚。如某甲放火烧某乙之宅，法律当不使某乙仍焚某甲之宅，盖刑罚之采报酬主义，乃在往昔，今则不能，今世法律既不采复仇主义，则犯人既犯杀人罪，亦不宜判其死刑以示报复。（见《法律评论》1912年第5期）（7）按刑律细则（见暂行新刑律第七条有谓死刑案件……如犯人……罹精神病虽经覆准，非……精神病愈后不得执行）其理何为，或谓死刑是社会防御上之手段，和社会经济上处置，若然，则死刑的目的，不过使社会上之恶害份子，离开社会而已，受刑的罹了精神病则又何妨，或以为犯人既罹精神病，精神状态较常变更，可变更无害社会之人，若以此为然，必须对于精神病者，为严密之审查，彼之精神病，是否无害社会，不可以无条件地执行，且变更彼之性质——

---

〔1〕 "托斯卡纳"原文作"德期于泥"，现据今日通常译法改正。——校勘者注。

〔2〕 "费里"原文作"佛里"，现据今日通常译法改正。——校勘者注。

变为无害社会之人——何必定位精神病者，精神健全者，于被宣告死刑后，执行以前，悔改前非，誓不犯罪时，企非较诸精神病者为确实，若免除其死刑，彼可谓社会生产利益，比诸不工而食之精神病人，当更觉有停止执行之必要，立法者若谓设立此条原意乃为怜恤精神病人，则于改过自新人，当亦应加怜恤，始昭公允，（以上见《法学新报》1927 年第 11 期）。（8）现之刑法，不足以儆世人，何则，酷刑之暴，莫若古罗马，罗马以红烧铁棍加犯人身，带之游街，以资儆尤，然而其结果并不能使犯者减少，而反增加，是可证明酷刑如红铁者，独不足以儆世人，况瞬息而过之死刑乎（见《法律评论》1927 年 9 月）。（9）犯罪处刑，宜按犯罪之原因及结果，而辨其罪之性质，有时即杀人，亦不可认为最凶恶之犯罪，如一贫窟青年，富有胆力，未受教育，虽人间有所谓恩爱亦几不知，盲从长者之命，弹毙一不认之人，结果竟处死刑，此美国实事也，（见《法律评论》一六九十五年九月）又有一某慈善团体照管人，于其所负责管理之女孩起不良心，加以虐待，结果致死者有六人，此案被判有期徒刑，两相比较，是否欠公，故以犯罪之原因结果论，有虽按法应处死刑者，亦非绝对最恶之人，为法律平允计，死刑急宜废止。（10）死刑最劣之点，在疑漠无机更正，苟易以他种刑罚，或无期徒刑，则犯人仍有赦免之可能，求法律不杀无辜计，死刑宜为废止。（11）美国因有死刑，而刑事案件异常迟缓，于美国多数之邦中，自杀人罪之实施，以迄死刑之执行，其中间所经过之期间，最长者三载，短亦不下十有八月，徵诸多数邦所得之经验，死刑废止后，杀人案件之审理，视前较为迅速，亦较为确实，此种情形，不独美国为然，各国皆同。（见《法律评论》1925 年第 127 期）（12）死刑每致推事，对于处刑有不稳固，有不准确，审判者往往见犯人警惧残状而生测稳之心虽明知其为死罪，有时亦酌而减轻，此种办法，有失平允，若以实例以证之，美国一八四八年废止死刑之米溪刚邦，死刑废止前谋杀嫌疑犯人之受有罪宣告者，不过百分之十，废止后则增加为百分之二八，此盖由于审判者心理上不顾时有死刑之宣告，若以无期禁锢，或终身惩役或他种方法代替死刑，则犯罪人受有罪宣告之机会，不至过少，而有失之宽纵之弊，此亦证明死刑废止，审判者可无感触之诱，而致法律于明确地位。（Gillins Criminology and Penologyp. 359，《法律评论》1925 年第 127 期）（13）除以上所陈哲学家，社会学家，刑罚学家之评议，社会间公众之舆论，尚有一最新之发明，此种发明完全根据科学之研究，而统计其试验之结果，其间是否完全可靠，我辈则未敢断言，总之对于犯罪处刑之学问，已开一条新路而影射无限光明也，兹最新犯罪学，系马克思西拉铺（Max. C. Schlapp），及爱德华史密斯（Edward H. Smith）。所发明彼之讲述，全根据于身体化学上之研究，彼之著作，实例太多，不可胜录，惟其以为对于犯罪原因之最切要者，即为身体上腺（Glauds）的关系。人之行动，普通脑与其他神经中心，系属通常的发展，及至血中感有化学之纷扰时，神经中之某种细胞，遂不能按通常而行动，致人之行为，当亦受影响，对于脑与各腺之动作，彼等已作精细之研究，及分析，其概可略述如下：脑有两部中心，一为观念中心，或智之中心；一为情感或感觉之中心，五官受外界感触时，当有感觉之行动，该种行动，往往因"关念"或"智"而阻停，如感觉行动过强，"智"之中心，其力较弱时，其犯法行为常因之而生，杀人犯之举动，亦皆如是，由此可知彼之犯罪，非必时时出于有意，而于行为时，亦未必确有该种观念，惟身体之变化，腺与神经之变态，而生该犯罪之结果也，欲除此种犯罪，须预先设法善理其腺与身体之变化，否则虽杀之，既不足以动善犯者，又不足以儆嚇他人，此种学说，实属空前，若能证实，当可推翻以前所有之主张。（见 New criminology – Max. G. Schlapp and Edwrad H. Smith 第二章一九二页，及第四章）

（乙）反对废止死刑之理由，（1）反对废止死刑最劢者，以前有达尔文（Dalwinism）之学说，达氏学说与宗教家之人道主义说相反，因达系素主张"天演者"优胜劣败，物竞天择故以世间人类，有社会之败类分子，有防社会进化者，须——铲除，除去之法，惟用死刑，（见 Tardis penal Philosophy 531）。（2）死刑为儆戒或警吓世人之惟一法规，苟无此刑法，世之屡犯不惩者，无以儆惧，盖即终身禁锢，亦大有赦除或逃出之望也，故死刑虽加罗肥洛[1]（Garofalo）仍主张存在也。（见 Gillin's criminology and Penology p. 360）（3）死刑为去除或减轻普通人民，对于屡犯不改犯人之担负之唯一方法，一种犯人屡劝不惩，若不处死刑，彼辈则终日希望赦免或脱逃，苟经免除刑罚，嗣后不久又犯，既属社会仇敌，又仰社会之供给，其理有欠平允，故死刑仍宜存在。（4）或谓死刑之行使，有使社会变成野蛮性之效力，其实不然，若死刑用之得当，不但不能使社会变生野蛮性，且能使社会心理，确觉公正，（以上皆见 Gillin, 360～361）我国现在有人不赞同废止死刑者，其理有约三

---

〔1〕"加罗法洛"原文作"哥肉肥卢"，现据今日通常译法改正。——校勘者注。

点：（5）一以法理论，死刑不可遽然废除，因为死刑所以科元恶大憝，为除莠安良计，必须如治疮之割去痈疽，使对此大恶不化之罪人，绝对淘汰以免害群。（6）以历史的观念观察之，我国自有史以来，对于逆伦重案，必处极刑，以厌人心，历代相沿不改，亦赖以维持原有之旧礼教，苟一朝废之，则对此重案之裁判，必致骇人听闻，故不可废。（7）社会心理，我国死刑相沿既久，文化进步尚迟，社会一般心理，未能骤更，虽现在刑罚不取威嚇主义，而凶恶之徒，因有所惮而不为者尚多，若立行废止，则无所顾忌，必至愈加凶横，故死刑仍宜存留，以惩此弊。（以上三点见谢越石《刑律通诠》一百〇七至一百〇八页，民国十二年三月版）

以上对于废止及存留之理由，已经略述之矣，惟中国之情形异常复杂，故又有采折衷主义者，有谓吾国死刑之宜废除已具种种理由，前已述举，兹不另叙，惟因社会国际环境境关系。仍可暂为保留死刑之一部如一百一十条（加害于外国君主大统领者处死刑；三百十二条 杀尊视属者处死刑）（以上数条皆根据暂行新刑律）。

综观以上对于存废死刑问题往往因学派而异，多见其问题之一部而不见其他，仁者见仁，智者见智，故其理有大概可以彼此互相辩驳，故法学家与社会学家有时见解不同，宗教家与科学家彼此互异，此种思想之分歧，非徒他国惟然。即我中华亦莫不然，古之治国有主张德治者，有主张法制者，兹略陈数语以证此点，论语有云：（道之以政，齐之以礼，有耻且格），是德治也，韩非子云："今有不才之子，父母怒之弗为变，夫以父母之爱郎人之行师长之智，三美加焉而终不之动，其胫毛不改，州部之吏操官兵，推公法，而求索，奸人然后恐惧变易其节其行矣，故父母之爱，不足以教子，必待州部之严刑者，民固骄于爱听于威矣"（以上见韩非子《五蠹》）书经有云"功疑惟重。罪疑为轻"是重道德而轻法也；韩子又云："行刑重其轻者，轻者不至，重者不来，此谓以刑去刑，罪重而刑轻则事生，此谓以刑致刑，其国必削"（以上见韩非《饬令篇》）是以法治国也。由此二种思想之比较，可谓正相背道而驰，由是可证明对于学术之主张，往往因学术而不同，或以学派而不同，孰是孰非。殊难断言也。

三、各国对于执行死刑之趋势

现今欧美文明各国虽有仍旧采用死刑制度，然此等国家，日渐减少，而废止死刑者，日渐增加，执行刑场，亦渐由公开主义，而变为秘密主义，前所行之枭首，今已改为绞首，或电杀，兹就欧美之仍采用死刑制度国家及不采用死刑各国略述于下

（a）仍旧采用或限制采用者。有：英吉利，法兰西。奥地利，哥伦比亚，瑞典，丹麦，瑞士，芬兰，罗马尼亚，保加利亚，塞尔维亚，西班牙，葡萄牙及德意志等国，在美者有墨西哥，萨尔瓦多[1]，哥伦比亚，厄瓜多尔，秘鲁，智力，玻利维亚，阿根廷，三多明谷，海地及美利坚等国。

（b）不采用死刑或废止死刑制度者，在欧有意大利，荷兰，挪威，比利时（事实上不采用）等国，在美有危地马拉，洪都拉斯，尼加拉瓜，哥斯达黎加，巴西，巴拉圭，乌拉圭等国。各国对于死刑虽有与废，惟其趋势，则多向人道主义。对于妇孺几已全除死刑，而于为废止死刑之国家，其中提倡废止者，亦颇不乏人，此近欧美对于死刑趋势之大概也（以上载《法学新报》1928 年第 10 期）。

四、中国今日是否宜废除死刑

以上所述，多属学理上之主张，或系异国之情形，其所陈诸点对于我国，虽不无稍补，然终不可谓与我国既然符合，欲知我国今日是否宜废除死刑，必先细究其往者而推方来，兹就余所得几点，以作结论，是否有当，则不敢言。（1）夫用刑之目的乃在期于无刑，试就历史上之观察，死刑果能劝勉人乎，兹就史所载，商鞅变法，渭水论囚，行刑七百余人，渭水尽赤，国内未久大乱，是可证明死刑不足以儆犯人，进而言之，最显著者，莫若秦法，秦时李斯赵高为相，行刑极刻，诽谤者族，偶语者弃世，秦不数载，而国大乱，及至汉高，力惩兹弊，去秦虐政，约法三章，而国大治，由是可知，彼死刑者，实不足以儆人，而反使犯死罪者日渐加也，故孔子云"道之以政，齐之以刑，民免而无耻，道之以德，齐之以礼，有耻且格"，减非虚语，此不可不废之理由一。（2）古之备刑，所以劝儆万人；自天子以至于庶民，皆守一法，而无稍别，今则不然，守法者只限苦民，遭刑者类皆无业，孟子有云"民无恒产，斯无恒心，苟无恒心，放辟邪侈，无不为矣"，一朝之失，处之以死，虽能自悔，亦无轻宥，事之不公，孰甚于是，彼富豪者，既饶资产，复掌权

---

[1] "萨尔瓦多"原文译作"萨尔瓦多尔"，现据今日通常译法改正。——校勘者注。

衡，法所禁者，彼惯为之，人所有者，彼恒夺之，是故抢占人妻有之，杀人致人死者有之，执法者非徒不敢科之以刑，即消过问，亦所不敢，世间之无理何甚于是，夫人大凡不得其平则鸣，皆人类也，皆人性也，人则奉之以甘味，侍之以美女，我则养之以糟糠，厌之以风雨，饥渴不能免，性欲不能达，生活之苦，莫过于是，因之往往而感不平，因不平而犯罪或抢或奸，奸盗不遂，而乃杀人，斯杀人者，未必皆彼之过，或亦社会之过也，法遂处之以死刑，然则死刑徒加苦民，奸抢之甚，如张宗昌，而法不之问，不公如是，宁可存乎。（3）且犯罪者，究畏死刑乎，则未必然，忆前亲临法院，至刑庭，适对一犯人宣告判决，该犯人系因奸不遂，而犯杀人罪，惟因尚未成年遂宣判无期徒刑，该犯闻之，即伏首求恩，请处死刑，据余观察，彼犯人之心目中，实畏无期徒刑而不畏死刑。由是观之，死刑实不足以畏犯人无疑矣。（4）近日政局不定，政治犯日渐增加，彼政治犯，往往皆为主义而奋斗，而处之以罪者，时或因私人而减敌，若苟处以死刑，则被冤者必日广，如是则死刑一日不去，无辜而死者必愈多。此其宜废止者四。（5）以法治国论，刑法之设，或可收效于全民。中国今日则不然，除正式法规外尚有其他各种法规，如陆军法是，如惩治土豪劣绅条例是，以一犯罪而不能预订何种处罚，往往其罪按法，本非死刑，而以特别法处死刑者，比比皆是，如李大钊，依暂行刑律，本不能处死刑，惟按陆军特别法令，而判死刑，是则正式法规不设死刑，而特别法规，亦所不免，如更明定于法中，则受冤者，当无地而潜矣，是则法律宜废止死刑者五。

　　以上关于废止死刑之必须，鄙见已略述之于前矣，或进而难之曰；死刑一废，将何以处犯人，将何以代死刑，对此问题，须待特种研究，非草草一二语所可决者；惟按前人之评议，有谓代之以无期徒刑最佳，有谓代之以不定期刑尤善，何者最适于我国情形，矣有专家之研究，可靠之结果，方能断其非谬也。

死刑存废问题[*]

陈文藻

上

一、死刑之目的与种类

考死刑之制，由来已古，未开化民族间，尤为盛行，推其刑罚之目的，大概为以下数种：

a. 报复主义。杀人者死，本含报复主义，杀人者即杀其身以偿被害者之生命。古时刑法之目的，大率如此。摩西古法中"以命偿命，以眼还眼，以牙还牙"即此意也。此种报复主义以现代眼光视之，固觉幼稚野蛮，然自古人观之，则公平之道，莫此若矣。

b. 威吓主义。"刑人于市，与众弃之。"昔日杀人，必择繁盛公共之场，所以儆凶顽，戒效尤，用最惨之严刑峻法，以图镇压也。夫好生恶死，人之常情，今见断头残肢，碎身屠割之惨，自当震惧战栗，相戒不敢触法，于是强暴之举，顽恶之行，乃得借此减少，其影响于维持社会安宁秩序，当非浅显[1]也。

c. 排除社会上犯罪分子主义。罪大恶极，劣性已深之罪人，苟实不可救药，则不得不用死刑以排除之，以免危及社会，害及他人之虞，然则所谓

＊ 本文原分为（上）（下）两部分。（上）文原刊于《法学季刊（上海）》（第4卷）1931年第7期。

[1]"浅显"原文作"浅鲜"，现据今日通常用法改正。——校勘者注。

"罪大恶极，劣性已深"者果何从断定耶？据犯罪学家言：凡怙恶不悛，屡犯不悔者，其后悔及改正之动机，都已丧失，甚至犯罪行为已成为生理上或心理上之病状，无可救药。换言之，所谓怙恶不悛，无法改造之犯罪者，对于社会一份子之本分，早已置之度外，非若常人（Normal Man）之能以本分观念，节制欲望，守秩序，循常轨而生活也。苟其然也，则此种犯罪者，实以成为变态人（Abnormal Man），非教育所能改，非刑法所能制，留之社会，徒足以危害社会之安宁，他人生命，根本解决之道，惟有排除之，使不复存身于人类间而已。夫"刑期无刑"，严刑原以除暴，以毒除毒，锄恶所以安良，去其顽恶无望者，而后无限良民，得安居乐业，排除犯罪分子主义，本此意耳。

d. 维持公意主义。尊善疾恶，社会之公意，今杀人者破坏社会之秩序，残害同类之生命，此其残酷凶狠为何如！社会为保持秩序计，为各个份子之生命安全计，不得不锄而去之，以维持公益，是亦死刑目的之一也。

死刑之方法尤种类繁多，不胜枚举，我国古时有大辟，凌迟，绞，斩，车裂，腰斩等刑。外国则有火焚，斩首，绞，车裂，投崖，辗死，勒死，缢死，闷死，溺死，石击，锯剉，剥皮，压死，饲兽，生埋，烹，杙刺，投枪刺死，饿死，服毒，（此刑又可分为数种如服铅，服化学上的毒质，服鸩，服蛇毒等）使罪人互扑而死，与猛兽扑而死，炮烙，枪决，电毙，其他残酷无人道，可骇可怪之刑，虽黑暗时代，偶一用之，然皆非常刑，故可不必注意。

自刑法改革后，以上种种酷刑，多成陈迹，我人故不必旧事重提，徒使脑中，感受不快，然今者"旧戏重演"所谓"斩首示众"之刑，又复执行，于是，余不揣浅陋，敢略述其渊源，以供诸君之谈助焉。

斩首之刑，最盛行于我国及日本，此制发源极古，其详细历史亦无从稽考，历代沿用，迄于清末，至民国肇建，司法整顿，昔时之严刑，如腰斩斩首等，皆一概废除，死刑只用绞一种，军事犯则用枪决。英国于西历一〇三五年后始采用斩首之刑，英王查理一世[1]，华尔脱洛莱爵士，麻亚爵士，洛特大主教，蒙莫斯公爵等皆身首异处，受斩刑而死。法国斩首则行刑于断头台上。所谓"该洛汀"（Gullotine）者以提议此刑之该洛汀[2]博士

―――――――――

〔1〕 "查理一世"原文作"查礼斯第一"，现据今日通常译法改正。——校勘者注。

〔2〕 "该洛丁"为英文"guillotine"的音译，意"断头台"。——校勘者注。

（Dr. Gullotine）而得名，法国革命时，大戮贵族，白头王公，英年贵胄，明眸皓齿，娥眉螓首，断脰沥血于此者，盖不知几千人，碧血黄土，遗恨绵绵，后之凭吊者尤为之徘徊感叹不置厌。言及断脰台，我人即不期然而联想关系此事之趣闻，当初设此刑时，断头巨斧，平悬架上，法王路易十六，命改为斜放，俾行刑时斧下较速，讵料九阅月后，首试其锋者，即彼与其王后耶？又法国贵族，乱平之后，因恨当时屠杀之惨，尝以珠玉金银制成一雏形之断头台，为儿童玩具，而以特制之偶人状杀人罪残酷之激进党首领罗拔斯比[1]等，置之台上。巨斧一下，血液横流，此类血液乃红色香水，贵妇争以巾沾之，聊以雪恨，而罗拔斯比卒亦被屠，学佛学者于此，恐将谓为果报不爽矣。

清室末年，改定现行律后，历来沿用酷刑，如凌迟腰斩等悉数皆废除，只存绞斩二种，盗匪重犯，大都斩决，妇女及他犯则多用绞刑，执行分为监候及立决，前者较轻，后者较重，盖立决者须立即行刑，而监候则至秋审焉。

民国以后，又废除斩刑，只用绞刑一种（军法则用枪决）且历来以来，积极整顿，较大之监狱，皆置绞杀机，死刑则秘密执行，较之法季，改善多矣。

二、死刑之存废问题

历来学者，对于死刑之意见，议论纷纭，莫衷一是，综其言论可分为二派。（一）认死刑有防制犯罪之效力，故应保存。（二）认死刑并无防制犯罪之效力，故应废除。认死刑有防止犯罪之效力者可自学理上及事实上说明之。

自学理方理言之，死刑有保存之必要也。近代著名犯罪学家如龙勃罗梭（Lombroso），加罗法洛（Garofalo）[2]等皆承认某种罪大恶极，无可宽恕之犯罪人非处以死刑不可，盖彼等心理上或生理上之缺陷，实无可补救，留之人间，适足以贻害无穷也。加氏以为，此类大恶不治之犯罪者可分为二种，一则自其动机上证明之，一则自其行为上证明之。杀人犯之动机有完全为残忍自私无可原宥者，例如剧盗抢劫，暴徒强奸。得财遂欲之后，复惨杀之。或者以杀人为笑乐，无端兴起，杀人以逞，被杀者初无激起此种毒手之行为，

---

〔1〕"罗伯斯庇尔"原文作"罗拔斯比"，现据今日通常译法改正。——校勘者注。

〔2〕"龙勃罗梭，加罗法洛"原文作"郎勃罗梭，伽罗法罗"，现据今日通常译法改正，下同。——校勘者注。

而彼乃任意残杀之，凌辱之，其动机之残酷为如何？怜悯同情之心岂复存于彼辈之心中？既无怜悯同情之心，既不复适合于今日文明社会之生活，我人安能任其容身社会，贻害他人耶？自杀人犯之行为上，亦可证明其残酷不仁，完全缺乏怜悯同情之心。例如恶徒巨匪，往往以酷刑加诸被害者之身，令其备受痛苦，玩转而死。夫人非木石，谁无同情，以常人而论，苟见被刑者惨啼痛号，宛转求死之状，莫不恻然心动，油然生怜悯之念，而彼乃漠然无动于衷，懂然引为笑乐，此其行为之残酷为如何？此种缺乏同情，行同豺虎之人类，岂可任其横行无忌，而加以宽恕耶？

加氏之言虽未必完全确当，然我人深信犯罪人之中，确有大恶不治，无可改造者，苟任其容身社会，必将害及全体，遗祸无穷，欲绝斯患，非铲除不可，而铲除之道，则以死刑为最适当，其根据之理由可分为：

一曰排除主义。

夫人类生而为社会的动物，苟无适合社会生活之可能，则无论如何，绝难容身于社会。盖个人之与社会，尤细胞之于人身也，细胞之存也，我人姑毋论造物之目的，为细胞自身之利益计，抑为人身全体之利益计，苟其有害于人身之健康，则必排而去之，以全一身。犯罪者之于社会又何独不然，我人为社会全体利益计，岂不当铲而去之，以保全大多数之幸福焉？至于排除之道，综之有二，曰死刑，曰终身监禁或永久遣戍。

反对死刑者多主张终身监禁或永久遣戍以代之。郎氏及加氏等皆持异议，郎氏之言曰："特反对死刑者，未曾念及屡犯罪恶之人，常予狱卒以生命的危险，如欲其合于人道主义，则将束缚其手足终身乎？历行杀戮，固与近世思想不合，然保存死刑与历行杀戮有别，彼定终身监禁而屡次危及他人生命者，自不得不高悬死刑以恐吓之，则谓死刑为无可挽救之刑，至此亦将无以自解。如盗党揩摩拉党之类，亦可以行刑防之。我以为战时之保存死刑与平时之保存死刑，同一性质。征兵之时，往往为地位与狂热之故趋千百人于死地，则对于少数危险分子，何不可施以死刑耶？"加氏对于此话，尤有卓见，氏谓主张终身监禁，代替永久与社会隔绝，不复为害于人，今即入牢笼，又从而纵之，岂理也哉？自常人视之，剥夺自由，究不若剥夺生命之可惧，是故主张以终生监禁代替死刑者，尤执犯罪者而告之曰："若可任意犯罪，任意杀人，盖杀人之后，即可安居牢狱，坐食终身，不必劳心劳力，求以生活。"是岂合乎人情哉？且也，我人固屡次申言，当处死刑者不过大恶不治，无可挽救之徒，即认其完全无适应社会生活之可能，故主张绝对的排除之。今主张终生监禁者，一方面即承认此辈恶徒有剥夺其社会生活 Social life 之必要，一方面又欲保存其动物的生活（Animal life）而以我人民辛苦血汗之金钱豢养此社会之敌，果何所取耶？至于永久遣戍，加氏亦反对之，加氏以为：此种制度，在古时或可行之，然时至今日，已无施行之可能，该无论何种社会，绝不容此辈大恶不治之徒为害他人也。即曰流之荒岛，于人群隔绝，然今日交通便利，人口繁衍，安知彼等不能窜入他乡，逃脱而去，世间岂真有绝岛若古人所谓渥兴尼亚〔1〕（Oceania）者乎？进而言之，排除犯罪者，原期彼等与社会隔绝耳。人类为社会的动物，舍社会外无可生活，苟置一人于撒哈拉沙漠，或北极冰海之中，饥不得食，寒不得衣，虽不杀之，亦将自毙，是剥夺社会的生活即动物的生活也。即日资以衣食之其，俾能生活，然茫茫绝岛，浩浩荒野，苟延残喘，有何生趣，非遁而之他，即郁郁以死耳。此种精神上之苦痛，或十百倍于死刑，遣戍岂合于人道主义哉？是故主张以终身监禁或永久遣戍代替死刑者，无非激于一时情感，凭一己主观之见，倡不合实际之论，非所取也。根本铲除之策，实赖死刑，我国刑法，所以不废极刑者即此故也。新刑律原案补笺云："刑法如磐石，犯罪如疾病，医之用药非审其病质与药力则药无效，而病不得疗。故溃烂之痈疽，非寻常药力所能奏效者，则割去之，死刑之与犯罪亦犹刀割之与痈疽也。由此观之，排除犯罪者，实为保全社会全体之幸福起见，绝非历行杀戮，违反人道也。"

二曰淘汰主义。

近年以来，研究犯罪者渐能以科学方法证明犯罪之原因。犯罪学巨子，皆深信某种犯罪人，具有犯罪的遗传或犯罪的精神病。此种生理或心理上的缺陷，不特害及一身，而且传至后世。著名之杜格代尔（Dogdale）、裘克家（Juke Family）隔世遗传研究，即足证明之。按此家之祖先马克斯裘克乃一醉汉，其所遗子孙，七世之间，凡七百余人，而堕落者七十六人，求乞者一百四十二人，在慈惠院〔2〕一百六十四人，为妓女者一百二十八人，开妓院者十八人，不合法而生者九十一人，痴呆阳痿或染梅毒者一百三十〔3〕一人，

---

〔1〕 "渥兴尼亚"是"oceania"的音译，意"大洋洲"。——校勘者注。

〔2〕 指慈善医院（看护中心）。——校勘者注。

〔3〕 "三十"原文作"卅"，现据今日通常用法改正。——校勘者注。

不生育者四十六人，其他早夭，不贞，偷窃入狱，或犯罪被杀者尤占多数，夫一醉汉之遗传，其影响之大若是，况大恶不治，劣性至深之犯罪人耶？惟其然也，我人为防止恶种蔓延计，犯罪人之繁衍计，不得不采淘汰方法，排除大恶不治之徒，以免恶性之永续不已，劣种之危害人群，死刑之设，正借以绝后患耳。

我人既信世界之进化，由于物竞天择，推而至于社会又何独不然？绝对不适合于社会生活者，则惟有淘汰之，排除之，以促进社会共同之幸福，扫除人群生活之障碍。此龙勃罗梭氏所以毅然主张以死刑澄清社会也。执行死刑，自一方面言之，固似残酷不仁，有伤人道，但自另一方面言之，苟不置彼辈于死地，任其生育繁衍，堕落犯罪，则人群所受之痛苦祸患，将十百倍于此，其残酷不仁，不尤逾于诛戮一人耶？

且也，所谓文明社会者，无非因人民能顾全公共利益，减少残酷自私之心耳。苟有人焉，任意横行，酷虐是务，扰乱社会治安宁秩序，危害人群之生命财产，是不特侵犯亦且阻碍社会之进化也，阻碍社会之进化者，一时既不克自然淘汰，独不能施以人力的淘汰乎？

或曰：犯罪人既有身体上或心理上的缺陷，则在生活竞争上，自不如常人，苟其然也，则越时既久，此辈当然受天然的淘汰，何必以人力残杀之耶？斯言或然。特我人须知所谓犯罪人，不借人力，自然果能淘汰之乎？杜氏研究裘克遗传影响，亦见及此，盖彼发现有犯罪倾向者无不具有过分之生机膂力及繁殖力也。劣种之昌盛繁殖，在生物学及社会学中久已证明，大恶不治之犯罪人，虽禀有残酷不仁不适社会之劣性，然谓能自然淘汰，直类梦呓，根本之道，尤非借人力淘汰——死刑不可焉。

下[*]

法国学者鲁朋，著名心理学家及政治学家也，力主杀人犯当处以死刑之说。与政治心理一书中曰："讨论杀人者之责任问题，五十年来纷纭莫决，国家之刑罚受此问题之累颇重，但今日则已经证明。责任云者，合自主而言也，第今日博学家及哲学家皆不信有此自主。由是观之，犯人似不负其行为上之

---

[*] 从此段开始为（下）部分。（下）文原刊于《法学季刊（上海）》（第4卷）1931年第8期。

责任也。就哲理方面言，固不负责任。但就社会方面言，则当完全负责，盖社会欲保其生存，当自为防护，不必顾及哲理的琐编之谈也。彼杀人匪徒之具有匪徒之心理，而不具有一巴士特（法国著名学者）之心理，固非匪徒之过恶，盖匪徒与巴士特之名望有别也。羊亦何曾负有为羊之责任，然其数定为羊，应受屠人之宰割也。此种社会责任及哲理的无责任之区别，难以使人谅解久矣。各种研究大会若内维之疯狂医学大会以阐明之，兹将顾尔孟之意见转录如下：无论其人为疯汉半疯汉，无论其有意或无意，违犯社会规则，一经犯罪，即须惩罚，精神责任的观念应放弃也。至社会责任的观念则不然，犯罪之人自觉与否，其为害于社会则一也，应逐出社会之外，不论何人，不能避免社会之责任。无社会责任，即无文化之可言。""若对于病人，对于可怜病人，予又何言，但若其病在杀其同类，予不解人何故延其性命。""余以为死刑为一种时宜的问题，应一用于消除猛兽，二用于胁怖其他猛兽。余主张严惩罪人，尤特别主张严惩有病罪人，因其最为危险也。余确信此法对于此种病人可收治疗之效。惩罚之惧怕不感动多数败类，半疯汉，酒狂，精神错乱之徒力洶重，刑愈严而惧愈切。""匪类之杀人，亦觉有极乐也，其不能自阻，亦如猎者也，若吾人不灭除匪徒，必将为其灭除。兹就数年中医师及刑法家观念之变更言，以前所有罪人，皆曾认为无责任应治疗之人，而今则认为乱徒，应完全负责任也。"

自事实上证明之，死刑有保存之必要也。自历史上，统计上，皆可以证明死刑有保存之必要。加罗法洛〔1〕之犯罪学中记比利时总检察长某君之言曰："一八五四年前国人多有倡议废除死刑者，政府当局，亦有改革之意，乃此种消息传布后，重大之罪犯即骤增不已，一八六三年政府颁布赦罪制，废除死刑之空气，遍布国中，犯罪之数，亦随之突增，一八六五年至一八八四年杀人罪自八十四增至一百二十，死刑之影响于犯罪，可以知矣。"一八六一年南意军队叛乱，主将首领处以死刑，幸得平复。普鲁士自灭除死刑后，一八五四年至一八八〇年，杀人重案，年有增加，自二百四十二人增至五百十八人。一八七四年瑞士废除死刑，是年杀人罪立增百分之七十五。反之，英国始终保存死刑，杀人罪毫不增加，日有逐渐减少之势，由此观之，死刑之足以减少犯罪，盖彰彰明矣。至于法国，亦有相同之现象，死刑存在

---

〔1〕 "加罗法洛"原文作"伽罗法罗"，现据今日通常译法改正。——校勘者注。

时，严重之犯罪，年有减少，一八七八年格拉凡总统主张减少死刑，其后杀人案件，遂因之骤增，一八七七年定大辟罪者凡三十一人。一八八〇年即增至三十五人。一八七八年犯弑亲罪者不过八人，一八八二年即增至十四人，杀人罪增加三十六，减少死刑之影响于犯罪，既严重如此，于是群情震动，感悟此举之非。一八六六年至一九〇〇年杀人犯皆处以极刑，而其数亦遂由二百廿四减至一百七十五人矣。意大利舍军法处决外，不用斩刑，故杀人案之发生，遂足令人骇异，英国每年，杀人罪不过三百，而意大利竟达三千八百十四件。一八九二年至一八九九年间其数略减，平均每年约三千五百八十六人，此非严刑足以减少犯罪之证明耶？总之。苟一旦废除死刑，则怙恶不悛，残暴好杀之流，将任意为恶，肆为忌惮，贻害社会，既深且巨，请再举数例为证。内波尔斯军队叛乱时，幸赖立决首领数人，乱势之杀。一八四四年意国弥斯提亚某兵，乘夜枪杀同五十人，后由军法处决判死刑，该兵竟完全否认，谓彼深信意国当局，已决定废除死刑，故始有此举云。

鲁朋在政治心理学中证明死刑足以防止犯罪之效果云："自事实上死刑废止以来，犯罪加无已，杀人之徒，明知不受死刑，故犯最大重罪敢恣然无惧。""据家蓄商人勒特洛之口供，可以证明该凶手之杀人，明知不受断头之刑之罚也。据供云，犯罪后之责任，予已知之。不过流配而已。顾予已受教育，可为纯良之犯人，一二年后，可为官厅之吏役，十年内予可获有垦地，可享有在法国所无之幸福生活。""他国对于死刑之效用，亦颇彰明，瑞士国昔者，死刑固已废止，今日重用者十邦。"

最近美国法官开凡那君发表一分开辩论，主张保存死刑其所持理由亦根据于事实，彼谓：许多年来研究美国与加拿大间死刑防制犯罪之效果，得结论如下：即在大都市中死刑实足以防止犯罪。以芝加哥而论，在此繁华都市中，谋杀案件，无时无之，当局为威吓计，曾将二青年杀人犯，宣判死刑，其后四星期中，即无一杀案发生，威吓之效，借此亦可略睹矣。其后二年中，刑罚稍宽，每年判处死刑者平均不过二三人，于是杀人案件又因之大增，一九一九年计三百三十件，一九二〇年，处死刑者凡十一人，杀人案骤减至一百九十件兹将以后数年之对比列述如下：

年份	杀人案件	被处死刑人数
一九二一年	一九四	一四
一九二二年	二二八	一
一九二八年	四九八	无
一九二九年	四〇一	四

"由此观之，显见判处死刑者人数增多，则杀人案件减少，判处死刑者减少，则杀人案增多，其相互影响，盖已了然。"

"死刑对于杀人案件何以有防治的效能？盖此种犯罪者，较之普通犯罪者需要更强烈的威吓，更严重的处分，否则，实不足以昭炯戒也。"

"再以美国地脱尔城与加拿大之温特苏赛特温二区论之，在加拿大尚保存死刑，在对岸之美国，则业已废除，今将二地之杀人案件比较如下：一九二六年温城并无杀人案件，地城计四百八十五件。波士顿尚保存死刑，一九二九年地城十万人中杀人案计一八·六，波城则不过二·九而已。"

"再以美国西部各州开辟时代之情形论之。死刑的实施足以减少犯罪尤属显然。一八五一年至五二年时，加州匪徒，猖獗异常，杀人案件随时发生。旧金山市政当局深觉此种现象非严加制裁不可，于是组织志愿警队，尽捕犯案匪人，某日下午审讯后，次晨即绞死四人，凡有恶行者，一经查出。廿四小时内，即驱逐出境，二星期后，该埠竟安堵如伦敦。一八九〇年外国侨民在纽奥伦州制造极大恐怖。杀人放火，时有所闻。遇有暗杀案件出而作证者，不久亦必遭害，是故凡有巨案，无敢出而作证者，法院竟无法审讯。一把就一年警长被杀，捕得嫌疑犯而毫无证据，于是惊人巨案，竟难于定谳。其后又捕得若干人，亦只得暂时置狱中。全城市民，群情愤激，深免生命安全，免害太甚，于是召集市民大会，讨论此严重问题，会后，市民整队而出，由声望素孚者为之前导，夜入狱中，将个犯一一枪决之，其后二年中绝无重大案件发生。"

"以上二例，皆足以证明死刑对于杀人案件确能收镇压之功者。"

"再观废除死刑的实验，成效果如何乎？美国各州废除死刑者凡八，其他八州，则因废除后犯罪率猛加无已，为镇压计而重新恢复者。废除死刑运动者曰：保存死刑各州，其杀人案率，较之废除各州为数更多，足见镇压之说并无根据。此种论据，依表面观之，似乎有理，实则情形完全不同。废除死刑八州，皆农业区域，人烟稀少，生活较易，与人口稠密生活竞争激烈为工业区域固难相提并论者。"

"研究死刑的存废问题，须先注意各地社会的，种族的，经济的条件之异点。以一般的条件而论，梅州，纽海非洲，阜芒州三区大概相同。梅州之人口略等于纽阜二州，而且疆域亦倍之。一九廿七年梅州—废除死刑者，杀案十五起，纽阜二州—保存死刑者，则各三件，濮德兰城则因废除死刑，故较未废之曼彻斯特〔1〕杀人案增加二倍。堪萨斯州〔2〕已废除，内布拉斯加州〔3〕则保存，一九二七年康州之杀案率为六？一，奈州则三？四。一九二九年计八十一件，而奈州则仅四十八件。"

由此观之，我人可得一结论，即在农业区域，有固定的，性质相同的农民，人烟较稀，犯罪较少之区，始可废除死刑，否则，徒然鼓动恶徒之杀人而已。在余个人意见，以为宁杀恶徒十人以救一善良守法的人民。故法律之鹄的无非在保护人民的生命安全而已。今者各地废除死刑，流弊所至，往往促强徒杀其事主，以免作证，此种情形，在被害方面着想，将何以自解？一九二八年美国一万个杀人犯中处死刑者不过一百三十二人，其余皆保其首领，处刑之轻如是，杀人者又何乐而不一试耶？废除死刑所主张之无期徒刑并未收威吓之效，判决以后往往中途释放，如堪萨斯州，判决无期徒刑者，平均刑期不过四年，密西根〔4〕约二十年，此种处分果能收威吓之效乎？

或谓杀人罪不比别种行为，其损失乃不可恢复的。死者死矣，回生乏术，捕杀人者而杀之，究有何益，何必定以死刑加之耶？此种反对的论调固亦有理。不过我人皆知人为保护其自己生命及家庭的安全计，自卫杀人固无可反对者。然则国家为自卫其善良人民的安全计，岂不可以杀人耶？死刑之目的正与个人之紧急防卫，原则相同，无非欲借此除去人群之敌，保护公共利益而已。

---

〔1〕 "曼彻斯特"原文作"孟乞斯德"，现据今日通常译法改正。——校勘者注。
〔2〕 "堪萨斯州"原文作"康赛斯州"，现据今日通常译法改正，下同。——校勘者注。
〔3〕 "内布拉斯加"原文作"奈勃而"，现据今日通常译法改正。——校勘者注。
〔4〕 "密西根"原文作"密斯根"，现据今日通常译法改正。——校勘者注。

死刑应当废除么?*

孙晓楼**

为了死刑的存废问题，最近英国国会里的议员们，有的主张"废"，有的主张"存"，舌剑唇枪，辩论热烈。下议院决议"废"，上议院又以多数票否决，仍主张"存"。其否决之理由不外：（一）废除后有增加凶犯的危险；（二）易做长期监禁，不免浪费国币；（三）不能除暴，即无以安良。振振有词[1]，可谓言之成理。现在存续死刑的有意大利，德意志、法兰西，英吉利，瑞士联邦中的十邦，比利时[2]，西班牙，中国，日本，希腊，土耳其，摩格哥[3]，刚果，秘鲁，智利，墨西哥，加拿大[4]，逻罗[5]，美国联邦等国家。废止死刑的，有奥地利[6]，瑞士联邦中的二十五邦，葡萄牙，罗马尼亚，挪威，荷兰，立陶宛，瑞典，美合众国密歇根等八州，中美哥斯

---

　* 本文原刊于《新法学》（第1卷）1948年第2期。

　** 孙晓楼（1902~1958年），江苏无锡人。法学家、法学教育家。1927年毕业于东吴大学法学院，后赴美国西北大学法学院法科研究所深造，并于1929年毕业，获法学博士学位。回国后，先后担任东吴大学文学院教授（1929~1931年），上海地方法院推事（1931~1933年），东吴大学法学院教授兼副教务长（1933~1939年），民国政府行政院参事（1940~1941年），朝阳学院院长（1941~1945年），联合国善后救济总署闽浙分署署长（1945~1947年）等职。1947年重返东吴大学法律学院任教。新中国成立后，于1953年被分配到复旦大学图书馆工作，后担任法律系教授。1958年病逝于上海，享年56岁。主要著作有：《法律教育》（1935）、《劳动法学》（1935）、《领事裁判权问题》（上、下，1936年）、《苏俄刑事诉讼法》（译作，1937~1939年）等。在民国时期法学理论、劳动法学、比较法学以及法律教育研究上，孙晓楼都具有重要影响。

　〔1〕"振振有词"原文作"诤诤有辞"，现据今日通常用法改正。——校勘者注。
　〔2〕"比利时"原文译作"比利士"，现据今日通常译法改正。——校勘者注。
　〔3〕"摩洛哥"原文译作"摩格哥"，现据今日通常译法改正。——校勘者注。
　〔4〕"加拿大"原文译作"坎拿大"，现据今日通常译法改正。——校勘者注。
　〔5〕即今日泰国。——校勘者注。
　〔6〕"奥地利"原文译作"奥大利"，现据今日通常译法改正，下同。——校勘者注。

达黎加〔1〕等四国，南美委内瑞拉〔2〕等六国，丹麦，与最近宣布废除的苏联等国。我们认为死刑的废止是新刑事政策上必然的趋势，因为（一）犯罪的责任，不是个人的，而是社会的，假使社会能办到人人有饭吃，有衣穿，有家室，哪里〔3〕会再有杀人放火的事发生？所谓衣食足而知荣辱，仓廪实而知礼节，这是颠扑不破的定论，所以犯罪案件的发生，不是犯罪者个人的问题，既不是犯罪者个人的问题，那么〔4〕对于犯罪者自不应以"死"为报复的手段。（二）说死刑可以杀一儆百，使犯人知死的可怕而有所警戒。致不敢再犯罪作恶，这是不合理的论断；当知犯罪的动机，大部是为了求生存，铤而走险〔5〕，自有其不得已之苦衷，所谓民不畏死，奈何以死畏之；要以死来警戒犯罪，这是不可能的事。（三）有人说废除死刑后，元凶巨恶，将无所顾忌而益形放肆，不免影响到这个社会的治安。殊不知死刑的存废，和犯罪的增减，毫无关系；别的不必说，只要看奥地利，葡萄牙，荷兰，挪威，丹麦等国，于死刑废止后，其社会治安，是不是发生恶化，犯罪案件是否因以增加；相反的，犯罪的案件，反而减少呢。（四）再论近代刑事政策的新趋势，理论上是在从报复主义，转向到感化主义；以其人之道，还治其人，这完全是一种报复性的政策，是一种反时代的政策；最理想的刑事政策，在能使犯罪的人不犯罪，其次在能使已〔6〕犯罪者，改过自新，不致再犯罪；所谓刑期无刑，方是刑事政策理想的成功。根据上述诸点，现在各国的议会里，虽在争辩着死刑的存废问题；不过我们认为死刑的存废，不过是时间问题；当社会制度改良到相当的程度后，死刑一定会完全废除的。

---

〔1〕 "哥斯达黎加"原文译作"哥斯脱利加"，现据今日通常译法改正。——校勘者注。

〔2〕 "委内瑞拉"原文译作"委纳瑞拉"，现据今日通常译法改正。——校勘者注。

〔3〕 "哪里"原文作"那里"，现据今日通常用法改正。——校勘者注。

〔4〕 "那么"原文作"那末"，现据今日通常用法改正。——校勘者注。

〔5〕 "铤而走险"原文作"挺而走险"，现据今日通常用法改正。——校勘者注。

〔6〕 "已"原文作"己"，疑为印刷错误。——校勘者注。

累犯之防止[*]

尾后贯庄太郎著　　王学文译

一

不待举示正确统计上之数字，就吾人处理刑政事务各项中，其感念最为显著者，即财产犯人中之大部分，悉有前科之事实是也。累犯问题，虽经悉心讨论，然其距解决之程度尚远。〔1〕故此问题，当留为今后刑政上之中心问题，可以见矣。

以自由刑为教育之一种方法者，在将以刑罚使发挥特别预防〔2〕之效果故也。然而，累犯现象，有增无减之事实者，究可以证明刑罚未能发挥其效果之事实者也。若谓刑罚未能发挥其效果者，则其原因究何在乎？吾人先就此点，不禁感觉有深切省察之必要也。

近时一般刑罚，已经减轻之声，常盈于耳。虽未揭所谓短期自由刑弊害之点，而短期自由刑，在达教育目的之上为不适当者，不待言也〔3〕。又刑

---

　　* 本文原刊于《现代司法》（第2卷）1937年第10期。

　　〔1〕　累犯问题，必然的包括常习犯人问题。盖以常习犯人，原则上为累犯犯人故耳。但累犯犯人，不必为常习犯人也。此所谓常习犯人之新犯人类型，无论在于何国，均属苦于分析，故对于累犯之研究，亦益当发扬光大而向前进也。日本关于常习犯人之权威的文献，有木村教授所著之"对于常习犯人之刑事政策的考察"（《刑事政策诸问题》，第二六三页以下）。

　　〔2〕　"预防"原文作"豫防"，现据今日通常用法改正，下同。——校勘者注。

　　〔3〕　在刑政第四九卷第五号序言之正木亮氏所云："兹以极通俗之例言之，以二年以下之范围，处罚谋将杀人而潜伏伺机者，固未为不当，如捕有当属强盗，而正在磨刀霍霍之犯人，亦处以两年以下之范围者，则刑法之使命，将何得达乎？此似为今日社会之人，所未尝虑及者。盖处分如是之危险犯人，以长久隔离与矫正为宜，始可期盗犯防止法以上之效果，此余所考虑者也。"然在今日之量刑

罚，在今日之制度上为定期刑者，其自体完全在遂行教育刑理论之上，为一大障碍之点，亦不可忽视者也。惟此外吾人于现在之行刑，实际果能适合教育刑理论目的而畅行无阻乎？此则不能不为怀疑者也。盖自行刑累进处遇令施行以来，为日尚浅。然行刑因此得有方向之明示，故积时累日，着着将有举合目的之实绩者，惟即此一端，吾人思及现今制度，在使行刑达成其目的上，尚多有不备及缺点之事实，自不禁发生不满之念也。

刑罚为对于犯罪之社会的反动现象者，则对于犯罪之社会，当举其自卫之实效者也。故社会欲圆满其成长繁荣者，不可不将刑罚按照目的而适当行之。由此意义以言，则刑罚自不免为功利的制度。欲使其有裨于社会之保全，以营其可助长社会发达之机能者，则对于犯罪以及犯罪人之理解，当益求深湛矣，惟观今日社会的事实，其以刑罚为唯道德的现象之观念倾向，尚未舍弃。以致在刑政事务，遂[1]有重大之困难，对于犯罪以至犯罪人之理解，不得其道故也。以刑务所为藏垢纳污之地，其观念诚亟宜更改。以余所见，刑罚不得发挥其本能，特别预防，不得达其目的，而累犯者不得绝迹之原因，盖亦有胚胎于此者。故行刑当排去道德的观念，而惟科学的方法之是从，始得达成其目的者也。

<h2 style="text-align:center">二</h2>

兹举行刑不得效果之一实例。即由余处理经过之被告人也。公诉之事件，为放火及盗窃[2]，被告人现年为四十三岁。累犯前科已经七次。在其中六次均属窃盗，刑期顺序，最初一年六月，其次一年六月，以下三年、二年、一年六月，惟最后之第七次，因放火常习盗窃，刑期为五年。经受此最后之刑完毕而释放者，为昭和十年四月，现在公诉之犯罪，为此后未经半年之同年十月者也。被告人之公诉案情[3]，于本论无直接关系，兹不赘，惟被告人

（接上页）者，仅此理解，殆亦无之。故不惜以及极短期之刑，而为宣告也。

〔1〕 "遂"原文作"随"，疑为印刷错误。——校勘者注。

〔2〕 "盗窃"原文作"窃盗"，现据今日通常用法改正，下同。——校勘者注。

〔3〕 关于该被告人之事，余于日本犯罪学会杂志第二卷第四号所载拙著"刑事审判官之矛盾"一文，已有述及，兹不复赘。

从容向余叹息曰："此次请终身处予于刑务所，如予己为前科者，无论如何，社会终不与为伍，故无宁住在刑务所，尚为舒适。"余对此被告人，认为有鉴定精神之必要，经嘱托菊地甚一氏为之。顾就该氏诊断之结果，被告人为精神病学上轻症痴呆，由该氏对此被告人之检查所摘要记载观之，如所谓："吾人对于许多之累犯犯人，虽非一律为如此观察者，然对于精神上有缺陷者，多数即就此等情形，于被告人亦得断定其为智能低级者，固不待言者也。被告人之学业经历，既不适于学习，依通常之教育方法，已认为终虽造就者，况其后未受教育，又无指导得宜之机会，以至于今日耶！如是则为环境之社会的阶级性，亦应加考虑之问题，而被告人成长于贫困之家庭，其教养如何，甚有关系者无论矣。即就智能检查，亦以被告人不能读书写字之故，依照检查名单，为无从施行者，不外参酌被告人之程度，仅就社会的生活必要问题，而行检查耳，故以数量表示其程度者为不可能，举其大体，关于衣食住问题，关于时间的或时令，以及度量衡之智识等，纵谓肯属低级者，然凡社会之人，无显著[1]之缺陷，而在智识阶级以外者，其智识大概非有如许充足，即在相当社会生活者，亦有常列低级，出于意外者，故于被告人智识测定之程度，应将强断为病的者一项去除也。惟一面与被告人之实际生活，如有可证明之者，即准据其智识，只效用之于自存意义之能力，亦为所未有，则可认为病的之故矣。至被告人于道德的批判之能力，如关于谢恩、秩序、同情、劳动[2]、公德、爱护、习染、穷困、不当得利等，纵谓低级者，至具一切之理解，可视如有批判之能力者，然本来道德之基准，为在于实践者，故仅以批判能力，决定人之道德价值者，为不可能，而批判能力审定，不外视为智能之一部分者也。故被告人之批判能力，并无何等病的缺陷，被告人之智能低下程度，大概亦仅极轻微者也。其次就被告人之盗癖以观之，如自谓多由穷困所迫，其行为且同时至再，有时亦为机会窃盗，或感触窃盗者即在公诉事实记载之案情，亦因偶然目击汽车内铺有毛毡，为欲窃取之欲望所驱使，乃竟窃取之，此可认显为冲动的之点者也。夫穷困及机会之窃盗，多见于智能低下或精神异常者，世所周知之事实也。故此等之窃盗，由其行为以观，亦可视为半冲动行为者，而由于被告人之轻度智能发达不良，可知也。其次

---

〔1〕"显著"原文作"显着"，现据今日通常用法改正。——校勘者注。
〔2〕"劳动"原文作"动劳"，现据今日通常用法改正。——校勘者注。

就被告人为防火之动机而考察之，被告人曾谓欲乞炊就之饭，又云终不能为社会的生活，宁愿授收容于刑务所之故，虽所言如此，而果然与否？忖度其真意，殊为困难，盖到防火当时场所，目击有枯杉叶之束，于是始生放火意欲乃敢为此者，可以推知，而由被告人之个性以思，为稍得说明其所具心理者，仍与盗窃相同，因见有如杉叶之可燃物，为活动之理由，认为其属冲动的者，甚为合理也。在犯行当时，则明示自己之行为，即就其过程，亦为显得追认之者，盖在当时之意识状态，知其无何等异常者也，即在犯行以后，亦属相同，就自己之行动，巨细皆得明示，而在即刻之后，亦变卖毛毡。购买烧饼，又希图幸获，及到当时场所，而乞给炊就之饭丸等。就其恬不为怪，而毫无顾忌以观，则不能认为常人之所为，其性情之为如何麻木乎？亦不难知。故认被告人为低能者，有半为病的异常者，似为至当。即精神病学上。诊断为轻症痴呆，亦无不合适也。"

不问为如是犯人，对之不审究其个性，而量刑者为唯刑之量定，行刑者因其刑期届满，即予释放，故此犯人，今后将服从第八次之审判者也。以现在之刑罚设备。对于如是犯人，未开拓应采良策之途径者，诚为大缺陷，而不可忽视者也。至于待遇自个别化，及其科学化之问题者，虽迭经论议，若移之于实行之上而有踌躇者，则不过使如是之累犯犯人，续出不穷耳。此犯人，岂为已缺获得社会的复归能力之可能性乎？然而尚以此使服从采取定期刑制度之现在刑罚设备下。而在一方面。又欲谋累犯之防止者，诚为自相矛盾也。

三

夫不酿成前科者，为国家之理想也[1]。故国家制定不为前科之法律，

---

[1] 正木亮氏著：《循环前科之刑事上诸问题》，刑政第四九卷第三号。又同氏在此论文云："国家对于犯罪今日之态度，在较治疗尤置重于预防者，务使其不入监狱者也。盖较治疗而置重于预防之故，如与犯罪原因有密接关系之未成年者禁酒法、断种法等，此项社会法，渐至为识者所省悟矣"，又云："国家虽有制定不为前科之法律之必要，而有此等之法律制度，不能救济者，即对于入监者，则国家应抱如何之理想乎。关于此点，以余所见，得举有三点焉。第一为扑灭犯罪指导者。第二是认以累犯之防止为目的之不定期刑。第三为扩大保护处分"，其结论以"务期不为前科，而已为前科者，则将不使重犯，其事项当归纳于所谓国家之理想而进行者也"。故对于犯人科以刑罚者，殆为所谓不得已之最后手段也。

同时对于以此等之法律制度不能救济者，不得已始科以刑罚，而其为刑罚，愿望由教育刑理论所指导，使犯人改造过迁善，而复归于社会，乃对于犯人，以国家之文化的处置也。且教育刑理论，决非强以不可能之事而行者，以其为可能，故欲使其实现者也。

且触犯刑辟者，大概翘望复归于真正社会的生活，若为可能者，则由犯罪生活怀自新之念者甚多也〔1〕。以此之故，社会有所谓深拒固闭之风，或国家自体，亦尚不脱除刑罚为应报之观念者，对于一次触犯刑辟者，所谓闭门不纳，诚为出于矛盾之态度〔2〕，此为国家者，所应亟为变更者矣〔3〕。

夫国家之矛盾，实不仅如此也。即其刑罚法之自体中，亦藏有矛盾者。此如前所指摘是也。盖将心神耗弱人，一面既予减轻，而尚为刑罚之对象者，此其矛盾之出发点，显而易见。夫国家对于犯人科以刑罚者，在以此矫正犯人之犯罪的性格，将使其获得社会的复归力，故应科处刑罚之犯人，自应仅以有刑罚适应性之犯人为限也。是故所定"以促进受刑人之改悛，依其努力向上之程度，以缓和其待遇，使受刑人得以逐渐适合于社会生活为目的（第一条）"之行刑累进待遇令者，置"因残废或其他心身障碍，不适于作业者（第二条第四款）"于适用之外者也。在为刑罚制度之中心之行刑，将不予适合制度本来目的之待遇者，尚于刑法而认为刑罚之对象者，为背理之命令也。在未受累进待遇之适用时，如前述实例之资格欠缺者，当如何可期社会的复归力之获得乎？如此辈释放后，陷于再犯三犯四犯，徒积累犯数而行者，盖为当然之事，毫无足怪。而且所谓形式上累犯犯人之中，如是者究有多少，当为躬亲刑政事务之实际者，所最为痛切感念也。吾人仅见累犯现象之增加数，无须兴叹，但如讲求拔本塞源之策，则始得近刑政之理想。此当深刻认识者也。

---

〔1〕 正木亮氏著《囚人分类之实质主义》（刑政第四七卷第二号序言）。

〔2〕 在同氏前载《循环前科之刑事上诸问题》之中，举示现代之社会法，不啻将前科者，放逐于小部落，而不许在广大天地，与以可住之场所，对于前科者，已规定权利剥夺之诸种法律也。

〔3〕 此点，同氏已说明于前之论文中。"欲解决对于前科之国家思想，与社会法之矛盾 其惟一手段，为前科之抹销也。国家者如前所述，因不为前科，已设种种之制度矣。况国家在不起诉处分，宣告缓刑，以及执行犹豫，而有所期待，则与此同一之善行，由被释放人得证明时，对之毫无拒绝前科抹销之理由也。余对于前科之国家态度，无以名而名之曰，对于前科之国家宽容也。"

四

然以刑罚适应性之理论，而使之在刑法彻底〔1〕者，于今日之立法事业现状，甚为困难。盖仅就责任能力之点，学说纷纭，莫衷一是，此似为无望，亦为可知也〔2〕。

以故其矛盾，将任为矛盾而存留，吾人不可不于行刑之上，使克服其矛盾也。即就犯罪人施行适当之科学分类上，对于认为不得为累进待遇之对象者，则更施以别项之适当待遇者也。就所谓犯罪人之分类者，至今仍为许多之学者，所试验施行〔3〕。但犯人之分类，如仅为初犯犯人，累犯犯人等之形式的分类者，则无何等之意义也。盖此无论如何，不可不以实质的科学的为之。木村龟二氏〔4〕曾主张，从多元的分类之原理，将犯人分为反社会性之强弱，反社会的性格之固定程度，犯人精神的机能之有无常规性，犯人价值意识之有无常规性，犯人之性的区别，由此五项标准，以为分类，以犯人精神的机能常规性之有无，为标准之分类，是为基本的者，则区别常态的犯人与精神病的犯人，在此精神病的犯人之中，举犯罪的精神病人，与所谓限定责任能力人，更对于犯罪的精神病人，则应科以特别之精神病的待遇为内容之保安处分者，且对于限定责任能力人，亦以适当保安处分为必要者，为一般所承认者也。

就累犯犯人，若以精神病学的考察，则其大部分将不属于刑法之所谓限定责任能力者乎？由所考察之状态以推度之，则刑务所于此方面考虑，有不可忽视之重要性也。惟对于犯罪人之科学的审查之必要，为多数学者所提倡，今对于累犯犯人之此种调查、研究，在日本尚为未辟之荒地，而无人过问者，岂非憾事乎？夫随文明之进步，同时心神耗弱者，特有增加之倾向，在最近之犯罪现象，由此种犯人之异常犯罪，数量之多，可以概见。盖对于社会生活，无适当应付力之心神耗弱人，更将累积其犯罪而行者，非洞如观火之事实乎？累犯之防止，为国家之理想。但不为实现其理想之努力，则所谓不合

〔1〕 "彻底"原文作"澈底"，现据今日通常用法改正。——校勘者注。
〔2〕 刑法草案，亦认为限定责任能力者。该草案十四条后段。
〔3〕 吉益脩夫氏论：《累进制度与受刑人之科学的分类》（刑政第四七卷第二号）。
〔4〕 木村龟二氏论：《犯罪人之分类》（刑政第四九卷第五号）。

理想之现状者，亟宜更改也。累犯之防止者，实对于犯人依科学的审查，得认为精神薄弱者，当由所规定之具体对策，始得尽量达其目的者，此余所敢断言也。

刑法上因心神不健全不能负责之研究[*]

陆承平^{**}

本文原名 Some Unusual Aspects of Mental Irresponsibility in the Criminal Law 系 Frederick Woodbridge 所著，载在 *The Journal of Criminal Law and Criminology* Vol. 29，no. 6.

今日如犹有医师以水蛭供病人服用，或心理学家倡言月之心神不健全，则舆论必将大哗。然数百年来，法律之科学基础，虽已大为改观，而若此之例，仍举不胜举。

此种矛盾之实例，即为心神不健全者在法庭前之待遇。本文之目的，即在陈述此辈不幸者在刑事上不能负责之法则也。

一、白痴及心神鲁钝

"精神错乱"一词，包括极错综之内容，无论在意义上及外貌上，均属大不相同。柯克氏（Coke）以为"精神错乱"一词，包括四种人在内：（一）白痴，乃生而即无知觉者，（二）因特种原因而失去知觉者，（三）癫狂[1]者，时而似有知觉，时而失其知觉，（四）心神衰弱。

吾人现在仅当讨论心神缺陷及其在刑事案件中所引起之法律效果。因此可以分为白痴及心神鲁钝二者。依 Fitzherbert 之意见，白痴必为全失知觉，不能数至二十，亦不详其父母为谁氏，及其一己之年龄几何。然在刑法上，此

---

    * 本文原刊于《法学杂志（上海 1931）》（第 11 卷）1939 年第 1 期。

    ** 陆承平，1938 年毕业于东吴大学法学院（第 21 届）。1943 年春至 1945 年夏，担任东吴大学法学院教授。

    〔1〕 "癫狂"原文作"颠狂"，现据今日通常用法改正。——校勘者注。

非测验白痴之标准，而仅为方法之一。依习惯法，白痴在刑事上不负其行为之责任也。

"心神鲁钝"一词，昔日案件中无之，盖仅白痴始得因其心神失常而邀免刑事罪责也。

然两名词，在今日之法典上，均已采用，虽然，仍无精当之定义，以致时有混乱情事。总之，意志薄弱一词，可以分为三类，（一）为白痴，（二）为心神鲁钝，（三）为智力薄弱。此等名称，于一九一○年前，均无一定之定义；一九一○年美国意志薄弱研究协会，（此乃全美对此问题之权威）定其意义如下：

"意志薄弱者，包括一切程度之心神缺陷，其因由于心神发育之不完全，而其结果则使之不能与常人无异或不能依通常一般之谨慎，处理其自己之事务。意志薄弱分为三等，（一）白痴——心神缺陷，其发育不曾超过通常之两岁儿童，（二）心神鲁钝——心神发育虽较白痴为发达，但仍不曾超过通常之七岁儿童，（三）智力薄弱——心神发育虽较心神鲁钝为发达，但仍不曾超过通常之十二岁儿童。"

英国法典上规定：白痴乃出生或早年心神即有重大缺陷以致不能自卫外界对于其身体之危害者；心神鲁钝乃出生或早年心神即有重大缺陷致不能处理其自身之事务者，如为儿童，致不能教育其处理其自身之事务者；意志薄弱乃心神缺陷因而为其自身利益及保护公众起见必须监护者，如为儿童，永远不能在普通学校中受教诲者；此法令规定周详，可期刑法上之适用，然因在英国不能以白痴或心神鲁钝作为不负刑事责任之辩护理由，故实不生问题。

吾国纽约州之法令规定：白痴，心神鲁钝，疯癫，或精神不健全，不能免其罪责。除非足以证明其无能力辨别其行为之性质，或不自知其行为之错误。若干州中亦有类似之规定。

在乔治亚[1]（Georgia）州，有一法典规定白痴不能判为有罪或处以任何罪刑。

在若干州中，心神鲁钝亦可不负刑事罪责，然法典之规定，每为"除不

---

〔1〕"乔治亚"原文作"乔其亚"，现据今日通常译法改正。——校勘者注。

能辨别是非者外，概不能免罚"。

又在若干州中，且复规定，男子在一定年龄以上而与白痴女发生性的关系者，为强奸罪，艾奥瓦州[1]（Iowa）法典即然。例如肯塔基州[2]（Kentucky）有一女子，年仅十四，自诉诱奸案，法院因其对答足以证明其心神鲁钝，即指令陪审员应依法典规定之白痴待遇之。盖依肯州[3]法律，白痴女即为不能辨别是非，或虽能辨别是非而无力量抵抗外界之引诱者也。此项指令，堪称公允。又在 Jewott 被诉一案中，被害人年三十二，而其心神发育，仅等于七龄儿童，因允与被告发生性的关系，遂致受孕，被告遂被控诉强奸；被害人于审讯中供称，自知不当，并未允许被告。结果佛蒙特[4]（Vermont）最高法院认为证据不足，判决被告胜诉。然在 Boggs 被诉强奸一案中，被害人年二十二，而其心身发育仅与十岁至十二岁之儿童相等。加州（California）法院判决被害人胜诉。此两案事实相似，而结果则互相冲突也。

若干州中，对于杀人，分为各等程度，此其目的，盖在量刑时可以酌减；然在若干州中，不承认杀人亦有程度，对于心神缺陷者杀人，或者全不减轻，或者完全免刑，且时引早年学者之说以自掩饰，殊属有碍今后法律及心理学两者之发展；尤有进者，被告之相对的智力（relative intelligence）问题，实甚重要，盖心神耗弱者，恒较常人易躁急，记忆力薄弱，衡量能力亦弱，此为众所咸知之事实，何以若干州中，犹不以心神耗弱为减刑理由，殊不可解。

二、聋哑者

习惯上认聋哑者亦在白痴之列，其理由为彼不能了解他人，而他人亦不能了解彼；但如生非聋哑，后因其他原因聋哑者，仍须负刑事责任。大概其理由为彼变成聋哑之前，能与他人谈话，并区别善恶。

其后，Matthew Hale 爵士，谓聋哑者亦有了解能力，故亦有犯罪之可能，但于其受讯及执行时，必须出以极大之谨慎。

若干有趣之案件可以印证：

---

〔1〕"艾奥瓦州"原文作"爱渥华州"，现据今日通常用法改正。——校勘者注。
〔2〕"肯塔基州"原文作"康底根州"，现据今日通常用法改正。——校勘者注。
〔3〕"肯州"原文作"康州"，现据今日通常用法改正。——校勘者注。
〔4〕"佛蒙特"原文作"弗蒙"，现据今日通常译法改正。——校勘者注。

一七七三年，Jones 被诉盗窃[1]基尼[2]（guineas）一案，被告为一聋哑人，然因发现其能与证人传通意思，结果乃判处有罪。一七八六年 John Ruston 案，John Ruston 为一生而哑者，出任公家证人，因发现其能借符号与其姊氏互达意思时，认定其有充分之证人资格。公诉 Steel 一案，乃一判例。案中被告乃一哑子，被诉盗窃罪，而拒绝受审，法院仅谓应以最大之谨慎处理之，仍令程序继续进行，卒判盗窃罪，处七年流窜之刑。

但自一八〇〇年后，甚少聋哑者被诉之案，盖因是年有一法典规定保护聋哑人也。先是发生一人人不忘之案，有一 Hadfield 者于 Drury 巷皇家戏院狙击英王乔治三世，事后被告被控叛国罪，但被告实因在战事时受有重大刺激，致心神甚不健全。其后即有一法典通过，规定心神不健全人之监护办法。

自聋哑教育发达后，在美国，认为聋哑盲人俱可教育，且较常人智力水准为高，并已否认古来所谓生来聋哑者即为白痴之说。然法院之意见，殊不一致。

意大利新刑法于此特为规定：凡聋哑者于其犯行时，无意思或犯罪能力者，因其低能之原因，不为罪。如其意思或犯罪能力大部消灭，但尚未绝，则量刑时可以酌减。在德国，一九三三年之补充规定，谓聋哑者如在心神发育上为落后或退化者，则其行为不罚。似与意大利刑法可收相同之效果。

英国在一八九三年，议会通过盲聋儿童基本教育法案，规定七岁至十六岁之聋童，强迫受地方当局设立之相当学校之教育。至在吾国，则法院意见不相一致，或从英国之规定，或从习惯法之旧有规定。

三、梦游症及催眠术

梦游症为一种睡眠状态，而于其中有散步及其他行为之实行，但于醒后，则不复记忆此种行为。催眠术则为昏昏欲睡，其时明为清醒，似若入睡。在德国，称之为睡眠醉态（Sleep‑drunkenness），催眠与梦游不同，梦游为一人在睡眠中散步或为其他行为，而催眠则为似乎将醒及已醒之间之时期。普通法官对于梦游有时非因催眠而起，而曾受催眠者，未必一定患有梦游症，茫然不知。不过涉及梦游症之案件甚少，涉及催眠术之案件，更鲜发现。

---

[1] "盗窃"原文作"窃盗"，现据今日通常用法改正，下同。——校勘者注。
[2] "基尼"原文作"五几尼"，指英国旧时金币，现据今日通常译法改正。——校勘者注。

法院及批评家，用此二词时，明显的有交错之误，例如肯塔基上诉院中，Fain 一案中，被告射击被害人致死时，实为清醒，其后法院虽说明梦游症及催眠术两者之区别，但未尝说明何者适用于本案。此案后被认为梦游症得免刑之判例，实则此乃催眠术。梦游症与催眠术两者之结果，虽均免刑，然而亦当有所区别，梦游症患者，并无犯罪意思，自可无罪；受催眠者，则因其行为，非出自觉，且为误认事实，故可不罚。

大半梦游症案件，均列入医学法理学一项下，仅有一案列入梦游症栏，即苏格兰之 H. M. Advocate V. Fraser 一案。是案被告，为一梦游症患者，彼每夜起床，步入田场，并为割木等杂工。某夜，彼梦魇与野兽搏斗，遂掷其孩于墙致死，结果因其犯罪非出自觉，未罚。

吾国若干州，将此种犯人送入医院，直至提审状颁下或犯人精神回复健全时为止。英国对此两种患者心神是否健全，仍在公开讨论，吾国法院则多倾向于认此为心神不健全也。一八七二年加州（California）于刑事法中规定：除下列之人外，皆有犯罪之可能，……其第五款为"为犯行时，不自觉者不罚。"但第二第三款已标明白痴疯狂者心神不健全者，则此款别有所指，甚为明显。因此在加州，梦游症患者，仍认为心神健全，但对其犯行则可不罚。然在德克萨斯州〔1〕（Texas）及肯塔基州，则系认为心神不健全而不罚。

四、结论

白痴，聋哑者及梦游症患者，其心神是否健全，即在刑事上能否负责，必须予以研讨，此即本文写作之目的也。

---

〔1〕 "德克萨斯州"原文作"坦克司州"，现据今日通常用法改正。——校勘者注。

幼弱老耄在刑法上之责任[*]

马君硕[**]

考近代各国立法例，凡罪刑之成立，大都以行为人对于犯罪行为有无故意或过失为断。

故意者，以具备认识及决意两要件而成立。盖对于犯罪事实，必先有相当之认识，然后决意实施犯罪之行为也。认识属于知力，决意属于意力，均为心理作用，缺一不得谓之故意。至于过失，乃按诸情节应注意，并能注意，而不注意者也。此在我国刑法第四章本有明文规定。兹所讨论者，即幼弱老耄犯罪应否负普通刑事责任。换言之，凡年龄过幼及过老之人，其精神意志或尚未健全，或已臻衰弱，倘有犯罪行为，应否依上开原则处断，抑应有特殊之看待也。

我国法法律思想，发达最早。溯自古代，已有责任年龄制度。《周礼》秋官司刺有言：

"一赦曰幼弱，再赦曰老旄。"

按赦之意义，与晚近法律名词之称为大赦或特赦不同。或谓兼有刑法减轻及免罚之意，应斟酌情形定之。或谓应解释为绝对不罚。依朱子言论，"赦"字应作全免刑事责任解。似较前说为妥。

虽然，老幼不负罪责，其年龄应有一定之限制，庶不失之过泛。《礼记·曲礼》云：

"八十九十曰耄，七年曰悼，悼与耄，虽有罪不加刑焉。"

又《周礼》秋官司厉有言：

---

　　* 本文原刊于《法学丛刊》（第 2 卷）1934 年第 6 期。

　　** 马君硕，东吴法学院教授，1927 年毕业于东吴法学院（第 10 届），获法学学士学位。

"七十者与龀者，皆不为奴。"

龀者，自乳齿变为永久齿之谓也。参考说文，男八月生齿，八岁而龀；女七月生齿，七岁而龀。故就有男孩而言，未龀者应作未满八岁解，较诸《曲礼》提高一岁，至老人年龄，则较《曲礼》降低十岁，其范围较广。至于"不为奴"，盖因古代有籍没〔1〕之制，不仅没收犯罪者之财产，且籍没其家属为奴。惟七十岁之老人，与未满八岁之儿童，在赦免之列耳。

据上所述，足见依我国古制，老年人与幼弱者，相提并论，同受刑事上特殊赦免。惟现代各国对于老人犯罪不负责任一点，无此制度，故亦无从考证。至幼童不负罪责之例颇多。如英、美、德、法、意、日等国对于幼年孩童，自七岁起，至刑事丁年为止，依年龄之高下，有绝对不负刑事责任，相对无责，及绝对负责等时期。虽其制度各有不同，要不外下列〔2〕四种：

第一种分四期：（一）绝对无责，（二）相对无责，（三）减轻责任，（四）绝对负责。如意大利、西班牙、俄罗斯、葡萄牙等国皆是。

第二种分三期：（一）绝对无责，（二）相对无责，（三）绝对负责。如德意志、英吉利、美国纽约、墨西哥等国家皆是。

第三种分二期：（一）相对无责，（二）绝对负责。如法兰西、土耳其、比利时等国皆是。

第四种分二期：（一）绝对负责，（二）绝对有责。如日本、挪威〔3〕等国皆是。

所谓绝对无责任者，乃法律断定为绝无认识力也。相对无责者，由法官审查其认识力之有无，为减轻或不减轻之根据也。至于绝对负责者，乃已达到刑事丁年也。

幼弱老耄在刑法上之地位，已就古代及晚近各国法制加以参证。兹从责任要件，及刑法目的两点论列之。

查刑法通则，罪之成立，必以行为人有故意或过失为要件，已如上述。依故意与过失之定义，其性质虽有积极与消极之别，而其需要充分之知识与意力者则一。我国古代法制，以未满七岁者绝无刑事责任，与近世英、俄等

---

〔1〕 "籍没"原文作"藉没"，疑为印刷错误，下同。——校勘者注。

〔2〕 "下列"原文作"左列"，现据今日印刷排版及阅读习惯改正，下同。——校勘者注。

〔3〕 "挪威"原文译作"那威"，现据今日通常译法改正。——校勘者注。

国所规定绝对无责任之年龄不谋而合（按英国最近已改定未满八岁绝无刑事责任）。良以年龄过于幼稚者，匪特知识未开，即意力亦甚薄弱。

对于普通一切行动尚须仰赖他人之扶助与监护，更遑论有犯罪之能力。即年事稍长者亦莫不然。我国刑法规定未满十三岁之行为不罚，近代多数国立法例大都采用未满十四岁，且对于不负责任年龄之范围有推进之趋势。我国现行刑法已比较新刑律增加一岁，改为未满十三岁。最近立法院刑法修正案又增加一岁，改为未满十四岁（修正案初稿第十九条第一项）。且以前十三岁以上，未满十六岁人之行为得减轻者，现已递增为十四岁以上，未满十八岁矣（修正案第十九条第二项）。此点不得谓非我国法律思想之进步。次就刑法目的及刑事政策论之。

囊在原始时代，刑罚起自私人复仇，其目的在报复犯罪者之个人而已，初无其他用意，是为应报主义，近世社会进步，法治昌明，刑罚之目的重在保持社会安宁，预防将来犯罪，是为预防主义。谨分别论其梗概，以见幼童责任年龄制度之重要焉。

（甲）

应报主义，其于因果报应之意。古人又云："有罪必罚"。盖吾人既能辨明是非善恶，即不应实施犯罪行为。刑罚者，乃根据正义要求，而加以报复之手段也。此项主义约分下列三种：

（一）神意应报主义

此主义盖以神为正义之渊源，认为犯罪即违背天意，故不能免于刑罚。皋陶之言。可资印证。兹录于次：

"天叙有典，敕我五典，五惇哉。天秩有礼，自我有礼，有庸哉。同寅协恭和衷哉。天命有德，五服无章哉。天讨有罪，五刑五用哉。政事懋哉懋哉。天聪明自我民聪明，天明畏自我民明畏；达于上下，敬哉有土。"

（二）道德应报主义

以道德观念为应报主义之依据者，为道德应报主义。刑罚所以纠正道德上之罪恶，而施以应报者也。孔子云：

"为下无礼，则不免乎刑。"

此语道破道德应报主义。欧洲学者，亦有倡此说者。

（三）法律应报主义

此主义较为有理，以犯罪为违反法律之行为，刑罚乃依据法律，对于犯人施以报复之手段也。德儒 Kant[1]尝谓谋杀当死，强奸当宫。又《史记·高祖本纪[2]》载：

"杀人者死，伤人者刑。"

是中西法律思想中，皆有赞同此主义者。

（乙）

预防主义，以为刑罚不应注意于过去事实之报复，而应着重于将来犯罪之预防。为保持社会安宁计，不得不用预防之方法也。此主义计分普遍预防，与个别预防两种。兹分述如下：

（一）普遍预防主义

"惩一儆百"一语，可代表此说之真谛。凡刑罚法规之公布，以及执行死刑之公开，皆使一般民众知所警惕，不致自蹈法网也。舜有言：

"刑期无刑，民协于中，时乃功，懋哉懋哉。"

又管仲云：

"以有刑法于无刑者，其法易，而民全。"

凡此皆所以示制刑之目的，在使全体人民慑于刑罚之威严，有所儆戒，而不敢再蹈罪戾。庶几人民受治，即有刑罚而实际亦无施用之必要也。但当时之刑罪失之过严，然非严酷又不足以昭炯戒也。计生命刑有十种；身体刑亦有六种，按诸近代刑法观念，多不适用。

（二）个别预防主义

此种主义与前不同之点，在使犯罪者个人达于改过迁善之境。无论手段属于威吓，或属于诱善，而其目的均以防止特定之犯人，将来不致再犯为主。固非以严酷之刑罚，警惕一般民众而已也。现代法制大都采用此说，在我国古代早有此例。舜之言曰：

"钦彼四邻，庶顽谗说，不在时，侯以明之，挞以记之，书用识哉，欲并

---

〔1〕 即德国学者康德。——校勘者注。
〔2〕 "高祖本纪"原文作"高祖本记"，疑为印刷错误。——校勘者注。

生哉，工以纳言，时而飏之，格则承之，庸之，否则威之。"

惟文字过古，殊难案解。兹摘录蔡沈之注，以释其义：

谗说，即舜所堲者。时，是也。在是，指忠直为言。侯，射侯也。明者，欲明其果顽愚谗说否也。盖射所以观德，顽愚谗说之人，其心不正，则形乎四体，布乎动静，其容体必不能比于礼，其节奏必不能比于乐，其中必不能多审，如是则其为顽愚谗说也必矣。挞，扑也，即扑作教刑者；盖惩之使记而不忘也。识，志也，录其过恶，以识于册。圣人不忍以顽愚谗说而遽弃之，用此三者之教启其愤，发其悱，使之迁善改过，欲其并生于天地之间也。工，掌乐之官也。格，有耻且格之格，谓改过也。承，荐也，圣人于愚顽谗说之人，既有以启发其愤悱迁善之心，而又命掌乐之官，以其所纳之言，时而飏之，以观其改过与否。如其改也，则进之用之；如其不改，然后刑以威之。以见圣人之教，无所不极，其至必不得已焉，而后威之，其不忍轻于弃人也如此。

据上说明以观，刑罚之目的，固不必滥于施用。在可能范围以内，应先加以感化之力，诱导之功，俾犯人辨是非利害，而趋于改过迁善之途。至不得已时，方施以相当刑罚，以威吓之，俾免将来再犯之倾向；亦即所以维持法律尊严，与保障公共安宁之道也。

综上各种主义，要以个别预防主义最为合理，亦为古今中外所共有之法律思想。刑法之目的，既如上述，则依刑事政策对于幼年犯人应持何种态度乎？幼年人之身心，均未得健全之发展。智识未开，意志薄弱，自不能认为有责任能力。故向来慈善家矜怜之；法律家优睐之。各国刑法皆有责任年龄之限制。一方所以示法律宽大主义，使幼年犯人在某年龄之下不受刑罚之制裁。一方为彻底免除犯罪恶性，保持社会安宁起见，再施以感化方法，加以道德训练，意至善也。在英美等国无不有感化制度，如专为儿童设立之游散学校，感化学校，感化院，及乡间居留制度等皆是。则幼童责任年龄制度，在近代预防主义之下，为不可少，尤彰彰明甚。兹再举现行刑法之实例，以阐明之。我国刑法第三十条第一项载：

"未满十三岁人之行为不罚，但因其情节得施以感化教育，或令其监护人、保佐人缴纳相当之保证金，于一年以上三年以下之期间内，监督其品行。"

就此观之，刑法于采用责任年龄制度以外，并得于必要时，施以感化教育，或责令监护人、保佐人负保证监督之责。且于同条第二项规定：

"十三岁以上，未满十六岁人之行为，得减轻本刑二分之一；但减轻本刑者，因其情节得施以感化教育，或令其监护人、保佐人缴纳相当之保证金，于一年以上三年以下之期间内，监护其品行。"

视诸上开[1]法条，可见我国刑法责任年龄制度，系采用上述四种制度中之第二种，即分下列三个时期：

（一）绝对无责（未满十三岁）

（二）相对无责（十三岁以上未满十六岁）

（三）绝对负责（十六岁以上）

立法院以现行刑法，尚未臻于完善，特着手修改。兹录刑法修正案初稿第二章（刑事责任）第十九条以供参考：

"未满十四岁人之行为不罚，十四岁以上未满十八岁人之行为减轻其刑。"

其内容与现行刑法比较，已将责任年龄之范围扩充不少。盖不独绝对不负责任之年龄提高一岁，即相对负责之范围亦已扩充。一则从十三岁以上至未满十六岁；一则从十四岁以上至未满十八岁也。

至关于刑法三十条第一项及第二项但书，所规定施行感化教育一点，则另详修正案初稿第十二章（保安处分）第七十七条。其规定如下：

"因未满十四岁而不罚者，法院得令入感化教育处所，施以感化教育。

"因未满十八岁而减轻其刑者，法院得于刑之执行完毕，或赦免后，令入感化教育处所，施以感化教育。但宣告三年以下有期徒刑，拘役，或罚金者，得于执行前为之。

"感化教育时间，不得逾三年。

"第二项但书情形，依感化教育之执行法院，认为无执行刑之必要者，得免其刑之执行。"

---

[1] "上开"原文作"右开"，现据今日印刷排版及阅读习惯改正，下同。——校勘者注。

　　细味下列条文，立法者注重感化教育之精神，跃然纸上。其第二项但书规定，对于宣告三年以下之徒刑，拘役，或罚金者，得于执行刑罚前，施以感化教育。又在第三项规定，于施行感化教育后，法院认为无执行之必要时，并得免除刑之执行。具见用意之周密，办法之完善，与现行刑法比较，其距离固不可以道里计。而刑事政策中之个别预防主义，以及本文所论之幼童责任年龄制度亦胥于此条文中见之矣。

　　至于老人犯罪，不负刑事责任问题，我国古代虽有此例，但不合于刑事政策，晚近各国亦无此制。诚以刑法之目的，重在个别预防将来犯罪之倾向，并维持人类共同生活之秩序与国家社会之安宁；不应侧重老人"耄乱荒忽"（书孔传语）不能辨别是非善恶，遽依为免刑之理由也。

　　抑有进者，年事已老之人，精神意志虽趋于衰败，但究与幼年者知识未开，意力缺乏者不同。况人类以天赋体质与生活环境之互异，其身体精神之状态，亦遂大有差别。如在乡间操作之农夫，固不可与都市疲于劳心者同日而语。就实际而言，八十岁以上老人，多有体气康强，精神奕奕者。且老人之犯杀伤，诽谤，遗弃，鸦片等罪者，时有所闻。或登载报章，或涉讼法院，殊不可借"老弱不刑"一语而免除罪责也。否则于社会安宁，及公共政策，不免有重大之影响。我国刑法对犯罪老人，并无不罚之规定。惟刑法第三十条第三项载："满八十岁人之行为，得减轻本刑二分之一。"修正案初稿并此而删除之。盖假定老耄之犯罪者，确系精神耗弱，情有可原者，亦得依修正案初稿第二十条第二项减刑之规定，以谋救济。故无论如何，老耄犯罪，在刑法上不应与幼弱者同享不罚之待遇也。

处罚从人说[*]

王宠惠^{**}著　钟建闳译

　　五十年以来，改革之大者，当无过刑法一事矣。前此所谓法者，直同报施。受苦之量，适等于其作恶之量。故刑罚之于罪尤。乃如影之逐物。立法者定刑罚之范围，而宽严视轻重为伸缩。执法者，则从其所规定而为之判决焉。十八世纪之初，孟德斯鸠尚主张刑之轻重，视罪之大小为转移。而所谓以命偿命，以目偿目，以手偿手，以牙偿牙，以足偿足，以焚偿焚，以伤偿伤，以鞭挞偿鞭挞者，乃摩西法典（Mosaic code）之训言也。凡此皆属基于客观而讨论刑罚者。只问事，不问人。驯至作恶者必终于作恶，侵人者必终于侵人。怙过饰非，无所愧悔。其流弊之大。真有不堪设想者矣。

　　今则不然。前此之思潮，与今日之人道鹄的。其中相隔鸿沟，几不可以道里计。今日之所谓犯罪学（Criminology）者，其论罪适与前此之所持有者相左。昔之尚客观者，今则尚主观。所惩罚者乃罪人，非罪之本身。即在惩罚之中，其所求者有更高之鹄的在。非徒令人受苦而已也。所谓鹄的者。乃在改革罪人，保护社会，并使犯罪者得以再作适应于社会之生活。若云操何术以求之，则其事繁矣。盖所谓刑罚者，应适于罪人。同一罪也，因犯者之人有不同，而处罚亦遂异。正犹病者之服药，应视个人之体质以为调节。夫

---

　　* 本文原分两篇，分别载于《法律周刊》1923 年第 4、5 期。

　　** 王宠惠（1881～1958 年），字亮畴，广东东莞人。法学家、外交家。王宠惠是中国近代历史上第一个大学本科文凭的获得者；耶鲁大学首个华人法律博士；中华民国南京临时政府第一任外交总长；北京政府第一任司法总长；中国第一任驻海牙常设国际法庭正式法官；世界上第一部德国民法典的英文翻译者；南京国民政府第一任司法部部长、司法部院长；中华民国南京政府第一部刑法典《中华民国刑法》的主持制定者；中国第一批被海牙国际法院评选出的 50 位国际法学家之一。20 世纪前 50 年，王宠惠以其深厚的法学功底、精湛的语言能力、娴熟的外交谋略和博学儒雅的个人涵养，享誉海内外，为推进中国法制近代化、捍卫国家主权、收回司法主权，做出了巨大贡献。

是之谓为处罚从人（Individualization of Punishment）。

萨莱耶[1]（Saleilles）者，巴黎大学之教授也，尝区此事为三种：一曰，属于立法者（Legal）；一曰，属于司法者（Judicial）；一曰，属于行政者（Administrative）。所谓立法者，则如何惩罚，由法律决定之。所谓司法者，则其事决于法官。而所谓行政者，则就执行刑罚之时，而决定之也。[2]三者之中，要以第二法为最善。今且就其应用于刑事者，分别约略讨论之。

一、立法上之处罚从人（Legal Individualization）

若就严格论之，所谓立法上之从人者。实无是物。法律者，盖不识私人为何物者也。凡有应加以特殊待遇者。量其人之种类而加减其刑罚。法治所为，如是而已。视罪人所犯之罪，而加以惩罚，则无复有所谓从人者矣。故所谓立法上之从人者，可以置诸不论。[3]

二、司法上之处罚从人（Judicial Individualization）

此种中之最重要者，厥为法官之抉择（Judicial discretion），与缓判（Suspension of Sentence），试分别论之。

（一）法官之抉择

法律中所以规定惩罚者，乃以防法官之滥用职权，以定判词。然利之所在，弊亦随之。而反应亦遂因之而起焉。近代立法所以能使从人之法为可行者，因除少数例外外，于惩罚种类之程度，俱有令法官抉择之余地也。如中国暂行刑律第三百一十一条之规定，凡有故意杀人者，或处死刑，或处以无期徒刑，或处以十年以上十五年以下之有期徒刑。是则于程度种类，两有抉择也。复次，则有但定最高或最低限度者，亦有最高最低限度同时规定者。后者为中国暂行刑律所采取。其他各国之法律，则范围至广。有自一日之徒刑，以至终生之禁锢者，此则程度之抉择也。要之，无论如何，凡为法官者，既有取舍之权，则于法律所许之限度中，当判定罪人时，不独应视情势如何以为调节，并须视罪人之特质而因为应付。此则非谛稔人情，衡量事实者，

---

[1] "萨莱耶"原文作"萨礼业"，现据今日通常译法改正。——校勘者注。

[2] 见：Saleilles, Individualization of Punishment, Englishi, translation by Jastrow, the Modern Criminal Science Series, Boston, 1913.

[3] 至此为原文第一篇，后文开始为第二篇。——校勘者注。

不能也。然就吾人经验之所得，则亦有难于实现之处焉。有以禁锢为严刑，而因以轻纵者。有以其所犯（如道德宗教等），为其心中之所顾忌，而因处以严刑者。亦有不问其是否适宜，只就轻重之间而折衷之者。取舍虽有余地，抉择未必公允。近代法家，有鉴于此，爰为避除偏私起见，特为规定去取之方。如中国第二次修正之刑律草案，仿照一九零三年之瑞士草案，及一九零九年之德国草案，特为列举数事，为法官审度情势之标准。兹录如下，以供观览：

1. 犯罪者之意志。

2. 犯罪之动念。

3. 因何事激怒而致犯法。

4. 犯罪者之体况若何，及其对于受害者之关系若何。

5. 犯罪者经济上之情况。

6. 犯罪者之旧日生活。

7. 犯罪者之智灵。

8. 犯罪之结果。

9. 犯者犯罪后之行为。

以上九则，除第八条属于客观者外，均指关于犯者品格之事。盖常人只知罪之大小，视其结果如何。故亦不可无第八条之规定也。今试举例以明之，譬如纵火焚屋者，若其所毁，伤及室中之一梁一栋，则在众人视之，必较甚于只烧马厩者矣。

（二）缓判

此法颇有利于初次犯罪之人。其犯罪非出于天性，非出于习惯，乃由于情势之压迫而来者。用此法，则偶一犯罪之人（此与惯于犯罪者有别），得以完全免议。第须视其日后之行为如何耳。如一犯之后，不复再有侵人之举。则虽有罪而不罚。若一次之后继以二次者，则前后各罪，一并处罚。凡人非习于为恶者，自有此法，乃不致永为罪人矣。

始创缓刑之法者。为美国之马萨诸塞州[1]（Massachusetts）。该省于一八六九年规定，凡年在十六岁以下者，若犯罪时，得先试释（release on proba-

---

〔1〕 "马萨诸塞州"原文译作"马莎秋省"，现据今日通常译法改正。——校勘者注。

tion）。此法既行，成效甚美。于是一八七八年波士顿〔1〕（Boston）乃采用之，以试诸成人焉。其后继此而兴者，则有一八八七年八月八日之英国初犯试释法案，一八八八年五月三十日比国之少年律，一八九一年三月二十六日之法国裴朗榭律（Berenger Law）及一九一二年中国之暂行刑律等。至于今日则几于全世界风靡，文明国中之法典莫不尤其规定矣。计通行者，其主系由三。

1. 判缓（即英美制）。按此法，即犯者非再遭法网时，不先定罪。

2. 缓刑（即法比制）。此法典与前稍异者，则判决虽定。而执行则先置之。

3. 假释（即德国制）。自从一八九五年以来，德国各邦采用此法，陆续不已焉。

德国对于刑罚之改革，既非一意采用，故其目前通行之法，只可视为一时之过渡。所谓假释（Bedingte Bebnadigung）者，谓于某种条件之下，先为假以时日，倘能履行者，则免议焉。一九一四年德国刑律改革委员会因应时尚，乃将法比制，规定于修正草案内。故现在所谓行政上之从人者，将悉变为司法上之从人矣。

缓判一制，其长在能使犯者之名，不致遽遭沾污。然若不自痛悔，又复躬罹罪尤者，则旷日持久之后，又复重新起诉。其事为免不便。缓刑之法，则可免此蔽。然于犯罪者之清白〔2〕，又未免有损。故各国中又有磨灭罪名之办法焉。（如保加利亚〔3〕、葡萄牙、卢森堡等是）

缓判缓刑之举，其中又各有不同之情形。在美国则几于无罪不可施行。而试释之时期，乃至终身之久。在欧洲大陆中，则只限于初犯之微罪，而时期亦有一定。至于期满之后，品行端正者，其在法律上之效果若何，则各国法系，又有不同焉。在比利时则视为始终未尝判决。在挪威〔4〕等则视为判决业经执行。倘日后犯者又复犯罪，是否应行缓刑，或于惩罚之范围若何，有所疑义时。则此中歧义之处，所关甚大矣。

---

〔1〕 "波士顿"原文作"波士顿省"，现据今日通常用法改正。——校勘者注。
〔2〕 "清白"原文作"请白"，现据今日通常用法改正。——校勘者注。
〔3〕 "保加利亚"原文作"布加利亚"，现据今日通常译法改正。——校勘者注。
〔4〕 "挪威"原文译作"那威"，现据今日通常译法改正，下同。——校勘者注。

三、行政上之处罚从人（Administrative Individualization）

司法上之从人，若不佐以行政上之从人，则其事为不完备。盖犯者之品格若何，在处罚时期中，实较易于发现[1]也。

行政上之处罚从人，可分两端论之。一为无定期之判决（Indeterminate Sentence）；一为假释（Conditional release）。

（一）无定期之判决

无定期之判决者，其事于司法行政，均有所属。第其所属于后者为多。故吾人今只将从其属于行政者言之。其实此词极易使人误会也。盖所谓无定期者，乃在法律所许之范围内，定期监禁时间之长短，特不为之规定日期耳。其时之长短，视牢狱中罪人之行为以为定。其所根据之原理，则凡人被剥夺之自由，不得逾于保证社会之所需。而犯者未能现实其足复为社会之自由人员时，亦不应遽行释放。充类至极，则无定期者，于最长最短之时间，亦实不应为之规定。特此说虽为学者所主张，而法律则未尝允许耳。顾在十六世纪之时，既有抱同此见解者。如一五三二年 Peinliche Gerichtsordung Karls V 之规定曰，"凡人有犯罪之趋向者，应加禁锢。俟其品行端正时为止。如是则国家人民乃的保障。不致受其人之侵扰"云。其后二百年有名克莱因[2] E. F Klein 者，亦赞成此说。其初次实行之者，则为纽约。一八七七年四月二十四日该省通过一种法律曰，在判期未满之先，若埃尔迈拉[3]感化院（Elmira Reformatory）以口头保释人者，其人应得释放。一八九九年，各省相起效行。直至今日，则具此者既有二十省以上矣。惟各国则尚未尽从同。欧陆中采用此制者，只有挪威一国耳。一九零二年之挪威刑律之第六十六条曰，在特定罪名中，若犯者有特别危险时，则应视需要之情形，仍加禁锢，然不得逾所定时期之三倍，并不得多于定期之十五年云。

无定期者，理论虽工，施行则难。在感化院中，行之固尝奏效。即与假释，及监察诸法并行时，在牢狱中，亦颇有用处。然就大体言之，则远不如主张者之所期也。工于犯罪者，狡饰万端，未必即改过。而欲定一释放罪人

---

[1] "发现"原文作"发见"，现据今日通常用法改正。——校勘者注。

[2] "克莱因"原文作"克赖恩"，现据今日通常译法改正。——校勘者注。

[3] "埃尔迈拉"原文作"爱美腊"，现据今日通常译法改正。——校勘者注。

之适当时期，则必须先精于管理监狱之术，并须有专门之人才。故种种反对，亦遂因之而起。在人民视之，无定期之判决，正与法律上之所谓报复者相左。而非为公允之举。且人民浸淫于自由之说既久，于所犯之罪而不定其省释之期者，是亦妨碍人权者也。

（二）假释

犯者于法庭之所判决，既履行一部分后，若品行端正者，得暂行释放。此其事来源于英国，其所根据之理由，则与停判停罚相同也。假释者，实即停止之辅助。盖停止之施行，在禁锢以前。假释之施行，则在禁锢以后。相辅而行，人皆采用。譬如有犯者其始虽不能履行停判之条件〔1〕，然禁锢以后，则未尝不可复得假释。先后不同，而交相为用。是亦宜并存者也。

假释之施用，除死刑外，及无期徒刑（此为几国如此）并不限于种类。若徒刑之短期者，亦往往不在此例。当假释时，犯者应受监察。有时监察亦无别事。不过须按照定期，报告其行事，以见其举止之无他耳。有时则犯者应听其指挥。其照顾假释者之官吏，则有时直同准保佐人（quasi - guardian）。遇必要时，应须为之佐助及劝告也。

假释常得撤销。惟各国法律对此亦有不同，有以其败行虽不至犯罪，即撤销之者。有俟其再犯他罪时，始撤销之者。当撤销时，犯者应受禁锢之期，一若彼未尝离狱也者。用此法，则犯者既不得任意行动，亦不致概行脱离，是则其长处也。

完全之处罚从人，乃一种鹄的，种种办法，如法官之抉择，惩罚及判决之停止，禁期之无定，以及假释等，皆向此而奔赴者也。然此亦非无可非议之处。盖处罚从人，则往往以同一之罪，而处以不同一之罚。但此在外表。虽不公允，其实则极持平耳。犯罪而加以处罚，乃在改革罪人，而为社会之保障。一般人士，必须先灌溉以教育。使其知此意志所在，然后不致误会。而欲使人民知处罚从人为非不公允者，则于判罪之时，法官必须将其理由详述无遗。法曹诸公，应须记取。倘欲令此种处罚适于罪人之癖性，而因而改革之者。则此种种原则，幸勿违背也。

---

〔1〕 "条件"原文作"调件"，现据今日通常用法改正。——校勘者注。

近世社会上的犯罪问题*

刘朗泉**

导言——何以大家都注意犯罪问题——犯罪之法律上及社会学上的界说——犯罪和不道德及罪恶的区别——影响犯罪的几种因素——惩罚犯罪的几种学说

一、导言〔1〕

犯罪是社会上一种病的现象。健康的社会上是不会有犯罪的事情的，就是有，也是很少的。我们现在的社会，无论它如何进步，若以这个眼光去看它，不免要承认它是不健康的社会。因为从这几十年社会史上的记录〔2〕看起来，犯罪的现象，一般的说，不但不因文明之进步而减少，反而愈渐增加。德国的阿沙芬堡〔3〕（Aschaffenburg）氏据大战前德国的犯罪统计所做的研究，说德国社会上的犯罪现象确有增加之势。而且不仅是普通的增加，最可深虑者，还在青年犯罪记录的激增。每 1000 个青年中，竟有 6 个青年到刑事法庭去过。若就全体青年人犯罪统计，则五分之一的青年犯人都是重犯（犯罪已经不是一次了）。这是如何严重的一个警告！尤其是我们青年们听了要怎样的注意！再就美国说，美国的犯罪现象在这最近数十年中也有增加之势。一八八〇年，十万人中犯罪的案子凡 116.9〔4〕起，到了一九一〇年已增为

---

* 本文原刊于《学生杂志》（第 18 卷）1931 年第 12 期。
** 刘朗泉（刘莹），1932 年毕业于东吴大学法学院（第 15 届），获法学学士学位。
〔1〕 原文章节序号后无标题名，乃据文章开头所列而添加，下同。——校勘者注。
〔2〕 "记录"原文作"纪录"，现据今日通常用法改正，下同。——校勘者注。
〔3〕 "阿沙芬堡"原文作"阿夏芬保"，现据今日通常译法改正。——校勘者注。
〔4〕 原文数字以汉字形式表现，现据今日通常用法改正（表示日期者除外），下同。——校勘者注。

121.2 起。法国的统计比较来得好看，犯罪现象这几十年中不增不减，维持着平衡状态。英国则确有减少的趋势。[1]不过这仅就治安警政设备得很好的几个重要国家而言，其余像我们中国虽无明确统计可查，以及其他各国，若以这种普遍的趋势推想起来，犯罪的现象现在绝不比过去为少。犯罪想象的存在和增进，既然对社会的健康有害，我们如果留心社会问题，对于犯罪问题似乎也不能不注意了。

二、何以大家都注意犯罪问题

自来犯罪问题所以能吸引人的注意，不外乎几种原因。对于不平凡事物的兴趣，似乎可以解释这种心理的一部分。因为普通一般人的生活大都循规蹈矩，平凡之极，偶然有几件不平凡的事情发生了，便觉得特别有兴趣，争着要去看一个究竟。不过这种解释不仅只用于对犯罪的注意，便是其他像对英雄豪杰的注意，对成功者的注意，也可以适用。就是乡村中人对于迎神赛会那样的兴高采烈，也可以用这种"不平凡"的解释来说明他们的心理。我们要解释对犯罪的注意，最好还有别的理由。

别的理由还有"反逆的行为"也可以解释这种心理。犯罪的行为是一种反逆的行为，它破坏了社会上固有行为的一定方式，突然的，另外创设了一种新的方式。原始社会上的人对于这种反逆行为非常有兴趣，他们爱听这类的故事，爱听这类残忍、凶暴尤其是流血的描述。

因为我们生命中不时可以遇到危险的发生，所以我们对于可致危险的事物，大多感觉异常灵敏。犯人便是危险的制造者，我们对于犯人自然非常注意。我们的生命和财产如果时时都在危险之中，我们的生活就不能安定。为谋我们生活的安定起见，为保持社会的和平起见，对犯罪自然就特别注意。

有的人说，犯罪的人如果侵犯了某个人的生命财产，在被侵害者固然要切齿痛恨他，全社会上的人何以也要恨他呢？非将他惩罚或诛灭而不甘心呢？这有两种解释：第一是因为犯罪的人所制造的危险不仅使被侵害者感受损失，便是社会上其他的人也同样的感觉到一种威胁，使他们的生命财产同样的有不安定之虞，因此大家对于犯罪的人一样痛恨。第二是因为同情心的作用。人类原是情感的动物，尤其是对于同种同类的人非常富于同情心。他们便是

---

[1] 本文所引用各种统计见 G. L. Gillin：Criminology and Penology 一书。

自己的生命财产未尝受到侵害，如果看了他人受侵害的情状，一定也为他人分担危惧和怨恨的心绪，对于犯罪的人自然就异常留意。

以上只是就普通人对于犯罪的注意而言，自从科学昌明以来，生物学家、心理学家、社会学家等对于犯罪问题更有一种科学上的兴趣。他们不仅因犯人的不平凡的行为，反逆的行为，以及自己对于生命财产的危虑心，对于被侵害者的同情心，引起对犯罪问题之注意；他们更进一步，从各个专门学识上的研究结果，引起对犯罪问题的新看法。医学家所看见的犯人，不是一个平常的人，是一个生理组织有异常反应的人，他要问这种反常的生理状况究竟怎样影响他的行为。经济学家也要问他这种犯罪行为是不是受了社会上经济压迫的影响。心理学家和物理学家更不用说了，他们认为犯罪的人一定在身心两面有什么缺点的。社会学家则比经济学家更进一步，他以为不仅经济的势力，便是社会上其他一切的势力，都足以影响一个人的行为，所以一个人的犯罪何尝是他自己愿意的，不过受社会的驱策罢了。我们从这种种方面研究的结果，可以知道犯罪问题实在不是一个很简单的善恶品性的问题，我们所以会注意它，不仅由于它的不平凡，还是由于它在新科学的眼光中另有重要的意义的缘故。

三、犯罪之法律上及社会学上的界说

什么叫作犯罪？犯罪究竟是怎么一回事？似乎有先加一番说明的必要。我们知道拔刀杀人是犯罪，偷人家的东西是犯罪，打伤了人也是犯罪，但是当两个朋友吃酒吃得醉了，一句话不合，扭打起来，彼此的脸上都互相掌了几下，可这算是犯罪吗？汽车在路上走的不当心，把一个走路的老头儿撞死了，我们知道是犯罪，如果那个老头儿差幸没给撞死，也没撞伤，爬起来仍然好好的走了，却因此把路中的交通阻隔了许多时候，汽车夫犯不犯罪呢？这都是很有趣的问题。

所谓犯罪，照法律上的定义解释起来，凡是触犯刑法的行为都是犯罪。这种行为有两方面：一方面是法律不许你做的而你偏要去做，另一方面是法律一定要你做的而你偏不去做。第一方面如杀人、放火、抢劫、伤害都是法律不许你去做的，如果你偏要去做了，就算触犯刑法，构成犯罪。第二方面如扶养双亲、保育幼儿，都是法律一定要你尽的义务，如果你偏不去尽，也算触犯刑法，构成犯罪。

照这样说起来，很明显的所谓犯罪必须先有法律的规定，如果法律上并没有规定，就不成其为犯罪。罗马古谚有一句话说："没有了法律也就没有了犯罪"，我国刑法开宗明义第一条说："行为时之法律无明文科以刑罚者，其行为不为罪"，都是这个意思。不过我们还有一个疑问，同样的打人，打得人皮破血出，要犯伤害罪，仅仅打肿了嘴巴，便不犯罪；同样的开汽车撞人，撞死了人要犯杀人罪，差幸没将人撞死或撞伤，便不犯罪；又是什么道理呢？这缘故便是因为一切触犯刑法的行为固然都足以构成犯罪，然而为减少审理这些犯罪的案情起见，对于那些比较轻微不甚重要的触犯行为，都不规定在刑法之中，另外制定了违警罚法之类的特别刑法去管理它们，这样对于管理当局和触犯者都有非常的便利。

法律上犯罪的定义我们是明白了。可是这个定义还不能满足我们，因为我们知道一种行为算不算犯罪，须看法律上有没有规定，如果法律上从前没有这种规定，便不算犯罪，法律上现在新添了这种规定，便算犯罪，那么[1]我们便要问了，何以从前法律上没有这种规定呢？何以现在法律上才有了这种规定呢？这些问题都不是那个定义所能解答得出的。说几个实际的例子：我国的禁吸鸦片，这几十年来法律上都是有这样的规定的，违反了规定去吸，当然要犯罪。但是在前清末叶，吸鸦片是公开的，法律上既没有禁吸的规定，自然不成其为犯罪。从前清末叶的公开，法律上既没有禁吸的规定，自然不成其为犯罪。从前清末叶的公开吸，到后来的禁吸，这一个转变很快，究竟为的是什么呢？又如近年的美国禁酒，把以前认为大好生意的制酒营业一变而为违法的犯罪行为，又为的是什么呢？这些问题都要待另外一种的解释。

要解释以上那些问题，只有给犯罪这一个名词另外下一个社会学上的定义。这个定义简单地说起来便是，一种行为如果给社会上那班有统治权的人信为有害于社会，便构成犯罪。分析这个定义有下列两个分子：（一）有害于社会的行为，（二）是社会上那般有统治权的人信为有害的。我们为什么说"信为有害于社会"呢？为什么不说"确是有害于社会"呢？这是因为犯罪的行为究竟有害于社会与否，往往很难客观地肯定它。往往甲国的人对于某种行为认为有害于社会，而在乙国的人看起来却不见得有什么害处。因此我

---

〔1〕 "那么"原文作"那末"，现据今日通常用法改正，下同。——校勘者注。

们只能说，如果甲国的人对于某种行为相信它是有害于社会时，就可以认定那种行为足以构成犯罪，至于实际上有没有害处，大可以不必管它。

何以甲国的人相信某种行为足以危害社会，而乙国的人不相信呢？这完全由于各国人民彼此的社会遗传不相类同之故。甲国有甲国的习惯、风俗、观念、经验，乙国也有乙国的习惯、风俗、观念、经验，彼此既不相同，观察事物时所得到的结论自亦不同。一种行为成不成犯罪，既然要待这种社会遗传来决定，我们称这种定义是社会上的定义。

照这种定义，我们便很容易解释上面那个难题了。我国人对于吸鸦片，美国人对于饮酒都是信为有害于社会的行为，所以都认作犯罪的行为，反过来说，以前所以不认它作犯罪的行为，就是因为不信它是有害于社会的缘故。

这种定义中还有一点要注意的就是：何种行为与社会有害，何种行为与社会无害，究竟是由社会上那种人来认定呢？最好自然是由社会上全体人来认定，如果办不到，究竟由哪种[1]人来代表社会全体来认定呢？我们在上述定义中说，由社会上那班有统治权的人来认定，也是实际上的话。因为惟有这班由统治权的人才能够执行他们的信仰，他们如果认定某种行为是有害于社会的行为，马上可以宣布那种行为是犯罪的行为，禁止一切人去做。否则若由社会毫无权力的少数人去认定，因无执行能力，结果仍然等于不曾认定一样。

四、犯罪和不道德及罪恶的区别

法律、道德、宗教这三种社会制裁在古昔的社会中彼此的界限原是分不清楚的。因此，违反法律的犯罪，违反道德的不道德行为，违反宗教的罪恶，彼此间的界限也是分不清楚的。往往犯罪的行为就是不道德的行为，也就是宗教上的罪恶。不过到社会比较进步之后，这三种社会制裁虽然显然的有了分别。到现在，一种行为在道德上尽可以是不道德的，在法律上却不一定是犯罪的，而宗教上所认为大恶不赦的罪过，更不必同时就是法律上的犯罪。

从前的时候社会上极讲究孝道，儿子对于父母不许有一些儿违拗不孝的行为，如果违反了，便是大逆不道。巴比伦的汉谟拉比[2]王法典（Code of

---

〔1〕"哪"原文作"那"，现据今日通常用法改正，下同。——校勘者注。
〔2〕"汉谟拉比"原文译作"汉模拉比"，现据今日通常译法改正。——校勘者注。

Hammurabi）中有一条规定说："一个人如果打他的父亲，割去他的两手。"现在如果做儿子的竟敢这样冲撞他的父亲，虽则要受到社会上人的唾弃，以及较轻的罪名，却没有被割去两手的危险。许多前人所认为不道德而又犯罪的行为，现在已经脱离了法律上的范围而仅存道德上的问题了。

又如男女婚姻的事情，从前的时候大家都承认一个男子可以娶几个妻子的，美其名曰"两头大"，如果这个男子兼祧数房，更是应该的事情，社会上不但不以之为犯罪的行为，而且也不认为是不道德的事情。可是到了现在便不然了，这种同时娶几个妻子的事情简直是犯法的，刑法第二百五十四条说："有配偶而重为婚姻或同时与两人以上结婚者处五年以下有期徒刑，其知情相婚者亦同。"

为什么从前的时候儿子打老子要割去双手，现在不要割去双手？为什么从前的时候一个丈夫娶两房妻子不犯罪，现在要犯罪？这个问题便是说到犯罪和不道德究竟在什么地方分了家？简单地说起来，从前人所以那样的重视孝道，一定要把违犯者处以法律上很重的制裁的缘故，由于他们相信违犯孝道足以危害社会，现在人所以当不这种事情是很严重的事情，由于他们相信违反孝道对于社会并没有十分危害性，所以便不去割他的两手了。

犯罪和宗教上罪恶的分别，更其来得明显。一个人尽管在僧侣牧师的眼光中是罪无可赦的魔鬼，他在法律上不一定要受什么制裁。换句话说，在目前的世界上，一个人可以同时是一个极罪过的人，又是一个不犯罪的人。这种情形在古昔政教不甚分离的国家里是不会有的。那时候一个人如果触犯了宗教上的教条，同时也就犯了罪。因为那时候的人都相信人世社会的福利全系于神道手中，触犯神道，无异损害全社会的福利，当然要给他一种惩处。直到现在，这种宗教上所认为的罪恶仍然还有同时被视为[1]犯罪的。例如我国刑法第二百六十一条就不许人民对于坛、庙、寺、观、坟墓及其他礼拜所公然侮辱，违则处以徒刑。不过要注意的就是，现在的刑法里所以有这类的规定，并不是因为这类暴行同时触犯宗教上教条之故，乃是因为宗教信仰自由之原则既为现在社会上人所公认，为维持这原则起见，所以不许任何人对于宗教场所公然侮辱，无非是维持公共秩序的意思而已。

---

〔1〕"视为"原文作"目为"，现据今日通常用法改正。——校勘者注。

五、影响犯罪的几种因素

照法律上的定义，一个人所以会犯罪，是因为触犯了刑法的条文之故；照社会学上的定义，一个人所以会犯罪，是因为他的行为被社会上那班有统治权的人认为有害于社会之故。那么我们便要问了，犯罪既是一桩不利益的事情，为什么有人甘心去触犯刑法的条文呢？为什么他的行为不检点一些，要给人家认为是有害于社会呢？他难道不能像其他的良民一样安分守己吗？

自来能满意地回到这些问题的人很少。通常的人大多认犯罪者是自甘堕落的下流种子，完全把责任推在他一个人的身上。直到科学昌明之后，经过各种科学家的研究，才知道犯罪并不是很简单的个人问题，却是一个社会问题。犯罪者固然也有"种子"很下流的，但是"下流种子"并不是犯罪的惟一说明。物质的自然环境以及社会上种种的势力都足以影响一个人的行为，甚至于这个人自己的生理和心理两方面的结构，以及遗传所得，也都可以影响他的行为举止。他将来如果成为有作为的大人物，有成绩的科学家、学问家，固然是受了这种种环境、势力、身心遗传之赐；他不幸堕落了，做了小偷，也何曾不是受了这种因素的影响？所以我们要解剖一个犯罪人的成因，应该要把目光注意到这许多方面。

（甲）自然环境的影响

（1）地势和犯罪的关系。据意大利犯罪学家龙勃罗梭[1]（Lombroso）在法国的研究，侵犯生命、身体的犯罪在平原上的较少，在阜地上次之，在高原、山地上最多。可是强奸罪的情形却与此相反，在平原上最多，在阜地上次之，在高山上最少。侵犯财产的罪如强盗、偷窃之类和强奸罪情形一样，也是在平原上多，在高山上少。

他解释其中的缘故说，在高山上可以隐藏的地方多，养成活泼喜动的民风，所以侵犯人身的罪来得多。在平原上因为人多聚居之故，人口密集，因此强奸罪和窃盗[2]罪比较上发生得多。他很相信一个人的健康和犯罪有密切的因果关系，而健康之良否，和居住地又大有关系。

（2）气温和犯罪的关系。热带国家中侵犯人身的罪占数最多；寒带国家

---

〔1〕 "龙勃罗梭"原文译作"郎勃罗梭"，现据今日通常译法改正，下同。——校勘者注。

〔2〕 "盗窃"原文作"窃盗"，现据今日通常用法改正，下同。——校勘者注。

中则侵犯财产的罪占数较多。为什么缘故呢？因为热带的气候大多很热，这种过分的热足以刺激人的情感使之亢奋。所以热带中人两言不合，很容易拔刀相见，不比寒带中人大多非常沉静，不容易扰动情感。

龙勃罗梭研究南意大利的犯罪率要比北意大利高得多。他这种研究是根据杀人越货的统计做的。据他说，若把意大利平均计算和北欧的英、德、丹麦等国比较，杀人罪一项意大利的纪录最高。这就是因为意大利地近热带，而北欧各国地近寒带之故。

（3）季候和犯罪的关系。夏天侵犯人身的罪特别多，冬天侵犯财产的罪特别多。这缘故和刚才说过的气温的作用一样，都是为了天气冷热的关系。据法国的统计，从一八二五年到一八七八年中，杀人罪和伤害罪总是在每年的七月中发生得最多，强奸罪在六月中发生得最多，而强盗、窃盗罪则最多发生在十二月和正月中。

夏天因为天气热，大家在户外的时间多，和旁人接触的机会多，因此容易发生冲突。再加以过度的热，极易使情感亢奋。所以侵犯人身的罪总是在夏季为多。冬天因为天气寒冷之故，生活的需要增加，同时工作的机会反而减少，因此迫不得已做小偷、做强盗的比平时为多，这类的罪自然也就发生得多了。

（4）天气和犯罪的关系。天气的好坏和犯罪也有关系，还是德克斯特[1]（Dexter）氏最近在纽约研究出来的。他说：

（a）温度的高低和犯案的多寡成正比例，温度高的那天，犯案之数必多。温度对于女性的影响比对于男性还有力。

（b）气压表上标志之高低和犯案的多寡成反比例，气压表上的标志降低了，犯案之数必多，这是因为暴风雨将要降临的暗示能够刺激人们的情感使之亢进之故。

（c）湿度之高低和犯案的多寡成反比例，湿度高的那天，犯案之数反少，湿度低的那天，犯案之数反多，这是因为湿度高了，天气就不晴朗，人们的情感不易亢奋之故。

（d）风力太强或完全无风的日子，犯案之数较少，若风力不强不弱的日子，即每日风行速度在 150 里至 200 里之间，犯案之数倒是较多。这层理由

---

〔1〕 "德克斯特"原文作"台克斯脱"，现据今日通常译法改正。——校勘者注。

他解释的很少。

（e）晴朗的日子犯案之数较多，阴云的日子犯案之数较少。这是因为天气晴朗人多活泼之故。

看了以上这几种自然势力对于犯罪的影响，使我们发生一种感想：如果设法把这几种容易促成犯罪的机会改良了，社会上犯罪的事情虽然未免就能消除，至少也可以减少一些。譬如说，冬天所以发生较多的窃盗罪，是因为贫民的生计受了影响之故；夏天所以发生较多的侵害人身之罪，是因为大家在户外多接触之故；那么为谋补救之计，冬天多给贫民若干谋生之路，夏天多注意户外秩序的维持，岂不是也可以收一点减除犯罪的效果吗？

（乙）经济环境的影响

自然环境对于犯罪的影响大多是间接的，直接能够促成犯罪的发生，要推经济环境和社会环境。本来经济势力原不过是社会众势力中之一，可以归在社会环境中一并讨论。只因为经济势力的影响较其他社会势力都来得大，所以特别提出来讲一讲。

据马罗（Marro）氏的研究，意大利犯人中79%都是毫无产业的人，只有其中7%略有薄产，9%称得上中人之家。这可见犯罪的人大多数的经济状况是很不好的。实在的，有许多人所以要去犯罪，无非受了经济上的压迫之故。上文说过冬天侵犯财产的罪特别多，便是因为冬天有许多人的生活实在没法维持呀。

还有贫富不均的现象有时候也可以算是促成犯罪的原因之一。但是比较有力的原因还是过奢的欲望。如果一个人没有过奢的欲望，同时有一个小小的职业，他可以安分守己过一辈子。但是如果他的欲望太大，就是有中人以下的收入，也还是异常拮据，时常感觉到经济的压迫，这样便很容易走入犯罪之途。法国的小农虽然所拥田产甚薄，但是因为他们的欲望并不奢大之故，所以很能过安闲舒齐的日子。塔特[1]（Tarde）氏研究法国乡间犯罪现象之少，可以说就是因为这个缘故。

经济上不景气的现象对于犯罪很有影响。据奥格本[2]（Ogburn）氏的研究，犯罪总数在不景气期中要比其它时期中大得多。他研究美国100个城市

---

[1] "塔尔德"原文作"塔特"，现据今日通常译法改正。——校勘者注。
[2] "奥格本"原文作"奥格朋"，现据今日通常译法改正。——校勘者注。

中从一九〇〇年到一九二〇年20年间自杀的现象，不景期中与平常时候相差的数目甚是可观。欧洲学者赫希[1]（Hirsch）氏也研究出当一八七五年到一八七八年的不景气期中侵犯财产罪增多17％，当一八八二年到一八八五年的兴盛期中这类的罪竟减少13％，可见这两者间确是很有关系的了。

为什么这两者间竟有这样密切的关系呢？解释起来无非是因为当经济兴盛时期，大家有工作做，生活安定，欲望容易满足，大家也就没有别的非分之想。等到不景气时期来临，从前有工作做的，现在失业了，从前工资多的，现在少了，从前可以过很舒齐的生活的，现在仅能维持很勉强的日子了。到这时候无法适应这种剧变的环境的人，只有在法律范围以外另寻出路，而社会上的犯罪现象，尤其是侵犯财产的罪，便因此增多了。

（丙）社会环境的影响

社会环境中包含的东西很多，刚才说过的经济环境严格地说起来也是社会环境中的一部分。社会环境和自然环境实在是形成一个人的气质、性格的主宰。我们的举止行动无一而不受这两种环境的支配。这两种环境可以互相制衡，一个人虽然处在很不利的自然环境之中，虽然处处都是促成他去犯罪的机会，如果他的社会环境很好，他便不致于堕落。同样，如果他的社会环境很坏，所处的自然环境去非常好，也许可以减少一点堕落的机会。

在社会环境中我们特别注意家庭和教育这两种势力。

怎样一种的家庭最容易产生犯罪的儿童呢？据现在的研究，大家认为有下列种种的式样：

外来的、移民的家庭很容易产生犯罪的儿童，这是因为父母们初从别处迁移过来，对于外间的环境多不习熟，不知道怎样管训他们的子女去适应那种环境之故。

贫苦的家庭的儿童也很容易去犯罪。据在美国芝加哥[2]城的调查，犯罪的男童出身于贫苦的家庭者占全数76％，犯罪的女童出身于贫苦的家庭者占全数的90％。其比数之大，至可惊异。

还有残破不健康的家庭也很容易产生出犯罪的儿童。这种家庭如父或母已亡故的，或者双亲都已亡故的，或者父母曾经离婚别居的，或者父或母在

---

〔1〕 "赫希"原文作"黑胥"，现据今日通常译法改正。——校勘者注。

〔2〕 "芝加哥"原文译作"支加哥"，现据今日通常译法改正。——校勘者注。

监禁中，或者父或母是有精神病〔1〕的。据芝加哥城儿童法庭的统计，犯罪男童中31%，犯罪女童中47%，都是从这种家庭中出来的。

还有一种家庭，双亲虽然未必残破不全，可是他们的品质、性情却非常坏，这种家庭的儿童也很容易去犯罪。在这种家庭中，儿童们天天在酗酒闹事、残暴怒骂，以及其他不道德、不卫生的环境之下，哪里会熏陶出良好的品行来呢？况且这种家庭对于儿童大多没有适当的教育，更容易使他们堕落。

至于教育对于犯罪也有很重要的影响。犯罪的人大多没有受过良好的教育，甚至于是不识字的。据英国的调查，1000个男犯中有1个有比较高深的学问，在女犯中，简直还不到1个人。奥地利的情状比较的好，1000个犯罪人中有4个略有学识。法国每1000个男犯中有20个，女犯中有4个或5个，程度在仅能书写阅读之上。

虽然我们不能确定愚鲁而不受教育的人对于犯罪究竟有怎样的关系，可是我们敢相信这两种间一定有相当的联系〔2〕的。不受教育的人大多没有很好的德育训练，他们不但缺乏辨别是非的能力，就是控制情感的力量也很欠缺。因此他们很容易为外来的意见所引诱，为冲动的情感所驱策，再遇到别的不良机会，他们去犯罪的可能性确是很大的。

（丁）生理和心理的影响

上面所讲的都是犯人自己身外的环境及于他的影响。现在我们再来研究研究犯人自己身心的状态对于他的犯罪行为有没有什么影响。据现在犯罪学家尤其是意大利派龙勃罗梭等的意见，犯人的体格和平常人的体格很有显著的差异。这种差异只要将监狱中许多犯人加以测量便可知道。大多数犯人的头骨和四肢的长短，似乎有共通类似之处。这种生理上异常的现象可以直接影响一个人去犯罪，也可间接的影响他。譬如说犯人的体力特别强，便可以使他容易去做强暴的行动，又如他的手若生得纤小，便容易插入他人的口袋之中，这都是直接影响。至于间接的影响如犯人的外表不扬，在社会上屡次失败，因而引起他走入犯罪之途，也不是没有的。

心理上的缺点和犯罪更有密切的关系。这种缺陷如精神病、低能等等，都是足以影响一个人一生事业的成败。不但如此，有这种缺点的人往往很容

〔1〕"精神病"原文作"神经病"，现据今日通常用法改正，下同。——校勘者注。
〔2〕"联系"原文作"连系"，现据今日通常用法改正。——校勘者注。

易走入犯罪之途。据美国的调查，至少全数犯人中 12% 是低能儿，而全国人民中低能儿的成分不过 2%，可见犯人中低能儿之数比普通人民中低能儿的数目要多出 6 倍。低能儿以及有精神病的人是不是都善于犯罪，我们虽无从断定，但是低能儿以及有精神病的人犯罪的可能性要比普通人为大，这是可以断言的。看了这种统计，使我们想到犯罪的人实在不见得都是自己作孽，像这样心理上有缺陷的人，再加以社会上种种不良环境的引诱压迫，叫他不去犯罪也做不到呀。

六、惩罚犯罪的几种学说

一个人犯了罪就要惩罚，这是大家都知道的。惩罚的方法很多，死刑、流刑、监禁、杖责、罚金等都是。大概越是古昔，惩罚的方法越是野蛮，那时候死刑不止很简单的一种枪决或斩首，有许许多多很残忍的式样。到了现在，大多数的文明国家都采取比较人道而简单的方法来惩罚犯罪的人。以死刑论，除了军事犯用枪决外，都是用绞的。杖责也大多禁用的。

初初的看来，好像惩罚就是犯罪的结果，这两者间的关系是当然的，用不着思索的。实则仔细研究一番，就知道事情绝不止这样简单。何以一个人犯了罪就要受惩罚呢？惩罚他究竟有什么用意呢？这样就要连带说到惩罚的学说。自古以来，惩罚犯罪的学说有好几种，最原始的一种是复仇说。那时候的人思想比较简单，他们对于伤害者往往本能地会加以一种报复的举动。如果有哪个人把别人的眼睛打瞎了，其他的人或被侵害者就会同样的把侵害者的眼睛也打瞎了。外国俗语所谓"眼睛赔眼睛"，中国话所谓"一命抵一命"，都是这个意思。以后人类的思想虽然有了进步，这种复仇说仍然还占有一部分的势力。

第二种学说是沾染说。这种学说发生得也很早。原始的人常常有种种的迷信，他们如果看见社会上有谋杀等类的举动，便以为这种被谋杀的危险会遗留在社会上，而且不幸的命运将会沾染给社会上其他的人。防止的方法，惟有把有危险性的人毁除掉，因此他们对于谋杀他人的犯人必须置之死地。后来这种学说经过修改变为赎罪说。犯罪的人不一定要毁除掉，只要也给他一种痛苦受，就可以赎回他的危险。譬如打瞎他人眼睛的犯人，照沾染说必须打死他方可免除危险，照赎罪说则不必一定要打死他，只要也把他的眼睛打瞎，便可以赎罪。后来社会更进步，连打瞎他的眼睛都不须，只要他肯出多少钱献给酋长或国王，他的罪孽就可以赎了回去。

直到社会生活比较发达之后，大家心目中都有一个社会的观念，社会保障方才有相当的势力。这个学说主张犯罪即所以侵害社会的福利，为保障社会的福利，必须将犯人毁除掉。在思想上，这个学说比以前两个学说要进步得多。

由社会保障说自然而然便演成了儆吓说。因为惩罚犯人既为保障社会之福利，当然不希望将来再有这类侵犯社会福利的事情发生，同时侵犯者受了惩罚，也知道侵犯他人是没有便宜的，下次就不敢再做了，其他想侵犯而未侵犯他人的人，也可以拿他为殷鉴，所谓"杀一儆百"，无非就是这个学说的表现。

最后起的一个学说是改善说。这个学说主张我们所以要去惩罚犯人，固然同时可以儆戒其他的人，以保障社会福利，但是最主要的目的还在要把犯人的品性加以改善。现在文明国的监狱中多有种种感化犯人的设备，就是这个意思。

当前犯罪问题之透视[*]

林振镛^{**}

犯罪问题，在近十年来的中国，已日益演进为严重的问题了。我们虽没有精确的统计，但可以观察到的，自抗战发生以迄今日，十年之中，社会罪恶几乎日新月异，而量的增加，更已达至不可想象之境，各地监狱与看守所，无不有人满之患，特别刑事法庭，创办仅有只数月，而羁押的被告，已有不能容纳之势，各地的逆伦乱以及残忍杀人之案件，为数之多，亦已打破历年之记录。这种：显示中国的社会秩序与道德已几乎不能维持了，号称以礼教立国的国家，道义廉耻的观念，将成为被唾弃之渣滓，人性泯灭，兽性猖獗。金钱和利欲支配一切风俗习惯，正义已是迂谈，法律成为无用，在此情形，法律确已穷于应付了。淳朴善良之风气，恐只能求之于梦境，有形之乱，可以戡平，无形之乱。何时有澄清之一日？这是任何有识之士，所应当刚到异常忧惧的。试从犯罪学观点上论之：自从一八七六年，意大利人龙勃罗梭[1]著《犯罪人》一书，首先揭示所谓犯罪人类学之后，继而起者为十九世纪末期之胡礼氏（FERRI），他倡导了社会犯罪学说，以犯罪为基于社会问题而发生的，与龙氏之生来性犯罪说，代为对立之壁垒，自此以后，犯罪学遂成为一般刑法学者研究之对象。在中国先秦之时，儒法两家，已有性善性恶之争，主性善者，以为人性皆善，其不善者，习惯使之然，故应以道德感化之，主性恶者谓人性本恶，非绳以严刑峻法，不能纠正，后者之理论，和龙氏之生来性犯罪说，似有几点相同，但时至今日，科学家日益发达，由于

---

* 本文原刊于《中华法学杂志》（新编第 7 卷）1948 年第 7 期。

** 林振镛，1927 年毕业于东吴大学法学院（第 10 届），获法学学士学位。

〔1〕 "龙勃罗梭"原文译作"龙布洛梭"，现据今日通常译法改正。——校勘者注。

生理学上之缜密探讨，大致已可断定，犯罪是社会问题而非遗传问题。如果确有生来性犯罪的话，那只能作为偶然的发现，而依然不能脱离科学的观点，例如父母酗酒，子孙多不良，这是遗传关系，然亦非绝对如此。以百分比来说，这种遗传性犯罪，恐只能达到百分之一二而已。所以问题的中心，仍然应注意在客观的环境，如果犯罪仍有若干主观成分存在的话，这主犯成分还免不了受客观环境所支配的。

由主观原因来说，除了遗传性以外，他如性别、年龄、心理，及生理之缺憾等都足以造成犯罪之条件，例如两性因性格及体力之不同，而常犯了罪名，各有差别，年龄方面，则因老幼不同，犯罪亦异其趋向，如少年多杀伤犯，老年多鸦片犯是。生理或心理上的缺陷，则由于智慧体力生来低能之故，不能为正当之生存竞争，遂以犯罪如唯一生活之手段，但这种主观上的原因，毕竟占极少数的因素。其中比较重要的为职业之影响于犯罪。例如伪造犯多由于技工，而屠夫多犯杀伤是。从另一方面说，犯罪之基于社会原因者，则种类至繁。其纯粹由于社会环境所造成者，如家庭、朋友、贫穷、风俗、习惯、迷信、烟、赌、酒、娼妓、天灾人祸，及秘密帮会等，皆足为罪恶之媒介。由于文化而造成者。如不良之教育、礼教、小说、戏剧皆足以诱致犯罪，其基于政治法律关系者，如政治风气、效率之败坏，立法及司法上之缺憾问题，最后则为自然环境。例如气候、季节、地域等，皆于犯罪有关。

照上面的看来，犯罪原因是复杂极了解决这个问题，也是困难极了。我们承认无论文化如何发达，生活如何优裕的国家，总不能根绝这个犯罪问题。世界上只有瑞士可作例外，据说瑞士每年刑事案件，全国不及十案，仅属赌博及欺诈一类，因此瑞士虽废除了死刑，并不影响社会治安。这个国小人少之故。其他国家富强若英美，也只能做到减少犯罪而不能扑灭犯罪。所以自目前的中国，我们最大的愿望也只求其能逐渐减少罪恶之数量而已，然欲求罪恶之相当减少，又非从多方面着手不可，这是极艰巨之工作。

犯罪之个人的原因与自然环境的原因，姑且撇开不谈，专就政治社会及文化原因来看，很显明的，有几个最基本的问题，是一切原因之症结。社会方面是贫穷问题，文化方面是教育问题，政治方面则为法律及一般政策与风气问题。试逐一分析之如下。

（一）中国之为穷国是不待言的，全国只有大贫与小贫，贫的意义即个人或家庭在某社会或某时期中不能维持其最低的生活程度之谓，中国人口以农民为最多，而农民什九为贫穷，因贫而多病，而失教，而愚昧，而铤而走险，贫穷是一切犯罪之源，尤与盗窃罪，密切相关。孟子所谓有互产然后有互心，管子所谓衣食足而后之廉耻，这都是铁的注脚，所以救贫第一。

（二）教育当然也是极重要之问题，据学者统计，在监狱的囚犯有百分之九十，未受普通教育，中国文盲之多，甲于世界，数十年来，所谓教育普及，仅为一名词而已，人民衣食不赡，遑谈受教？身份地位名誉无所顾惜是非善恶之分，懵然不晓，且因失教而无法谋生，犯罪遂为唯一之出路，至于士大夫之流，受传统的八股教育之影响，以读书为做官之敲门砖，以作官为发财之捷径，兼之今年俸薄而不足以养廉，刑轻不足以惩贪，故受过教育者，依然不能免于犯罪，其未受教育而犯罪的更多于恒河沙数了。

（三）法律本用以制裁罪恶，但立法与执法之不善，有时反足以滋长罪恶。中国的法律，就刑法而论，不可谓不多，亦不可谓不密；但是问题就出在这里。第一是变换太繁，往往一个法律，创立不久，又加修正，有时新法已公布，而旧法仍未废止，刑法分则所定各种罪名，现在有许多已另定有特别法，罚则，随时变迁不定，人民本无法律智识，更少守法习惯，对着这多如牛毛之法令，直有无所适从之感，其轻蹈法网乃是自然之趋势。第二是处刑太轻，刑法中处死刑者，固属极少，即特别法中单独处一死刑者也不多，在这样混乱的国家里，生存威胁之下，作奸犯科之徒，死且不惧，而况于数年之徒刑？多年以来，最为国人所痛心疾首之贪污案件，除军示犯外，曾有几个被科死刑的？而况我们的诉讼手续又如此其繁琐，由警局的逮捕，到检察官之侦查起诉，推事之审讯判决，被告之上诉抗告，一再上诉，一再拖延，一案常常拖到一二年不能判决，在案情发生之初，人心无不愤激，久而久之，不见下文，人心也就麻痹了，对于法律，也就加以玩视了，现代刑法之精神，本来是注重感化主义的，但苦闷与混乱之时代，人民对于犯罪者之心理，仍然偏向求报复方面为多，法律不能压遏这种心理，其结果必然是造成自动报复之风气，因之打风之盛，不可以一打了之，一言不合，头破血流，打过以后天大之事，也就一了百了。大家都认为惟有一打才能痛快解决，乞灵于法院是迂谬怯懦之行为。这样下去，不但日益助长了打风，而且加强了社会上秘密帮会之组织。秘密帮会（如青红帮）之由来虽已久阅岁月，但时代愈乱，法律愈失其效用之时，这种组织，也就愈益滋长时至今日，有不少人还在憧憬包青天之复活，于侠客英雄之再现，这固然由于民智之未开，但亦不能不归咎于司法上之未尽职责。第三十司法人才之贫乏与法院之逐渐腐化，中国之大，每县若设一法院，需法官即数千人，我们现在的司法界人才，实在不敷分配，而且经费也大成问题，据说丹阳法院本年七月份经费每月仅一百五十万元。因此许多县份还保留着司法处的制度，而以县长任检察官，在组织上国家还不能步上法治之途径，其他更不必论。至如法院之腐化，则今日视之战前，问题实已日臻严重，第一原因自然是为了待遇过薄的缘故，笔者曾有一个主张，应至少较一般公教人员提高一二倍以上，看了近来各地法院情形，更使我们觉得法官薪给，实有提高之绝对必要了。因为一切行政以及社会上的纠纷，最后的归宿必是法院，如果法院能始终主持正义，社会尽管混乱，尚可补救一时，若法院本身也走到贪污腐化一途，那么，举世滔滔，何处可寻正义？这个国家还有前途吗！

（四）最后是政治问题，这可以说已触及犯罪的中心问题了。政治是一切之原动力，政治不良，足以招致无穷的多方面的祸害，所以政治虽只是犯罪原因之一环，实在是犯罪原因之整个，下面试为一简要之列举：

（1）因政治不良而教育失败，文盲遍地，无生存能力，逼而犯罪。

（2）因政治不良教育失败，故风俗习惯日趋偷惰奢靡，驯至烟赌盛行助长作恶风气，而民间普遍之迷信观念，尤常造成罪恶。

（3）因政治不良，建设不能进步，而招致天灾，内乱不能速平，而招致人祸，天灾人祸益以苛捐杂税，使民间普遍贫穷，一切罪恶，缘之而生。

（4）因政治不良忽略了文化工作，淫靡之娱乐，无形中增进犯罪之宣传，且新旧礼教之冲突，都市与农村间，已成为剧烈之反比例，因之家庭伦理的悲剧，遂层出不穷。

（5）因政治不良，贪污猖獗，行政效率与廉洁风气，荡然罔存，人民冤苦，无可申诉，乃使暴力主义之民间帮会，乘时崛起，犯罪成为有组织之团体后，益无法以扑灭之。

（6）因政治不良，法律不能尽其职责，监狱黑暗，难以发挥感化作用，又无出狱人保护会之设置，刑法保安处分一章，徒托空言，毫无实际，致犯罪依然不能去其旧染之污，往往大赦之后，不及旬日，又复锒铛入狱，这是刑事政策的失败，行政当局不能辞其咎。

假如不能痛下决心革新政治的各方面，是绝对无法解决当前严重之犯罪问题的。凡人之犯罪，必有所驱迫，病根不出，仅凭犯法后的制裁，是无法遏其倾向的，一个国家经济破产，可在十年之间，重新建造起来，至若道德的破产，则绝非一二十年能重整复原，外人每以犯罪之多寡，衡量一国文化之高低，如果中国民族还想卓然自立于世界，从今天起，政府必须切实做到下列几件事：

（1）提高公教待遇，养成廉洁风气。

（2）普及国民教育，培养守法习惯。

（3）裁减捐税市人民得遂其生。

（4）尽速平定内乱，建设农村，并使都市生活简朴化。

（5）整理现行各种刑事法规，使其单一化，尤应该注重刑罚之加重与诉讼之简化。

（6）培植大量司法人才，提高其地位和尊严，这虽是老生常谈，但治病本不必用新奇之药，只怕有了药方，而无胆量及魄力去服食而已。

社会上的黑暗面，已随着政治之腐化而逐渐展开，扑灭罪恶是每个人之责任，大家努力吧。

论刑法二六六条之流弊兼辟"家庭娱乐"之曲解*

陈　骥**

　　赌博构罪见于现行刑法第二十一条。而二百六十一条首定供人暂时娱乐之物为赌不为罪。即赌博财物，亦须在公共场所或公共得出入之场所，始得处以罚金。于是有赌博之事实。而为遁词曰"家庭娱乐"者，风靡一时。既逃法网，复避礼教，善哉其为言矣。夫私人财产，私人本有处分之权，第赌博为能贻社会以损害者；故为法律所应禁。今既于赌博财物之上，冠以在"公共场所"或"公众得出入之场所"，则不在此空间内，自可恣所欲为矣立法之意，固以为赌博为私人处分财产之一手段，而不公开即不影响于社会乎？则亦无惑乎家庭之间，娱乐是尚，其不为罪，有如经义。面殊不知其动摇国本，譬诸蛀蚀老干外不得见，而斫同利斧也。呜呼[1]，"家庭娱乐"之风扬播于海内，麻将一物，尤成"娱乐"之重心，观夫赌具店之林立，固无论于都市，虽乡间夫孺，纵无之识，而"东西南北"所谓"四风"。"中发白"所谓"三元"者，询之了了也。懦者闻纸上谭兵且惧，然而闻"竹战"有如具芙蓉癖[2]者，擎烟枪而欣欣然有喜色也。十室之内，不赌麻雀[3]者，殆无二三，八口之家，不知麻雀之人，殆无一二。风气之坏，至于斯极。有志之士，未尝不叹息痛恨于立法之不臧也。兹一试寻其弊，有纸不胜书之慨焉。

　　（一）个人之健康。赌博而日日行之于家庭，其能成癖，固易如反掌。麻将一物，据中医言，喜怒哀乐，骤于一时。（见医学新报集论文）而为时复

---

　　* 本文原刊于《东吴法声》1928 年，春季号。

　　** 陈骥，1942 年毕业于东吴大学法学院，第 25 届。

　　〔1〕"呜呼"原文作"乌乎"，现据今日通常用法改正，下同。——校勘者注。

　　〔2〕"芙蓉癖"指鸦片吸食经验的指称。——校勘者注。

　　〔3〕此处指麻将，下同。——校勘者注。

长，寒暑不避，故成癖者，虽有锦衣玉食之奉，不免鸠形菜色之容。何况物力有涯，荡馨易现。欲锦衣玉食之得久也不易耶。

（二）家政之管理。先哲有言，身修而家齐，家齐而国治。一家兴亡成败，首系于家长，次系于主妇。家长治外，主妇治内，尤不可失其尊严，弛其约束，忽忽其经济状况。今者阖家之内，惟赌为乐，家长与子弟同嬉，主妇舍孩提不顾。男女纷沓，闺阁不避。主迷奴黠，滋事生非。履其门，盈耳喧呶噼啪之声。入其室，满目零乱纷拏之象。于是智者鄙之，贤者远之。谓其不梁摧栋折，吾不信也。

（三）儿童之教育。小学例解收住宿生，良以未成年人之管束，十九赖于家庭教育。其根性不良，若嘉立嘉克家庭（Kallekak family）裘克家庭（Quke family）之类，固无论矣。惟见中上阶级称知识分子〔1〕之家赌风至炽。儿童日受熏染，大有"楼台近水""得月为先"之概。每见大人们斗牌于室中，儿童赌弹（Marble）于户外。或者就赌台"见习"。间取"赢余"，以从事小赌焉。至其因父母不暇加考问约束，而懒惰顽劣，尤其余事。呜呼。未来之主人翁。可以卜矣。

（四）家族之失和。姑媳妯娌之间之难处，有甚于父子兄弟。苟日务正，犹不免勃谿睊眦。使日以掠取财物为娱乐之鹄的。其间因痛财成怒，以至反目，尤意中事。而父子兄弟固时参其伍，已失其尊严，虽劝止而不能矣。

（五）工作之失时。因赌而减低工作效力，其程度远过于他种嗜好，盖事实上非一二小时可了之事。而既了之后，必须倍时休息也。每见小公务员之流，投身此中者尤多，值办公时间，于是迟到早退，假寐留胰之弊百出。实则其画不能伏，而夜须出，不徒劳神，而累伤财，可恼亦可怜也。

（六）社会之窳败。世之无涯者惟欲，精力易竭而财源易涸也。嗜于赌者岂徒富人乎？岂徒富人有"家庭"而能"娱乐"乎？实则富人不徒乐此，而弃者以此轻而易举，咸乐此不疲矣。然而财源之涸固先于精力之竭不得已丧志，不得已堕身，不得已亡命，日思填壑而日陷于阱也。夫无赌非无盗贼，然有赌则多一因。无"家庭娱乐"更非能道不拾遗，夜不闭户。而有之，则祸门广树。盖始畏法，而不敢公开赌博，因法不禁不公开之赌博，而为之。为之即久。时势迫之，竟不得不敢为甚于公开赌博之为罪者，若盗若贼也。

---

〔1〕 "知识分子"原文作"知识份子"，现据今日通常用法改正。——校勘者注。

推源究本。所谓枉民者非耶。

　　以上六端，不过略举。作者投身社会日浅，且家庭守旧，固尚不能得"娱乐"之真谛。噫，可慨也。溯自新生活运动实行之初，如发源地（南昌）如首都，娱乐之风。颇能易以正当者，然如上述惟欲无涯，且轻而易举。兼赌具由铁路运输，不含危险性。（见司法院解释）牌声闻于户外，警察无权干涉。（同上）区区新运服务员，亦不过望望然而已。故"过屠门而大嚼"。"触旧技而难熬"者，仍后故态，今日真能不容"家庭娱乐"者，惟广西一省。他如庐山管理局，固有此项规定，然牯岭区之要人住宅，能刜外行"法外之事"，岂云彻底〔1〕。吾人知法律之强力制优于命令。尤乏普遍性。专期一二廉明长吏之努力，幸而为政府当局默认，不苟以其违法得已，于全社会于全民有何裨益乎？是以有志之士，未尝不叹息痛恨于立法之不臧也！

―――――――――――

〔1〕　"彻底"原文作"澈底"，现据今日通常用法改正。――校勘者注。

读铲除贪污令有感*

刘家骥**

蒋院长于三月十日通令铲除贪污，原文是这样的：

"国家积弱已久，政府积弊日深，本院长受任以来，环顾外患之严重，内悯物力之凋残，触目伤心，废寝忘食〔1〕，深维国家之败，实由官邪，官之失德，宠赂用彰，今欲修明政治首当铲除贪污，查公务人员中，谨厚者固多，廉隅自守，不待申儆，其不肖者，长官监视稍懈，即不免弊端百出，其显著者，则有一，侵吞公款，二，侵占公务，三，滥用公务，四、虚糜〔2〕公帑，五，伪造报销，六，买卖物品及经手银钱，收受回扣，七，浮报物价，八、兼职兼薪或津贴，九，乾薪，十，以公款生息扫入私囊，及其他陋规等项，每见各机关当管庶务会计员司、俸给有限，而挥霍无艺，或广通声气，或厚殖资财，试问钱从何来，言之深堪痛恨，方今国家多难，民力已殚，而百废待兴，国用益广，凡我同僚，服务当国，自宜共体时艰，综核名实一事，必程一事之功，上述各种弊端，应即责成各机关长官，自行省察，认真清除，务知弊绝风清，所有整理情形，限文到两个月内，据实具报，届期本院长当派员严密访查，并分别呈咨中央及检察院，依法纠察，铲除旧污俗，树立廉洁政治，本院长有厚望焉，为此通令内外文武各机关，一体遵照办理，除分令外，仰即知照，此令。"

---

* 本文原刊于《自由评论（北平）》1936年第16期。

** 刘家骥，1940年毕业于东吴大学法学院（第23届），获法学学士学位。其后继续深造，1944年获法学硕士学位。

〔1〕 "废寝忘食"原文作"忘餐废寝"，现据今日通常用法改正。——校勘者注。

〔2〕 虚糜的读音：xū mí 词义：白白的损耗、浪费。——校勘者注。

我读后有两点感想。

蒋院长为国事"忘餐废寝",存心要"树立廉洁政治",这是很有可钦佩的。但是我们希望他在事实上先痛痛快快的惩办几个贪官污吏,这样自可收惩一儆百之效,并且可以让人民知道政府铲除贪污是真具有诚意的。令内所谓"限文到两个月内据实具报",则颇有官样文章的气味,想来限期满时各机关早报少不得有"尚无贪污情事"等语,一场公事,完事大吉。

令文中所谓"其不肖者,长官监视稍懈,即不免弊端百出",又谓"没机关当官庶务会计员司,俸给有限,而挥霍无节,或广通声气,或厚殖资材……"凡此似乎都是针对一群小官而发,对于各机关"长官"并无只字道及。据我们看,员司舞弊,故无不可恕,而长官贪污,尤不可赦!国府委员院长部长省主席厅长市长局长,这些比较大些的官儿,尤其有谆谆训诰之必要。会计庶务之职,平常非姑爷即舅爷,非亲戚即故旧,他们若舞弊,绝不仅是"长官监视稍懈"的原故。所以政府若决心铲除贪污,要破除情面从大处着手,若仅仅砍几个庶务会计员司[1],那真是冤哉枉也。

此外我还有几点意思也可以附带着说说。令中列举的十项弊端,大部分全是我们小民轻易看不出来的,非有严明的长官详密彻究不易发现其破绽,但有些事不须澈究而即可明了的,例如兼职兼薪或津贴、在现今是极稀松平常的事,别处不说,即以南京论,兼职兼薪的太多了,即不兼薪而倾所谓"车马费"者更不知有多少;再例如,每机关长官一到任,首先必撤换会计庶务员司,此中蹊跷,不问可知;再例如,要人们舟车往来之使用免票,或且乘坐花车专车、携带夫人奴婢,果然都是为了公务么?这种种情形是不须乎"据实具报"的,偶然翻翻报纸就可以知要人通电说另一某要人几年未报账,侵吞几千万元,事后寂然,照例没有下文,但吾侪小民却轻易忘不掉有这样一桩事。贪污的情形实在太普遍了,报纸已无意中成为举发贪污的工具。

要铲除贪污,除了"通令"之外,还有不少事可做,如改善行政制度,万行文官考试,提高待遇,等等。但我觉得最要紧的一桩事乃是在政府多用几个清廉的人。人,大别之有两种,即好人与坏人,或君子与小人。小人当道,则君子避之惟恐若浼。一个衙门里若留得住一两个真正清廉自持的人,风气就会能变,不要说衙门,即是在我们朋友中间,若有一个有风骨的,他

---

[1] "庶务司"为清代官署名。清朝外务部与农工商部都有庶务司。——校勘者注。

不揩油，他不估小便宜，他不托人情，他不讨免票，他这一点操行就能感动他的不少的朋友，使他们不知不觉的傚效他了。现在官场中，不能说没有廉洁的人，像罗文干、冯玉祥、石瑛、翁文灏，都是出名不要钱的，此外一定还有许多许多我们所不知道的。不过有清廉名声的人，政府一定要重用，这样才能与产出贪污相辅并进。去贪污，奖清廉，二者不可缺一。同时我辈小民，也别净诅咒[1]贪污，对于政府中之清廉者，我们得给他喝几声来，对于社会上之清廉者，我们也得给他们广为宣扬，这才公平。

中国贪污的情形日益加甚，民初过于清末，现在又过于民初了。这样的情形有时真使得人凉了爱国的热情，以至于诅咒自己的国家！我们试举目看看，在与我们直接有接触的范围之内，有多少贪污？我们在清夜扪心反省，我们自己在自己小小范围之内可曾做了多少贪污的事？别人的贪污，我们一定要举发，要批评，要制裁。自己的贪污，我们也一定要反省，要清算，要克己！

---

〔1〕"诅咒"原文作"咀咒"，现据今日通常用法改正，下同。——校勘者注。

考试舞弊刑法上应有规定[*]

端木恺[**]

今年夏天上海中学毕业会考，一部分高中试题泄露，引起很大风潮。别地在反对会考的声中，也有试题预泄的传说，不过上海方面，确已查明。事实，据上海地方法院检察官侦查所得，是如此的。

谢震系南京中央日报社广告助理员，其弟谢英。肄业[1]本埠（上海）闸北天通庵建国中学校高中三年级。本年六月上海市教育局举办中小学毕业会考，所有试题，经局长潘公展固封，派第三科测验股股员朱镇荪，办事员刘建安，携赴南京成贤街南京印刷所，委托该所邵子麟张廷芳缜密印刷，谢震与校对张介良素识。念知谢英在校课程不能会考，嘱介良侵占试题，送至珍珠桥，交伊持带来沪。送谢英密友俞问。何嘉明，持至界路庆祥里大成旅

---

  * 本文原刊于《不忘》（第 1 卷）1933 年第 8 期。

  ** 端木恺（1903～1987 年），亦名端木铁恺，字铸秋。安徽当涂人。父亲端木璜生是同盟会会员、国民党早期党员，追随孙中山革命，陆军少将军衔。毕业于上海复旦大学政治系、东吴大学法科，留学美国密西根大学，授法学博士。曾任南京中央军校军官教育团政治教官、安徽教育厅秘书、科长、省立安徽大学法学院院长、农矿部秘书、专门委员，复旦大学法学院院长，中央大学、东吴大学行政法教授。1934 年任国民党行政院政务处参事。抗日战争开始后，任安徽省民政厅厅长，1938 年去职随国民政府迁重庆，后赴汉口仍任行政院参事。1941 年任行政院会计长，1942 年后任国家总动员会议副秘书长、代理秘书长。1945 年 4 月为第四届国民参政会参政员。1946 年 8 月至 1947 年 10 月，任行政院粮食部政务次长。1946 年 11 月，以国大代表身份出席制宪国民大会。不久，因政见不同和派系斗争，辞职移住上海，开办了"端木恺律师事务所"。1947 年 12 月再次复出，任立法院立法委员，1948年 7 月，任司法院秘书长，同年 12 月任行政院秘书长。1949 年任孙科内阁秘书长。1949 年 4 月全家迁到台湾，任总统府国策顾问。1962 至 1963 年任台湾斐陶斐荣誉学会会长。1969 年任东吴大学校长。1979 年受聘为"光复会"副主任委员，团结自强协会理事长。1983 年任台湾东吴大学董事长。1976～1986 年为国民党第十一、十二届中央委员会评议委员。1987 年 5 月 30 日在台北因病逝世，终年 84岁。著有《社会科学入门》、《社会科学大纲》、《中国新分析法学简述》等。

  〔1〕"肄业"是指"修业，学习的意思"。——校勘者注。

社，赁一房间，预备答案，并邀谢英随各毕业生应考。六月十七日上午，高中第一试场会考生因国语作文试题预泄，鼓噪罢考，经教育局两送侦查，当在谢英宿舍搜得张介良侵占之原试题（铅印英文试题第二页）一张，谢英张介良先后拘获。谢震旋即报案自白，由张介良赠与原英文试题等件不讳。（见起诉书）

照上面所说的情形看来，显然是通同舞弊，破坏会考，倘是对这种人还没有制裁，非但一时的舆论不能平服。以后的教育也就不必办了。况且在五权分立〔1〕政治制度之下，考试是极其重要的。根据考试的规定，凡候选及任命之人员及应领证书之专门职业或技术人员，均须经中央考试定其资格。（第二条）这个规定，范围极广，上自有被选资格之人员，政务员以外之各级公务员，下至助产士，看护士，及其他法令规定应领证书之人员，无不包括在内。（考试法施行细则第一条）将来政治上了轨道，严格的举行考试，要是打不过这一关的、必有虽于立足的危险。到那时，舞弊的情事，定必更多，方法岂不更奇？没有严厉的制裁，何足以资足警戒？何以维考政？

然而制裁在法律上是不能随便处置的。法律规定的很明白，行为时之法律无明文科以刑罚者，其行为不为罪。（刑法第一条）舞弊的人如果是公务员，那么，预泄试题，虽非违法，至少可以认为废弛职务，或失职行为，根据公务员惩戒法，送请惩戒。可是上海会考舞弊案内的嫌疑人，一是印刷所的校对。一是报社的广告员。一是学生，公务员惩戒法对他们是"风马牛不相及"的。最初，我把刑法翻了好多遍，不能找出一条可以适用的条文。而开明的检察官终于起诉了。他认定"被告张介良因业务上侵占他人所有物，系犯刑法第三百五十七条第一项；被告谢震系无身份之人教唆业务上侵占，依同法第四十三条第一项，第二项，第四十五条第一项，第二项，应处同法第三百五十六条之刑；被告谢英收受赃物系同法第三百七十六条第一项。"更明显一点说，张介良犯业务上侵占罪，应"处六月以上五年以下有期徒刑，得并科三千元以下之罚金；"谢英犯赃物罪，应"处三年以下有期徒刑，拘

---

〔1〕 五权分立，是中华民国国父孙中山先生（1866～1925）提出的一种政治主张。他认为中国从前实行行政权、考试权和监察权的流弊很大，而西方各国所实行立法权、行政权和司法权的三权分立，也不大完全，因此，提出采取西洋各国行政、立法、司法三权宪法的长处，并融入中国古代考试权和监察权独立的优点，而创立了以五权分立概念为核心理念的宪法。避免行政权兼考试权会造成私自用人，以及立法权兼监察权会造成议会专制的问题。——校勘者注。

役，或五百元以下罚金。"

像这样的处分方法，确实是值得赞许的。铅印的试题之为"物"，无论在科学上，或法律上都不能有丝毫疑义。上海市教育局以金钱委托南京印刷所印刷，是其为物更有了确定的价值。虽然在交付以前，还不能算为教育局所有。但其权属于印刷所，对张介良。当然为他人所有。该被告因校对关系而取得，即系业务上所特有之物。谢震无身份故应科通常之刑。试题经过这两个人，传到谢英的手中，便成为赃物了。照常理看来，一个校对随便拿一两张印刷品，绝不致发生刑事责任。不过因为破坏。考试应守的秘密问题，才严重化起来。但是单在考试上面着眼。刑法条文有可以引用的呢？承办检察官改变一个方向，后物权上做文章，便一网将三个被告都打尽了，就物权的本身而言，小小一张纸，无论如何不引起上面注意而竟起诉，未免小题大做。但是用社会法学的眼光看来，意味就深了。

美国当代法学大儒庞德[1]（Rosccue Pound）说，"法律必须稳定，可是不能静止不动"（Interpretation of Legal History，p. ol）。英儒梅因[2]（Sir Henry Maine）很痛快的说过。"社会的需要与社会的意见，时常走在法律的前面一点。我们可以将二者间的缺口拉拢极近，但是永远有一个重离的趋势。法律是定的；我们所说的社会是进步的人民的福利的大小，全赖这个缺口合并的程度如何。"（Ancint l w. p. 23）就拿考试来说，其目的不外予应试者一个平等的竞争机会，如果法律对于舞弊的人没有制裁，真正的大多数的利益，怎样保障呢？但是"法律的生命不是逻辑，而是经验"（Fonc，Common Law. p）。一句话说，法律是在事实上有了需要的时候产生的。在法修订的时候，根本没有曾考的那一件事，更无从想到考舞弊的制裁。而在刑法公布七年之后，便发生这种的案件，这时候法律现时之间有很大的缺口了。如何这缺口拉拢便要看司法官如何应付于定与动的两种术究需要之间。舞弊必予以制裁，而舞弊行为法律无明文刑罚，于是以侵占与赃物的规定来补救，这样拉拢法我们不能不赞许检察官的开明了。

然而这个缺口，恐不是这样易于拉拢的。侵占在历史上名为"监守自盗"，就性质来说。是一种经济罪。依法令举办，是一种公务的执行。以侵占

---

[1] "庞德"原文译作"滂德"，现据今日通常译法改正。——校勘者注。
[2] "梅因"原文译作"梅茵"，现据今日通常译法改正。——校勘者注。

罪处置舞弊。多少觉得有点牵强。刑法有合并论罪之规定。凡属于上之数罪竞合，其刑抵从一重处断（参看刑法第七四条但是起诉的时候，须将所犯的罪名一一叙明。裁判也列举各该罪。这种方法。一方面固然是释明判决之根据）

另一方面却有使人知道的所犯得是什么罪，以为儆戒将来的作用。考试舞弊而以侵占起诉，不管暗示舞弊本没有刑事责任的，不过因为侵占了试题采犯罪。这样是为杜绝舞弊而兴狱。而结果适得其反。就起诉意旨分析起来，张介良侵占的不是试题，乃是试题纸，如果他不将印高的试题交给谢晨，而将试题另抄一份。侵占罪便不能加在他的身上，独如翻印他人的著作，触犯出版法，只能作为妨害版权，不辖作为侵占一样。所以引用侵占之条文以论舞弊者之罪，非但牵强，而且失却意义。况且破坏考试的方法甚多，如扰乱考场，冒名顶替，潜通关节。夹带抄袭。调换试卷之类，刺探试题，只是其中之一而已。请问刑法上有什么制裁方法可用？

学校考试的舞弊早已成了一个极普通的现象，这在教育上固然是一个极其重大的问题，但还不是引起刑法学家的严重考虑。青年人学无非是求思想与行为的训练。舞弊只能认为一种错误的行为，教育家应负设法科纠正之责。绝不能当作一种犯罪的行为。使受法院得裁判。至其所谓舞弊，亦不外乎夹带抄袭。严厉的教员。临时出问题，外人无从刺探；敷衍的，预先指示范围或将试题先期宣布，外人竟不考，更无所谓舞弊。冒名顶替，在学校中，师生朝夕相晤，无论易于检查，不检查亦一望而知，无所逃避。潜通关节，亦尚无所闻。实行曾考目的，不是防弊，而是从严。但是因为曾考这一来，平常的作弊方法既有不便，而恐怖的心理突然产生，加以印刷试题，外人参加，发现预泄，酿成风潮，引起社会特殊的注意，才造成了一件刑案。我们并且可想到各校学生混集一处，弊端易生，更可以想到中央或地方举行的各种考试，关系出路，尤能使人冒险。除非因噎废食取消考试，将来舞弊情事必致愈演愈奇。考试不可废，而舞弊不可免，且问题又溢出教育领域以外，而涉国家行政，于悬刑法学家虽欲避免不显，也不可得了。

考试是中国自古特有的制度，尤其是服官资格的考试。关于杜绝考弊的一点。当然形成了中国历代法律上的一种特色。唐律职制章有贡举非其人条，规定"诸贡举非其人，及应贡举而不贡举者，一人徒一年，二人加一等，罪止徒三年。（非其人谓德行乖僻，不如举状者，若试不及第，减二等，率五分得三分及第者不坐）。若考校课而不以实，及选官乖于举状，以故不职者，减一等，（负殿应附不附，及不应负而负，致考有陛降者，罪亦同。）失者各减三等。（余条失者，准此。）承言不觉减一等，知而听行，与同罪"。其疏义曰：

"非其人，谓德行乖僻不如举状者，若使名实乖远，即是不如举状，纵使试得及第亦退而获罪；如其德行无亏唯只策不及第，减乖僻者罪二等。率五分得三分及第者，不坐，谓试五得三，试十得六之类，所贡官人，皆得免罪。若贡无得二，科三人之罪，贡十得三，科七人之罪。但有一人德行乖僻。不如举状，即以乖僻科之，继有有得者多，并不合其相准折"。

试谓贡举之人。药业技能，依令课试有数。若其官司考试不以实，及选官乖于所举本状。以故不称职者，谓不习典意，任以法官，明练经史，授之武职之类，各减贡举非其人罪一等。负殿应附不负者，依令私坐，每一斤为一负。公罪二斤一负，各十负为一殿。校考之曰："负殿皆悉附状，若故达不负，及不应附而附者，谓蒙，别敕放免，或经恩降，公私负殿、并不在附限。若犯兔官以上，及赃贿入已，恩前狱成，仍附景迹，除此等罪并不合附而故附，致使考校有陛降者，罪亦同，谓典考校课试不实同罪亦减贡举非其人罪一等。"

又曰：

"失者各减三等，谓意在堪贡，心不涉私，不审德行有亏，得减故罪三等。自试不及第以下，应附不附以上者。可各减三等。余条者失准此。谓一部律内公事错减一等，故云又减一等。知而听行，亦从贡举以下，知非其人，或试不及第，考校课试，知其不实，或选官乖状，各与同罪，谓各与初试者同罪。"

从上面所引证，我们可以看出唐宋两代贡举重才，尤重德行。贡举倘有不实，无论选者被选者，都有罪。虽出于过失，亦不能免除其刑，只减等而已，这就是说，取士不但不能舞弊，并且还要十分慎重。元典章吏制章随路岁贡儒吏款有云，"各路司吏有阙，须于所属诸衙门人吏内，先选行正廉慎，次论人材干敏，然后勾取，委本路长参佐同儒学教授立提考试……然后补充本路本司吏。此外不得滥收，达者有罪，（用儒吏考试程式的上谕裏面说，）如所贡不公罪及选官关于舞"，也就是这个用意。

明律贡举非其人条，弊的规定更为明白。律文说"凡贡举非其人，及才堪时用应贡举而不贡举者，一人杖八十失者。各减三等"。条例里面有如下的一项：

"应试举监生儒，及官吏人等，但有怀夹文字银两，并越舍与人换军文字者，俱遵照世宗皇帝圣旨。拿送法司问罪，仍枷号一个月；满日发为民，其旗军夫匠人等，受财代替夹带，传递，及纵容不举察捉拿者，旗军调边术食粮差操，夫匠发口外为民。官纵容者罚俸一年；受财以枉法论。若冒顶正军，入场看守，属军卫者发边卫，属有司者发附近，俱充军。其武场有犯怀挟等弊，俱照此例拟断"。

有清贡举非其人，律文与明同，且条例有死与流刑之规定，摘录于下[1]：

一、乡会试，考试官，同考官，及应试举于，有交通嘱托，贿买关节等弊，问实斩决。

二、应试举监生儒，及官吏人等，但有怀挟文字银两，当场搜出者，枷号[2]一个月，满日仗一百，革去职。其越舍与人换为文字，或临时换卷，并用财雇情夹带传递，与夫匠军役人等受财代替夹带传递，及知情不举察捉拿者，俱发近边充军。若计赃重于本罪者，从重科断。官纵容者，交部议处，受财以枉法论。其武场有犯怀夹带等弊，俱照此例拟断。

一、凡学臣考试，如提调官通同作弊，及引诱为非者，同学臣一并革职提问，其学臣潜通关节，私窝名器，提调官虽无通同引诱情弊，而防范不严者，交部议处。学问应用员役，傥有招摇撞骗，及受贿传递等弊，提调官不行访孥究治者，亦交部议处，若学臣操守清廉，杜绝情弊，而提调官不得遂共引诱，反行挟制把持者，该学臣即行指参审实，将提调官贪官例治罪。

二、凡考试官毫无情弊，下第诸生不安义命，逞忿混行搅闹者，发附近充军。

---

〔1〕"下"原文作"左"，现据今日排版印刷及阅读习惯改正。——校勘者注。

〔2〕"枷"为一种方形木质项圈，以套住脖子，有时还套住双手，作为惩罚。强制罪犯戴枷于监狱外或官府衙门前示众，以示羞辱，使之痛苦。明代的枷号有断趾枷令、常枷号令、枷项游历之分。刑期为一月、二月、三月、六月、永远五种。枷的重量从二三十斤到一百五十斤不等（刘瑾）。戴上最重枷的囚犯往往几天内就会毙命。后来也从耻辱刑演变成了致命的酷刑。——校勘者注。

三、官生录科，该学政瞻徇情面，滥行录送，如官卷内有文理荒谬，侥邀科第者，发觉之日，将送考官一并严加议处。

四、考职贡监生，如有包揽代作等弊，察出提究。若监试御史隐匿瞻徇，照例议处。共假冒顶替者，本犯照诈假官律治罪互结监生照知情诈假官律治罪；出结之官〔1〕，照例议处。若身故未经缴照者，限四个月，准家属自首。如逾限不首，查处审有转卖顶替别情，照诈假官律治罪。计重赃者以枉法论。若审系偶尔遗忘并无别故，当官销毁，免其治罪。该地方官于已革已故未经缴照之人，徇隐故纵，不严行追缴，致滋事故者，事发之日，照例议处。

五、乡会试，考试官同考官及应试举子，有交通嘱托，贿卖关节等弊，问实无论曾否取中，援引咸企九年显天乡试科场案内钦奉谕旨，俱照本例问拟，仍恭试弊的方法不尽相同，但考试虽免舞弊，舞弊必刑罚，殊途同归，初无二致。现行刑法，经过数年的施行以后，发现不便之处甚多，而于会考舞弊案后觉其双字及千妨害考试之规定，尤为一大缺憾。修改刑法，不必法古，更不。

---

〔1〕 "互结监生照知情诈假官律治罪出结之官"原文作"出结之官"，现据大清律例改正。——校勘者注。

监犯农艺作业问题[*]

陈文藻

  监犯劳役，为组织自由刑之要素，在近代监狱行政方面，是一个极重的问题。考监犯劳役之制，发源甚古，以我国刑制言之，周礼秋官大司寇云："以圜土聚教罢民，凡害人者，置之圜土，而施职事。"秋府司圜云："任之以事"，所谓"施职事"，"任之以事"云云，就是监犯劳役的意思。以西方刑制言之，古代罗马的公投，雅典的矿役，中古时代，法义等国的舟役，也都是囚犯服役。不过昔时的劳役，含有凌辱的意义，故称为苦役，或惩役，现在的劳役，含有道德的，经济的，教育的意义，诚如监狱改造家约翰霍华德[1]所谓"予罪囚以劳动，使由此得为勤勉之民"，这才是监狱劳役的真义。

  我国自刑制改革后，亦采监犯劳役制度，但因幅员辽阔，监所太多，过去数十年中，除少数新式监狱外，多未积极举办，尤其是旧式监所，大都因循旧制，未设作业，人犯监禁狱中，徒手仰食，不仅耗费国家的粮食，加重人民的负担，且身体衰弱，疾病丛生，对于社会和人犯本身，都是一种极大的损失。抗战期间，后方区监所，经敌机炸毁者达十分之四，收复区监所，全部毁坏者占十分之三，大部损坏者占十分之五，小部损坏者占十分之二，战前设备，损失一空，同时又因战乱日炽，时局不靖，物价飞涨，生活艰难，犯罪现象，日趋严重，监所人犯，日形拥挤，因此监犯作业问题，就更感困难了。目前在监人犯，大都操作杂役，或空坐狱中，杂役缺乏积极的意义，与劳役的原则，不甚适合，而空坐则足以养成懒惰，违反刑罚的本旨，所以

---

[*] 本文原刊于《新法学》（第 2 卷）1949 年第 1 期。

[1] "约翰霍华德"原文作"约翰毫华德"，现据今日通常译法改正。——校勘者注。

在目前司法改进声中，监犯劳役，似乎还是一个值得研究的问题。

在经费很窘，设备困难的今日，要推行工艺作业，至少在目前，是相当困难的。那么[1]，监所作业，究竟走那条途径呢？管见所及，以为：推行农艺作业，确是比较妥善的出路。在目前，我们推行监犯农艺作业，至少有下列六种优点：

（一）增加生产。继抗战八年之后，又燃起了弥漫全国的烽烟，目前粮食缺乏，运输阻滞，物价飞涨，生活艰难，到了非常严重的地步，如果要克服生产停顿，粮食缺乏的困难，惟一的办法，就是增加生产。监犯从事农作，对于增加粮食生产，是有极大补益的。目前全国监所，依司法行政部卅六年的统计，全国监所因犯人数为一八三七七三人，（军事监犯及临时拘押人尚未计算在内）假定人犯十万人，经常从事农作，每日生产价值平均每人以卅万元计算，则全年生产量所值已达十万零八千亿，这只是一个最简单的估计。也许生产所值，尚远超于此，这种工作，对于增加粮食方面，将是一个重大的贡献。

（二）实施教育。农艺工作，具有丰富的教育意义，人犯从事农作，日与大自然相接触，观览林木花草之美，引起共爱好自然之心，培养花木虫鱼，发扬其同情博爱之心，随时和自然现象及家畜相接近，养成其真实宽大的德性，对太阳空气雨水的无限供给，发生感谢天惠之心，这样逐渐地引入更高尚更良善的生活途径。从事农艺工作，必须栉风沐雨，手足胼胝，辛苦劳勤，始得收获，由此养成坚忍持久的气概，勤劳努力的习惯，奋斗力行的精神，这在监狱教育方面，具有极重大的意义。

（三）增进健康。监犯枯坐监房，无所事事，身体因而衰弱，病疾于是发生，昔时的监犯，一入监房，往往面色灰败，肤目浮肿，即因血脉不能活动的缘故，今在户外，从事农作，空气新鲜，日光充分，举行全身运动，强健身心，锻炼体魄，较之其他体育运动，更为有益，因为体育运动，仅为空洞的徒手操练，而农艺作业，则为有希望有结果的职业训练，既不若工艺劳作之偏于局部，亦不如杂役劳动的毫无意义，所以在人犯健康方面，非常有益。

（四）引起兴趣。监犯劳役，应以兴趣为前提，而农艺劳作最适合这个条件的。在农场里，可以看到明媚的山水，艳丽的花鸟，四季的推移，晴雨的

---

[1] "那么"原文作"那末"，现据今日通常用法改正，下同。——校勘者注。

变化，在不知不觉之间，引起对于自然的兴趣。观察蔬菜的种子，作物的类别，幼芽的纯姿，青叶的色形，可以体味到宇宙的壮美，造物的奇妙，凭着自己的努力，使农作物发芽成长，开花结实，化一分气力，得一分收获，既可引动兴趣，复可增加希望，同时还养成勤劳奋斗，踏实苦干的精神。

（五）传授技能。我国以农立国，大多数人们皆借农业为生活，但因文化落后，知识浅陋，耕作方法，仍墨守旧章，沿用老法，所以农业生产，仍虽增高，迄于今日，还不能完全达到自给自足的地步。现使监犯从事农作，授以最新的农艺知识，使知迷信以外，尚有补救的办法，经验之外，更有科学的法则，那么，这些人犯，可以训练为具有新知识，新头脑的农夫，将来出狱以后，无论服务农场，或自营农业，皆可获得优良的成绩。这在出狱善后方面，实是一种最妥善的计划。

（六）隔离人犯。人犯监促，以隔离为原则，借此可以预防聚谈，濡染恶习，监犯从事农作，散布于广阔的农场之上，各事耕耘，专心劳作，只须监视得法，同流合污的机会，虽在户外服役，仍能达到隔离人犯，以防染濡的鹄的。上述各点，说明监犯从事农作，不但适应时代的需要，且亦合于监狱的本旨，当此农乡人力艰难，全国粮食恐慌之际，我们利用监犯的余力来垦殖余地，一方面减少消费，他方面增加生产，确是一个比较合理的途径。

从监狱改进运动的潮流而言，迩来欧美监狱，有二种趋势，（1）在管理方面达到自给自足的目的，（2）在地点方面由城市移至乡村。因为上述二种趋势的关系，所以监狱农场的发展，进行甚速，其著名的如比利时的墨克斯普拉司浮浪者和轻微犯殖民地，瑞士的康吞柏思监狱农场，加拿大[1]的安大略[2]监狱农场，皆成绩卓著，收效甚巨。近美国各地监狱大都附设农场，据鲁滨逊博士（Dr. L. N. Robinson）之调查，各监狱农场皆拥有大量的耕地，如明尼苏达[3]（Minnesota）占地九六五英亩，威斯康星[4]（Wisconsin）二〇〇〇英亩，洛克维尤[5]（Rock view）五〇〇〇英亩，南卡罗来那[6]

---

〔1〕 "加拿大"原文作"坎拿大"，现据今日通常译法改正。——校勘者注。

〔2〕 "安大略"原文作"翁泰利奥"，现据今日通常译法改正。——校勘者注。

〔3〕 "明尼苏达"原文作"尼明索泰"，现据今日通常译法改正。——校勘者注。

〔4〕 "威斯康星"原文作"威斯康辛"，现据今日通常译法改正。——校勘者注。

〔5〕 "洛克维尤"原文作"劳克卓"，现据今日通常译法改正。——校勘者注。

〔6〕 "南卡罗来那"原文作"南加罗利那"，现据今日通常译法改正。——校勘者注。

（South Carolina）四一六八英亩，佛罗里达[1]（Florida）一七〇〇〇英亩，路易斯安那[2]（Louisiana）一五六〇〇英亩，得克萨斯[3]（Texas）七三四六一英亩，密西西比[4]（Mississippi）二八七五〇英亩，随时配置人犯，从事工作，据美国劳工局的报告，监犯从事农作，比其他劳作，效率为高，如制鞋占自由劳作百分之六十的效率，木工占百分之四十五，农作则占百分之七十五以上，所以据一般专家的意见，监犯从事农作，比较的说来，最最适当最有效的劳役。

上次大战时，因为增产的急需，使美国监狱农场的发展，得到极大的鼓励，由是积极展开，产生了惊人的继承，目前我国正值戡乱紧张，增产紧迫之际，我们亦应利用监犯劳役来服务国家，作者旅行各地，常见荒芜的农场，广绵的旷地，我们希望农政当局，能与司法机关合作，尽量利用荒地，从事生产，先设轻微犯农场，及受保安处分者劳役农场，积极开垦，试验有效，再逐渐扩充，如管理得法，随时改善，定能日趋进步，或许从此可以奠定监所农艺作业的基础。解决当前人犯配置劳役的困难。这里所应注意的，是戒护及设备方面，尚有许多技术上的问题，必须解决，但作者相信，只要有了周密的计划，专家的协助，定能顺利地进展，得到良好的收获。这是一件迫切的工作，同时也是一种获利而合理的事业。在这增产建国的途程中，甚盼有关当局，加以注意！

卅七（1948 年），五，六，南京

---

〔1〕 "佛罗里达"原文作"弗罗利达"，现据今日通常译法改正。——校勘者注。
〔2〕 "路易斯安那"原文作"露茜安那"，现据今日通常译法改正。——校勘者注。
〔3〕 "得克萨斯"原文作"德克赛斯"，现据今日通常译法改正。——校勘者注。
〔4〕 "密西西比"原文作"密昔西比"，现据今日通常译法改正。——校勘者注。

外国判例研究[*]

梁祖厚[**]

乙、美国刑法判例研究

同一行为能否再诉

原文载 the journal of criminal and criminology

被告与某女（非其妻）同居有一年之久，已在威省区法院（wis. St. 1993. No351.04）依法科以普通奸非罪行。经后发觉被告为有妇之夫，遂又以触犯有配偶者通奸罪（wis. St. 1993，No 351.01）起诉被告辩称其行为为构成普通奸非罪之连续行为，现既已依法定罪，殊不能另以他罪再诉。关于此问题一堆于已再区法院定有普通奸非罪之被告，经证明为有配偶后，能否在地方法院以有配偶者之通奸罪再诉一经威省高等法院解释，殊无不可。盖二罪各具条件，并不互相包括。一行为而犯二罪，本属可能（state v. Brooks，Wis. 1934）一行为不得再诉之原则，对于所犯二罪性质绝不相同时，不得适用。故以一行为，或相同之数行为而处数罪之案件，屡见不鲜。如放火部分宣告无罪，并不妨碍焚毁货物损害保险公司罪之起诉（people v. Fox）。用足以致人死之器械殴人之处罚，并不妨碍强盗罪之起诉（people v Bentley）。伤害罪之处罚，并不妨碍因伤致死罪之起诉（若被害人于被告伤害罪科刑后因伤致死）（state v Little field）。意图强奸而施强暴之处罚，并不妨碍对于幼孩奸淫之起诉。又如英国判例，离奸罪之处罚并不妨碍重大猥琐罪之起诉。据上各例，可得一原则，即以同一行为或数行为而犯数种不同之罪，其一罪之处罚或不成立，

---

* 本文原刊于《法学杂志（上海 1931）》（第 8 卷）1935 年第 1 期。

** 梁祖厚，1936 年毕业于东吴大学法学院（第 19 届），获学士学位。

不影响于他罪之起诉权。

本案二罪不同之点有四，分述如后：

（甲）关于公共秩序方面之影响，二罪各不相同，普通奸非行为，只扰乱社会之道德与安宁，而又配偶者之通奸行为，则影响于婚姻关系。二者虽同为公共秩序问题，然普通之奸淫或淫乱，乃扰乱社会一般，而又配偶者与人通奸，则侵害他人之婚姻关系。

（乙）关于行为之连续性方面，两者绝不相同。普通奸非行为之成立，需有损名誉而与人奸淫或连续奸淫之事实。而又配偶者之通奸罪。只须与人有性交行为既能成立。且各州法律，多数皆以有配偶者之每一非法性交行为，构成独立罪名，盖以该罪无连续性也。

（丙）同居方面，普通奸非罪之成立，各州咸以有同居事实为要件之一，且其同居需公开，公然。而有配偶之通奸罪，则只须已婚之人于他人有性交之事实为已足。

（丁）婚姻问题方面，有配偶通奸罪之被告，声明前未结婚，即为有力之防御。在普通奸非罪，则与婚姻问题无关。

二罪不同，已如上述，惟二罪之成立，咸以非法性交为成立要件之一。若只能证明非法性交，至多科以普通奸非罪，若欲科以有配偶通奸之罪，则非证明其已结婚不可。以一行为犯数罪之惩罚问题，殊属复杂。须待法官之审慎考虑，与夫被告知之分别辩论以定之。

就逆伦案讲经说法[*]

彭学海[**]

事实摘要

甬人周永杰，年五十岁，原籍宁波，曾任中法药房奉天分公司经理多年。"九·一八"事变起，携眷来沪。历年经商，颇有积蓄，自建住宅于海格路。娶妻经氏，育一女二子，长女钦珠，年二十三岁，次子钦吉，年二十二，幼子钦祥，年仅十九。永杰治家严厉，与老妻时相勃豀[1]，最近因故口角，致经氏两度出走。月前永杰虽论子女将母接回，但夫妻间绝不开口，合家为之不安。二子同情乃母，竟于本月四日晚三许，弟兄各执电线，蹑入父室，一刹那间，将其生身之父，置于死地。事后从容告知其母与姊。翌日兄弟二人仍复上校，迨下午放学，将父尸肢解[2]，以备灭迹。此际乃姊已出首告发，由静安寺路捕房派队将周宅包围，当场拘获二逆子及其母，解由上海第一特区地方法院审理。案经初审判决，二逆子各处死刑，经氏科徒刑二年半。

一、探原

杀人不是闹着玩的，不过，现在真有人将它闹着玩，这话从何说起。你要不信，但看远远西方的某一国，为了好大喜功，不是驱使全民在屠杀吗？而对于提倡生育，竟有一句俗谚叫作"制造炮灰"，这不是视杀人如儿戏吗？

---

　* 本文原刊于《文心》（第 2 卷）1939 年第 1 期。

　** 彭学海，1932 年毕业于东吴大学法学院（第 15 届），获法学学士学位。

　〔1〕"勃豀"，也作"勃谿"，指家庭中争吵，参见《现代汉语词典》，商务印书馆 2005 年版，第 104 页。——校勘者注。

　〔2〕"肢解"原文作"支解"，现据今日通常用法改正，下同。——校勘者注。

　　再就近处看，本月间发生的[1]那件"周氏逆伦案"，犯事的那二个小子，手持阴阳电流，简直把他们生身之父当作了物理研究室中的一头老鼠。他们闯下了滔天大祸以后，反若无其事，而且颇有点像梁山泊的好汉，自命为天下除暴般得意，同至母亲姊姊面前，报上："爸爸已经被我们弄死了，今后的家庭里，可再没有什么苦闷笼罩着！"你看，多自在，多豪侠。第二天上学归来，将父尸肢解，他们根本不知"残忍"二字为何物。这一对蠢虫，仅仅在初中读过书，受到极浅薄的科学洗礼后，将固有道德，人类品性，压根儿都抛到太平洋去了！他们只知老鼠接上阴阳电，可以一命呜呼；而不知对生身之父，甚至对不论什么人，就不能同样辨理。他们只知蛤蟆可以解剖；而不知人的身体不能给你分为数段。一切的一切，他们简直是闹着玩，什么也不懂。推究原因，我可以概括地说："教育破产，道德沦亡，现有世风助长杀人凶焰！"

　　若干有心人曾为推究犯罪原因。有的说，他俩为谋财。要知弟兄就只二口子，日后老头儿归西，照我们中国规矩，这钱不就是他俩的吗？何况兄弟们又不嫖赌，钱多亦无所用，谋财一说，显见不通。

　　再有人说是为母复仇，亦属似是而非。须知复仇的对象并非外人，而正是与母同样恩深情重的生身之父。况且以弑父为复仇手段，亦非其母所愿闻。其因此致自身误投法网，更非为慈母者所能堪。一个人要能想到"复仇"这豪举，至少[2]须有二种认识，一种是复仇的意义，一种是复仇的对象。周氏兄弟根本盲无所知，与谈"复仇"，未免太看重他们了！

　　又有人说，他们兄弟俩都是犯神经病，这种为他们解脱的话，亦属无据。弟兄二个，平日好好能读书上学，精神上绝无何种变态，有往事足证。出事前几日，干嘛[3]弟兄二人会不先不后犯起精神病[4]来，这样巧事，千载难逢，说来使人不能置信。

　　于是，有摩登朋友用现代话语说，这是新旧思想的冲突。所用名词固动听，其奈不符实际情形何！讲到思想，必定有个思想系统，周氏兄弟的新思想系统是什么？周永杰的旧思想系统又是什么？断不能轻松地仅以"压迫"

与"自由"二字来代表。即就近代史看，最新的如民治制，法西制，亦未闻可将生身之父杀戮者，则所谓新旧思想冲突云云，不攻自破。鄙见归罪于教育。民国以来一般办教育的，一意醉心西学，而将本国原有宝贵的学识，尽丢到九霄云外。结果造成像逆伦案中这些角儿，他们懂得阴阳电，却忘怀了数千年相传，作为国本的孝道，以致将一般道德都普遍地降落。时有凑巧，适逢这个年头儿，东边也在杀，西边也在杀；国外也在杀，国内也在杀，这种可怕的世风，很足助长杀人的凶焰！

二、讲经

逆伦案发生得太荒唐了，因此，我想在"说法"之先，顺便带上一段"讲经"；虽然这是"修养讲座"的事儿，但此番也只好来一手"越界筑路"。

讲到"经"，我可不引玄奥的句子，乃就先圣孔孟四书所载，恭录数段。并在别的书上，摘出二个例子，给现社会做父母、做子女的人看看。经书相传数年千载，乃一部人生宝鉴，里面全是做人的大道理。而所引的例子，就是二则千真万确的故事，好比看传记，亦足以振发人心。

此次逆伦案中，有若干不明大体的人，在责周永杰生性怪癖，殊不知有父而贤，子固易为，倘有偏折，当谋所以顺之。中国固有的"孝"道，其真义即在一"顺"字上，故《论语》载：

"子夏问孝，子曰：'色难'。"

"子游问孝，子曰：'今之孝者，是谓能养，至于犬马，皆能有养；不敬，何以别乎？'"

"孟懿子问孝，子曰：'无违'。樊迟御，子告之曰：'孟孙问孝于我，我对曰无违。'樊迟曰：'何谓也？'子曰'生事之以礼，死葬之以礼，祭之以礼。'"

至于如何达到这"无违"鹄的，论语又云：

"父在观其志，父殁观其行，三年无改于父之道，可谓孝矣！"

青年看了上面的语录，也许要怀疑；不过，一个人以父母的恩义为最重，设若某人对父母不能孝顺，还希望他们对国家忠心吗？对朋友信义吗？对弟兄友爱吗？所以《孟子》书中载：

"事熟为大，事亲为大；守熟为大，守身为大。不失其身而能事其亲者，吾闻之矣。失其身而事其亲者，吾未之闻也。"

又云：

"熟不为事，事亲，事之本也。熟不为守，守身，守之本也。"

以上是关于我国固有"孝"道的根本，再举两例以名其说。

《元史·萧道寿传》载："萧道寿母年八十余，事养尽礼。夫妇亲侍栉沐，必俟母食而后进食；母寝而后就寝。出必告，许乃敢出。母或怒欲罚之，道寿自进杖，伏地而受，母命起，乃起，起后在再拜谢，色喜乃退。"

像萧道寿这样毕恭毕谨，其母尚且要怒而罚之。他非但不反抗，既自拿杖，又自伏地，最后还要起谢，一直等到老娘心喜，方敢告退，这就是孔夫子所说的"色难"、"无远"。萧道寿做得，可见人人都做得。

再就近处拣个例子，《陆陇其[1]集》里载："崇明吴老人，生四子，壮大家贫，鬻子自给。四子咸为富家仆，及长，赎身娶妇，同居供养父母。始每月轮养，其媳曰：'一月一轮，必历三月后，方得侍颜色，太疏，当每日轮供。'又以一日一轮，亦必历三日，乃一餐为率。如早餐长房，则午餐次房，晚三房，次早四房，周而复始。逢五月十日，四子共设食堂中。父母上坐，子孙居左，媳及孙媳居右，以次欢饮。老人所居之所。置一橱，其中每家置钱一串。老人往市中嬉，随意取钱，买菜物啖之。橱中钱缺，则子潜补。老人间往所识家，或博弈樗蒲，四子侍其所往，遣人密持钱付所游家，嘱其佯输与老人。老人胜，辄踊跃持钱归，不知子之所为也。盖数十年无异云。康熙辛酉，老人寿九十九，妻九十七，长子七十七，余子皆斑白，孙与曾元二十余人。崇明总镇刘兆赠联云：'百岁夫妇齐眉，五世儿孙绕膝。'"

看了上面一段故事，我想一定有许多人羡慕崇明吴老人。他的四个儿子，都能高年长寿，子孙满堂，将一个家庭造成乐园，就在能"事亲"这个功夫上。他们根本忘怀自身之被出卖，还回头供奉双亲，这是务本。"事熟为大，事亲为大。""事亲，事之本也。"

讲经就此打住，因为我的职责到底还在"说法"。

三、说法

"杀人者死！"这是任何人都懂得的法律，可是由来甚久，古已然矣！不

---

〔1〕 陆陇其（1630年~1692年），原名龙其，因避讳改名陇其，谱名世穟，字稼书，浙江平湖人，学者称其为当湖先生，清代理学家。——校勘者注。

过，后来人事日繁，花样加多，法文由简括而渐趋繁重，甚至有编列数十百条者。近世则有复繁重趋于简括，就我国现行新刑法而言，得分下列六种：（一）一般杀人罪。（二）杀尊亲属罪。（三）义愤杀人罪。（四）杀子女罪。（五）加功自杀或受嘱咐得承诺而杀人罪。（六）过失致人死罪。

先讲一般杀人罪，构成要件（一）须有杀人的故意。我国旧律，有毒杀，诈杀，谋杀，金刃杀，火器杀，种种之分；旧刑法亦有预谋杀人，残忍杀人之别。新刑法以物质文明日益进步，杀人方法亦日趋复杂，像逆伦案中的电器杀，与其列举，不免遗漏，且难以分罪情之轻重，故不加区别，采概括主义。故不问手段如何，如有死亡结果的预见，及不法戕害人命的行为，即犯杀人罪。（二）被害者须为自己以外的自然人。倘系自己，乃属自杀行为，法律尚无处罚明文。犯本罪的，处死刑，无期徒刑，或十年以上有期徒刑。科刑轻重，由实施审判的法官酌量情形定夺。未遂犯罚之。预备杀人，而尚未实行者，处二年以下有期徒刑。

再就杀尊亲属罪，就是这遭逆伦案中的那二个小子所犯的。构成要件，与一般杀人罪无异；所不同的，仅是被害人的身份，须为加害人的直系血亲尊亲属，如父母，祖父母，曾祖父母等是。法文予以特别订定，以其弃灭伦常，无可轻恕。况身为人子，无不蒙受养育深恩，自应竭诚孝养；今竟然失掉人性，行同枭獍，有此杀害行为，设不治以重典，不足以蔽其辜。现行刑法规定，犯本罪的，处死刑，或无期徒刑。未遂犯，亦罚之。预备犯本罪的，处三年以下有期徒刑。于此有须说明者，旧刑法对于肢解折割或其他残忍的方法杀人，均特别规定，专科死刑。新刑法以一般杀人罪，既可处至死刑，倘遇犯罪手段及其他情形极为可恶，审判官自可判处极刑，毋庸别设规定。逆伦案中的二主犯，他们用的工具，据报载竟有下列一大堆："螺丝钻一只，剪刀一把，电线二条，锯一把，菜刀一把，绳一条。"他们先是像在实验室里，以阴阳电震毙一头老鼠；旋复像进入屠宰作，杀猪杀牛地将尸体分割起来，何尝有点儿人的意味，更谈不到父子之情。故承办推事在判毕后，论曰："死者乃属其生身之父，而二被告复受有相当教育，在杀父之后，复忍心将父尸肢解，其用心之毒，手段之辣，固无论其动机如何，均属罪无可恕，应各处以极刑。"议论至为允当。

复次，义愤杀人罪，乃当场激于义愤，因而杀人。除杀人行为与前各罪同外，须另备"义愤"及"当场"两要件。犯本罪的，仅处七年以下有期徒刑，未遂罪罚之。诚以不平之心，人皆有之，设因他人实施不义行为，当场有所忿激，忍无可忍，以致将其杀害，要属情有可原，故应从轻发落。

又杀子女罪，指母于生产时，或甫生产后杀其子女，应成立本罪。法律予以特别订定，所以别于一般杀人罪，俾得受较轻罪刑的实益，这是法律极度顾全人情处。须知母子之爱，基于天性，设无不得已之情节，何至忍心自害一个适才出世的孩童。不得已的情形为何？约计之可分为两种：一种是有关名誉的，属于有产阶级的居多，好比私生子，闺阁名媛或守志寡妇，总觉得不能留着"丢脸"，因而一狠心就在他出生时，置于死地。还有一种是有关经济的，属于无产阶级的居多，黄脸婆就好比是老猪娘，今年一个，明岁成对，使得老头子有点负担不住，结果计议已定，将新来的送回老家。以上两种情形，很容易使为母的杀其子女，情固可原，法虽难容。于是折衷办理，轻定其刑为六月以上，五年以下。未遂犯，也要罚。不过，此条的适用，仅限于生产时，或甫生产后。若已予抚养，即无所谓羞耻艰难，设仍加害，当依一般杀人论罪。

更有一种，是加功自杀或受嘱咐承诺之杀人罪。所谓加功自杀，就是教唆或帮助他人使之自杀的意思。自杀在刑法上原不为罪，因为刑罚的效果，至死已极，自杀者既不畏死，法律对它简直是没办法想；况就刑事政策言，自杀者有时或不能达到目的，倘仍须治罪，岂非促其自杀，所以各国立法例多是干脆地来一个不规定。但是，对于教唆帮助者流，念其事前不予规劝，反而加功，下井投石，情极可恶，明订应处一年以上七年以下有期徒刑。至受嘱托或得承诺而杀人，如久病者，不愿再受痛苦，叮嘱或允诺他人杀之，此实施杀害者，亦属犯罪，处罚同前。上面两种的未遂犯，均罚之。不过，有一个例外，就是遇到犯事的，适巧也是谋为同死的人，仍得免除其刑。此种案件，上海最多，如旅馆中男女因私情，常有共卧一榻，相约同死者。结果其一遇救，自得免除其刑。此非法律奖励男女私情，实因已谋同死，非刑罚效果多能令其改善。且一死一生，从此形单影只，情节亦殊可怜，应予审判官以酌定免刑之权。

最后的一种，是过失致人死罪。其与前五种不同的地方。就在无杀人的故意。过失云者，乃非故意的行为，因不注意而发生，在刑法上以不处罚为原则；但是，致死关乎生命，危险性大，故定为仍应过失论罪之一种。本罪的处罚，因犯事者的身份而有差异。普通人因过失致人于死者，处二年以下有期徒刑，拘役，或二千元以下之罚金。

讲经说法既竟，兄弟复有一个感想。我们中国向以"孝"道自命的，许多欧美籍的所谓中国通，他们所著关于中国风俗人情的书籍，亦无不对我国民"孝"道一致推崇，我们对于他们的好意表示感谢。不过，本案发生，见于西文报纸，欧美籍读者见了，不知他们对我们这民族作何感想？此次本案在浙江路新衙门旧址审理，里面适巧又住着苏格兰兵，他们要是一高兴去旁听，对于我们这民族又作何感想？别人如何且不管它，我们活着的成千上万，为父为子的所谓"孝"道国人民，复作何感想？

末了，兄弟要告罪，此次"讲经说法"如果不好，诸君得原谅我是"律师"，究竟不是什么"贫道"，"小僧"。既没空闲上峨眉山〔1〕修炼，谁又耐烦到蓬莱岛去访道，真真所谓"难怪"！

---

〔1〕"峨眉山"原文作"峨嵋山"，现据今日通常用法改正。——校勘者注。

桃色纠纷中的罪责问题[*]

彭学海

上

第一段，炸弹式的性行为

Safety first 直译成"安全第一"，这四个字，近来在上海滩就够出风头，不论什么车辆上，玻璃橱窗上，甚至工部局通知你罚款的信封上，都能见到它。租界当局提倡它的苦衷，谅来诸君都明了。简单说来，还不是为了孤岛挤满了人，你挨我撞，路上常常出乱子；现在提出这四个字，要市民牢记心头，走路时得格外留点儿神。

因此，使我联想到都市人们另一个危险，那就是两性的^{〔1〕}关系。"食色性焉"，反正人心是"肉"做的，谁不欢喜那玩意儿。不过，行得其道，子孙繁衍，可以造成美满家庭；行不得其道，身败名裂，而且很有几分吃官司的把握。Corner 博士在其所著 Attaining Manhood 一书中警告我们："一切结婚以外的性交，是有许多麻烦存在着。"这句话可真对。

都市里男女多得常常会发生纠纷，正像都市里车辆多得常常撞出惨案一样。试想，男女应该平等，恋爱可以自由，这两个^{〔2〕}大原则，已成为二十^{〔3〕}世纪时代无国别的不成文宪法。都市中有的是恒河沙数男女，受到一

---

[*] 本文原分为（上）（下）两部分。（上）文原刊于《文心》（第1卷）1939年第10期。

〔1〕 "的"原文作"底"，现据今日通常用法改正，下同。——校勘者注。

〔2〕 "两个"原文作"二个"，现据今日通常用法改正。——校勘者注。

〔3〕 "二十"原文作"廿"，现据今日通常用法改正。——校勘者注。

番浅薄的文明潮流冲洗后，脑中记着经曲解了的自由平等，而把先人经历所得的礼教大防，抛到九霄云外。结果彼此进攻，毫不设防，到头来纠纷迭见，桃色新闻多得报馆记者也着了忙。诸君不信，就可注意每日报章中的社会版，平均总是这类新闻占多数，何况还有许多是"隐密不宣"。尤其是向以着重社会新闻见称的某报，它会觅得桃色案主角的照片，尽量刊载；而且不惜工本，竟能将外埠的也一并转载，洋洋大观，使人难以相信桃色纠纷就有这么多。

但是，事实还是事实，谁能否认它不是一个社会的严重病症。我们就多方面观察，性行为是富有危险性的。其烈性颇有点像炸弹，今天种的因，明天准会爆发。兄弟说这句话，并不是根本否定性行为对人类的作用，或者劝男女都成为禁欲主义者，诸位记着，解决它自有正当办法。不过，桑间濮上，任情苟合，兄弟不敏，实在有点儿难以赞同。社会进化了，人也文明得多了，谁耐烦再去《看太上感应篇》，谁愿意再想着"万恶淫为首"这一句冬烘话。可是，奇怪得很，现代文明发源地的欧美，也一致公认："性行为唯一妥当的规则，是永久结合婚姻；除此以外，男女切不可作肉体上的亲热。"所以，兄弟此次同样要提出，"安全第一"，尤其在不正当的两性关系上。此次想告诉你们一点为什么"不安全"的法律，虽然没有印善书做好事的存心，也没有恐吓热情男女的恶意。

第二段，直接发生的罪责

非法的性行为，俗称"奸淫"，原由于人类的情欲。因此事前的防范，比事后的制裁还要紧。就现代立法例说，多数将这种矫正的责任，让诸教育的指导，道德的感化；而在迫不得已时，予以刑事上的制裁。可也不在少数，就新刑法所订，得分为三大类，细目近二十种。有触犯其一，都有尝铁窗风味的资格，且让我一桩桩，一件件地说出来。

第一类妨害风化

秽德淫风，妨害社会风化，故以此为命名，而予以处罚。现在始将猥亵部分〔1〕不论，奸淫项下亦有十三种罪名，"十三"二字又是如何一个不幸的数目。

关于奸淫的十三种罪名：（一）强奸罪；（二）准强奸罪；（三）奸淫幼

---

〔1〕"部分"原文作"部份"，现据今日通常用法改正，下同。——校勘者注。

女罪；（四）共同轮奸罪；（五）强奸杀被害人罪；（六）乘机奸淫罪；（七）诈术奸淫罪；（八）血亲和奸罪；（九）图利引诱或容留奸淫罪；（十）加重奸淫罪；（十一）利用权势奸淫罪；（十二）引诱幼年男女奸淫罪；（十三）公务员包庇图利引诱奸淫罪。可谓名目繁多，因此量罪科刑的定价也就不一了！

（一）强奸罪，意思是对妇女，以强暴胁迫，药剂，催眠术或他法致使不能抗拒，从而奸淫之，应成立本罪。犯罪的被害人，大抵多是妇女；而实施犯罪行为的，往往是自命好汉的男子。有一点得特别提出，就是本罪内所称的妇女，并不以良家妇女为限，纵然被害人是青楼卖笑，挨户向导，或者半娼式的按摩女，竟甚至操皮肉生涯的皮肉，如果她不愿意跟某一男子来往，倘用强迫手段奸淫之，亦应成立本罪。有犯之者，处五年以上有期徒刑，未遂犯罚之。

（二）准强奸罪，系因奸淫未满十四岁的女子而成立。不必用上述强暴等方法，即得其同意，亦负罪责。因未满十四岁的女子，意志薄弱，无判断是非自由承诺能力；而发育未全，尤应消极地否认其有同意奸淫的能力，借以维护民族健康。已遂未遂的处罚，与前罪完全相同。

（三）奸淫幼女罪，乃对上述准强奸罪的补充规定，指奸淫十四岁以上，未满十六岁的女子，成立本罪。立法理由与前相同，已遂的处一年以上七年以下有期徒刑。

（四）共同轮奸罪，就是犯一二两款的罪，而有二人以上共同轮奸时，应成立本罪。法律鉴于犯罪者恶性比较重大，故科以较高度之刑，处无期或七年以上徒刑。

（五）强奸杀被害人罪，乃既犯强奸，又当场杀人者的罪名。法律学上称为"结合犯"，意指强奸与杀人两罪结合而成。论其恶迹，实较任何犯行为重，故处以惟一的死刑。所以犯之者，可说是有死无生，足见法律制裁的公正与严厉。章回小说中的"采花大盗"，老欢喜玩这一套，结果多拿到"正法"。

（六）乘机奸淫罪，凡对于妇女，乘其心神丧失，或其他类似情形，不能抗拒奸淫之，应成立本罪。其与强奸罪的差别，就是不能抗拒的原因，非由犯人造成；犯人不过利用机会，泄其兽欲，恶性可也不少，故处三年以上十年以下有期徒刑，未遂犯罚之。

（七）诈术奸淫罪，乃以欺骗手段，使妇女误信其为配偶，而听从淫奸，成立本罪，就听从一点观察，迹近和奸；但其所以听从原因，系由犯人使用诈欺所致，则去强奸无几。其犯行实有于和奸之间，应在重惩之列，已遂未遂处罚，纯与前罪同。

（八）血亲和奸罪，为直系或三等亲内旁系血亲相和奸，亦予处罚之规定。所谓血亲，系指有血统联络关系的亲属而言。诚以血亲通奸，渎乱伦常，法律为尊重伦常计，不能不予以取缔，犯之者处五年以下有期徒刑。

（九）图利引诱或容留奸淫罪，指意图营利引诱或容留良家妇女，与他人奸淫，成立本罪。被引诱或容留者，须为良家妇女，非习淫业。而引诱或容留之者，一方借端图利，一方诱其成奸，作恶多端，故设专条处罚。普通是三年以下有期徒刑，且得并科五百元以下罚金。倘使以此为常业的，尤应加重处五年以下徒刑，得并科一千元以下罚金。都市中此种情状甚多，乡间有若干不良分子〔1〕，借此谋生图利者亦不在少数。法律除订定期刑外，并得合科罚金，足为贪图非法利益者戒。

（十）加重奸淫罪，乃犯强奸罪，准强奸罪，乘机强奸罪，因而致被害人或重伤，或因而致被害人羞忿自杀，或意图自杀而致重伤者，应予加重处罚。依新刑法规定，因而致被害人于死者，处无期徒刑，或十年以上有期徒刑。致重伤者，处七年以上有期徒刑。因而致被害人羞忿自杀或意图自杀而致重伤者，处七年以上有期徒刑。

（十一）利用权势奸淫罪，指对于因亲属，监护，教养，救济，公务或业务关系服从自己监督的人，利用权势奸淫之，本所恒见，情极可恶，应处以五年以下有期徒刑。再若此等有监督权者，对于服从自己监督的人；或夫对于妻，竟因意图营利，引诱或容留与他人奸淫，尤属无耻。此等作为，在个人为坏节辱名，对社会又伤风败俗，更在严禁之例，除同样科以五年以下有期徒刑外，得并科一千元以下罚金。

（十二）引诱幼年男女奸淫罪，乃对未满十六岁的男女，施以引诱，与他人奸淫，即应身负罪责。其与第九种不同之点，前者须意图营利，本罪无此限制。且前罪限于良家妇女，本罪无分男性女性，仅视被诱男女未满十六岁，即应成立。立法意旨，在保护未满十六岁之男女，免被人诱，防止身堕孽海，历久不能自拔。

---

〔1〕 "分子"原文作"份子"，现据今日通常用法改正。——校勘者注。

（十三）公务员包庇图利引诱奸淫罪，乃对第九种之加重规定，只须犯之者为公务员，且不必本身实施，仅有包庇行为，即应成立本罪。按公务员为国服务，理应〔1〕奉公守法，今竟凭借其职务上之权力不法犯罪者，自应依第九种罪之处罚规定，加重二分之一，以示严禁。

下 *

第二类妨害婚姻

我们中国是以数千年古国自命的，这个古国的基础，建筑在家族组织上；而家族组织的本身，又造端于夫妇。中国人因此有一共同观念，就是一致公认"婚姻"因"大事"，不像欧美人欢喜讲"自由"，充满着"结婚""离婚"那些玩意儿。近来都市里有一些文明人，虽也在学，可总比不了他们信仰的外国祖宗，且须受家族方面种种限制。一国的法律，多少须顾及国民性。"婚姻"诚然是"大事"，所以一方面在民法上，积极地予以种种关于保障的规定；另方面在刑法上，消极地予妨害者以种种制裁。就我刑法所订，计有三种罪名：

第一种，重婚罪。有配偶，而重为婚姻，或同时与二人以上结婚，即属成立。法律的用意，纯在确保现行一夫一妻制。本罪成立的时期，在履行习惯上一定仪式后，即属既遂。倘仅与他人订立婚约，或于成婚时，前次婚姻关系业已消灭，均不能认为重婚。他若事实上与人同居，俨如夫妇，而未正式成礼，有时难免构成他罪，亦不能认为重婚。犯罪主体，无分男女，相与为婚者，亦负罪责，惟须明知故犯，方可处罚。我国旧习惯，独子兼祧，二房为谋早生贵子计，各代娶上一房媳妇，实在害他犯罪。关于处罚的规定，为五年以下有期徒刑，其相婚者之处罚亦同。

第二种，诈术缔婚罪。凡以诈术缔结无效或得撤销之婚姻，因而致婚姻无效之裁判或撤销婚姻之裁判确定者，成立本罪。外国立法例，认此等行为，仅负民事上离婚扶养或赔偿等责任。我们中国，号称"礼义之邦"，而且一向认婚姻为"大事"，岂容民间使用诈术，像变戏法似地"骗婚"，当然不够

---

〔1〕 "理应"原文作"理因"，现据今日通常用法改正。——校勘者注。

* 从此段开始为（下）部分。（下）文原刊于《文心》（第1卷）1939年第11期。

"劲"。新刑法特设专条，予以处罚，促使"大事"可"郑重其事"行之，避免出乱子。

犯本罪的构成要件有三：（甲）缔结婚姻，须系使用诈术方法。所谓诈欺方法，就是欺骗迷惑等不实在的行为。（乙）以诈术缔结的婚姻，须为无效或得撤销的婚姻。无效是自始即无婚姻效力可言，如一般公子哥儿，惯会骗舞女娼妓或某种热情女郎，要她先借小房子同居，并没举行结婚仪式。撤销是具备某种条件，像男未满十八岁，女未满十六岁，居然未得法定代理人的同意，自作主张，结起婚来，依法可得撤销。关于婚姻无效及撤销详情，请参阅本刊第九期拙讲，当知究竟。（丙）缔结婚姻后，须因而致无效或撤销之裁判已确定。具备上开三要件，成立本罪，处三年以下有期徒刑。

第三种，和奸罪。凡有配偶而与人通奸者，成立本罪；其相奸者，亦同。构成要件有三：（甲）须有通奸之行为。所谓通奸，指得其同意而奸淫，非如强奸系以强暴胁迫等行为出之；（乙）罪主体，须为有配偶者。有配偶者，指有夫之妇，或有妇之夫而言，并无男女若何分别。关于此点，旧刑法和奸主体，仅为"有夫之妇"；新刑法则基于男女平等大原则，认有配偶而与人通奸，均应负责，不能单就妇女方面处罚。犹忆审议之初，立法院曾有激烈辩论，后因妇女协会呈请中央政治会议复议，始加入"有妇之夫"与人通奸，亦负刑责的规定。惟为顾全实际，将旧刑法所订二年以下有期徒刑，改为应科一年以下，其相奸者的处罚同。社会上这类桃色案件最多，一方面固然是道德的降落，一方面犯了通常所称"文章是自家的好，老婆是人家的好"大毛病。

关于第二种及第三种罪，须告诉乃论，即亲告罪，意指不告不理，如无利害关系而告诉权者出面主张，有司不得加以干涉。立法理由，因诈术缔结婚姻，如能相安无事，有告诉权者自愿抛弃其告诉，法律实无处罚必要。再说奸非秽行，倘被害者不愿声张，法律亦未便干涉。

第三类妨害家庭

家庭是社会组织的基础，保障家庭安全，所以维持社会秩序，因此对它有妨害时，须予处罚。此种妨害家庭罪，一名诱拐罪，视犯罪者手段不同，得分为和诱与略诱。所谓和诱，指得其同意而拐取；所谓略诱，指以强暴胁迫或诈术为拐取手段。本文旨在警告社会，针对"桃色"纠纷，畅论罪责问题，故于普通和诱，为节省篇幅计，姑不列论。有关题意者，亦得分为三种。

第一种，加重和诱罪。查和诱罪所保护者，一为未满二十岁男女，二为有配偶之人。平时使其脱离家庭，或其他有监督权之人，咸属妨害家庭，依法应予处罚。若意图营利，或意图使被诱人为猥亵行为或奸淫而犯此者，即属加重和诱罪。依现行刑法所订，应处六月以上，五年以下有期徒刑，得并科一千元以下罚金；未遂犯亦罚之。

第二种，加重略诱罪。查略诱罪所保护者，仅为未满二十岁之男女。通常如以强暴胁迫或诈术等为取拐手段，即反乎被诱人之意思，以不法手段使被诱人脱离家庭，或其他有监督权之人，移于自己实力支配之下，尚负刑责。若意图营利，或意图使被诱人为猥亵行为或奸淫者，成立本罪。处罚重于前罪，为三年以上十年以下有期徒刑，得并科一千元以下罚金。未遂犯亦罚之。

第三种，收受藏匿被诱人罪。凡意图营利，或意图使被和诱略罚人为猥亵之行为或奸淫，而收受藏匿被诱人，或使之隐避者，成立本罪。罪犯构成要件有二：（甲）须有故意收受藏匿被诱人或使之隐避之行为。如非故意，自不负责。（乙）须有意图营利，或意图使被和诱略诱人为猥亵之行为或奸淫之目的。备上两〔1〕条件，即犯本罪。都市中借此营生者极多，实为造成奸非渊数。我刑法规定，犯之者处六月以上，五年以下有期徒刑，得并科五百元以下罚金。未遂犯亦罚之。

第三段　间接诱致的过犯

因"桃色"纠纷而须直接担当的罪责，已在前段分三类挨要说明，谅读者定能知其大概。现在要进一步研究，奸非行为还能诱致其他无穷数的过犯。关于奸淫在足助长一人的犯罪，可说古今中外，皆有此认识。数千年前，孔夫子早告诫我们，血气未定或血气方刚之时，宜以色与斗为戒。"桃色"纠纷中的主角，几全体是血气未定的青年，和血气方刚的中年男女，七八十岁的老翁老婆，当然不会再有那种胡乱行为。我国俗谚有所谓"十件命案九件奸"，不过举此一例罢了！再如美国犯罪学研究家，曾根据一九三六年该国谋杀统计的数字，警告一般人切勿为三角恋爱中之要角。因为一年来数字表示，其由于婚姻关系，家庭男女纠葛，或两性间一切冲动和冲突，致被人杀害者，竟多至七万五千九百人。足见古今中外哲人所见略同，我人闻之，能不触目

---

〔1〕"两"原文作"二"，现据今日通常用法改正。——校勘者注。

惊心，惶恐万分。细再分析，其他犯罪因奸淫而诱致者，得分为两类。一种是非法的通奸[1]，一种是公然的卖淫，都足促使一人误陷"法网"。

先说非法的通奸，其直接应负的罪责，前已详为介绍，兹不复赘。他若奸夫因欲遂其奸淫而杀伤人命，本夫因其妻被奸而杀伤人命，或奸妇因恋奸铲除障碍而杀伤人命，所见多有。而社会上因奸窃盗，因奸殴辱，白相人借奸索诈，某种妇女为奸堕胎，国家官吏因奸枉法，尤属比比皆是。这种由于奸淫所诱致的某种结果，律有处罚明文，认为犯罪行为，虽不问其原因，要多由于奸非行为促成的。

再讲公开的卖淫，同意结合，形似买卖；但费时费财，因而失业者有之，因而荡产者亦有之。荡产失业，无以为生，流为盗匪小窃，要不能不视奸非行为是它的媒介。

由于上面的论述，我们深觉得奸非行为，不论对个人，对家庭，对社会，对国家，都会发生极恶劣的影响。而所谓"桃色纠纷"，名义上似乎好听，实质上是一椿最不幸的事件。不过，这到底发动于人类的情欲，非严刑峻法所能制止，所以一部分应让诸教育的感化，道德的制裁，期养成纯风，辅助刑罚之所不及。兄弟眼见社会上此种纠纷日多，虽不愿像道学先生浩叹"人心不古，道德沦亡。"但亦难能默无一言。因此单就本问题，从详地谈上两期，深望各界此后注意，"安全第一"，"切勿妄为。"

---

[1] "通奸"原文作"奸通"，现据今日通常用法改正，下同。——校勘者注。

第七届国际统一刑法会议决议案[*]

张企泰[**]

第七届国际统一刑法会议，其经过之概况，本杂志上期已有报告。兹获得该会议决议案全文，移译如下。（国际统一刑法会议一九二七年在华沙举行会议，一九二八年在罗马，一九三〇年在布鲁塞尔[1]，一九三一年在巴黎，一九三三年在马德里，一九三五年在丹京[2]。其宗旨在对于刑法上诸问题拟定草案多种，为将来各国修正刑法典全部或一部时之参资）

第一委员会

第一题，侵占罪之统一规定

第一条 以任何原因，受有他人之动产，有归还之义务，或于物定有特种使用方法或用度，而为自己或第三人之利益，不法据为己有，或予以处分，或另予他种使用方法或用度者，犯侵占罪，处……

第二条 因错误，不可抗力，或以他种非发自其本意之原因，持有他人之动产，为自己或第三人之利益而侵占之者，处……

第三条 拾得遗失物，不依关于遗失物拾得之规定，而据为己有者，处……

不依关于埋藏物之规定取得所有权，而据埋藏物之全部或一部为己有者，

---

[*] 本文原刊于《中华法学杂志》（新编第 1 卷）1938 年第 12 期。

[**] 张企泰，东吴法学院教授（在渝复校，自民国三十二年春至民国三十四年夏）。

[1] "布鲁塞尔"原文译作"勃鲁赛"，现据今日通常译法改正。——校勘者注

[2] "丹京"即为丹麦首都哥本哈根。——校勘者注。

处……

第四条 管理或保管他人之财产，或属于他人之物，违反其保管或管理之义务，因而不法加物质上损害于该他人者，处……〔1〕〔2〕

第二题，伪造有价证券罪之统一规定

一九二九年四月二十日关于伪造货币罪之国际公约，推广其适用，及于某种有价证券之伪造。

第一条 本章所称有价证券，指下列各种而言：

一，以预定之确定金额，不论见票即付，或定期付款，向持票人或票面之记名人为给付，而制作之证券。

二，国家或公法上之法人，或有权发行证券之私法上法人所发行，而在公家证券市场中流通之动产证券，以及该项证券之息票，红利票，或他项权利票。

第二条 一九二九年年四月二十日关于伪造货币罪之国际公约，其第一部分，除第一第二第十一及第三条第五款外，于有价证券准用之。

该公约第十二条关于中央机关活动之规定，推广其适用，及于伪造有价证券罪之防止。

第三条 伪造变造之有价证券，及用以伪造变造之器械原料，应予查获没收。没收后得因请求，将伪券器械原料，交付于政府或有关机关。但据为判罪时确证之伪券，应依追诉地法律之规定，保存于刑事档案中。其他样本，于需要时，并得交存于国际公约第十二条中规定之中央机关。总之，上述物件，应使禁止使用。

下列决议案，有关外国籍或无国籍刑徒经释放后其地位之问题。经第四委员会一致表决通过。

---

〔1〕 在许多立法中，侵占罪之观念，极为狭隘，须具备下列诸条件：（一）物体之交付，（二）其交付因于某几种列举之契约，（三）持有该物，而有侵吞或浪费之行为，换言处分之行为。欲以此种狭隘观念，惩罚一切不诚实之企图，其无成效可知。该会议拟将侵占定义放宽，制为草案，以备各国之参证。故凡，一，持有他人之物，不问其对于物之持有因于任何种契约，而有不忠诚之行为者，二，或其持有非出于他人之自愿交付者，例如遗失物之拾得等，三，或为他人管理事务而有不诚实之侵吞行为者，均犯侵占罪。

〔2〕 上注③中，"不问其……何种契约"处，原文仅有"约"，无"契"字，疑为漏印。——校勘者注。

一、本会议鉴于释放之外国籍或无国籍刑徒驱逐出境后，发生事实上诸多问题，而其问题之解决，应自正义人道观点，求国家治安及个人利益之调和，特建议下列原则，以为各国内部立法指南针。

（一）（a）因判罪而被驱逐，应以案件之具有相当严重性者为限。其严重性得以犯罪种类之列举或宣告之刑决定之。（b）驱逐权行使时，应注明该刑徒之留居本国境内，有害于其社会安宁。

（二）关于驱逐刑徒出境事，应成立审判上或行政上监督之机构。

（三）如驱逐之结果，将被逐者遣至判彼罪刑或进行控诉之国家，而此项犯罪或控诉，未曾或不能成为引渡之标的者，不得下令驱逐。

（四）十八岁之童犯，不得加以驱逐。但如有对之行使亲权或监护权之人或机关存在某地，而驱逐结果，适使彼遣回该地时，不在此限。

（五）驱逐之处分，得随时予以停止或撤回。

（六）驱逐之执行无法实施时，得代以其他保安或监视之处分。

二、本会议鉴于驱逐处分，使被驱逐者在他国寻觅住所，因而具有国际性质，并鉴于该处分之效果，大半系于他国之肯接受被驱逐者与否，认为应订立一国际公约，包含下列诸原则：

（一）一国不得拒绝其本国之人民入境。

（二）如被逐者所隶籍之国家，或允其入境之国家与被逐者居留之国并不毗连时，其他国家，应予彼以过境之便利。

（三）行使驱逐权之国家，应以驱逐事通知被逐者之本国，宣告罪刑之判决书，一并送达之。

（四）国家间应成立保护机构。各国亦应设立机关，处理被逐刑徒遣回及安插之事项。

（五）未驱逐及遣回之外国籍人，与本国人间，关于安插事项之待遇，应一律平等。

三、一九三〇年八月，在海牙签订之议定书，规定无国籍人丧失国籍后，经宣判一月之有期徒刑，且已服刑期满，或受缓刑之宣告，或经假释者，其原来隶籍之国家，有收容之义务。但目前之情形，尤其避难者所处之新地位，使设议定书之适用，有加以修改之必要。本会议鉴于上述种种，认为对于目前情形，应予明白指出，并根据前列各条，另添补充规定。

四、本会议表示愿望，关于避难者之地位，除于必要时以保安及监视处分代驱逐外，将后应根据放弃驱逐避难者至其原来国家之原则，重予考虑。

第三委员会

伪造护照及虚伪陈述身元

第三委员会所建议之条文：

第一条 伪造变造护照或类似文书者，处……

公务人员利用其职权，犯前项之罪者，处……

第二条 为使发给护照或类似文书，因而假造身元，或利用虚伪之文件证件或声明者，处……

第三条 公务人员，对于身元有意在护照或类似文书中添加虚伪陈述者，处……

第四条 有意使用虚伪之护照或类似文书者，处……

使用为第三人制定之护照或类似文书者，处……

第五条 具有不法之目的，不问以任何名义持有，出让，或取得，甚至运送伪造虚伪之护照或类似文书，而明知其为虚伪者，处……

第六条 前列各条规定，不问其文书系本国或外者，均准用之。

愿望

一，第七届国际刑法会议，表示愿望，各国应推广专门技术之应用，使尽量阻止虚伪护照之制造，及他人护照之使用。

为此，本会议敦促各国大规模引用指纹法。盖于达到上述目的，极有效果也。

二，本会议并表示愿望：国际公约应即成立，以防止为惩罚护照及其他类似文书之伪造〔1〕或变造。

---

〔1〕 "伪造"原文作"僖造"，疑为印刷错误。——校勘者注。

未来之德国刑法[*]

张企泰

此文根据 Dsa kommende deutsche Strafrecht, herausg. von F. Guertner. 1934 一书而作。

德国之现行刑法，系于一八七一年依照普鲁士一八五一年之刑法典而制成。普鲁士刑典之制定后于法国拿破仑刑典四十年，受其影响甚深。法国大革命所标榜之个人自由主义，其表现于法国刑法中者，亦见诸普鲁士刑法，及德国现行刑法内。

自一八七一年后，德国之刑法，前后修正达二十余起。大战后，以经济政治社会之重大变化，十数年中，竟有较大修正案七次之多。

刑法全部之改订始于一九零六年。是年，司法行政部特设委员会研究此问题。于一九零九年，拟成新刑法草案。嗣后于一九一三年，一九一九年，一九二二年，一九二五年，一九二七年复成立五种草案。但均未能成为法律。此次国社党当政，标榜国家社会主义，一切采革命手段。法制之全部改造，已着手进行，在最近期间，均将先后实现。刑法有关新革命国家之安全较其他种法律尤为密切，故自始即在国社党当轴注目中。一九三三年秋（希特勒〔1〕当政在该年正月），希特勒特令司法部长 Guertner 设立刑法委员会，研究刑法改造问题，俾适合新德意志之观念及需要。司法部长自任该会主席，普鲁士司法部长 Kerrl 及排因司法部长 Frank（现为德国法学学院院长，国社党法律改造运动之首领）为该会副主席。委员中有刑法学者，有刑事实务家，均德

---

* 本文原刊于《现代司法》（第1卷）1935年第1期。

〔1〕 "希特勒"原文译作"希德勒"，现据今日通常译法改正，下同。——校勘者注。

国第一流人物。该委员会于一九三三年十一月三日正式开始工作，经四次连日会议，草成刑法总则暂时草案及意见书一篇。此意见书已于去岁由德司法部刊印发行。

本篇所选，仅限于总则。

未来德国刑法与各国现行刑法最大不同之点，即在德国刑法系以防卫社会福利为出发点，而现今各国刑法典倾重于个人自由之保障也。国社党主义，本以提倡公利先于私益之原则为重心。无论关于何事，如公共福利与私人利益不能相容，则必须牺牲后者以成全前者。往昔因重视私人利益，故刑罚必以犯罪之事实为根据。假定犯罪事实尚未成立，而国家即施以刑罚，则用刑既无确实证据，自难免专横之弊。其结果必致人民之自由，随时可被剥夺。现在既以公利益为前提，则意欲损害公利之人着手实现其意欲时，国家即可开始采取防卫行动，无须待犯罪事实确立。将来德国刑法重在人之犯罪意欲，故名曰"意欲刑法"Willensstrafrecht。吾人欲明了此种"意欲刑法"之由来，请进而加以详解。

兹先说明国社党对于刑法之观念如何。刑法究竟有何功用。国家运用刑法之原意是否为制裁已发生之不法行为。换言之，即制裁对于国家安宁及社会中之财物所加之损坏，或侵害[1]之行为，或国家适用刑法乃于相当限度内，为国家本身制成永久涤瑕荡垢之工具耶？

依国社党观之，刑法之主要目标，在保持德国民族之生存，国家之能力，社会之平安，国民之繁殖力及其工作之安宁。从根本与内部方面着手，以对付种种不法侵害。故刑法乃一种战斗之法律，其战斗之对方，即破坏德国民族生存力量及和平之人。此对方不专指事实上个别破坏和平之人，并指具有破坏和平倾向之人（事实上发生之个别案件，不但为制裁犯人之根据，亦为消灭此同类之人，及防止相类行为实现之参考。国家在敌制个别犯罪事件时，实应运用一切适宜之防卫工具，以求彻底[2]）。

刑法之目标，既如上述，则其功用，自当为国家本身永久涤瑕荡垢之工具用以肃清一切反社会意志及不法捣乱分子。而刑法之制裁，不仅限于已发生之事实，且及于犯罪之意欲也。犹之园丁之芟割野草，不专及于地面之草

---

〔1〕"侵害"原文作"害侵"，现据今日通常用法改正。——校勘者注。
〔2〕"彻底"原文作"澈底"，现据今日通常用法改正。——校勘者注。

茎，且及于地下之草根，毫不足怪矣。

德诗人雪勒曾云"若我该为之，我并欲为之，则我即能为之。"若谓不能，咎由自取，不可归责他人他事。此种意志自由之说，亦今国社党对于意志的哲学讨论所采取之态度。世界上之一切，不论善恶，合法非法，信仰社会主义或无政府主义，胥由意志推动。所以刑法之以和平破坏者之意欲为其对象，有由来也矣。

但是意欲刑法对于过失，不准用之。在此种情形中，刑法仍应以犯罪结果为根据。

意欲刑法之根据及中心原则，既与现行各国刑法大相径庭，则关于刑法上之其他问题，不论总则或分则，其观察点及解决方法亦自与之不同。兹分四节简述如下。

一、意欲刑法与未遂犯及既遂犯 [1]

吾人对于意欲刑法，有一疑问焉，刑法敌制准备违法之意欲，究应有某一时刻，及某种范围中。凡犯罪事实之成立，大抵经过下列诸阶段：意图，决断，准备，实施之始，实施以迄于结果之成立，结果确立。现行法对于上述疑问之解决，以攻击犯罪结果为原则，而以早期发动为例外。此例外在大半情形中，且须法典明为规定。今若以意志为人生一切之推动力，则于此问题之答案，必主张刑法应于早期发动，并于敌制犯罪意欲时，竭全力以赴之。

在吾人思想转动，或主张成立时，刑法未可加以干涉。但在吾人对于犯罪意图决取态度时，如不能克服之，而决意作扰乱社会安宁之行为，则其态度，带反社会色彩，国家有制裁之义务。虽然国家犹未可立施以刑罚。一则在此种情形中，证据不易调查，二则在社会安宁未切实被扰乱前，彼之意志，仍能左右环境。其有准备实施，而其实施行为并未带丝毫反社会色彩者，亦不当受刑法之处分。固然在某种情形中，实施之准备，已构成社会上绝大之危险，刑法有立即发动抑制之必要。于此点现行法已予以相当注意，未来刑法亦决无忽视之理。更进一层而论，若犯罪行为已经开始，则行为人已成社会之积极敌人，国家有立施以刑罚，竭全力扑灭之之义务与权利（现行法则以着手实施，而未曾得到结果者为未遂犯）。

---

[1] "既遂犯"原文作"已遂犯"，现据今日通常用法改正，下同。——校勘者注。

苟如上述则采用意欲刑法，其结果自难免扩大施用刑罚之范围。但有一部分情形，依理不能以着手实施与既遂行为并论者。譬如伤害身体罪，诽谤罪，破坏婚姻罪等等。未来刑法，必明白规定，需其实施既遂，而后加以罪名。未来刑法将不包括违警罪。违警罪之成立，亦以行为既遂为要件。

如吾人已确定国家在刑法中所采取之防卫阵线，他如关于命名刑罚所系结之行为阶段，乃是技术问题。一九三三年普鲁士司法部长 Kerrl 等所著《国社党刑法备忘录》一书，弃现行既遂犯及未遂犯等术语不用，而发明 Unternehmen 一字以代之。此字似可为将来刑法所采用。从此犯罪不复有未遂既遂之分，而仅成立准备与 Unternehmen 之区别矣。

关于客体及手段之不能犯，在今学理上有客观主义及主观主义之分。新刑法既以意欲为出发点，则即使意欲假不能之手段以求实现或行之于不能之客体，仍不能改变刑法对于此项意欲所采取敌制之态度。此显为主观主义之论调。德国判例，向来采取主观主义，恰与未来刑法之观念暗合。

二、意欲刑法与刑事责任

意欲刑法既重在消灭犯罪意欲，故主张无责任不处罚 Keine Strafe ohne Schuld。至于犯罪行为之圆成，亦以行为时有责任能力为要件。（无责任能力者之犯罪行为，既亦破坏社会秩序，从社会福利观点看来，不能不有以对付之。故新刑法将增加保安处分之规定。）

责任能力，实包含两种分子，鉴别行为不法之能力，及依据鉴别而指使其意欲之能力，尚有所谓减轻责任能力。现行法并无规定（一九三三年十一月二十四日之法律除外）。自十九世纪末叶起，学者始盛倡此说，认为减轻刑罚原因之一。其后诸刑法改革案，无不予以相当考虑，一时成为风气。但在个人主义创盛时代，减轻责任能力，专以行为人人格为根据，在国社主义国家中，则并注意于社会福利。如有减轻责任能力之人，为同侪之大害，社会应要求彼十分努力，达到理智情感平衡境地。若彼不此是图，因而构成罪名，自不能根据减轻责任能力，而为减刑之请求。反之，彼对社会负完全责任。

刑法委员会以减轻责任能力人，分为两类（异于一切其他刑法草案）。（一）长期低能之人，此类人大抵为患精神病者，法律希望其能以超过寻常的抵抗力，抑压犯罪之倾向，俾为善良之公民。如有作犯情事，不得减刑。（二）在暂时变态中之人，此类人（亦包括喑哑）于社会无大。其减轻责任能力可以成立减刑之理由。

酗酒是否亦在无刑事责任能力范围之内，须分别答复。一，预有犯罪之意而借酗酒以遂行之者，以故意犯罪论。二，因酗酒丧失责任能力而犯罪，但初无犯罪意者，a. 依据意大利法，以有责任能力论，b. 以过失论，c. 立为特种罪名。未来刑法，采第三说。三，因酗酒减轻责任能力而犯罪者，不因减轻责任能力而减刑。四，在酗酒状态中操作业务，得致危害于人，而实际上幸未成立犯罪事实者，（例如酗酒之司机人，幸未闯祸）将在分则内予以规定。

附暂拟条文

a. 行为时无责任能力者不罚，但应施以保安处分。

b. 儿童无责任能力。

少年在行为时，以其身心发展无鉴别不法之能力，亦无根据此鉴别而作为之能力，为无责任能力。

c. 行为时因患精神病，或意识错乱，而无鉴别不法能力亦无根据此鉴别而作为之能力者，为无责任能力。

d. 喑哑因心神发展不全，而无鉴别不法能力亦无根据此鉴别而作为之能力，为无责任能力。

e. 行为时有减轻责任能力者罚，并加以法文中所规定之保安处分。

行为时因患精神病或意识错乱，或因喑哑而减轻鉴别不法能力及根据此鉴别而作为之能力，为减轻责任能力。

减轻责任能力，因于暂时状态或因喑哑，得减轻其刑。

f. 因欲犯罪而饮酒或使用他种麻醉品，致失责任能力者，其所犯之罪，以故意处罚。

出于故意或过失饮酒或使用他种麻醉品，致失责任能力，而犯罪者，予以监禁或罚金之处分。但以不超过因故意犯罪所当获之刑为限，但故意犯罪以告诉乃论，或得被害人之同意始成立者，则该罪之追诉，亦须经告诉或同意始成立，因归责于其本人之酗酒状态致减轻责任能力者，不得减刑。

再进而论故意与过失。未来刑法将如现行刑法，以刑事责任限定故意与过失两种。过失行为之处罚，则以法律明白规定者为限。新刑法并将于故意与过失，在法典中确立定义，（本国新刑法亦然）。缘故意等词语[1]，具有专门意义，已非普通一般人所能了解。关于故意之定义，将如下列："凡明知意欲而作犯者"；换言之，有意识的惹起构成犯罪事实成立之行为，此定义，伸缩性较大，并不表明其对于意欲主义或认识主义偏向之态度。关于未必的故意，Dolus eventualis 意义向来模糊。介乎确定认识犯罪情况（即故意），及确定不不认识犯罪情况（即过失）间，尚有其他种不同的刑事责任。或者犯人料到犯罪情况必然存在，或料其有存在之可能，或料其或许存在。刑法委员会以第三说范围过狭，而主张采第二说；凡料到犯罪情况有实现之可能，而任其实现者，以故意论。德一九二七年刑法草案，虽亦采上述第二说，但限定犯人须于情况之实现表同意 Einverstandnesein 者，方得谓为故意。但时有认为犯罪事实有发生之可能，虽不同意于其结果，然其轻浮的冷淡态度，任其发生者，或违反一切合理的经验基础，本其轻浮的或迷信的态度，确信该事实不致发生者，则依照一九二七年草案之规定，仍不得谓为故意。在今德国主张公利先于私益时代，该草案之规定，未免过狭。未来刑法，对于未必的故意之成立，以任 in－den－Kauf－nehmen，犯罪事实之发生为已足，毋须于其发生表同意焉。

关于过失，分认识的及不认识的两种。认识之过失与未必的故意相接毗，其分界处，在乎前者。行为人在认为犯罪事实可能发生，而确信其不致发生时，毫无不负责任之轻浮举动，可令吾人认为任其发生者。将来刑法，对于认识及不认识之过失，是否分别予以规定，或为笼统之规定，尚未定夺。

意欲刑法，既以敌制犯罪意欲为重心，所以故意及过失之分，要言之，全在乎行为人之犯罪，是否系自觉。

此种故意与过失分别之标准，对于错误问题之解决，颇有关系。如有事实上错误（或于构成犯罪事实之情况，或于正当，免责，或犯罪不成立之事由，发生错误者），行为人实缺乏犯罪之意识。如有他种错误，在法院方面，只求确定该错误，是否有影响于行为人之有意识的犯罪。若否，则对该错误可不予以顾虑。若是，则可认为其为一种过失行为，但以其错误因于注意不足者为限，否则无罪。至于犯罪意识之存在与否，由法院斟酌审断。

---

[1]　"词语"原文作"辞语"，现据今日通常用法改正。——校勘者注。

附暂拟条文

g. 仅处罚出于故意或过失之行为。

除法律另有规定者外，仅处罚出于故意之行为。

过失行为之处罚，以有特别规定者为限。

h. 行为人明知并有意犯罪或对于为非作恶干犯法令之事，明知或任其发生者，为故意。

行为人认为构成犯罪之事实能发生，而任其发生者，与明知并有意犯罪者同。

错误之根据于行为人之措置，而此措置与人民对于合法及不法之健康[1]观念不相和谐者，不顾虑之。

i. 如法律对于某种犯罪之处罚，以明知为要件，虽行为人认构成犯罪事实之发生为可能，而任其发生者，不得处罚。

k. 行为人有应注意之义务，能注意而不注意者，为过失。

因不注意而不识其行为为违反法令者，亦同。

在上述第二款过失行为中，法律无处罚之规定者，得予行为人以监禁或罚金之处罚，但以不超过因故意犯罪所当获之刑为限。如故意犯罪以告诉乃论，或得被告人之同意始成立者，则该过失行为之追诉，亦须经告诉或同意始成立。（上列暂拟条文，无认识及不认识之过失之别）

l. 行为人有应注意之义务，能注意而不注意，或未曾预见犯罪之事实能发生，或预见其能发生而确信其不发生者，为过失。（上列暂拟条文，包括认识及不认识之过失之分别。）

m. 因犯罪致发生一定之结果，而有加重其刑之规定者，须该结果之促成，至少因于行为人之过失。

n. 行为人错认情况，而依法该情况不成立罪名者，其行为不以故意论。

行为人错认情况，而依法该情况得减轻刑罚者，适用该减刑条款。

三、意欲刑法与罪刑法定主义

意欲刑法，不步苏俄刑法之后尘，于罪名法定主义将仍保持之，但未必

---

[1] "健康"原文作"康健"，现据今日通常用法改正，下同。——校勘者注。

即予以如今日广泛之适用。刑法委员会认为接受罪名法定主义之后，未始不可同时采用类推方式，罪名法定主义，本是自由主义之产物，但一般人过于神圣视之，故即由该主义所发生之流弊，竟亦一并收纳。常有利用法文疏漏之处，而为非作恶者；虽该行为忤违订立刑法诸公之本意，或触犯道德及正义观念，但因并不与法律明文发生正面冲突，故不能处罚之。昔最高法院曾判决以偷电为无罪。盖依刑法第二四二条，偷窃必以"物"为客体，而电则非"物"也。但最高法院亦曾采用广义解释办法。譬如刑法第三五四条中"信"之一字，亦包括明片汇票及包裹等等。合法的广义解释与不合法的类推之间，其界限究不易确定。并且为顾全法律确定，而牺牲实质上之平衡，亦殊不值得。

同时国社主义之国家，其对待个人，不致如自由主义国家之采取绝对消极态度（若依法个人并未实际破坏和平秩序，国家即不得干涉其行动）。国社党之国家，需要人民一致奋起，为公众而用其力。其有用力以为害公众者，自非国家所能容忍，必当予以制裁。

根据于上述原因刑法委员会决主张采用类推解释，今试拟其条文如次。

"行为无法律明文规定处罚，但类似之行为，由法条规定处罚者，适用该法条，但以该法条所根据之正义观念及健康的人民观念有处罚之需要者为限。"

今请中其说。依照上列条文，类推之合法适用，须具下列三种条件：

一，该疑难之行为，应与法律规定处罚之行为相类似 aehnlich。

二，规定处罚相类行为之法条其所根据之正义观念，应适合该疑难之行为，并应需要予以处罚。（如法禁两男人为反自然之猥亵行为，该法条于两女人间所可有之相类行为即不准用之）

三，最后，处罚应合乎健康的人民观念。法院应考量该行为是否与人民共同生活之需要相和谐，或为大众所诟病。

再进而论刑法效力回溯问题。刑法委员会提出如下之建议：

a. 行为之处罚，依据行为时之法律。

b. 裁判时之法律，与行为时之法律不同者，适用较轻之法律。即使裁判在最终一阶段中（现行法以事实之审判为限），亦适用此原则。

c. 行为在有限期的法律有效期间发生者，虽该法律以后到期废止，亦准用之。

d. 保安处分适用行为时之法律。

关于刑法效力之回溯又可分两层说：（一）新法律所定罪名，是否亦包括该法律未成立之不法行为，（二）加重刑罚之新法律，是否亦准用于以前所发生之犯罪行为。关于第一点，国社党中极端分子主张正面之说，以为极权国家之法律理想，欲以法律及道德，成文法及人民之正义意识，治于一炉，如有某种行为，众以为有害公利，则必予以处罚，不因行为时之刑法无规定，而不追究之。但欲准此而行，事实上必多困难。故刑法委员会主张原则上不承认刑法效力之回溯，但立法者仍得于个别情形中，明订回溯效力之规定。关于第二点，刑法委员会亦具同样主张。原则上不承认加重刑效力之回溯，但立法者仍得于必要时在个别案件中，规定加重刑罚（譬如一九三四年三月二十九日法案，对于烧毁国会之 van der Lubbe 加重其刑）。

反而述及减轻刑罚之新法律，则依据正义观念，自应承认其有回溯之效力。

关于效力有期限之法律，不以该法律到期废止，而案件尚未移结判决，即停止适用。苟如是，犯人将故意延滞诉讼程序，以迄于法律废止之日，俾得逃罪。

四、意欲刑法与刑法上其他诸问题

以上所述各点，乃为较重要者，是以不避冗长论述。关于其余诸点，今仅为简短之说明，已完成此一篇《德未来刑法总则》全部之介绍文字。

关于正犯及从犯之分，自来学理纷繁，但迄无一圆满之说。四十年前，有挪威刑法学家名 Getz 者，主废止从犯之说。谓构成犯罪事实之行为，无不可以正犯论。一九零二年之挪威刑典，即从其说，不为正从犯之区别，而仅分直接（即今所谓正犯）及间接（即今所谓教唆犯帮助犯）行为人。但规定于某种情形之下，某共同作犯人，有减轻刑罚之可能而已。一九三零年之意大利刑法，于此点亦效挪威法典而规定。至于德国刑法，亦将采取同样之观念也，实无疑义。采取意欲刑法，势必扩充刑罚区域，既如上述。然则扩充"正犯"之观念，并加重个人对于社会之责任，亦无非出乎国社党意欲刑法一贯之理论耳。

但促成同一犯罪结果确立之几种行为，从因果关系看来，固有同样价值，从科刑处罚方面讲，则不必处于同等地位。譬如帮助犯，无有不承认应减轻其刑者。一则帮助行为纯系外表，不及直接实施犯罪行为之严重；再则帮助行为实表示强度低弱之犯罪意欲。普通对于帮助犯尚有主观主义及客观主义之分，新刑法将采主观主义，而以客观主义限缩之。

意欲刑法既不为正犯从犯之区别，从犯之附属性，当亦不能存在。然此仅以主观之附属性为限。关于帮助犯之成立，则仍以犯罪事实发生为要件。关于教唆犯，依据上述学说，将不分别未发生结果及发生结果之教唆矣。但以上述两种教唆并论，扩大刑罚区域，以及于未发生结果之教唆，实际上毫无此种需要。故未来刑法仅将于图谋教唆犯罪者处罚之。

最后关于特种罪名之共犯。假定一非公务员人，共同作犯公务员罪，是否亦因正犯观念之扩张，于处罚时，以公务员视之。新刑法主张如有共犯中（或正犯）一人具某种资格者，其与诸犯，均视为具有此特种资格。但法律可规定对于此种人得减轻其刑。

附暂拟条文

a. 实施犯罪行为或教唆或帮助他人或以他种方法共犯者处罚之。

欲促成他人犯罪，并予以帮助者，得减轻其刑。轻微之过失之帮助不罚。

每一共犯之罪行，对于其他共犯之罪行为独立的。

b. 行为之处罚，因于特种资格或关系而仅一人有此资格或关系时，于对其他共犯亦处罚之，但得减轻其刑。

依法对于特种资格或关系应加重或减轻其刑，或免责任者，仅准用于此特种资格或关系之犯。

c. 图谋引诱他人犯罪或接受犯罪请求者，视为共同作犯，应处罚之。但得减轻其刑。

自告奋勇（自荐）犯罪，或对于他人犯罪请求表示准备者，亦同。

关于刑名，将从各国立法例，于刑罚外，并设立保安处分规定，所以维护社会福利也。

关于并合论罪，新刑法将废止想象[1]上犯罪竞合及实体上数罪竞合之区别。若吾人由犯罪事实一点观之，想象上之犯罪竞合，确较实体上数罪竞

---

[1] "想象"原文作"想像"，现据今日通常用法改正，下同。——校勘者注。

合为轻。但若从犯罪意欲方面观之，则在两种情形中，有时无轻重之分，尤其想象上犯罪竞合之几种结果为同样的。（一枪击死两人）譬如两人前后贴近，以一枪杀之，较之两人左右排定，以连续两抢杀之，犯罪意欲之强度无彼此高低之分，自不应独于前者减轻其刑。至于想象上犯罪竞合之几种结果为不同样者（一枪发出，死一人伤一人，破坏玻璃窗一块），有时更觉有并合刑罚之必要，采用吸收主义，实过宽恕。故即就实质上平衡看来，亦不应有两种不同竞合之分别。

关于刑之酌科，未来刑法，不致于如从前充满自由主义诸刑法草案，以特别预防为重心，刑罚应适合维护社会之需要。犯罪行为损害人民生活条件愈甚，刑之酌科，亦愈应加重。对于行为人之人格，仅得在上述社会根本观念范围内，予以考虑。欲认识犯罪之意欲，应以侵害社会和平之手段，行为之有罪结束，并（在相当范围内）犯人于犯罪后之态度为标准。至于各刑法草案更进一步之列举法院于科刑时应行注意事项，新刑法将不为此规定，以免过于束缚法院审酌权限。上述乃以故意行为为限。至于过失行为，则应注意行为人之轻浮及冷淡之态度。

对于刑之加重，新刑法将在总则中予以概括规定，并举最重要之例，以资说明。如一，犯罪行为其侵害或危及人民福利极严重，而行为人曾预料及此者；二，由某种犯罪方法或故意致重大损害于人，显见行为人犯罪意欲过恶者。习惯犯刑罚之加重，将采一九三三年十一月二十四日法案之规定。

依照现行法，减刑几成惯例。意欲刑法将以减刑为例外。虽犹不免规定特种减刑事由，但此项规定无强制性。

关于时效问题，新刑法将主张不以时效而消灭刑事责任。但此原则，并不妨碍国家过相当时期，因情形觉无追诉之必要时，得宣示不进行追诉。现行法时效之规定，过于呆板。过某特定时期后，所有犯人均能得到免罪之保障，不问其在此时期内已否改悔为善，或仍为非作恶。并且有时为公共利益起见，即在时效完成后，有继续追诉之必要。现行法于此层，未曾考虑之。新刑法之立法，大抵将以在相当时期中，追诉为强制的；过该时期，追诉为可能的，由检察官酌量裁夺。

个别犯罪行为，其有罪之性质既不同，则其从强制追诉以迄于禁止追诉之过程，亦应有分别。死刑之罪，应永久处于强制追诉之下。徒刑之罪，强制追诉以五年为限，过此即永入可能追诉时期。其他中等轻微之罪，强迫追诉以三年为期限，可能追诉时期，不得过犯罪后十年期限，过此即入禁止追诉阶段中。行刑权之时效问题，将不成立。但在某种情形中，国家觉无继续执行之必要时，可赦免之。此乃本属国家权力范围内事。

最后关于地域有效问题，现行法以属地主义为原则，而以保护主义及属人主义为例外。未来刑法将采属人主义，盖依照国际社会主义，凡德人均为德国思想之载荷人，德国文化之急先锋，其在国外之行为。应与在国内之行为相同，不得触犯刑法。

采纳属人主义以后，实际上可发生某种问题。假定一德人在国外所作犯罪行为，亦受该国刑法之禁止及制裁，则困难不生。反之，若该行为不在该外国刑法申禁范围之内（在俄国堕胎），如为德国健康之人民观念所不许，得于该犯遄返德国时，依照德国法处罚之。但有时因他国风俗习惯及人地之不同，某行为在德为犯法，在国外并不为犯法（在爪哇与本地十三岁女子性交），如必严格适用属人主义，而援用德国刑法实属不智。

至于意大利刑法于原则上采用属人主义外，将并采纳属地主义及保护主义以为补充也，自不待言。

瑞士刑法之新动向[*]

孙晓楼

举世瞩目一九〇七年之瑞士民法。固早为一般法学家所称颂，认为世界最完善之民法，当以瑞士为第一。今瑞士新刑法复于一九三七年十二月廿一日诞生矣，研究刑法者，类集中视线于一九三五年之德国刑法，一九三一年之日本刑法，一九三〇年之意大利刑法，一九二六年之苏俄刑法，一九三二年之波兰刑法，从未有人着眼于瑞士国之刑法[1]，抑若法律之于瑞士，除了民法外，其他泛泛不足道者。是于瑞士法律犹知其一，不知其二，未免有夏虫语冰之诮矣。夫瑞士立法者既于民法有惊人之创作，则长于此者，虽未必长于彼，然密于彼者，当不致疏与此，吾人研究瑞士民法，觉其于立法编制上、技术上、学理上均有独到之处，今取 Walter Friedlander 与 W. Abraham Goldberg 所译之瑞士刑法之全文而读之[2]，觉其于刑事理论上、政策上、技术上亦均别具见地，诚可与瑞士刑法并驾齐驱，共同称雄于世界。

一、刑事立法之目的

美国法学者庞德（Pound）说：法律要稳定而不可呆板[3]，法律一呆板则不能适应社会之需要，法律不稳定，则人民将无法适从，是诚颠驳不破之至理名言。然过去之立法者，非纽于习惯，即束于判例，于法律之现实性，社会性，与未来性，每不加注意，胶柱鼓瑟，欲其音韵之和谐也实难，于是

---

[*] 本文原刊于《法学杂志（上海 1931）》（第 11 卷）1939 年第 1 期。

[1] 中国现行刑法，即参考德国、日本、意大利、苏俄、波兰、西班牙等国之新刑法而修正。

[2] The Swiss Federal Criminal Code, translated and introduction by Walter Friedlander and W. Abrahnm Goldberg. The gournal of Criminal Law and Criminalogy. Vol. 30 No. 1. 1939.

[3] Pound，Jnterpretation of Legal History，Cambridge，1923，p. 1.

法律乃日趋呆板矣。现代各国之刑事法规，类犹不脱除暴安良之窠臼，帕米利[1]（Parmelee）之言曰，刑事立法之功用，在消极方面系惩除犯罪，使人畏刑之严法之峻而不敢犯罪，于积极方面，在铲除冤狱，设定正常认定犯罪之方法，使无辜者不致受累。[2]实则刑事法之目的，又岂在除暴安良而已哉。夫犯罪之原因[3]，出诸本身十之二三，由于社会者十之七八，已溺已饥，犯罪责任，不应全由犯罪者自负，应由国家社会负之，既应由国家社会负此责任，则刑事立法至高无上之目标，当于所谓除暴安良之外，注意到文化与犯罪者之关系：

（一）约制反文化之行为

法律随社会之文化而演进，亦随社会之文化而转变，此为不可磨灭之事实；当然所谓文化，包含宗教、艺术、科学、出版等，含义至广，无论何种法律之产生，皆不免有文化为之推动，而所谓犯罪，形式上虽是犯法，实质上不啻系反文化之行为，故刑事立法之功用，虽在约制违法之行动，然不能以约制违法行为为已足，应于约束违法行为之外，注意及其反文化之程度，倘该行为并不违法，而认为有反文化之性质者，则于刑事法之运用上，应谋所以就范之道，此刑事诉讼应有之功用一也。[4]

（二）促进受刑人之文化

受刑人之犯罪原因当然很多，有关于经济者，有关于政治者，有关于先天者，有关于后天者，纵然主要之原因，为其本人不能适应社会环境，即跟不上时代，故今后刑事诉讼之使命，尤不能以约制反文化之行为为已足，应于约制反文化行动外，于刑事法之运用上谋促进受刑人之文化，如关于自由刑之执行，应特别注意其方法之效能，使受刑人不永沦为时代之落伍者，此刑事法规应有之功用二也。

（三）保持刑事司法正义的理想

正义为吾人社会中一种共同生活中必有的基本观念；就法律之价值判断之，其根本当为正义，所谓义者，从实践的伦理观念言，与善相同，惟善为

---

〔1〕 "帕米利"原文作"柏米里"，现据今日通常译法改正。——校勘者注。

〔2〕 Parmelee，Crimnology Chapter. 17. p. 279.

〔3〕 "原因"原文作"源因"，现据今日通常用法改正，下同。——校勘者注。

〔4〕 参阅 Friedrich Honig，Rencent Changes in German Criminal Law，*The Journal of Criminal Law and Criminology*，Vol 26，No. 6.

求个人人格之完成，而义则于社会生活中求社会人格之向上。所谓善之完成，为人格之理想，而义之实现，为社会之理想〔1〕，道德与法律分歧之关键〔2〕固在于此。刑法及刑事诉讼法即应以刑事司法之正义为目的，而刑事司法上之所谓正义，系国家刑事司法作用之本身，依一般文化之要求而实行之谓。惟刑事法规虽应依刑事司法之所谓正义为其目的，然同时受刑事追诉〔3〕个人之自由与利益，又不得不担保其不当之侵害，故刑事法之作用，不得不从而调和此二种文化之要求之目的，此亦为刑事司法正义上当然之目的与理想也。

瑞士新刑法于基本观念上，坚持着法无明文者不罚（Nulla Poena Sine Lego）、无罪者不罚（Nulla Poena Sine Culpa）之两大原则，此两大原则已为欧洲极权国家（Totalitarian Statos）所鄙弃者，而瑞士国家为维护人权起见，犹不敢标新立异，作东施之效颦。惟瑞士新刑法于此两大原则下，确抱负着重大使命以迈进，此重大使命者，即在促进受刑人之文化与保持刑事司法正义之理想是矣。

二、新刑法典之演进

吾人皆知现在之瑞士为一联邦政府，集二十五邦（Cantons）而成一联邦。惟于联邦政府成立以前，瑞士各邦，于立法、司法、行政上，皆各自为政，向无统一之办法。逮至一二九一年邦际条约成，一七九九年五月建立海尔维第共和国〔4〕（Helvetian Republic），乃依据一七九一年之法国刑法典而制定瑞士联邦刑法典，此于瑞士刑事立法上一比较有统一性之法规也。惟海尔维第共和国经拿破仑一战而瓦解（一八〇三年），于是所谓海尔维第刑法典者，亦昙花一现，已成为历史上之遗迹矣。嗣后虽有五邦仍适用旧法，然其他各邦，仍复各自为政，有采仿法制而另订新法者，有承受德法以自成一制者。逮至一八四八年瑞士联邦政府成立，民刑统一之呼声乃甚嚣尘上〔5〕，一八九八年十一月十三日始由宪法授权联邦政府制定民刑法典，瑞士民法典即于

---

〔1〕　Vgl. Stammler，Die Lehre Uondem richtigen Rechie 1926 s. 68 ff.

〔2〕　"关键"原文作"健关"，现据今日通常用法改正。——校勘者注。

〔3〕　"追诉"原文作"诉追"，现据今日通常用法改正。——校勘者注。

〔4〕　"海尔维第共和国"原文作"海维廷民国"，现据今日通常译法改正，下同。——校勘者注。

〔5〕　关于瑞士刑事立法史可参阅 Von Bar，History of Continental Criminal Law，pp. 371～375.

一九〇七年之十二月十日产生。至于瑞士刑法典之统一运动，提倡最力者当推维也纳大学教授 Carl Stooss 先生。彼于一八九二年至一八九三年著有瑞士刑法大纲（Grundzuge Des schweizerischen Strafrechts）一文，是即为起草瑞士刑法典之蓝本，一八九六年修订刑法专家委员会即据此蓝本而厘订草案，一九〇八年成为政府草案，交由扩大刑法专家委员会审查，至一九一六年审查告毕，一九一八年七月廿三日乃由联邦行政院（Federal Council）将刑法草案提出联邦会议，一九三七年廿一日由该会议讨论完毕，再出联邦行政院将该法案交付公民投票表决，于一九三八年七月三日而通过，惟需待各邦将施行手续法依据新法典修正完毕后，至一九四二年一月一日方得施行焉。

三、新刑法典之特征

瑞士新刑法典共计四百〇一条，分总则、分则与执行三部，其于章节编制上，已与各国现行刑法有不同之处，爰就 Friedlander 与 Golderg 所译瑞士刑法之要点，一一单说如下：[1]

（一）联邦与各邦之协调

瑞士统一立法最大之阻碍，在于各邦立法之太不统一，各邦之中原有采仿德制者，有采仿法制者，有另订新法者，各自为政，彼此颇不一致，在此大不一致之情况下，欲树立统一之立法，事实上自属非常困难。然瑞士立法者能拾长补短，以少从多，就促进文化的立场上，认为可以统一者统一之，其凡关于法院之组织，犯罪之执行，与监狱管理等之司法行政，仍许各邦自由处置，如此则一可适应各邦特殊的社会情况，一可以调剂中央政府与各邦政府之冲突，且可以纠正强求统一之弊。[2]

（二）字义的通俗

不知法律或误解法律所犯之罪刑，虽可减轻其罪行或竟宣告无罪（瑞刑法第二〇条）然"不知法律不能原谅"（Ignorantia legis neminem Excusat）之定则，该新刑法典并未完全放弃；惟为便利民众认识法律及适用法律起见，瑞士刑法于立法技术上，乃力求其清晰简明与通俗，极力避免专业化之用字，

---

〔1〕 The Swiss Federal Criminal Code , translated and introduction by Walter Friedlander and W. Abrahnm Goldberg. The gournal of Criminal Law and Criminalogy. Vol. 30 No. 1. 1939.

〔2〕 参阅拙作不强求法律之统一，见拙作"法律民族化的检讨"，载《东方杂志》第三四卷第七号。

并减少技术性之法语，盖欲法律之社会化，应使大多数人民有通晓法律之机会，有运用法律之方便。[1] 瑞士民法之所以为世称颂者，盖即此，今瑞士刑法亦本此优点而向前迈进，当可与民法典收同一之荣誉也。

（三）死刑的废除

死刑的存废，为近代刑事法中最重要的问题，各国刑法中其已废除死刑者，有荷兰、意大利、葡萄牙、挪威[2]、苏俄与巴西[3]等国，然大部分国家则仍维持死刑之执行，在瑞士各邦中维持死刑者原亦只十有二邦，而此十二邦中，亦只限于极严重之犯罪，方许执行死刑，其余之十三邦早将死刑完全废除。新刑法典即脱离报应主义而超重感化主义，则当然以死刑为不仁、为残酷、为不足以警世而废除之，其余已定之死刑而尤未执行者，均改为无期徒刑（瑞士刑法第三三六条）。

（四）被害人之补救

犯罪者受保安处分或假释后，刑法以明文规定应恢复其公权，与犯罪者以自醒之机会，所以保护犯罪人也。被害人受有损害者，自得向犯罪人请求赔偿，然犯罪者苟无力或未经赔偿被害人者，法院经被害人之申请[4]与被害人将其请求额移转于国家后，得就所科犯罪者之罚金，与夫没收或拍卖之财产及没入之保证金等补偿其损失，此实为各国刑事法所罕见之创举（瑞士第六十条）。盖一方收受犯罪人之罚金或没收犯罪人之财产，一方不与被害人之损失以相当之补偿，非所以保护人民法益与维持刑事司法公正之道也。

（五）法官职权之扩大

瑞士刑法为适应社会事实，与促进群众福利起见，于司法官之职权，特别加以扩大，如关于量刑之轻重方面，瑞士司法官有极大之伸缩权，例如最重之罪刑，推事得科以一年以上二十年以下之罪刑（瑞士第三五条）。如徒刑之罪刑，推事得科以三日以上至三年以下之罪刑，又如拘役之罪刑推事得科以一天以上至三月以下之罪刑（瑞刑第三九条）。瑞士刑法于绑票与强奸罪等，较我国刑法之规定为轻，如掳人勒赎至多不过五年，在掳女强奸至多不过三年（瑞刑第一八五条），强奸则至多不过五年（瑞刑第一八九条）。又如

---

〔1〕 见拙作"法律社会化之途径"，载《经世》第一卷第六期。
〔2〕 "挪威"原文译作"那威"，现据今日通常译法改正。——校勘者注。
〔3〕 "巴西"原文译作"勃拉齐尔"，现据今日通常译法改正。——校勘者注。
〔4〕 "申请"原文作"声请"，现据今日通常用法改正。——校勘者注。

窃盗[1]得处五年以下一年以上徒刑（瑞刑第一三七条第一项），然同一罪刑推事可斟酌情形减轻至三日以上至三年以下徒刑（瑞刑第六三条、第六四条、第六五条）。

此裁酌与减轻之标准，举凡犯罪者之社会环境，家庭经济，职业状况，过去之历史背景，教育程度，犯罪之行为动机与态度等，均在注意之列（瑞刑第六三条），与我国刑法关于刑之酌科及加减等相仿佛（我国刑法第五七条）。此外于既遂[2]、未遂，故意、过失等量刑之轻重，法院均有斟酌之权。而最特别者，即瑞士刑法一方固规定其刑期之轻重，然同时于危害社会（Social Dangerousness）之程度与犯罪者之社会环境等，尤其关于职业性之犯罪与累犯（瑞刑第一四四条之赃物罪、第一五六条之索诈罪、第二〇二条第二项之妨害风化罪等），推事可以不依法律规定，不问犯罪之次数而处以重刑，凡所以保护社会者，于其犯罪者之名誉心情与犯罪者之家庭负担等，皆在注意之列，是亦可见其重视社会之防卫矣。

（六）儿童之注意

瑞士新刑法于犯罪年龄分（一）儿童（二）幼年（三）少年三种，六岁以下之儿童犯，认为无辨别能力（Non Compos），所以不受本法管辖。十四岁以下六岁以上者应实施感化教育与预防处分，十四岁以上十八岁以下为少年犯，应施以训诫处分，虽法院可以处以罚金或特别管束，然普通之徒刑监禁制不适用之。十八年岁至二十岁为少年犯，处刑较成年犯为轻，不适用无期徒刑之刑。以上诸点，系强行性的规定（瑞刑第八二条、第八九条、第一〇〇条），应由儿童法院适用教育预防之方法，以解决各个之问题。如对于儿童犯罪，则应审查儿童之背景[3]，指导儿童家庭与监护家庭及机关等，并对于困难之犯罪人有特别之设置。至于十四至十八岁之幼年犯，则应有更详细之社会调查，如心理上、健康上、家庭状况上与其人生历史上均应特别注意。幼年学校，监护家庭，或其他应当之设置，或由法院监督，或由其他机关监督，皆为此规定之要点。总之对于少年犯罪之处置方法，重在改善，教育，促进其文化，而不在惩戒也。

---

〔1〕 "盗窃"原文作"窃盗"，现据今日通常用法改正。——校勘者注。
〔2〕 "既遂"原文作"已遂"，现据今日通常用法改正。——校勘者注。
〔3〕 "背景"原文作"背境"，现据今日通常用法改正，下同。——校勘者注。

瑞士系采美国贵格〔1〕刑罚学（Quaker Penology）的所谓隔离犯罪制，根据犯罪者之等级与年龄，而将犯罪者个别分离。是盖因年幼者富于模仿性，每易受年长犯罪者之影响，故十四岁之幼童，不能与十四岁以上之幼童同处一室，此与刑事学者爱琼 Aichorn 氏所谓良好之集合，与较长者处于一室，于性情上与幼年犯极好之影响者，似背道而驰矣。

此外更有一点，即瑞士于幼年犯之管束，可以斟酌情形，认原有管束为不当，而被告不能改善者，得将其移转至处罚机关与其他成年犯分开，此与英国波斯脱尔〔2〕（English Borstal system）制相仿佛。在美国一儿童犯成年后，即应释放，苟犯较重之刑者，应送至普通法院依普通手续审判之，其于瑞士，则难至成年后，管束机关仍有处理之也（瑞刑第九三条）。

（七）对犯罪者之特点

瑞士刑法于犯罪嫌疑人普通不与其保释权，一人被追诉后，即应于审理中羁押之，非法院确信其能遵传到法院就审，不得将其释放，此与我国刑事诉讼法以交保为原则者固有出入。与美国认交保为公民权（Right to Bail）者更有不同，且被告羁押日数，可以折抵刑期或罚金，此又与美国大多数州不许其折抵者不同。

有罪与无罪之判决，于瑞士复有所谓公告之办法。对有罪者，为公共利益或被害人或其他人之利益，得将有罪之判决公告之，其公告费用由被告负担之。反之无罪之判决，为公共利益或被告之利益得将无罪之判决公告之，其公告费用由国家或告诉人负担之。又无论其公告为被告人之利益抑为被害人之利益，均应依被害人或被告或其他利害关系人之请求为之，惟于公告之范围，则由法院决定之（瑞刑法第六一条）。与我国刑事判决登报公告之办法，只限于伪证、诬告或妨害名誉及信用等有罪之判决者，又大相径庭矣（我国刑诉法第三〇七条）。

瑞士刑法许受科罚金者分期完纳，无力纳者可以易服劳役，并得强制执行其财产，此与我国刑法第四十二条亦属相当，惟我国刑法无得分期给付之规定耳（瑞刑第四九条）。

此外关于不守秩序、游闲、酗酒、与麻醉药瘾等特别处理之办法，又觉

---

〔1〕 "贵格"原文作"奎谷"，现据今日通常译法改正，下同。——校勘者注。
〔2〕 "波斯脱尔"是英文"Borstal"的音译，指英国青少年犯感化院。——校勘者注。

别开生面：

第四十三条关于不守秩序与游闲人训练方法之规定如下[1]：

（1）犯罪人为重罪或轻罪而判处徒刑者，法院苟以其人行为不规或游闲或与此有关系之行为者，又认其可以训练做工者或认其以前并未判处拘役或羁押者，得停止徒刑之执行，而无限期的送至改善室，法院应检查犯法者之身体与心理状态工作能力，并需得一教育与背景之准确报告。

（2）工作训练：应于完全为此组织之机关或附属于戒酒所之机关训练之，改善室与戒酒所之管理，与犯人分开时得联合之。

（3）犯罪人应视其工作性质之是否适合，与将来释出后之能否自给而训练之，该犯罪人身体上、心理上尤其关于工作之进步与否，均应随时指导之，犯罪人于夜间应个别看管。

（4）该犯人苟极明显的不能训练至有工作习惯者，则法院惟有再局部的或全部的执行其罪刑。

（5）犯人苟于改善室渡过定刑三分二之时间，与至少一年之时间，其长官苟认其可以假释或愿意工作者，得假释一年，将其监视并规定特别限制之条件如不准其饮酒及限制其居住等（瑞刑法第三八条第三款）。于假释中假释人苟故意犯重罪或轻罪者，则应执行原定之刑；苟于假释中假释人有不守秩序或懒惰不遵假释之警告与规避管束者，该管长官可使其回至原所，或请求法院执行原刑；该假释人苟注意完全假释之时间，彼即可以释放而不再执行其罪刑。

（6）经三年后其犯人不能于假释中诚服者，法院应将其定刑全部或局部执行之。

（7）犯罪者苟不于五年内执行者，认为失其执行之时效。

第四十四条 对酗酒者之处罚

（1）受刑人系酒癖，或所犯与酒癖有关系之罪刑，因而判处重罪或轻罪而入狱者，法院于执行该罪后退送至戒酒所，惟于执行中经受刑人之请求者，亦得停止其执行而送至戒酒所。

（2）酗酒者应安置于完全为戒酒而设置之机关，或与改善所有关系之机关，戒酒所与改善所于管理上与犯人分开者得联合之。

（3）该管长官待其治愈后，大致于经二年后即可将该受刑人自改善所放

---

〔1〕"规定如下"原文作"规定如左"，现据今日印刷排版及阅读习惯改正。——校勘者注。

出，凡停止执行者，法院于犯人从该所放出前，与该所监督洽商后，方可决定该罪刑之应否全部或局部执行。

（4）该管长官可将放出犯人者假释，与禁其于某一时间内饮酒，并得设定其他限制。彼苟违反管理假释者所发之警告即不遵其命令，或规避监视者，该管长官可将其回复该所，此种办法，可以延长至二年。

（5）受假释人遵照假释时期者，可以释放且不执行其所定之罪。

（6）受刑人不于五年内执行者无效。

第四十四条之规定于有麻醉药瘾者准用之，法院应决定何种机关为适于治疗者。

关于上开之罪刑在别国的改善所与拘留所，所规定之时期极短，而此则比较的于时间上并无限制，瑞士之改善机关，实不啻一种新训练与新教育机关，此设施之基础与时期，且成为个别之事情，视各个之情态与新训练之能力而定其应否释放，盖此种处置并非治罪而系教育，倘入改善所等而不能显假释之效能，是非彼不可教诲，即系彼不能适应教育之计划，法院得执行原定刑之一部或全部。

瑞士于刑罚哲学中，发现犯罪人的社会危险性（Social dangerousness），是刑事政策上引为最重要的问题。瑞士并不以假释为官吏对犯罪者之宽大，或是犯罪者之权利，或为提早释放之计划，彼以此为保护整个社会之计划。凡脱离监狱者，官吏应监视之，即于执行完毕后，尚不能谓了此责任，盖彼等认国家对于刑事被告犯罪，非债权债务（Dabit and Credit）之关系，而认为犯罪者一日不能改善，国家之义务一日不能了结，被告之罪刑愈长，假释之监视亦愈长。瑞士法典中又以假释为改善监犯最要之方法，假释之监视与警察之监视处于相对地位，其功用亦各有不同，盖牢狱（瑞刑第三七条）与假释（瑞刑第三八条第一款）之目的，皆为改进受刑之使其成为社会有用之才，其含义即在保护社会促进受刑之人文化也。

（八）保安处分

关于保安处分，瑞士刑法典似限于拘留处分（任何时间）或徒刑时间只不过一年者，惟同时许法院斟酌对以徒刑（在一年内者）代拘役者，得处以保安处分。保安处分注意于犯罪之性质，苟法院认个人需拘役者，即不得施以保安处分，苟认其应处轻罪即其徒刑不能过一年者，即可为保安处分。实则保安处分之目的，在使受处分者，根据处分友谊的帮助，重新[1]改造其性格，使其成为社会有用之才（参阅瑞刑第四一与四七条）。

保安处分原有两种办法，一即于特别定刑之实际处罚，于保安处分时即应停止执行，倘于保安处分之被告能遵照处分者，则定罪即可免除，倘有违反处分者，则原定之罪仍当执行；一为保安处分之命令系入法院之记载，苟遵照处分者，犯法人即当释放，违反处分者，应由法院重新决定其应受之刑。惟法院应注意其有无违反规定与条例。是于前者实际处罚有一定之时期，以经命令而中止，其于后者，于保安处分之命令与拘禁之时间，法院并不提及，只于违反处分时再行决定。瑞士法典系采取前者，美国之 Illinois、Michigan[2] 等省系采取后者，我国刑法亦采前者，总之瑞士刑法于犯罪人之教育与训练计划等均属非常注意，而以少年犯为尤耳。

四、结论

以上数点，不过就瑞士新刑法典特点之大要言之，盖自维也纳大学教授 Stooss 氏于一八九二年著《瑞士刑法大纲》后，经许多专家委员会之讨论研究，历时达四十五年，至一九三八年七月始告完成，今该法虽经公布，然犹以三年之犹豫期间即至一九四二年一月一日待各邦手续法完全修正后再告施行，其立法之郑重，研究之缜密，已可见一斑。故此瑞士刑法典者，其一字一句不可谓非瑞士法学者心血之结晶，吾人奚可小觑之哉。

---

[1] "重新"原文作"重行"，现据今日通常用法改正，下同。——校勘者注。
[2] Illinois、Michigan 分别为美国伊利诺伊州、密歇根州。——校勘者注。

一九三三年之德国防止犯罪法 *

孙晓楼

　　自德国国社党执政后，德国的刑事法规，于刑事实体法上，于犯罪人的待遇上，于防止危险性犯罪而保护公众利益的计划上，形成了极大的转变。德国一八七一年的刑法典，从犯罪学的目光看来是不能认为满意的，因为这刑法典是偏于惩戒主义的，处罚犯人，完全是根据着犯罪的程度而用刑，适用的范围，又只及于犯罪人所犯的各种刑名。反对这刑法典最激烈的人，是社会党的领袖李斯特[1]（Franz Von Liszt），他认为刑罚的目的，是在改善犯罪人，所以他于马堡计划[2]（Marburger Programm）和其他的许多作品中，都是主张刑罚是达到目的的手段，刑罚的本身并不是目的。不过他的理论在德国的刑事法规上，犯罪学的理论上，虽有很多的贡献，然而因为有很多古典法学者的守旧固执成见，和政治舞台上许多右派的人物在那里操纵司法，所以自从一八八二年，直到欧战终结，刑事法规上是没有多大变更的，始终脱不掉惩戒主义的色彩。到后来古典法派的学者虽也渐渐地觉悟到感化人犯和保育人犯的重要，不过他们始终主张保安处分和惩戒处分完全是两件事的，不应当并为一谈的，这可以说是刑事政策的两元制度（Zweispurigkeit system）。至于社会学派的学者便认为惩戒和感化的目的是不用分开的，所谓刑期无刑，保安处分和惩戒处分于改善犯人中都应当相机运用的，这可以说是刑事政策的一元制度（Einspurigkeit system）。德国一九二九年的刑法典，是采取二元制的，一九一九年与一九二五年的刑法，有很多地方以感化保育的方法来代替

---

　　* 本文原刊于《东方杂志》（第33卷）1936年第6期。

　　〔1〕 "李斯特"原文作"李士德"，现据今日通常译法改正。——校勘者注。
　　〔2〕 "马堡计划"原文作"麦尔波方案"，现据今日通常译法改正。——校勘者注。

惩戒，到了〔1〕一九三三年十一月便有现行刑法法典修正案的产生，也介绍了许多保育和感化的政策来防止和改善犯罪：

一、对于危险性的惯行犯于普通应受的罪刑以外，还要进防止犯罪拘留所（Sicherungsverwahrung），实施改善犯罪的政策。不过怎样才算是危险性的惯行性的犯罪，这完全由司法官根据人民公共的福利来解释，法院于三年中应当到防止犯罪拘留所检查一次，假使认为那犯罪人已达到改善的境地，便当实施假释。在防止犯罪拘留所中当然比普通监狱里的待遇好得多，于某种限度内准许他们购买器具食品，准许他们阅读比监狱人犯更多的刊物和书籍，每隔二日可以会客一次，每隔一日可以寄信一次，只要犯人的工作勤奋，行为端正，他们可以得到更好的待遇。总之，那感化院的目的，是在希望犯人不再犯罪罢了。

二、关于神经病犯和精神病犯有两点的革新是值得注意的：（a）犯罪人的犯罪行为，苟由于神经之错乱或神志不清而不能明了其行为之意义者不罚；（b）对于神经病精神衰弱人的犯罪，其待遇亦与普通犯人〔2〕不同。法院对此种病犯有时得减轻其刑，或免除其刑，于必要时并得送到医院里去医治。

三、酗酒犯在以前是除非犯人故意酒醉行凶外不罚，现在则无论酗酒是由于故意或苟且，只要是因饮酒而犯罪，都不免处以三年以下的监禁，且得并科罚金，于执行监禁之或前或后，又得将该犯拘留于一地训练他们有一种守法守秩序的生活，但为时不得过三年。

四、恶棍、乞丐和妓女，于执行短时期的监禁后，可以送到劳动所去做二年以下的劳役，这是希望他们于德性上智慧上有所改进。

五、有危险性的性的犯罪，为保全人种的健全起见，法院对于这种二十一岁的男性的犯罪者，可以判处去势（Castration）的宫刑，不过要经过最高法院的核准后，由医院的医生来执行。

六、违反职业上应有的职务，滥用职权，以致影响及于公众的利益时，刑事法院的推事有权停止其职务，但至长不得超过五年。

七、外国人曾判处三月以上的监禁，倘再久居于国内，恐影响及于他人

---

〔1〕 "到了"原文作"至了"，现据今日通常用法改正。——校勘者注。
〔2〕 "犯人"原文作"人犯"，现据今日通常用法改正，下同。——校勘者注。

或公众的安全，或曾判处宫刑的，应予驱逐出境。

关于该法典中最不容易辨明的地方，便是关于所谓危险性的惯行犯的解释，于法典的本身上既招不到相当的释义，那就不得不完全听凭法院来解释了，所以有很多下级法院关于保安处分的判决，被最高法院驳回了，这可以证明一般司法官对于这危险性的惯行犯的见解，是很不一致的。

一个犯罪人类学派的法官，对于危险性惯行犯的解释，和一个犯罪社会学派的法官对于危险性惯行犯的解释，是完全不同的，前者认定犯罪的惯行是由于人类的生理的遗传，他对于防止犯罪的手段，和后者认定犯罪的惯行是由于社会环境压迫的完全不同。这里最值得我们注意的，便是德国负有盛望的犯罪学者的权威慕尼黑〔1〕大学（Munich University）教授麦兹格〔2〕（Eduard Mezger）氏，他是属于生理学派的法学者，他虽认定社会和犯罪是有密切关系的，不过他始终认定人类的个性和环境是不能分开的；因为他也是新刑法起草委员之一，所以德国的现行的刑法，仍脱不掉古典法派的惩戒主义的色彩，麦兹格氏曾说过："未来刑法最大的使命，是在于人种的改善，使个人对于社会能回复其应有的责任，使有害于人民种族的败类可以消灭。"不过从本文作者的见解看来，他认为刑事公正的目的是在保护公众以消灭犯罪，至于人种的改善，那是应当用另一种方法来企求的，决不是用刑法可以达到的；再有作者并不承认二元制是妥善的政策，因为他主张了一元制，所以他认为在监狱里的犯人和在防止犯罪拘留所里的犯人于待遇上是不应当有什么两样，假使有了两样，那么〔3〕对付监狱里的犯人，其手段用之不免过酷，对付防止犯罪拘留所里的犯人，其手段用之不免过宽。总之，从作者的批评看来，这新法典的好处是在保护社会的政策的采用，和刑事法院职权的扩大；不过它的弱点，是在拘泥于二元制的积弊，还有法院的职权扩大后，不免有滥用的危险。〔4〕

---

〔1〕　"慕尼黑"原文作"马尼奇"，现据今日通常译法改正。——校勘者注。

〔2〕　"麦兹格"原文作"梅子曷"，现据今日通常译法改正，下同。——校勘者注。

〔3〕　"那么"原文作"那末"，现据今日通常用法改正。——校勘者注。

〔4〕　原名"The German Prevention of Crime Act. 1933"系 Prof. Hermann Mannheim 所作，载于一九三五年十一月份之美国刑法与犯罪学杂志（The Jouranal of Criminal Law and Criminology Vol. 26, No. 4.）。

最近德国刑事法之革新[*]

孙晓楼

德国于一九三五年六月二十八日颁布了今日之所谓新刑事法，这新刑事法的产生，几将德国现行法的法律观念根本改造着。若就民主政治的立场以观，则扑朔迷离，吾人几无从推究此新刑事法趋势之所在，所谓第三阶段政府（The Third Reich），在形式上是处处假借着民意来处理国事的，实际呢，这是一个极权政治的国家，（Autoritarian State）不以人民为立国之主体，而以人民为国家之刍狗。只要于国家有利，人民个人的自由可以任意的摧残着，孟德斯鸠氏的所谓立法司法行政的三种分立制，于德国现在的政府是不适用的。在高喊着"先公益后私利"的口号下，德国新刑事法规，便形成了今日法律上的一种新动向。

本文分两部分来作简要的讨论，一是刑事实体法，一是刑事手续法。当然这两种法规，都流露着所谓极权性的特质。不过这里并不是像德国的一般学者，专事乎"实际公正胜过形式公正"的追求，而仅就新刑事法的本身来加以说明，使读者明了德国刑事法规的大势罢了。

一、实体法的改造

（一）现在各国的刑法，都是根据法无明文者不罚（Nullum crimen, nulla poena sine lege）的理论来制定的，这好像是刑法中的大宪章（Magna Carta）一样，是不能动摇的，德国的旧刑法当然也不在例外。但是一九三五年六月二十八日的新刑事法令，便异军突出，将旧法典的原则根本推翻了。它于第一条第二项中说"一个人犯罪的处罚，不一定要根据刑法条文的规定，便是

---

[*] 本文原刊于《法学杂志（上海1931）》（第9卷）1936年第4期。

条文上没有规定，根据着刑法的基础观念，和人民健全的法律观（Sound conception of law），也应当处罚的"。不过判例在德国是不是法律的渊源？所谓人民心理中健全的法律观是什么？这是我们于解释该条文时所不能避免的困难。

A. 德国的法律，原也承认了两个法源，一是成文法，一是在某种限度内的习惯法。司法官的工作，仅限于现行法律的解释，因为德国并没有像英美的所谓普通法（Common law），民刑诉讼法的法典，甚至不规定高等法院判决的拘束力，只有最高法院（Reichsgericht）自己的判决是拘束自己的。其他的法院，都可凭着自己的意思来解释法律，所以说德国的法官完全是司法的，好像也有些不对，因为他们于很多案件审理的结果，是在那里创造法律，是立法的。然在另一方面，法律上并不规定那种判例的拘束效力。法院的判决是可以做法源，但于法院本身却没有拘束的效力，这也可以说是很奇怪的事。新刑法的第二条于此点更作进一步的规定，许最高法院变更在本法颁布以前的判例，这样似乎发生了下列几种结果：

1. 法院的判决是法律的渊源。

2. 那种判例于法院是没有拘束力的。

3. 最高法院除变更现行法以前的判例外，一定要经过刑庭全体的法官的审理，才可以变更其自己的判例。

B. 何者是人民的"健全的法律观"，这是一件很不容易确定的事，因为要根据新刑法来找到一种可以代表一般普通人民的观念，来介绍到法院作审判的标准，这是多么渺茫的一件事，便是受过极好训练的法官，也很不容易捉摸到的；尤其是在经济恐慌的时候，这渺茫的观念变动得太快，同是一种罪刑，在平时认为是一种轻微的过失者，到了非常时期竟成了严重的罪刑。所以做法官的，对于那犯罪人的处刑，当根据刑法上所规定的罪刑，而好好地运用到特定的事实了。

（二）德国新刑法第二项 A 款规定，"于判决时法律所定之刑，苟较行为时法律所定之刑为轻，得适用判决时之法律；于判决时之法律苟规定完全不罚者，得免除其刑"。这样的规定，可以表现刑事犯的处刑，较一九三五年以前的规定有较重的倾向，因为在本法颁布以前，法官对于犯罪人的处罚，一定要从轻处断的，现在对于处刑的宜重宜轻，完全由法官自由酌夺，并没有像以前刑法作硬性的规定。不过这还要看那法官是根据什么主义来下判决的，当然政治势力的操纵，是不容忽视的。

（三）再有一点是关于窃盗与赃物罪，在以前只适用于最高法院的原则，现在却规定于第二条第二项的 B 款，这条是说一人已不争的犯刑法上规定的数种罪刑之一，而只有一种证据来证明此罪或他罪者，应适用其较轻犯罪之规定。又如一人对于一事件之宣誓，与提出之证状有不符时，虽宣誓〔1〕与证状都不能作充分之证明，仍应从轻科刑。这种规定又好像与犯罪事实应依证据认定的原则相违。

（四）除了上述几点关于新刑法的基本原则之外，其他关于侮辱国社党罪及不合法的性交罪等，都是德国新刑法与众不同的地方。再有关于征兵制中的许多条文，于大战时业已废除者，现在的新刑法又恢复了一部分；这许多点比较是次要的，故不详述。

二、刑事诉讼法的改造

刑事诉讼法的改造，因为适用方法的不同，所以只就实体法已经修改部分加以说明：

（一）新刑法第一条第二项所谓于刑法无明文规定者，应依人民健全的法律观来处罚犯罪人的规定，无论检察官或推事均适用之。

（二）刑事诉讼法修正案第三百四十七条 A 款的规定，检察官对于刑法第一条第二项的适用不当而上诉者，应直接上诉至最高法院而不得上诉至高等法院，这样规定的价值，是在确立关于该条文解释上的统一。

（三）再有和刑事诉讼法第三百五十八条 A 款相关的第三百三十一条禁止不利的变更（reformatio in peius）之规定。在旧刑事诉讼法，被告人而非检察官上诉至上诉法院者，上诉法院不得谕知较重于第一审判决之刑。新刑事诉讼法规定：上诉法院可以根据审判官自己的意思来谕知无论何种轻重的罪罚，这种规定也适用于未成年人的监护人之上诉，不过于夫为妻的上诉时，便不能适用，因为夫不应违反妻之意思而上诉，致妻于不利益之地位。这样又加重了法院的职权，而不由当事人来决定他自己的命运了。

以上几点是足以表现着德国刑事法自极权政府成立以后的根本改造。在两个宪章完全不同的国家，要就单纯的法律问题来指出它们趋势的不

---

〔1〕"宣誓"原文作"宣哲"，现据今日通常用法改正。——校勘者注。

同，是一件不可能的事。因为法律的含义颇广，法律的范域彼此各有不同，这不仅就法律的立场来观察是这样，便是就社会学的立场来观察也是这样。[1]

---

〔1〕 本文参译 Friedrich Honig 所著 Recent Changes in German Criminal Law 载于 The Journal of Criminal Law and Criminology 二十六卷六号。

少年犯罪之预防：奥国

王沅 译*

文原名 Prevention Of Juvenile Delinqvency And Crime In Austria，载于一九三九年一二月出版之 The Journal of Criminal Law And Criminology 第 19 卷第 5 期[1]，作者 Dr. Jur Ilso Lukus。

一、引言

现代观念认为犯罪乃社会上和生物界上的一种现象，并不如古典刑法学派所认为仅是道德上的违反。换言之，它是一种不合社会生活方式之常理的行为，它的产生并不是无缘无故的。这新学论的基立，就促成[2]了现代刑事政策上一个大转变：由于报应性之抑制政策而入于改善性之预防政策。加之近年来得刑事统计上累犯之激增，这使纯以抑制为目的之刑罚，难得一圆满之立论。

少年犯罪的预防政策之实施，在实际上都免不了阻于各种障碍，那从十九世纪一直至世界大战那时期中最明显。第一个障碍就是经济问题。要实施科学化的防范政策，那就非有巨大经费不可，可是那时的多数国家都低估了这预防政策的价值，同时站在敌对地位的古典刑法家又尽力的抨击，这使预防政策的实施上，更减少了效能。第二个障碍由于人民害怕个人权利之遭侵害，换一句话说，就是威惧国家权力之伸张。这是实行预防政策上的一个当

---

* 王沅，1940 年毕业于东吴大学法学院（第 23 届），获法学学士学位。
〔1〕 原文数字以汉字形式表现，现据今日通常用法改正（表示日期、年龄者除外），下同。——校勘者注。
〔2〕 "促成"原文作"促或"，疑为印刷错误。——校勘者注。

然结果。不过在这十九世纪，太注目于个人主义的观念上，无论哪[1]一件事，它的实施如要侵害一点个人权利，那他它就不要想轻易的成功。由于上面的二个大障碍，少年刑事预防政策之设施，一直到世界大战之后，才见有成效的推进。

奥国最初次少年犯罪预防政策之实行是在一八八五年。那时的法律已有设立工场和感化院等之规定。十岁至十八岁的少年因过失而犯了罪，他们就得送入感化院去；同时这设施也并不限于犯罪之少年，只须一个正式家长的请求，无论哪个少年都可受同样的处分。这一八八五年的法条，到一九二九年一月一日少年法庭法施行之后而失效。如今之少年法庭与公共少年幸福会是支配少年感化教育的直接责任者，它们都是由所属之州[2]管理。

预防少年过行与犯罪政策之实施，并不仅在法律观点上着手为已足，我们应从他种同样重要的设施上兼施而并进之为是，如社会问题，医学卫生问题等等，在直接改善环境与感化品性之外，还得对犯罪行为的根源予以一有力之防止或一更有效的设施。

本文所采用的预防方法注重于生理、心灵、和道德教育之发挥。在着手方面分二部进行。第一部直接的讨论一般社会问题和保护少年事业之实施。间接的就是预防犯罪。第二部纯以法令上的权力直接裁制[3]犯罪和防止对于少年之不良影响。

二、一般的防御方法

甲、家庭

（一）合法子女（Legitimate Child）

奥国的立法者认为家庭是最可靠的善良儿童之发源地。家长在法律上对于孩子的教养不但有权力去实行，并且还是他的义务去监视督促。

假如家长对于孩子的教育漠不关心，那么孩子自己或是旁人们，他们尽可诉请救济于衡平法院，法院就得据情救济。在最重的案件，法院可以剥夺他们的家长权（Patria Potostas），同时把孩子领去，为他找寻一个义父或者把

---

[1] "哪"原文作"那"，现据今日通常用法改正，下同。——校勘者注
[2] "州"原文作"洲"，现据今日通常用法改正。——校勘者注
[3] "制裁"原文作"裁制"，现据今日通常用法改正。——校勘者注

他送入教育机关继续教养。在次重一点的案件里，法院仍把孩子留给他原有的家长管养，不过以后他的教育状况，法院可以时时监督过问。在最轻微的案件，法院予孩子的家长一点警告就算了。

自从一九二九年之后，少年法庭可以强使任何一个在十八岁之下的少年受教育之感化。不过这规定仅于曾犯过行（Delinguecy）的少年，否则仍不能过问之；因为奥国立法者认父母是孩子的专职教育者，如非事实上发现孩子的教育上有重大的缺点，即不得剥削他们的权利。

（二）非法子女（Illegitimatie Child）

奥国民法对于非法子女的规定与合法子女绝对不同，因为非法子女大都没有受享受过良好固定的家庭影响的。非法子女必须指定一个监护人，同时法律又怂恿他们住在母亲那里或者母亲的亲戚那里，因为法律规定他们的母亲是负责他们的教育的。后父虽然有义务供应物质上的需要，他与孩子之间并无丝毫法律关系。

监护人的责任是监督孩子母亲所施的教育，假使他发现他母亲所施的教育太不当，他可以随时把孩子隔离他的母亲。在常态的孩子，可以把他安插到一个养父母家里去，使他分享点良好家庭教育的影响。假使孩子的生理、心灵，或是道德上组织异态而难以改善，监护者就得把他安置于公设的教育机关里去。

奥国在大战前，这监护人的责任都委托于私人，而后者大多数都非常厌恶这私法上的义务，因此对于被监护人的幸福〔1〕都漠不关心。现在这监护制度都委托于公设的公众少年幸福会（Public Board Of Youth Welfare）

（三）居住〔2〕问题

健全的家庭生活大半基于充分的经济上，而家庭生活之不完善、不健全即与教育直接有关。一家居住人口之过多过杂（由于分租寄宿等等），往往可以影响于一家之家庭生活。奥国实施补救和改良居住政策以来，自一九一〇年至一九三四年间在维也纳城市中公寓的增加率为27.2%。在一九一〇年时，每一公寓内的人口平均为4.14，到一九三四年已降到3.03的平均。

虽然，这改进尚不能认为全部的成功，根据去岁幼林里区博士（Breunli-

---

〔1〕 "幸福"原文作"福幸"，现据今日通常用法改正，下同。——校勘者注。
〔2〕 "居住"原文作"住居"，现据今日通常用法改正，下同。——校勘者注。

ch）的调查统计。他发现在 67524 的少年中仅只 36872 中各有单独的铺位，余者或与父母同宿或与兄妹合铺，甚至有与外人同宿的；这对年长一点的孩子的道德观念上，相当危险。

奥国为救济贫苦家庭符合于居住的标准起见，在过去三年中，维也纳城市中兴建五所"家庭庇护所"（Family Asyiums），共有一千间住所供人民应用。

乙、学校

奥国的强迫教育陷于六至十四岁的孩童。自一八六九年"初等学校法"（Elementary school law）通过之后，学校的责任不但在灌溉学生以智识，它们还得委托教师们注重学生们在道德上、宗教上和公民上的修养；同时教师对于他们的课外生活亦须十分注意，导使他们离开各种有害的影响。教师们此外还有一个重要的任务，就是写述报告。不但须包括学生之成绩方面，对于学生之个性，家境状况等都应详细述明。这报告可以为少年法庭参证对于该少年应施以何种法律上或教育上的制裁最为适合。

在学校里尚有一班从事社会工作者，若如学校发现孩子的家庭教育不健全者，可以报告这社会工作者，他会面向孩子的父母直接商议襄助解决救济的办法。

丙、少年救助（Youth Aid）

少年们在家庭与学校双重监督之下，有时对于卫生上、心灵上、道德上的教育修养仍难足够。这少年救助之设立就在补充孩子们关于上面所说的缺点，有时甚至帮助他们具体的改变环境。

奥国实施少年救助之机关可以分二种，述之如下：

（一）公众少年幸福会（Public Board Of Youth Welfare）

奥国立法上公众少年幸福会之事务由各州独立负责。本文所述的为奥京[1]维也纳城市中公众少年幸福会的一般情形。

少年幸福会的救助范围，可分三部：

A. 法律救助（Legal Aid）

它的主要任务在保护孩子的权利。自从一九一四年奥国民法修改以后。衡平法院对于非法子女的监护人选，都委之于公众少年幸福会，由该会之公

---

〔1〕 "奥京"即奥国首都，此为当时用语习惯。——校勘者注。

众监护部负责。此外依据一九一六年六月二十日颁布的法令，被监护者时常须受体格检验；他们的住所和生活，时常有专家的妇女们来检察。孩子的家人须随时容纳少年幸福会的人员的检查，而他们自己也随时有报告被监护者之状况于少年幸福会之义务。

公众少年幸福会在工作上为增加效率起见，采区分制。在维也纳城市内有这样的区分所 14 所，分区所 250 个，每一个分区所有一个专门专事社会工作的妇女。

公众监护制的组织，包括监护人。社会工作人员和一个富有经验的督察。他们的任务是为非法子女尽教育之责，向有关方面代收款项，代替被监护者为法律行为等等。

B. 家庭救助（Family Aid）

家庭救助一名公开救助（Open Aid）或补充教育，因为它的任务是补充家庭教育，特别注重于卫生与教育二方面：

（a）卫生。卫生于犯罪有相关性，因为不良与不洁的环境往往容易使人自形堕落而犯奸非。家庭救助的设施就在负责"妇女临诊实验指导所"之设立（Abvisory Clinics For Mothers），在医学管理之下，她们和孩子的健康都有人负责的当心着，同时还为她们解答关于护养孩子的问题。在维也纳一处，有这样的指导所 33 所。此外有类似的讲述卫生问题的场所甚多，都属少年幸福会所设立，如学校医学顾问，儿童牙医院，公共儿童营养所等等。

（b）补助教育。实行方面可以分为二部，忠告与直接帮助。关于前者，在维也纳有 14 个专为家长解决对于他们子女教学上之困难问题。后者对于有职业而日间无暇顾及孩子的家长们，设立幼稚园和学生寄托所。

在幼稚园中，教育人员须观察孩子的意向而施以浅近的教育，为将来他们所选专门学识之基础。学生寄托所的任务在看管一班课余不能享受家庭教育的孩子。这班孩子除了预备日常学校功课之外，有各种游戏参加，即使五官不健全的孩子也使他们混在一起，借以促进他们适应社会环境。学生寄托所实是补救学校儿童过行的最有效的场所。

（c）关闭救助（Closed Aid）

关闭救助一名"补助教育"（Supplementary Education），取家庭教育而代之之意思。

这种救助之设施，是在设立公众教育机关，接受各种不能享受良好家庭教育的孩子。他们大多数是没有家庭[1]，而年在六岁以上，无人愿意领养，或是残废的孩子，有精神病的，过度忽略的，难以教育的，以及无性感的女孩子等等。

把儿童转移收养，最先须送到儿童接受所那里去，年在十四至十八之间者，送入警局少年收容所（Police Home For Youth）。以上的二个机构，都仅是一个转移机关，在他们审查之下，常态的孩子设法使人收养；反常态的孩子送入适当的教育机关。在求学中的孩子们，如一时不能决定他们应受的教育方法，那么[2]把他们暂时移转到中央儿童院，继续由一个教师负责测验他们的智力与行为。同时为他们的学业起见，在这时期中，他们仍应照常上课。

（二）私立少年幸福机关

很多由选举产生与不选举产生的总会与结社，它们也专心于少年幸福事业。它们的任务和公众少年幸福会的大体上差不多，不过他们有一点有力的帮助，就是关于少年的职业问题。奥国职工联合会设立了一所救济失业青少年的组织，名叫"青年需要"（Youth In Need），成立于一九三〇年，目的在收留年在二十一岁以下的失业青年，使他们受一点职业常识与普通知识。从一九三二年之后，青年们更有各种工业实习之训练与职业实习，有设备完全的工房供他们应用，但他们只准为公众服务，借以避免与正式工人发生竞争。

三、特种的犯罪防范

甲、不良影响之防范

（a）酗酒。十六岁之下的少年，法律上规定无论何人不准售之以酒。

（b）电影。防范少年易受两性关系之不良影响起见，十六岁以下之少年不准观看电影，除非电影的性质纯粹为儿童教育而摄制的。

（c）不良之文字图书。传递不良影响或淫秽的文字图书于青年，法律上也规定禁止的。一九二九年后，无论何人递送给十六岁以下的少年以污秽的文字图书，足以刺激他们性感的，都足构成犯罪。

（d）职业。少年在街头行乞是绝对禁止的。十四岁以下少年所服务的职业，必需对于他们生理上，心灵上和道德上没有妨害才可。此外十四岁以下

---

〔1〕 原文此处为"家"，且"家"后空有一格，应为漏印。——校勘者注。
〔2〕 "那么"原文为"那末"，现据今日通常用法改正。——校勘者注。

的少年不准在酒店，演技场，舞场，夜总会，马戏班，电影院等内服役，如非证明这与他们艺术上、科学上、学习上的爱好相关，始得例外的允准。

（e）生活。任何事物足以引起少年趋向闲荡，失检行为，不规则行动的，都须禁止。十六岁以下的孩子独自不准出入饭馆，咖啡店，跳舞场，戏剧院等，如非有成人作伴。他们不准在公共场所吸烟与玩牌。孩子都须服从家长晚上时间之限制（Curfew）。

（f）娼妓。奥国法律规定十八岁以下的女子，绝对不许作娼。成年的女子（廿一岁以上）始可以请警务当局核准登记。十八至二十一岁〔1〕的女子在请求核准时，警局在可能中，尽力劝她们打消〔2〕成意，同时与公众少年幸福会的有关各机关都得负责感化和劝导她们。非至事实上证明确是无法可以救助，警局是难得予以核准的。

十六岁以下少年禁止逛娼，同时娼妓引诱少年男子，得科以三月至六个月的监禁。

乙、少年法庭（Juvenile Court）

少年法庭组织之特点有二：其一，法庭上的法官对于判刑定罪与监督监护，有同样之权力。其二，少年在法庭〔3〕的程序上〔4〕，每案的判决，都以保育为目标。

假如一个少年犯了罪而被送到少年法庭受讯时，他们的生理状态与心灵特质，都须严厉的遭受监视官吏的详细调查。监视工作随时有少年幸福会，慈善机关，社会工作服务人员等襄助工作；除监视之外，还得建议对于少年之适当处置，并监督少年犯假释等事务。

十四岁以下的少年，刑法上是限制处罚的。对于他们只施以教育上感化方法。十四至十八岁的少年，虽然刑法上有特别制裁条文，不过在可能中得因为他们未成年〔5〕的缘故而宥恕他们。

在处刑方面，少年犯不处死刑和徒刑的。至多只处以监禁处分。终身监禁也遭禁止的，最高度只许十年。暂时监禁至多亦只五年。在温和性的案件

---

〔1〕 原文此处作"年"，疑为印刷错误。——校勘者注。
〔2〕 "打消"原文作"打销"，现据今日通常用法改正。——校勘者注。
〔3〕 此处原文作"少在年法庭"，应为印刷错误。——校勘者注。
〔4〕 "上"原文作"止"，应为印刷错误。——校勘者注。
〔5〕 此处原文作"未成年熟"，疑为印刷错误。——校勘者注。

里，法官竟可把少年犯责付于他的监护人，或者直接予以警告或惩以罚款，代替监禁。即在此比较严重性的案件里，法官亦得酌量适用裁判犹豫之制裁（Genuine Suspended Sentence），即在一固定时间之内，法院并不宣告少年之监禁处分，而施以教育感化；或者法官亦得适用刑罚执行犹豫之制裁（Spurious Suspended Sentence），在这里法院宣告了监禁处分，不过其处分暂缓执行而已。以上二者，如在一定时间内认为该少年已无恶行存在，而并无处罚之必要者，就得解除了他的监禁处分。反之，如以为非施以监禁不足以悛其恶者，法官仍得照旧执行。在不能解决需要多少时候始能见效的场合，法官可以暂时科以不定期监禁之处分，以达感化之目的。

在奥国实施少年监禁处分的感化教育院有2所。一所是男孩子的，一所是女孩子的。里面的服务人员，对于教学法，心理学，心理治疗学都需要熟稔。他们都需要诚恳的教化每个少年犯。少年犯在那里仍旧得按日上课，同时还有体育和游戏来助增他们的精神。

有时候，少年的犯罪纯粹为了缺乏教育的缘故，这时法官亦得为他在教育上找寻补救之方。除了责付于他的家长，或为他找求养父母之外，或者把他送入公设的教化机关。他们留住在这教化机关内的时间是不一定的，但至多到他们满二十岁为止。他们受过一度教育之后，都得学习工艺，里面无论何种工艺都有；有设备完善之工房农场等，少年都得自由选择自己欲学习的职业。他们的日常生活中，时有各种从事于感化工作的专家，随时留意和指点他们。

有一大半的少年进经过了十八个月感化之后，为他们举荐一个职业，让他们自己去生活。假使他们出去了而仍不能改善的话，他们仍得送回所来，留到他们满二十岁。在这一线上所获得成功之少年，占60%强。

四、结论[1]

本文[2]所述纯粹为奥国对于生理上，心灵上和道德上有缺憾的少年，所施之防范与教化方法，同时我们亦知道，奥国对于一般健全孩童的幸福也无时无刻不在同样的保护和注意之下的。

---

〔1〕 原文此处章节序号为"五"，应为印刷错误。——校勘者注。
〔2〕 本文作时在德奥合并之前。

下编　刑事诉讼法

英美公诉的实况[*]

陈　晓

一、美国公诉的实况

美国的公诉制度有四种，分别述之如下：

（一）联邦公诉。美国的总统就任时，他一定要选一个本党的党员做法律部长，这位部长的官名叫做 Attorney – General（有人译作检察总长是不对的），他算是政府阁员（Cabinet）中之一人，他的重要责任是解决政府的法律问题，同时是总统和政府的顾问律师。那法律部的名称是 Dpearment of Justice（有人译作司法部，可又是不对的），该部的责任有三：第一件就是拘提和诉追违反联邦法律的人。第二件就是在法院做国家的代理人，如果有人告诉总统或政府的时候，该部的律师就由告诉官（prosecutor）的地位，一变就变做被告的律师（defence lawyer）；如果国家要提出民事诉讼时（例如和州政府或公民争执物权），该部律师为原告律师。第三件就是犯罪搜查和管理联邦监狱等。现在略述该部的内容组织如下：在一个部长之下，有一个叫做 solicitor – general 的"律师长"，七个帮助部长的 Assistant Attorney – General，八十二个部外的联邦地方律师（Federal District Attorney 有人译作联邦地方检察官或国家律师），八十二个 Marshal（类似司法警察），及许多个管理财政部商务部劳工部

＊　本文原刊于《法学杂志（上海1931）》（第9卷）1937年第5期。

等的法律问题的律师（solicitors）。除上面的人员外，部内有监狱科，赦免科，搜查科等属于行政的设置。部内部外各律师都由总统根据部长的同意而选任（美国公诉官无终身制），而各律师都服从部长的指挥。

（二）州总律师长。州总律师长的名称，通常系叫做 Attorney – General。此 Attorney – General 并是州政府法律的顾问兼公诉官总长，多系由公民选出，任期两年，实际上他不执行公诉职务，即使有重大案件发生，他只对地方律师（即犯罪发生地的地方律师）说："你要我帮助你吗?"。如果地方律师请他来帮助，他才可以参与公诉程序。因为通常凡系刑事诉追，都由地方律师做主，州总律师长不敢——或依法律实在不能——干涉地方公诉权。现在的州总律师长的官署只称事务所（Office of the Attorney – General），但近数年来，始有设置搜查所和州巡警（State Police 或称 State Trooper）的制度，而且渐渐地"干涉"到地方公诉官的行动，所以将来或可有统一的州公诉制度。

（三）地方律师。地方的公诉官叫做地方律师，所谓地方的系指一个行政区（county 译即县或郡）。每一个地方只有一个地方律师，他略似我国的检察官，专司诉追刑事案件，他在县法院所在地设置事务所（office），系由人民公选，大多数任期二年。他的官名是 County Prosecutor 或 County Attov – ney，有的地方用 District Attorney 一语，在佐治州则称 County solicitor，在麻州则称 Common – wealth Attorney。他是个完全独立的公诉官，不受州总律师长或其他长官的监督。近年来美国极注意改良司法，尤其意于公诉制度，已有统一公诉制的趋向。有数州已实行州公诉官的委任制，由州长官（Governor of the State）负责亲任或荐任公诉官。此法公民每二年（或三年或四年）选举州长官及州议员，而一切司法官（如推事公诉官和警察官长等）皆由州长官委任，今后不再由公民用选举方法选举他们。

（四）市律师。在人口数千或数百的小市，违警罪的检诉系由警察（称 Police City Marshal，或 sheriff）起诉。但在大都市就有市律师（Municipal Prosecutor or Municipal Attorney）专在市或警察法院（Municipal or Police Court）执行违警的诉讼，而他对于州刑法的罪案无权起诉。市律师通常系由市民公选，但亦有由市长委任的，亦有由市政府聘任的，任期以二年为普通。因为在大都会做市律师的，他的年俸比起地方律师犹多几倍，所有常有做过几任地方律师的设法"升落"（Promoted down）做市律师的事实。

以上四种公诉制度之外，又有一种叫做 Prosecution 的制度，这就是未成

年或少年法院的"检察官"（多是社会科或法科大学出生的女人），称做 In-
vestigator，Reporter，Director，Probation Officer 等。又在美国的议院有所谓调
查委员会（Investigating Committee），专"检举"国内（或州内）的不法组
织，或其他私人团体的罪恶。这个委员会不能执行司法权，但又不受司法当
局干涉，他们只在公开的调查会上，暴露罪状（关系人等一定要到会辩护或
受查问）给国民知道。他们的调查形式，系由他们自任审判官兼"检察官"
（亦可聘任法律顾问），而无推事（第三人）在中间执行监视两造的工作，所
以有人说，美国的检诉（Prosecution）中，以议院的调查会最可怕，因为他们
的调查结果，能使"被告"在全国人民的心目中，坐无期的徒刑。但系在法
律上调查会不能算是个公诉制。

　　前面所述四种制度之中，当以地方律师为重要，我们可以说地方律师是
美国刑事司法的骨子，所以下面的叙述，也就着力在地方律师的制度。

　　做公诉官一定要有律师证书，这是美国全国的通例，可是做律师的资格
就各州不同，最严的是要领得律师证书，其人必须毕业法律学校（即中学毕
业后至少读五年书），兼考试律师及格。有的地方只要你律师试验及格或有一
张学校文凭，就可以做律师。南部某州的公诉官曾对我说过："我十一岁的时
候就做工人，我考得了律师证书的那一日，我的脑中只有三年的小学教育，
十七本法律书，二十三年的做人经验"。说也奇怪，他不知道法律图书馆是有
什么用处，因为他的成功，和图书馆是没有关系的。

　　一个要做公诉官的人，首先要加入一个政党，或自称中立党党员（意即
无所属），在竞选时对选举人宣传自己的本领，极力毁谤和他竞选的人，同时
对于在任的公诉官（如果他是候选人）加以责骂。举一个极端的例，数年前
有两个候选公诉官竞选，第一个说："某某的母亲是谁呢？他的事务室为什么
有两个入口呢？（暗射他和某某夫人有不正当的关系）……"第二个反过来
说："某某是和甲某（一个贼党魁）同在某处（一个秘密卖淫所）叙餐。某
某在任职时，为什么本县用过两千金旅行费呢？"，现在他们两个都被选作州
议员，从前的辱骂，被此都已忘记了。

　　地方公诉官被选后，他就把前任官的政策和人事都要改变。如果帮办人
员（如辅助公诉官 Deputy District Attorney 或 Assistant District Attorney，和书记
官等）不是由公民选出的，他就可委任自己的朋友或所属政党的党员做他的
帮办。他又可以利用他的权力，调查敌党的内容，专攻击敌党中重要人物的

公私行为。他可以任意取消（nolle prosequi）或延期（continue）前任官未起诉或诉讼未定的案件。所以在外面看起来，美国公诉官似乎好容易舞弊，但确不是，因为任期平均是二年，退任后容易被次任官查出他的弊病。而且在任的公诉官，不是希望再任或做别的候选人，就是希望满任后被选做推事，加上他又要顾念他自己的名誉和他所属党的政党名誉，所以即使他想胡乱做一任官就了事的，也不敢走极端的路。据美国司法研究会的报告，全国的公诉官中，大约只有一千分之一系腐败得要被公民会（"Votfers' Committee"）或大陪审或律师公会等攻击（"Attacked"），大约一千分之二十可以说是完全公正，其余的虽难免有些政党色彩的小过，也可以说是公正（just）的。

最简单的地方律师官署是南部各州的小县官署（County Office of the Dist. Att.），他只有两间房子（有些只有一间房子），占着法院（County Coart House）的楼上一角，除了公诉官一人之外，只有一位普通学校毕业的女书记兼速记员在里面办事。最完备的地方律师官署（多数在纽约，伊利诺，加利福尼亚等州）则有数十个人在署内办事。直隶于地方律师的则有辅助公诉官数人，特别侦查员数人至十余人，公安局派侦探队至小一队（Detective Attached to the D. A's. Office, detailed by the Police Department），书记速记及传话人（有中，日，意，古巴，西班牙等国人）多人，及汽车和车夫等。不直隶于地方律师的，则有犯罪调查部，记录部，化验部，巡警部支队（巡警队通称 State Trooper 或 State or Highway Police 而直接隶于州犯罪搜查部或州巡警部）。

地方律师的年俸最高的超过美金一万元，最低的也有数千元。有的地方施行"案件计俸法"（Fee System），这个办法是每案判决后，公诉官收入一定的"诉讼费"，没有案件的时候，公诉官可执行私人的律师职务（公诉官在任中可以做私人的法律顾问，一如普通律师一样）。

美国的起诉程序是这样的：特别重的案件，如对州长官起诉（滥用公权或受贿等案）的时候，州总律师长官亲自起诉或指挥督查，但系凡非直接由州政府管辖的案件（普通刑法案，皆由地方管辖），都由地方律师起诉。起诉的理由是：（1）公诉官知道或查出有犯罪嫌疑案，（2）接到公安局的申请或移案，（3）承受市或警察法院（Municipal or Police Court）的移案，（4）被害人或其关系人的申请或报告，（5）行为人的自首，（6）大陪审的决定

（Grand Jury Indictment）[1]，（7）法医官的验尸报告［例如法医官陪审会（Coroner's Jury）谓某某系被一个或数个人杀害，而凶手是某某或是"未知"的人 person or persons unknown］，（8）关系机关的报告（例如救火会的火验官 Fire Marshal 报告，说有放火嫌疑事实），（9）法院的命令（这不是常有的事）。起诉之前，公诉官得监禁证人和被告或被告嫌疑人，但须依法执行，否则违背英美法（Common Law）最有名的法例——habeas corpus 了。调察审询时和正式起诉时，公诉官得聘请私人侦探，犯罪学家[2]，心理学家等，帮助他的工作，且可以聘当地或外埠的著名律师来帮助诉讼。被害人（原告）也可以自聘委任律师参加诉讼。所以有的时候，诉追的主人——报纸上时常称他做 Chief Prosecutor——系由外面聘来的大律师，而公诉官就只在名义上代表人民诉追被告。

实际上美国的公诉制度，可以说是只有一个单位，就是地方公诉，一切犯罪——除非系违警罪或违反联邦法（Federal Offence）——都由犯罪地的公诉官管辖。除有法院的认可或有其他特别理由外，通常不能在犯罪地以外的地方起诉。而且第一审判决无罪的时候，公诉官不能上诉（可是判决有罪的时候，被告得请求上诉，上诉时，仍由该原诉公诉官维持诉讼）。每一个 County 的公诉官，在理论上不受州长官的命令，也可不同州内的各公诉官合作。数年前美国禁酒，可是这个法律系联邦法，所以有不禁酒的数州，他们的公诉官不独不诉追违禁的人，且依法他们是无检诉违禁者的权力。我们看到这个制度，一定说是流弊大甚，可是美国人则说这是表现他们一州有一州的自治独立的能力。

由纯粹的刑事哲理观察美国刑法，他们是没有自诉和公诉的分别。在起诉之发生，可以说是有自诉的形式（申请），可是正式诉讼的发生，就完全取公诉的形式。因为美国的刑罚理论，现在已不承认自诉人可以要求国家施行刑罚权，他们以为国家的刑罚权只能因依于国家的公诉权，换句话说，他们主张有公诉然后有刑罚的学说。所以自诉刑事案件只能要求赔偿损失，而不能要求被告受刑。因此刑诉案都叫做"州对某甲"或"人民对某甲"的诉讼

---

〔1〕 参看本志第八卷第五期七二六页至七二七页。

〔2〕 如 Pinkerton Detective Agency，Luke May's Crime Laboratory 等部是有名的私设犯罪搜查机关。Luke May 一人，曾帮助当局破案数百次云。

（State or People or Commonwealth V. John Dbe）

在法理上，公诉官的定义是"保护社会"，一方面诉追罪恶，一方面保护——雪冤——被嫌疑为犯人的无辜良民。可是从事实上看来，美国公诉官的地位，可以说是登政台的梯子，因为在任时无过失，或得选举人的信用，或破大案，就可以升做州律师长，州长官，州议员，国会议员等的候补人。所以由公诉官出身做到大官的在在皆有。有一位乡老曾对我说过："甲某没有能力，没有本领，所以他今年又要做地方律师候选人，他已连任六次了，真可惜"。

在美国刑诉进行中值得我们注意的，是他们的平淡空气，和不庄严的行为，这不是圣林 Holg wood 的笑，真的有人见过公诉进行官在诉讼中食花生，而且他很公平地和被告律师分一半食。在法庭上公诉官和被告人等同在一处坐着（看图一），没有一人穿着制服（推事也多数不着制服），辩论到热闹时，公诉官和被告律师时有脱去上衣，拳脚相加的事，而事后只要向法院的推事说声对不住就了事，他们仍然可以进行审诉。

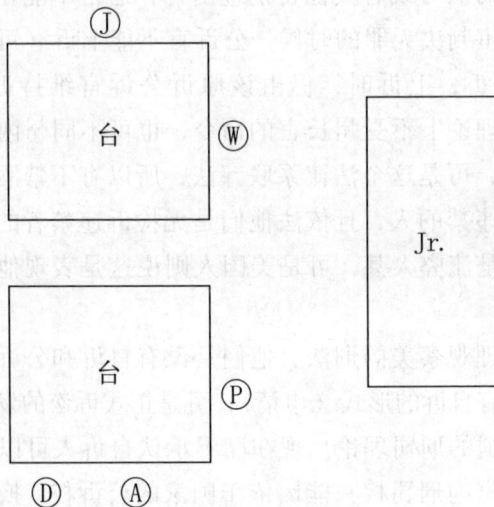

J=推事　　　　　　Jr=陪审席
A=被告　　　　　　D=被告律师
P=公诉官
W=证人席（凡被审问或作证时须坐在证人席上）
　　　　　（推事席较他席高三四尺）。

图一

二、英国公诉的实况

英国的公诉制度可分为三类如下：

（一）皇家律师总长的公诉。英国的公诉制度中，皇家律师总长亲自维持诉追的案件甚少，只对于极重要的案件——多数系带有政治性质的刑事案——一方由总长"干涉"。总长有二：一曰 Attorney - General，一曰 Solicitor - General，他们是内阁阁员，所以他们的地位几乎和其他阁员同。虽则他们是政党中人，可是都是有人格有学识有经验的大律师。他们除身任公诉官外，兼任内阁的法律顾问（在内阁还有一个叫做 Lord Chancellor 的，亦系内阁法律顾问，他是有些似司法部长）。自从有了公诉指挥官（看下文二）之后，皇家律师总长的公诉，愈见减少了。

（二）公诉指挥官。在皇家律师总长之下，有一个公诉指挥官（Director of Criminal Prosecutions），他是内给任命，受皇家律师总长和内政部的管辖，从事于下面的各种公诉：

甲、凡系犯罪之有规定死刑的处分者：如杀人，卖国，海盗，烧毁军工厂等犯罪，及杀人未遂罪。

乙、伪造国币之犯罪，及故意破产之罪。

丙、对于公共之犯罪，如违反选举法规，及渎职罪等。

丁、直接受皇家律师总长或国务长官之命令而对于某案提取公诉。

戊、因公益起见不得不提起公诉者。

庚、他如性欲罪，卖淫画罪，重婚罪等。

己、如果公诉官不提起公诉，就不能达到司法之目的者（如被害人不愿意提起自诉，或自诉人无能力起诉，或遇其他困难，不能完成其自诉者）。

公诉指挥官的官署组织是这样的：除一个指挥官之外，在他的手下有两个副指挥官，十三个助理官员（此十三人中，三个叫做 chief clerks，五个叫做 assistant chief clerks，五个叫做 professional lerks）。各官员都是专任（devoting entire time）的律师——就是英国的 solicitors 或 barristers。虽则他们是经由文官试验（civil service examination）而被委任的，他们的当中不少有经验的律师（experienced in private practice）。官署里面还有办事员书记等，一共约有四十五人。指挥官的年俸约合美金一万二千五百元，副指挥官的一个是八千五百元，一个是五千元。其余的官员年俸最底的是美金一千五百元，最高的是美金五千元。

（三）警察公诉。普通的犯罪，如窃盗之类，皆由警察官或警察律师（Police Solicitor 类似上海租界的捕房律师）提起公诉，在中央刑事法院（Central Criminal Court）或在警察法院（Police Court or Police Magistrate）诉追。大约平均每一百件公诉刑事案中，五十件系由警察律师诉追，其余的五十件系由公诉指挥官诉追。

英国的公诉，除由上述三种官员维持外，各种政府和公共机关——如市政府，地方政府等——皆得各自委任律师（多数系"公人律师"如市政府律师等）提起公诉，但此项公诉有人叫做政府的自诉，不算做公诉制度的诉讼。

英国的公诉制度没有一定的规定，尤其是警察的公诉，视地方之习惯和法律而异。在形式上英国既无检察官署（Procurator's Office），又无司法部（Department or Ministry of Justice），故不能说英国有检察的制度，可是既有公诉官，又有公诉制度，则在实际上是有检察制度之实质。而且公诉指挥官的权限已经扩大到几乎包括一切刑事案件，所以我们可以说英国亦有英国的检察制度。不过英国人的思想很保守习惯，如果对于某种犯罪从未有提起公诉的话，那就没有一个公诉官会对于该种犯罪提起公诉。又我们要明白英国的法官，警察，和甚至于犯罪人的法律知识都普及而且稳健，所以他们的 Justice 是世界有名的，总要案件在英国本岛发生，其结果多是公正——可惜在殖民地等就不是时常公正——，不公正的判决比较的很少。这都是因为英国国民对于维持个人的和社会的法权之观念甚深。所以英国之有英国法制，实因英国之有英国民族，他国未必可以效法的。

三、英美法系的公诉原则

英美法系之刑事诉讼，系以控诉为原则（accusatorial system），而诉讼的形式类似古代法律之决斗（judicial duel），控诉人和被控诉人处于同一之地位，而在胜负判决未分之前，法律认为被控诉人是无罪的。至若诉讼的发生则英美两国各有不同之处。在美国的刑诉有些大陆法系的检诉制度掺杂其中，而以地方律师为检举告发行为人的公诉官，而刑事的直接自诉制可以说是渐渐消灭了。英国的制度则几乎没有大陆法系的检察制度，刑诉的重心尚侧重于被害人的控诉。可是近来英国的刑政趋向，也不是不注意到公诉的制度。学者多谓将侧重于公诉矣。

英国的地方律师亲自派人调查犯罪等。又如果他不愿意提起公诉时，他可以指导警察或自诉人的律师提起警察公诉或自诉。因为这个原故，有人说英国的公诉指挥官不是个公诉官（"The Director of Public Prosecutions is not a Public Prosecutor," – by Sir A. Bodkin)，在美国就根本无警察公诉和自诉制。

在美国的地方公诉官不是个中央的官吏，所以全国的警政和公诉的机关只有"良心的合作"而无"法定的合作"，设有某一个地方的警察，拒绝和他们的地方律师合作，在法律上是没有强迫他们合作的法子。可是在英国则相反，每年每一个地方——The City of London，Metropolitan，or County，or Borough 等——的警政负责人须把该地方的犯罪事实，犯罪嫌疑案，和其他刑事问题报告公诉指挥官。而且公诉指挥官得调查警察公诉和自诉的失当，每一个法院的书记官须把一切刑诉案的内容，用规定的公式公文书报告公诉指挥官。

上面已经说过英美两国之制度，根本没有检察官的设置，也没有纠问（inquisitory）的法理，但在比较法学上——尤其是社会学派的比较法学——总有些不愿意把检察官（Procurator）和公诉官（Prosecutor）分别而论。所以用广义的定义，英美法系也可说是有检察制度。

本文对于美国公诉制较为详细的介绍，因为美国的制度容易叙述，而英国的制度，如果作详细的叙述，须和英国的司法和警政制度同时讨论，故在本文不得不作简略的介绍。关于美国公诉制度之书籍没有一本系完备的，最好的参考书要算是"Principle of Judicial Administration," by W. F. Willoughby，The Brookings Institute，Washington，1926，Ch. X and XI. 关于英国制度的参考书有一本专书"Criminal Justice in England ," by P. Howard, Macmillan Co. London，1931. 本文之英国公诉实况，系节译该书的第三、四章。

如果想继续研究美国的公诉制度，不妨参阅美志 Liberty 的最近数期——尚未完结——，及西北大学的 Journal of Criminal Law and Criminology.

名著摘要：美国刑事法之新发展[*]

黄地锡[**]

本文原名"Recent Development in Criminal Law"著者 Herry J. Fox 载于 The Journal of American Inatitute of Criminal Law and Criminalogy Page 799 ~ 821。

绪　言

美国各刑事法之编订，并非基于一个统一的概念，究其内容实乃溶合各哲学派之学说于一炉。惟是岁月不居，时代推移，此种法律，前人传之，后人受之，陈陈相因，绝少用批评目光剔除其不合时宜之部分。推究今人之所务者，则惟知在此既存之基础上，从事增添附丽，以冀其苟合于今世。至于此古老之法规，能否因补缀而适合目下之社会，则不暇计及，驯至法律上矛盾叠见，而为近代法家所诟病焉。

要而言之，刑事实体法以往纯由立法机关擅订者，今已受两大势力之影响，其一为刑法范围之扩大，使人类行为受刑法支配者愈广，良以文化日进，人事日繁，为维持社会治安及高度之道德标准，势有不得不然者。其二，则为增加裁判之效能，使刑事案件利于速决。本文下述各案例，即足表现此种趋势者也。

---

[*]　本文原刊于《法学杂志（上海 1931）》（第 11 卷）1939 年第 1 期。

[**]　黄地锡，1938 年毕业于东吴大学法学院（第 21 届），获法学学士学位。

甲　实体法

A　刑法范围之扩张

促使刑法扩张范围者，其原因甚多，最要者莫如人类行为以往受家庭，宗教，及与论管束者，此种机构今已失其统驭之能力，于是不得不假管理商业，专利，银行，食品，药品，汽车，等各种条例及单行法予以支配。此等法规形式上虽未能尽行吸入刑法典，然实际上已为刑法之一部分也。或谓法令如牛毛，不免失之苛繁，殊不知法官于执法之际，类能洞烛此弊，而迂回曲折其间，以事保障人权焉。在长奇（Dirk Do Jonge V. State of Origon）一案中，被告因参加共产党之聚会，被认为违背聚会法规而遭逮捕，法院判决则认定人民原有参加聚会之权，初不因聚会为共产党所策动而有区别，盖言论自由权宪法所赋予，此种权利非可任意剥夺者也。本案即为法官补偏救弊之适例也。

B　社会责任制扩张

例案中表现社会责任之扩张者，莫如拉克一案（People V. Rauch）。本案被告明知其汽车之制动机已经损坏，仍行出租与人。承租之人对此项损坏亦所明知，乃竟冒险驾驶，卒因制动机之损坏而将路人碾毙。本案法院宣告被告及其承租人均犯杀人之罪。本案所昭示者为责任之发生与估定，不以犯人之恶意为标准，而以其行为加诸一般人之危险性之轻重为依归。职是之故，重罪中如谋杀罪杀人罪伤害罪等，已加诸近代一切文明器具使用不慎而致人死伤者。至于被告之是否具有恶意，则非所问。此则社会责任扩张之所由致也。

C　刑事法规之司法解释

前述立法者为社会之需要而推广刑事法支配之范围，此时法官之解释法律至关重要。盖于"推测立法者原意"一语之下法官之推测或竟完全违反立法者之意思。然屈情以徇法之观念早成过去。法官根据立法之一般原则，以事裁判者，究为社会所需要也。在威斯康新州有禁赌之条例，内有一款规定："任何器物倘金钱或其他有价之物得以之定输赢者即系赌具。"在蓬斯（City of Milwankee[1]V. Burns）一案中被告仅以啤酒一杯作为获胜之目标而发生其

---

〔1〕　此处"Milwankee"系误写，Herrg J. Fox 原文为"Wilwaukee"。——校勘者注。

器具是否为赌具之问题。法院之判决认输赢之目标为金钱或商品并无区别，遂判被告为有罪。此判例虽与条文文义符合，然不免有背立法之精神。就一般而论，今日之趋势，法院对于条文所规定之事项，倘若极不易得一界说，而该文能稍示范畴者，则该条文即受法院之尊重而引用。倘该条文亦属广泛不经者，则直视为违宪而不予一顾也。

乙 程序法

审理案件之重要，不仅在判断是非明辨曲直，其重要性尤在使人民于受审或作证或为陪审员时独得法律上之经验与学识。审判倘能公平精确迅速，则对于其他司法附助机关如警署等，形成一种刺激，促使后者进步，此种效力尤为伟大。

A 起诉

二十世纪初，立法者已有使起诉简单化，及规定极简单之程序之动向。在美国多数州内并许检察官修改其已经提出之起诉书。纽约州且通过法案允许检察官倘遇法院审讯时，得于同一起诉书内，对于性质相同之数件罪案一并提出，以便于审理。其有利速决可谓大矣。

B 新证据方法

社会愈形复杂，犯罪愈多，今日已呈案件繁多而法官不敷分配之现象。然而晚近运用科学方法为司法之辅助者，其功亦伟。如指纹学，化学，及书法学之运用，已著成效。其他如海斯一案中，（People V. Hayes）被告在他处自承犯罪之情形，经人制成有声电影，携至法庭中放映以为证据方法之一种，此项方法亦经法院采取。虽电影中不无伪饰之虞，然法院及陪审员固可根据各种情形，加以研究而确定其真伪也。

C 执照案件

以往某类案件由刑法支配而今以行政处分吊销其执照者，事例日多。孙静凯一案（Sonsinsky V. United States）尤其显例。本案被告为一军火商，照章应年纳执照费二百元，否则得科以二千元罚金或五年监禁。承审本案之推事曾单论此种刑罚所以保护国家之课税权。凡此类案件适用吊销执照之处分以后，即无需起诉之繁重形式，亦无需陪审员。其上诉机关为行政机关。刑法之作用常间接而发生，盖经营某项业务必须执照，倘吊销以后仍继续营业，则可加以处罚。立法原意以为吊销执照固较立即适用刑法为妥善也。

D 国家之上诉权

今日之趋势，上级法院对于下级法院因证据之采择违法而发回更审者力事减少。良以证据遭上级法院推翻愈多，则促使下级法院之承审推事接受被告所提之一切证据。盖被告有广泛之上诉权，接受其证据所以免其上诉而或有推翻原判之烦扰也。为补救此项弊端起见，于是对于国家之上诉权力事扩张，以收互相钳制之效焉。

结　论

美国今日之刑事法，虽于前代略有改异，而大致则仍复相同。法律之改革极为散漫，而改革之目的又极复杂，其结果仍不免各种矛盾现象。故为改进刑事法及增进法律执行之效能起见，对于今日之刑事法，尚需透彻之研究与整理也。

法国刑事诉讼法上纠问与弹劾方式之演进[*]

美国 Morris Ploscowe 著

吴迪贤[**]译

法国自大革命以后，刑事诉讼，法除固有古代帝王统治的纠问制度外，一方面因革命的结果，输入了英国的弹劾制度，从这种制度的发展过程中，关于现代刑事诉讼法的一切基本问题；如怎样使犯罪得到遏制的效力，怎样使个人的自由得到保障等问题，都有了相当的救济方针，法国在一八〇八年刑事诉讼法变更后，欧洲各国无不受其影响，各国法学家，应政府之需要，相继采取作为控诉的模范；同时许多维新派领袖出来宣扬，使个人权利保障，益加有了巩固的地位。

简而言之，法国刑事诉讼法的演进史，与其他各国相仿佛，可以分成三个步骤来讨论：第一个步骤为初步侦查程序，包括犯罪事实的证明，犯罪情形的推定，以及证据的采纳等等，第二个步骤是根据初步侦查所得的证据，去决定控诉者的控诉是否适当，第三个步骤为审判上问题，专事讨论或研究所得各种证据：作为被控诉者犯罪与否的凭借。

一

法国刑事诉讼法在第一个步骤中，所讨论关于严重的罪，其案情内容，须经过州长官的审查，所即谓受理审判犯罪的预审推事。预审推事的职权，是以发现犯罪真实情形为目的，使侦查的事件得到水落石出的境地，法国刑

---

[*] 本文原刊于《法学杂志（上海1931）》（第10卷）1937年第2期。原名 Development of Inquisitorial and Accusatiorial Elements in French Procedure. 载美国刑法与犯罪学维志 The Journal Criminal Law and Criminology 第二三卷第三期。

[**] 吴迪贤，1935年毕业于东吴大学法学院（第18届），获法学学士学位。

事诉讼法对于严重的案件，并不依赖检察官，虽然检察官是被告的对抗者，他的责任仅求发现与搜罗证据，决定该诉讼进行是否有根据，使在审判程序进行中，法院对于证据之采纳有所准绳，其他如独立之州长官，也有相若的权利。

预审推事的权力范围很大，他可以讯问证人与被告，又得命二造到场对质；不仅如此，即往被告家宅或第三人家宅中搜查与逮捕，亦无不可；并能请专门人才帮同协助其工作，对于被告在必要时，得适用条例有暂时拘禁的权力。在预审推事之外，检察官有一部分监察权，无论何时他可以参与关于当事人两造案情内各种的文件的研究。检察官如认为某种程序有适用必要时，亦得请求预审推事适用之。凡重要判决的定夺，预审推事有与检察官折冲的必要，但检察官的意见并非一定作为判决上基础，不过检察官对于预审推事的裁判不同意时，仍有权到高级官署去上诉。

预审推事在初步侦查程序上，有三种特质：（一）侦查是用秘密的方式，证人的讯问只限在审判官或书记前为之，审判官于询问证人后，即命书记官作成证人所供证状，被告的辩护人当证人正在被讯问时，或法官于特别情形之下讯问时，均不得在场。（二）将讯问所得的结果，证人的陈述，被告的供词，与本案由勘验得来的资料，统统作成笔录附卷。此种卷宗即是上诉法院审理与判决的基础，同时又是准备提供证据的方法。（三）被告经预审推事讯问时，可以随时聘请辩护人到庭协助，但关于案内各种文件必须在讯问期之前交辩护人，以便有所准备。

现在此种初步的简易程序，完全根据古代帝王统治而来，然而被告有聘请辩护人与请求免除痛苦之权。这又可以说是溯源于一六七○年的刑法了。在路易十四帝时，受教会法院的影响，与罗马法的复兴趋势，以及当时帝王制度的勃兴等等，使纠问制度有着三个世纪的演进史，法国也因此得到纠问制度最清晰最有效的基础思想，所以欧洲宗教法院的名称，直到现在还蕴藏在吾人脑海中。这种程序法，是由州长官的指挥，加入初步侦查程序，而成功全部诉讼法的概要。

关于被告的保障问题，计有二点；（一）设定多种格式规定文书文件的可靠与否，作为审判上的根据。（二）全部手续法均为法定证据，凡各种证据的采取有无价值，亦成为必要的条件，而后方可宣告应得罪状，此种限制的作用，都用以弭免一切武断，与不合理的裁判。

但是各种格式，仍有不能达到圆满结果，每因低级官员的失察，尤其是在讯问证人后作成的笔录最易犯这种疏忽的弊病，又或证人不到场时讯问所得的笔录，也是不大可靠。

法定证据固然可以保障被告无辜判罪，不过流弊的发生仍旧难免，譬如重犯的审理，在寻常情形中，只须有二人目睹，而出来为证人，或被告直认不讳，并加入其他有关系的辅佐证就达到宣告被告罪状的时期。不过事实上对于被告犯罪事实很难得到目睹的证人，假设被告供词中狡猾善辩，使法官无从捉摸，岂非又使案件陷于糊涂渺茫状态中。所以在此种困难时，侦查的官吏，尚有一种补救方法，即是申请适用痛苦的苛刑，关于这种适用的规定，法律中亦有载明。

依司门 Esmein 氏说十七世纪时的法学家公意，并不反对纠问制度的严格，迄到十八世纪时已经显然地有所变更了。

现代的刑事诉讼法都已受过 Montesquieu，Beccaria，Voltaire，以及其他法学者的攻击，并又引起各国法学者注意此中缺点，去共同研究其所以然。一方面更探讨制度的变迁，与历史的演进，所以欧洲大陆各国家，凡在法国邻近的，对于纠问制度潜心致力者，竟不知有几许人，当时法国各法学家，发觉到英国除保守着纠问制度外，并注意尊重个人权利等问题，法国尚未完备，所以 Voltaire 氏着眼当时改革修订，学者的见解中，得到一个结论。——英国的诉讼法是直接保障被告，法国的诉讼法是摧残的表现，在十八世纪中哲学家的主张，维持公共意志的存在，所以公文档案的办法，也因社会需要而产生出来了。

政府方面因受了公共意志潮流的要挟，亦认为刑事诉讼法有修正的必要，就从事于大体修改的工作。一七八八年时，一部分苛刑无理由的裁判，与 Sellette（刑名）都废除不用，此次修正案可以说是大革命前帝皇势力下最后一次的修正案。

宪法委员会在一七八九年秋季也从事这问题的探究，曾经通过一条条例，谋协助修正刑事诉讼法，以达到完成为目的。暂时的策略，当时即被通过，对于改革上的各种主张，以及昔日的制度上有何得失等讨论都一一论及，又如已存在的组织仍旧任其存在，但对于个人权益保障问题，必须力图促进，所以当州长官在初步侦查的时候，增添二个信誉卓著的人在场协助，再如被告讯问必须公开对抗辩论，加入指导案中应用的文书文件，当侦查讯究时，被告又有权去请辩护人来代理他。

两年以后，这个修正案工作才算完全成功，把法国固有的一切组织，都根本改革，一方面输入了很多的英国刑事诉讼法。

一七九一年的刑法通过后，以前的州长官和检察官都失去了他们本来的地位，关于以前的检察官制度上新产生了两个组织，一个是帝王的代表委员会，专事监督着法律的进行，另外一个是大众的控诉人，他在审判中的职务，与法律顾问相仿佛。在初步侦查中的官员，也模型英国的办法，用一个选出来的长官，叫做治安法官，他当一造控告他造时，有传唤他造到庭受审判的权限，在审判进行中，治安法官依据被告与证人的陈述，可即命令陪审官依法执行，或开释被告为无罪。

但法国想恢复曾经沿用过三个世纪的旧制度，所以在初步侦查程序中，很迅速地又把英国输入的刑事诉讼法摒弃不用。在一七九五年的初端，恢复旧制的倾向，已是很明显地存在了。一七九一年间，已复适用 Brumaire 三世的法典〔1〕（民事债编法与刑事法典）。有许多条款中，对于初步侦查程序上的治安法官，已给予不少权力，去着手侦查与研究口供，对于询问证人或被告的结果，统须作成笔录，此种文件的作成，好像学古代帝王统治时代的精神，用作进行诉讼的基础。

革命时期的法国，复又趋向 Pluviose 第七世的法律〔2〕，所以在制度上又有些改变，昔日的检察制度再为恢复，又把以前的刑法从新整理一番，加入在陪审上的监督员。在一七九一年的修正时，此种官员的设定已见具备，目的在监督陪审员的职务。新法律规定监察员有秘密询问被告，或用两造不对抗方法的询问，作为大陪审制度开审时必须的资料。

同时治安法官对于被告犯罪事实已属知情，而报告检察官时亦受到相当限制。然后提出关于本诉讼的事实内容，把被告加以逮捕，被告所供供词也

---

〔1〕 Morris Ploscowe 的原文是：As early as 1795 a tendency to return to the old forms became evident-when the principles laid down by the law of 1791 were codifiedin the Code des Delits etdes Peines of the third Brumaire, An IV. 译者对 the third Brumaire, An IV 这个时间表述有错译。Bumaire 指雾月，An IV 指共和四年。——校勘者注。

〔2〕 Morris Ploscowe 的原文是：Revolutionary France took the decisive step back to the criminal procedure of the past by the law of the seventh of Pluviose An IX. 译者对 the seventh of Pluviose, An IX 这个时间表述有错译。此处应指共和九年雨月 7 日的法律。——校勘者注。

须作成笔录，他除了受陪审官中的监督员支配外，自己已无权过问其他事情，所以他以前在初步侦查中的一切权力，早已丧失殆尽了。

法国所以要恢复旧制度的原因，可以说是因为正在政治混乱时期的关系，当战争爆发时，全国人民几乎全部陷入犯罪状态中，故法国企图遏制犯罪的需要，实为古来所未见，而有效力的遏制方策，又为新刑事诉讼法所不备，格外容易发觉已往的缺点，既如初步侦查程序不能贯彻，就使案件无从处理，又如检察官的无一定处所，都足以阻碍诉讼的进行，而使当事人得到不当或不公正的结果。不仅如此，一七九一年的修正案，还有为个人自由谋保障的企图，可惜因革命波澜过于激烈，以致社会的公共利益尤恐顾不到，个人的权益自更不必说了。

拿破仑称帝时，法国法律中仍有一部分旧的诉讼法存在，拿氏因旧的诉讼法可以使政府的力量巩固，所以极表赞同。一方面对于革命时代的弹劾制度，反对的亦大有人在，因此一般法学家致力于法国安全问题的人，都不免有些不安起来，一般人对于旧制度的见解，统由 Alx 上诉院发表出来，被告在此时有请辩护人代理进行诉讼手续的可能，故在一六七〇年经过修改之刑法，已达到了相当的完美境界。

经过了此番影响以后，拿破仑又复命令组织一个委员会，专事致力在刑事诉讼法问题。一方面扩充范围，采纳纠问制度的原理原则，使委员会可以借鉴他人。以前的大陪审制度置之不顾，监督官因此也绝了迹，只有委员会有侦查犯人的权力，又把此权力给予预备推事，因为预备推事没有其他权力的缘故，预审推事在侦查犯人与搜索证据范围内，有权顾问到法律与事理上是否平衡。拿破仑当时不遗余力，所以在一八〇八年间成立了一部预审推事的法典，虽然和其他法律不相雷同，但也不失为法国的法律。

此种法典订定，对于预审推呈行使权力并没有不妥当的地方，即关于特权的行使，也在州长官的意思去定夺，但行使发生错误时或滥用苛刑的时候，仍旧可去检举他们，不问预审推事是用秘密方法去行使他的职权，又或犯人在诉讼进行中不许请辩护人的诉讼都包含在内。然而在犯人的目光中，预审推事的公平正直和不偏而确凿的裁判，是莫大的要素。关于州长官的侦查，必须记载于卷宗中，作为后来审判程序上的资料。根据此项卷宗，犯人方被传讯而有到庭的义务。法庭庭长或法院院长把本案侦查被告与证人的结果作为卷宗，附入各种证据，然后交与陪审员，陪审员对于卷宗内容所载的必须加以考虑，但亦可以因为不切当拒绝接受。

预审推事的权限漠无限制，使初步侦查程序上过去的一世纪中，发生了强烈的批评。Faustin–Hélie's 曾经这样说："除了州长官用他的职权与能力在指挥外，人民难道没有其他的防御方法去反抗预审推事了吗"？拿破仑三世，因了这个关系，就组织了一个委员会，派了一位大法律家 Ortolan 之持这件事，并设法去改革它，这个委员会直等到法国帝制崩溃时才解散掉。

第三共和国成立时代，司法院院长 M. Defaure 另再组织了一个委员会，作为讨论修改法律的场所，到一八七九年决定计划，主张把一八〇八年的旧法典再行废除，其中主要点，是在预审推事前采用对质方法审判罪人。一方面有律师到庭代表犯罪的人辩护，他方由检察官控告犯罪的人应得的罪。在大理院中的讨论程序内 M. Defaure 所主张的修正案，几乎使固有的特质全部消灭。——连以前主张的人或赞同的人，均在被淘汰之列。但因内部人才平凡，各人意见又不一致而难通过，使政治陷于不安定地位，把修正案延搁了将近二十年。

有很多苛刑的施用，引起了大众的激怒，所以修正法典变成了急不容缓的事了；例如一个工人 Dufour 的案件，因为预审推事没有工夫去审问他，就把他无故关了五个月之久，此外如一个犯人在三十二小时以内不供给食物，迫他到庭上去承认犯罪。最重要的例子是 Pelessier [1]事件，犯人在三个月内与人禁绝往来，预审推事对男的说，他的女人已经承认了，又去告诉女人说，他的男人承认了。不过州长官用不正当的方法去对双方说谎，仍未能得到真确的承认。后来给检察官发觉这种无意识的攻击，就把这案件废除进行。

一八九七年十二月八日颁布施行的法律，凡预审推事所询问的案件，当侦查询问的时候，须有律师在场，并须在询问前将各种文书文件予律师以查看的机会。修正后这种精神，是最高法院里对于这修正案的首创者所提倡。预审推事与其他的官吏一样受法律的支配，律师在场的责任，是进行应做到的手续，而使发生效果，其他的事不必去顾问。

为保护被告起见，不必去追溯已往法律的适用，譬如 Defaure 所建议的办法，在初步侦查对质时候，证人被询问时，被告与律师均不准在场，但是一八九七年的法律，被告已经有了重大的保障，他可以在预审推事行使职权的

---

〔1〕 此处为译者误写，Morris Ploscowe 的原文是"Pelissier"。——校勘者注。

时候请律师到场代理行使其权利。所以纠问制度在初步侦查时的实益，虽受到了限制，然而个人权利却得到不少的收获了。

二

初步侦查程序所得到的证据，应决定被告是否即须开庭审理，因为即使结果被告无罪开释，但是法院进行任何案件，对于国家或个人均蒙其损失。所以在开庭前非被告罪状为可靠时始命其到庭受审，比较妥当不少。

英国与美国数州中，大陪审官对于严重案件，必须事前经过整理与考虑的手续，然后再命犯人到庭受审判。法国因羡慕英国的制度，在一七九一年也采取此种大陪审制度，初采用时，尚有几种组织的设立，作为犯人应受审判与否的第一个场所。

然而在刑法上，显然地并没有分别设立这些组织来决定裁判，仅由州长官参加初步侦查程序而已。关于此点，刑法上所载似乎有些模糊不清，注释的人所主张也不能趋于一致，学者如 Jousse 和 Muyart de Vouglans 一般人争论过，法官的人数三人或五人必须有一律的规定，无论在审判时候或者在判决时候，都是一样的重要。一方面又有主张相反的人。如 Serpillion〔1〕说，根据各法院的习惯上，凡审判的决定，都是由预审推事个人去定夺的。不过 Muyanrt de Vouglans 也承认事实上确实如此，不是刑法上规定所能包括的。

一七九一年法国所采取的大陪审制度，与英国原来的大陪审制度仍不相同，内部只限八个公民在座，而指定一个法官为监督官参加，他的任期为六个月，他在审判中询问被告与查阅文件，研究内容的性质如何，而决定需要大陪审官的告发与否问题。他又可以当治安法官前审证人，谋发现忆往程序中所未有的事实，他的责任也可以算是控告被告的官吏，假设控诉的一造未能同意，他又可以再为控诉，大陪审官可在其中择取较合理的控诉。

法国的大陪审制度，根本上与英国仍有些相若的地方，如询问证人经过证人口头陈述后，再决定进行控诉，或不予受理，不过这种程序，不久又逐渐地变更了。所以在 Pluviose 第七世 Anix 的时代〔2〕，大陪审官没有询问证

---

〔1〕 此系译者误写，Morris Ploscowe 的原文是"Serpillon"。——校勘者注。
〔2〕 此处系错译。应为共和九年雨月 7 日的法律。Anix 系 An IX 之误。——校勘者注。

人的权力，仅不过根据已作完成的笔录或其他文书文件下一个判决而已，这种法律又可以说是当年刑法（一六七〇）的复兴，而给大陪审官一个监督的名义。这又是当然的结果，监督官可以审查证人和证人所陈述的供词，一方面去限制陪审官对于证人的陈述和其他文书文件的一切主张。

一八〇八年拿破仑的委员会，有刑事询问法典的编纂，把大陪审制度压迫到了极点。同时在美国也有废除这种制度的呼声，所以在法国自然也不免有高唱入云的趋势了。第一个问题，是法国的州长官有一个经验，就是对于一般民众，不能把他的职权认识，他的职权是在决定被告犯罪的证据是否必须到庭受审，并不是来决定被告犯罪的根本上的问题。因为证据的欠缺，大陪审官无故开释掉很多重要的案件。监督官为希望避免再有错误发生，特地给大陪审官关于他的职务上明晰的概念，所以他对于一切判决发生很大的影响，陪审官却变成了他的附庸了。

现在法典上产生了两个组织所谓控诉院，与辩护院，把大陪审制度列入了被淘汰之例了。

关于控诉院的组织是有法官三人，所谓预审推事去担任，每个星期预审推事把所受理的一切案件，作成一个总报告，再由辩护院去决定去审理。如果控告的事件是属于犯罪性质的，控告院中的任何官吏可以用投票方法，移转原案到辩护院去审理。并且因此可以决定须送往刑事裁判所去审理与否等问题。

控诉院在一八五六年时候，也是没有多大效用的，与大陪审制度一般的无济于事，于是预审推事遂起来参与各种问题的考虑与投票，所以在实际上控诉院几乎等于预备推事后下的记事员而已。

控诉院的权力，全部让给了预审推事，并由他们去自行决定犯人的证据是否确实可靠，遇到控告案件是属于违警性质的，就移送到感化院去，但关于犯罪性质的控告事件，仍旧适用辩护院的裁判或把犯人送到刑事裁判所去审理。

辩护院中包括上诉院法官三人，他们根据卷宗内各项文书文件，和检察官的报告书，还有他们自己所作的报告书，关于犯人须移送刑事裁判所与否下一裁定。辩护院没有权力去询问证人，被告也不能到此法庭来受审。

辩护院专事决定被告证据的足以构成犯罪与否的问题，实成为法国刑事诉讼法的一个辅助机关，与英美的大陪审制度迥然有所不同，而内容也不相似。法国辩护院是以法官组织而成的，一切裁判尽根据文书文件作为标准，而英美则用普通公民集合而成的，这种制度的存在，给刑事裁判所管辖下的被告很大保障，因为在此制度中，不准许搜集证据的当事人去决定被告应否受审的问题。

<h1 style="text-align:center">三</h1>

一六七〇年的刑法所采的制度，在审判上和其他的和程序一样，亦是采用秘密方法，犯人不能请律师出场代办，法院所下的裁判是根据下列四点：（一）初步侦查的文书文件，与证人陈述的正式报告书；（二）关于报告书记载，检察官的结论；（三）法院用 Sellette 刑所得最后一次的侦查询问；（四）初步侦查程序中得到的文书文件。如果卷宗在法定证据立场上看来已臻无欠缺时，就不问证人的身份如何，法院必须根据所得下一判决。

革命时期的法律，把以前的制度完全推翻，秘密的纠问制度，由公开的审理出来替代。犯人可以尽量想法子或请律师来保护自己。再如判决的原则，须以口头上供词为准绳，而不注意文书文件了。法定证据也随之而消灭，十九世纪许多哲学家在这种改革上，从事吹嘘，又复把陪审制度介绍到法国，他们以为一个有价值的证据，只有法官才能够赏识到的，并不是一般普通人可以在事实里去找寻的。法国法院中需要陪审官的理由，不外求到较有理性的裁判，好像在公开法庭上根据确实证据所得的结果一样。

这些原则，都是在一八〇八年时颁布的法典中通过，一直维持到今日，不过法国的组织和施行，根本上和英美就不相同了。

第一点法国的革命宪法委员会成立后，改变以前采自英美沿用的 Felony 与 Misdemeanor 二分制，成为 crime，délits 与 contravention 三分制，委员会又另外设立三个各别的法院办理这各别的案件。这个制度亦就是今日法院制度的一个雏形了。凡轻微的（Contravention），和英国一样，都在治安法官前审理。Delits 可以算是 Misdemeanor 的重罪，亦可以算是 Felony 的轻罪，就归感化院去审理，内部计有法官三人，Crime 是最重的罪，统由刑事裁判所去审理，刑事裁判所为法国唯一的刑事法庭，有陪审员在场审问助理。

感化院最初设立时期，是在一七九一年，内部有治安法官二人，对于轻微案件有权单独审理。后来一八〇八年的法典，就是那时所蜕化而来的，刑事诉讼法修正委员会为尊重拿破仑主张起见，将民事程序和刑事程序集中起来，使法庭的权力益加巩固，取消在革命时设立的一切法院，每州设立一个市民法院，作为审理 Delits 案件的场所，与感化院相仿佛，州的界限从地理上看起来似乎不能算是司法上一个单位，仅不过市民法院也是三个法官，有些和感化院相同。

一七九一年的修正案，在感化院中采用了简单而迅速的程序，它的理论是犯罪轻与重算不得最要紧的问题，只求其明了性质如何，如怎样可以从速证明。Delits 不是重大的罪，对于犯人不需要特别保证，不过上诉的问题，必须法官三人加以慎重的考虑方始可以，关于以前感化院的特性，都仍旧保存着呢！

不过在管辖上，感化院逐渐地扩充了不少范围，直到今日还是法国的一个刑事法院。攻击犯人也比较以前严格些，以前犯人的监禁时间，最多不出二年，后来一八一〇年的 Penal 法典时，把犯人监禁期间改为最多五年，及到感化院时代，更进一步而根据犯罪需要感化的程度了。

有几种罪，本应该在刑事裁判所审判，但是把犯罪的一部分要素除掉，就可以送到感化院去审理。譬如夤夜入人家宅窃物的罪，本应由刑事裁判所管辖的，如果送他到感化院去，只须把 breaking 与 entering 除掉不计，亦就不成问题了。

因为许多原因，检察官对于需要感化的程序的适用，非常普遍起来，他们主张把案件交下级法院去审理，可以得到比较迅速的裁判，对于陪审官和预审推事的侦查费用，可以节省不少。此外又因陪审制度进行太慢，使犯人多受些痛苦，也是很显明的理由。如果把这些案件送到感化院去，获到一个简捷的裁判，是很有把握的。

感化院在事实上占领了优势，对于纠问制度的存在，不能说是没有关系，虽然法院方面要询问证人，与研究文书文件的内容作为判决的根据，然而判决在实际上，也不一定依照公开法庭上所得的陈述为依归，不过法律上并不规定关于 Delits 的卷宗，须由预审推事作成，在大部分案中，都是由检察官作成，好像他对于本案侦查所得的结果一般，这样看来，现在感化院中适用的程序，确已比古代帝王统治时代的纠问制度要严格得多了。但是在理论上，关于文书文件最好由公正无私的州长官作成，或者比较被告的对抗者检察官作成，是要妥当些。

从刑事裁判所制度下看来，也可以发现法国刑事诉讼法还遗留着革命时代修正案的色彩，在这里是有陪审官的存在，程序上的公开询问原则与被告的种种防御方法，都受到很大的影响，就是古代帝王统治时的许多习俗，也还存在着，我们在询问被告时，和法院院长的职务中，都可以窥见一斑。

古代帝王统治下的审判程序，被告在判决定前，须受法官最后一次的审问，法院对于这次的审问，从来不会疏忽的，哪怕在革命时代修正案的时候，亦是如此。现在这没有多大变更的感化院院长，命证人到场详细询问被告，被告把已往关于犯罪各种情形和盘托出，院长所问问题，全是根据预审推事在初步侦查所有的卷宗为资料，所以在询问后，院长把以前秘密所得的侦查结果，在公开法庭上，交与陪审官作为参考的工具。

院长询问犯人权力的来源，在今日法典上无从考据，法国一般评释家，对于这个问题，亦是莫测高深，Faustin-Hélie 的观察说，是以前纠问制度所传下来的遗迹，其他学者主见，以为院长询问犯人的权力，是因为院长有把案件交与陪审官的责任上的结果，因为询问是探究事实的一个重要方法，还有一部分学者，以为院长在发现事实时的一种特权。

法典上的记载，与刑事诉讼法上都有规定关于院长当讯问犯人时必须有公正的态度，但是如果一位生客跑进法国的刑事裁判所去一看，最容易发觉的，是院长因为自己的意见，使陪审官没有发表主张的余地，为了有许多偏袒的案件，引起了一八八一年的抗争，结果院长只得依照一八〇八年原来的办法，在陪审官面前一同考虑而已。不过在询问程序中，仍有权发表激烈的主张，以后给上诉院驳回与否不必去顾念。

在古代帝王统治时代的纠问制度中，对于陪审官没有什么成规，因为修正法律的人，是直接去采取英国的缘故，一七九一年采此制度时候，陪审制度仍算是刑事诉讼法的一部分而已。

不过这个陪审制度，如果没有经过奋斗和纠纷，是不得列入现在的法典，拿破仑是反对这个制度存在的人，虽然他的法典委员会和他意见相左，他情愿把委员会解散，希望他们改变本来的主张，去和他合作。后来委员会复兴后，经过几年的研究，结果对于保护被告的问题，仍旧决定保留在法国诉讼法里面，不过在作成判决与定罪的投票数额二点上，法国的陪审制度，与英国不同了。

法国的陪审官，对于犯人有罪无罪都不必下判决，这点却和英国一样，所有的控诉或控诉内包括的事实，或审判上所得的资料，和被告的请求防御等等问题，只须写个是或不是去回答就够了，这样看来，法国陪审官的职务，有些像英美制诉讼法中的特殊判决了（special verdict）。

革命的立法者，把美国的原理原则输了些到法国来，陪审制度的使命，只要足以决定事实如何就行了，法律问题自可任法院去解决。一七九一年设定的陪审官修正案，对于下列三个问题，必须先为解答：（一）是否已经犯罪？（二）被告是否首犯？（三）被告的行为是否有罪？这些问题，在民事债编法与刑事法典中，曾经提倡过，不过结果，徒事使陪审官增加这种问题的解答，每有感到无所适从的痛苦，不如事先认清案件内容为妙。拿破仑的委员会时代，也曾引起过风潮，反对陪审员有罪或无罪的简略裁判，但是这个主张并未实现，一八〇八年法典还是根据革命时代的规定，作为当事裁判的标准。

刑事诉讼法，在历史上只有一个时期是需要陪审官对于有罪或无罪下一个一致的裁判。假设陪审官在二十四小时内不能一致表示，那就用全体的名义亦无不可，不问法律本身要受这种规定的影响与否，以前关于有罪的判决，须有十票通过才算有罪，而无罪的判决只须三票，所以太便宜了那些犯人，上面的规定，对于以前的判决制度上，却发生了一种拘束力了。再如果全体名义的表示，不在二十四小时内决定，那也算时间上的迟延。一八〇八年间就设定了这种全体投票判决的制度，并说明这种制度即是全体对抗被告的一种手段，同时法院方面仍有在有罪或无罪的争点上投票的权力。如果法官与陪审官的全体，都认为被告无罪的时候，被告当然即行开释。在一八三一年，这种法官的参加办法，已被废除，仅不过有罪的决定须有七人以上的投票方有决定。现在的制度，有罪无罪的全体解决办法，是一八五三年时候采取来的。

再如裁判的决定，与投票方法等手续，法国与英国也是各异其趣的，法国的陪审官，关于决定犯人的有罪或无罪有相当的权限参加其间。然而英国的陪审官就不同了，自从一八三二年起，法国法典有一种规定，法官须问陪审官犯人的罪状有无减轻的可能，他们如果是正面的回答，法院就必须把犯人的罪状减轻。最近通过的法律，给予陪审官更大的权限，譬如陪审的时候，是已经发现了犯人的罪状，陪审官就要去和法官共同投票和考虑犯人应得的罪，这种规定，在实际上已经把陪审官变成了罪状的主持者。我们很明显地可以了解这种修正案的原理：法院决定法律问题，陪审官决定事实问题。

四

法国政治思想的力量如何，也可以从刑事诉讼法的逐渐演进史上看出来，在帝制专权时代，纠同制度中的个人权益，是毫无保障的东西，一任司法机关去摆布，革命一开始，英国的弹劾制度输了进来，个人的权益因此也得到了保障。到了拿破仑专政时代，社会扰乱不堪，新制度又不能拯救当时一切因革命而起的纠纷，所以又恢复到古代帝王统治的旧制度去，不过革命的思潮已在无形中播种了因果，所以一八〇八年编订的法典就是纠问制度的初步侦查程序与弹劾制度的混合物了。

拿破仑的政府虽然日子不长，然而法国在十九世纪一世纪中经过三次的大革命才产生出了一个维新的政体，一直到今天还存在，但是法国的刑事诉讼法法典，与从前拿破仑所遗留下来的并没有多大变动，在一八〇八年时，刑事诉讼法在政治自由的问题上，似乎不甚重要，经过将近一百年的力争才把法典来修正，使犯人在初步侦查时，就有请律师的权利。

法国有许多法律家，和舆论家，以为刑事诉讼法最好还要使它更加维新些，Garcon教授观察所得说："法国的公法已经根本改变了"。一个权力的政府，已由一个自由的政府起而代之。我们已经在我们法典内介绍了政治自由，内阁对国会负责，言论与结社的自由，但是我们也把旧的刑法（Penal Law）仍旧保存着。我们更不惮劳苦去设法融和它们；因为大家决不容专制时代的刑事法典再生存着。

还有许多著作家，也有相同的见解他们反对的立场是因为初步侦查程序中个人的权利完全是交给州长官的缘故。无论预审推事是怎样才高识广，总不及把个人权利的问题，规定在法律上来得妥当。

有许多注释家，主张把预审推事的任务从事于整个的修改一下。在初步侦查程序的各种特性也加以变更。如在预审推事询问时候，应该设立一种对抗的讯问，和Dufaure氏所主张的办法一般，而用来代表现在的初步侦查制度，盘问证人必须有检察官和被告在场时举行。把现在的秘密侦查，改为公开侦查。同时预审推事在这种程序中的职务，好像英国的法官在初步侦查程序中一样。

其他的程序也有许多需要修正，很多作者以为预审推事的权限太大，他可以任意决定罪状，只有在 Crime 情形之下他才受辩护院的支配，然而此外许多案件预审推事的行为，就是 Delits 了，但是在诉讼进行中，亦不受任何拘束。现在要想矫正这些弊端，只有把控诉院复行设立，使预审推事对于裁判有经过考虑的必要。

Carrand 氏的主张，简而言之，是不满意现在所适用的制度，而想恢复以前的感化院制度，这是当然的结果，大凡一个实际的组织，决不能永远适合于压制犯罪上的需要，或是公众管理上的公正等问题。所以在一切关于修政的建议中，都包含着感化院的成分。不过内容的变更，仍是不可免的事实。又有人主张在感化院审判程序上容许普通人的加入，所谓 Echerinage（州长官之称）小组的公民，参加法院，犹如感化院中的陪审员相似。此外还有人主张不用三个法官去共同审理条件，而用法官一人已足以替代之说。

从刑事裁判所的审判程序中，关于院长特权的滥用和法律理论上争点看来，已有被废除的趋势，自从经过了这种步伐以后，审判程序的外表面已和以前不同，一方面被告却也得到了不少的保障。

这许多修正案，仍旧不能算是把法国的刑事诉讼法贯彻了一切主张。仅可以说是一八九七年以前的修正案所以不能完成的一笔总账，况且大众对于法律的修正，并非十分渴望，普通一般人在刑事犯罪的施行上，采用强制政策与否，都感不到多大的兴趣，许多案件给予人们感到不安的遭受，得到不应该有的痛苦，所以在修正主张的实现以前，个人的权利问题，当然是还没有稳固的保障了。

德国纳粹之国际刑法政策*

王学文译

一

上年八月柏林举行第十一届国际刑法刑务会议之际，德国法学士院召开全体大会，该院院长兼纳粹〔1〕国务长官汉斯·法郎克〔2〕氏（Hans Frank）出席演讲，其演题为《国际刑法政策》。是为八月二十一日也。氏之讲演系将纳粹德意志法律政策，明宣于中外，其意气甚盛，有不可一世之概，又将演辞印为小册，公布于世，日本东京帝国大学刑法研究室得有一册，爰寻译其要旨如下。

二

氏之演讲，分为三项，其第一项所谓"国际刑法"（internationales Strafrecht），一般所诠释为"关于土地之刑法效力"者也。盖主张将各国刑法典根本理论之属地主义，属人主义，保护主义，及世界主义等主义，融洽贯通，以促国际的统一之实现，其中惟有世界主义者，与其谓为国际刑法之适用，无宁谓为破坏之为愈。故可以除外者也。

关于国际刑法政策之第二项，氏则陈述所谓"实体的刑法政策（materi-

---

* 本文原刊于《现代司法》（第2卷）1936年第1期。
〔1〕 "纳粹"，原文作"那基斯"，乃日文"ナチス"之音译，现据今日通常译法改正，下同。——校勘者注。
〔2〕 "汉斯·法郎克"原文作"汉斯弗朗克"，现据今日通常译法改正。——校勘者注。

elle straferchtspolitik〔1〕)"极为重要崭新之言论,最近尚赓续论议甚嚣尘上者也。"盖以为依各国刑法规定之统一,或根据超国家的法源,立一共通法典,则诸国家对于犯罪斗争,协同努力,当为可能矣。"此种国际的法律政策,主要与预防〔2〕方策之国际的规定问题,甚有关系。氏列举纳粹德意志之预防方策如下:

(一)训练少年须忠实于国家社会,且防避犯罪之危险,(二)就被害之点,刑罚之点,犯罪对于个人所生结果,皆为可怖者,常不断以此告诫世人,(三)施行优生学的方策,俾减少有犯罪倾向者之子孙之数,乃至遗传的有生犯罪者之倾向之数等例。而"实际的国际刑法"者,以所谓统一国际的刑法之观念大问题为中心。何则,刑法之形成,常依存于立法者之世界观者,而刑罚之意义,犯罪之范围,刑罚执行方法之性质等问题,皆因以引起故也。此问题之为重要及困难之点,实由于此。

氏演讲之第三项,其讨论问题,系为实现"所谓国际刑法(第一项)及实体的国际刑法(第二项)计,应否创设有国际性质机关,如国际刑事裁判所,乃至国际的刑法管理委员会等"是也。

三

氏于兹披沥纳粹德意志对于国际刑法政策原理及目的之见解,是可为演讲之主要部分者也。氏力陈先以"无条件的国家之国际的承认,为国际刑法政策之出发点"。盖鉴于各种国家政体混在世界之现状,即革命新政府与保守的代表政府互相对峙,氏以为"国际刑法政策实现所以困难者,其主因实由于各国家对于国家机能之见解,极为混沌"故也。布尔什维克〔3〕(按即共产主义)与国家社会主义并存于世界,一以所有权为一种之盗窃〔4〕,一以所有权为全文化机构之根干,二者极端相反,国际刑法政策,将如何得以实现乎?氏以为纳粹德意志之见解,国际刑法政策,当首先阐明依刑法所定保护之原理,而开始进展,由国家间不断妥协而施行者,则应避免。其实为必要

---

〔1〕 此系 Strafrechts Politik(德语"刑事政策")之误写。——校勘者注。

〔2〕 "预防"原文作"豫防",现据今日通常译法改正,下同。——校勘者注。

〔3〕 "布尔什维克"原文译作"布尔扎维克",现据今日通常译法改正。——校勘者注。

〔4〕 "盗窃"原文作"窃盗",现据今日通常用法改正。——校勘者注。

者，端赖"诸国民对于刑法政策之文化的任务，有根本相同之见解，共图国际文化之增进，而为有力的友谊之协助也"。氏又举国家自身之内部，对于刑法见解亦常有变化之事实，此亦使国际刑法政策不易实现之一理由也。"在国际生活之下，若对于他国立法权，不可不尊重者，则不欲参加犯罪扑灭战线之国家，将应如何对待乎？盖国家有偏袒一般犯罪及政治犯罪者"，是为国际刑法政策上一重大问题也。因此氏乃举在莫斯科共产党国际会议之例，犯叛逆、爆击之阴谋、罢业等犯罪，皆依组织的而行动，以企图将所谓资本主义国家，使之瓦解，此等事宜，"系对于所有文明国民，为肉薄之挑战，其应为抗议者，从国际刑法政策之见地，斯又为我会议之任务矣"。氏主张纳粹德意志对于威胁国际正义之全机构，而为乱暴宣言之国家，应与以"极有限之承认"职此志也。

概括氏所讲论之一般的问题，则"以为国际刑法政策者，于刑法基本观念，抱有根本相同之世界观，惟在如是各国家间，始为可能。盖此国际的协力，非同在明确犯罪扑灭战线之下不可也。"

四

氏又畅陈纳粹德意志之刑法观，与国际刑法政策有关联者，谓由教训国民以全体国家之观念，及牺牲、忠实、服从等精神，以镇压国民中之犯罪的分子，法最善也。氏抱如是乐观的见解，因力主纳粹立法者，其目的与因有犯罪人之故，而拥护社会共同体，毋宁尽力使国民勿为犯罪病菌所侵袭之为愈也。如是乃考及"预防的优生学"，以期"对于犯罪分子之严格斗争"。纳粹之"民族的立法"也，"断种法"也，由此点观之，可恍然悟矣。以全体国家之最高理想，从社会除去的犯罪者之目的，可依断种而完成，又民族之观念，为德国法重要之因素，于是遂有民族的立法。纳粹立法者以此断种法与民族的立法为根本的方向，所望在国际刑法政策中讨议此问题也。

五

氏对于演讲第三项第提出之问题（即应否设立如国际刑事裁判所及国际的刑法管理委员会的机关）陈述其意见，谓"法国政府提议对于政治犯处分之目的，及国际刑法裁判所之设置，拟定国际协约一案，虽饶有兴味，但一经考虑，则此等实现之机运，终未成熟，今仅在说明意见及形式之预备〔1〕段阶耳，所谓设立永久的国际刑事裁判所之时期，尚未至也，云云"盖氏期望另设一种国际的机关。应依各国家所有观念与经验，互为国际的交换。国际刑法政策实现之第一步，端在于此。氏提议设置国际的机关者，所以达此目的也。

国际的机关既已设立者，如关于刑法统一之国际事务局，国际警察委员会，国际刑事学协会及国际刑法刑务会议等。氏则以为应在此等机关之外，另设"国际共动委员会"专司促进国际刑法政策之任务。示与上项所设立之机关有别。于法律学之分野、立法之分野、更于司法之分野，协力于此国际刑法政策遂行之目的者，应赖此委员会而促进之也。

六

最后氏更进而讨论世界法（weltrecht）及世界刑法典（weltstrafgesetz-buch）。氏以世界法之成立为梦想，盖从来未国民之生活及传统之基础所表现真文化的价值者，当因此而灭失故也。国际刑法政策遂行之第一要务，其问题所当研究者，在国家间具有外国法之正确智识，依国际刑法之规定，以沟通诸国家法律之差异也。"刑法之比较的研究，为国际刑法政策发展之根本必要条件。"故纳粹德意志关于刑法上诸种之概念及方法，期待诸国家为同一之规定，所望今兹会议在此方面，以实际促进国际刑法政策也。

氏又不以世界刑法典之作成为可能。盖关于刑法，即在一国内部，尚有根本的见解之不同，况在诸国家间，当亦如是故也。但氏以为在何种范围，国际刑法政策之采用较易，国际的协力之可能性亦多。举其例如警察、保安处分、刑事裁判、行刑等是也。

七

氏演讲之结论谓吾人若欲将国际刑法政策，从现代之文化的法律，政策

---

〔1〕"预备"原文作"豫备"，现据今日通常用法改正。——校勘者注。

趋势之阶程，更为组织的全体，而使其充分发展者，则此会议不可不以刑罚问题为文明诸国民之一大共同事业矣。诸国家及诸国民纵有如何相互差异，然彼等对于犯罪斗争一大事业，当同心协力，以底于成也。将来之刑法政策，不只[1]作成最良刑法及行刑制度，且须考虑对于破坏的犯罪之攻击，既保持国民而又拥护其文化，此诚为一大事业也。现今可认为超国家的立法团体如国际的一般组织者，尚未之见，而关于一般刑法政策所须国际的协力者。亦无何等妥适之协约。然则现代法律家，当为彼等国民及世界文化计，而任负一大智的创造的使命者也。

---

[1] "不只"原文作"不止"，现据今日通常用法改正。——校勘者注。

两大法系刑事诉讼法的沟通*

孙晓楼

世界法系最占重要的当然要推大陆和英美。代表大陆法系的国家是法德等国，代表英美法系的国家，是英美等国。这两大法系的造成，是因为英美和大陆等国历史，政治，经济，风俗，人情种种的不同。所谓一是成文法，一是不成文法，于实体法上固有明显的不同，于手续法上也有特殊的分别；不过在这二十世纪法律渐趋于理性化的时代，欧美的法学者却孜孜的努力着研究各法系的优点和弱点，取彼之长，补我之短，融会贯通，再不像以前的各守门户，各树旗帜而睥睨一切了。英儒勃赖斯 Bryce 说："各国法律，其有关乎生计的利害者，渐趋于大同"。[1] 拿大陆英美两法系的刑事诉讼法来研究更相信这句话是不错了。

大陆法系英美法系于刑事诉讼法上最不同之点，是在诉讼主义的不同。在大陆法派国家的刑事诉讼，在原则一向是采取纠问主义 Inquisitorial procedure 的。所谓纠问主义，是于审理案件时，仅认法院诉讼主体，无所谓诉讼的当事人，法院兼掌追诉与审判，对于无论何种刑事案件，得不经弹劾，而径以职权审理。如此则法院的权威甚大，往往不免于专横武断，而不易达到公平之目的。这种主义是导源于欧洲古代的罗马和宗教法（Canon Law），到中世纪遂盛极一时了。[2] 至于英美等国是一向通用弹劾主义（accusatorial procedure）的。所谓弹劾主义是认定诉讼之进行有三个主体，即原告，被告及法院，原告追诉犯罪，被告行使防御，于当事人两相对峙中，有超然于其

---

* 本文原刊于《国立武汉大学社会科学季刊》（第 5 卷）1935 年第 3 期。

〔1〕 王宠惠《比较民法》导言中之译语，载于《中华法学杂志》第二卷第三号第十六页。

〔2〕 Esmein：History of Continental Criminal Procedure, Ch. I. The Different Types of Criminal Procedure. Ch I. pp. 8 ~ 11.

间的法院审理判断其曲直，评订其是非；在这种主义下因为追诉审判不是属于一个机关，所以一方面可以防制法院的专横，一方面被告可以实施防御的能事，比较是容易达到公正的目的。这种制度原也发动在罗马的帝政时代，到十二世纪后，因为欧洲大陆诸国，风行着纠问主义的刑事诉讼，而弹劾主义的刑事诉讼，于欧洲遂一时湮灭无闻了。到了十八世纪，欧洲的许多哲学者，像孟德斯鸠（Montesquieu）贝卡利亚（Beccaria）与伏尔泰（Voltaire）等，对于纠问主义下的刑事诉讼制度大施攻击；于是法国于一八一一年乃放弃固有的诉讼制度，而模仿英国的陪审制度，同时便恢复了以前的弹劾制度；步其后尘的，还有德奥意比等国。不过同是一个弹劾制度，在大陆法系诸国家，是采取国家追诉制度的，（Public Prosecution），他们实施国家追诉的检察官，有一定的组织。在这种组织下的人员有一定的等级和任务，上级的检察官可以直接指挥下级的检察官，下级的检察官应当听从上级检察官的指挥，这样便形成其检察一体的国家追诉制度。[1] 在英美法系诸国家，原是采取私人追诉制（Private Prosecution）的，所谓"宣誓的告诉"（Sworn Complaint），凡是国民都可以提起被害人对于所受侵害的重罪（Felony），不告诉还要构成刑法上轻微的罪名（Misdemeanor）。宣誓告诉的手续很简单，可以口头起诉，但是遇到应出拘票的案件，却非书面告诉不可，[2] 不过单纯的私人追诉制度，不是无论什么案件都有人追诉的，而且滥用私人追诉制度，很有许多挟嫌诬告行贿串骗的事发生。所以英国在一八七九年又酌采了大陆国家的公诉制度，于许多重大案件，像杀人犯及其他有关于社会公共利益的案件，设立公诉的指挥官（Director of Public Prosecutors），这指挥官是以国王的名义执行追诉的职权的，在城市乡镇的行政官吏，固有追诉之权，有时警察或人民所委任的律师也有追诉之权。至于美国的诉讼制度和欧洲国家相仿佛，认追诉犯罪为国家的功能，行使追诉的国家律师，也是国家的官吏，不过这许多官吏大部分是由于地方民选的，是各自独立的，而不受上级吏员之监督的，这又是美国公诉制度特别地方。[3]

　　关于弹劾主义方面，大陆和英美再有一点不同的地方，就是在欧洲大陆

---

〔1〕　参阅《弹劾主义与纠问主义 新刑事诉讼法释义》第11页至第13页，同注2Ch. I pp. 3~8。

〔2〕　参阅"检查制度论"，载《法学杂志》第2卷第3期。

〔3〕　Morris Ploscowe: The Development of Present Day Criminal Procedure in Europe and America Harvard Law Review, Vol. 48, No. 3. p. 436.

方面的检察官，名称上虽然是当事人，实际上比当事人的地位高得多，权限也大得多，尤其是在预审的活动上，影响到预审推事的很大；最明显的，是在法国的陪审法庭（Cours dàssiss）[1]的被告辩护人，常常受到推事的庭谕，叫他郑重的并尊敬的发表意见，不过推事对于检察官从未下这种庭谕，这是检察官的地位比被告来得高的明证。在英美的诉讼手续上则处处顾及被告的地位，使与公诉人地位均衡。欧洲各国检察官的所以有这种地位，是因为他和推事都是国家的官吏，所谓官官相护，虽是他们于执行公正的希望上对于检察官没有像对推事这样的殷切，不过推事的看重检察官比被告的辩护人来得高，这是不可避免的事实。[2]

刑事案件的审理方面，大陆法派国家的推事，审理案件是采职权审理主义的；一切诉讼的进行，是以法院为主体，举凡证据的提出，证言的采纳，究竟被告是否犯罪，都由推事负责调查，不是由于原被两造争辩的结果中，来肯定被告的是否犯罪，推事审理案件，和被告好像没有多大关系。至于英美法系的国家的审理案件便是这样。英美国家于刑事诉讼的进行上，是采取当事人诉讼主义，和民事诉讼之进行好像没有什么两样。在讯问证人的时候，由举证当事人的律师先行发问（examination），再由对造当事人的律师反问（eross examination），更由原问律师覆问（re-direct examination），推事是不先发问的于两造对质有不明了时，才亲自讯问。[3]所有关于举证的责任，搜集证举的责任，却由当事人的原告即起诉人和被告负责。在预审（preliminary trial）的时候，推事所欲干预，不过涉及被告的应否传讯，传讯后应否饬回抑交保，交保金额的多少，搜索票（Search Warrant）及拘票（Warrant of arrest）的应否签发等问题。推事的裁判完全根据当事人已提出证据，不是根据他们自己搜集的证据。没有追诉和辩护的案件，他们也并不实施审查；他也不代表任何一方的当事人，[4]这是英美大陆两法系于审理案件上最重要的异点。

这种观点的不同，是由于无罪有罪分类方法上的不同。在欧洲大陆方面的国家于刑事案件的预审检察官往往忽视了于被告有利的证据，而重视着于

---

[1] 此系 Cours d'assises（法语）的误写。法国的重罪法庭实行的是陪审制。——校勘者注。

[2] 参阅上注第四三六页。

[3] Terry：Examination of Witness. First Principles of Law, aee. 56 pp. 38～39.

[4] Morris Ploscowe：The Development of Present Day Criminal Procedure in Europe and America Harvard Law Review, Vol. 48, No. 3. p. 433.

被告有害的证据，除非被告方面委任了律师替他辩护，不然他于诉讼的进行上，总是凶多吉少；所以欧洲的推事，一定要采直接审理主义，由推事依其职权，调查各方的证据，庶不致于有偏颇之虞，而可以维持原告被告两造的均衡。在英美法系的国家，便不是这样的，司法官不过是在原被两方各自攻击防御，将辩论事实的结果抱公平的态度来决定一个是非罢了。他于审查案情上，并不像大陆法国家那样活动和有生气。[1]

再则在欧洲大陆诸国的推事，于问案可以说是不厌求详的，他们认为被告是知道犯罪最详细的人，所以他们采直接审理主义，一定要直接向被告面质，预审中推事（jugedinstruction）是这样的讯问，正式审判中的推事（Presidingjustice）也是这样的讯问。假使刑事被告抗传不到，在大陆法方面便认定他为情虚规避，而可以直接拘捕；而被告的证言于法院方面，认为最有力的证据。英美法系的国家，便不是这样。在英美法院的被告，苟拒绝证言，并不足以推定他的理屈而缄默；苟抗传不到，也不足以推定他的情虚而规避。被告的证言，可以接受，还要看他提出的是否合法，对造有没有抗告，再决定他应否接受。

英美法系大陆法系于审理案件上，有几点是相同的，像审判的公开；推事关于事实的判决，根据被告当庭的供词；被告应当有准备和提出抗辩的机会；审理重罪的时候，审判官就准许非本案关系人（layman）参加。不过他们虽有相同的理论，然于适用方面很有出入。在欧洲方面诉讼的公开，仅限于正式审判，而不推及于预审。在英美等国的审判，无论于预审或正式审判，都是公开的。又欧洲秘密预审的文卷（dossier），于正式审判时有极大的影响，英美法院确没有这种东西，证人书面的证件 Written deposition 是很少适用的。在大陆法系国家的被告，于正式审判之前，简直没有抗辩的机会。而于英美诸国，则被告一经拘捕，便有抗辩的机会，固不必等到正式审判的时候才可以辩护。[2]在英美等国对于无关系人之参加诉讼的问题，即是陪审制的问题，在英国于民刑案件的陪审制分大陪审（grand jury）、小陪审（petty jury）及特别陪审（special jury）三种，大陪审是对于重要案件行使追诉之权，其人数自十二人至二十三人。十九世纪后，一般人因大陪审的职权太滥，故

---

〔1〕 同上注第四三四页。

〔2〕 同前注第四三五页。

有废止之趋势；特别陪审则限于白痴胎儿验尸之陪审，至于通常之陪审，类采取小陪审制，小陪审制以十二人组织之，无论民事案件或刑事案件，陪审官与司法官的职权分开，由陪审官审理事实问题，事实问题的审理，一定要由全体陪审员的同意表决，作一意见书（Verdict），论断被告的是否犯罪（guilty, not guilty），此意见书于法院有绝对的拘束力；不过事关法律的问题，仍应由司法官审理，陪审官不得干涉之。[1] 大陆法系，大多数的国家是不采用陪审制的，惟自法国在一七九一年采用英国陪审制以后，欧洲各国，像德意比奥那威瑞士西班牙等，接踵仿效者甚多。不过法国的陪审制，仅于巡回法院行之，陪审员对于事实之审判，又不像英美法的以证据法为根据，而全凭司法官之自由心证决定之；究竟被告是否犯罪，应由审判官提出问题，交付陪审员评议，陪审员于接到审判长征询后，应以书面答复之，此答复在英国须全体陪审员一致同意，方可为有罪之决议，而法国则仅取决于大多数，甚至在特别情形中，少数陪审员之意见法院亦采用之[2]。德意等国的陪审制，原也是模仿法国，不过德意等国陪审制的特别地方，是在无论事实与法律，通由司法官与陪审员共同组织合议庭（Judicial college）审判之，所以德国的陪审制，实在不是陪审制，而是参审制了。美国和英国源属一本，不过美国最近于陪审制度之范围，日见缩小；民事陪审既渐形减少，而刑事陪审，也只用于比较重大的案件了。[3]

有的人说，大陆英美于刑事诉讼的上所以有这样的不同，是由于犯罪理论观点的不同，在大陆方面对于刑事被告的假定是有罪的（Presumption of guilt）；在英美方面对于刑事被告的假定是无罪的（presumption of innocence）。因为大陆方面假定刑事被告为有罪，所以他们不信任被告，看轻被告，在职权审理主义之下，不予被告以抗辩之机会；因为英美方面是假定刑事被告为无罪，那么究竟是否有罪，还要追诉的人举证，所以他们看重被告，随时随地给被告以抗辩的机会。这种论调虽有相当的理由，不过假使英美的假定刑事被告为无罪的理论，建筑在举证的责任上面；那么英美的举证责任，在于追诉人身上，被告仅可不予辩白，大陆的举证责任也在检察官身上，所谓刑

---

〔1〕 参阅 County Juries Act, 1825.

〔2〕 Guide to the Law and Legal Literature of France, Criminal Procedure pp. 183～184.

〔3〕 同前注第四三五页。

事被告无罪的假定,大陆英美似同一辙。不过有一点我们应当注意的,便是在大陆法的国家,在惩治犯罪中,特别注意于维护国家利益的完整,不过他们模仿英国的陪审制等防范被告不公正之处罪。若在英美则特别注意于个人权利的保护,不过他们采取大陆的公诉制来维护社会整个的利益。[1] 所以浦洛斯高(Ploscowe)说:"就两大法系诉讼法的发达而论,则英美大陆不是划界分疆,各不相谋的,在大陆方面则取法于英国的,为被告利益的保障,在英美方面则取法于大陆,为国家职权的加重。"[2] 此种断论可以阐明大陆英美两大法系刑事诉讼法沟通的方向。

---

〔1〕 同前注第四三六至四三七页。
〔2〕 同前注第四七一页。

自诉主体论*

冯泽昌

刑事追诉权以属于国家为原则，此世界各国所通用。然一切刑事案件之追诉均待公诉权之发动而后进行，不但诉讼程序因之延缓，而人民法益之保障亦未免不周矣。故于公诉制度之外，复有自诉程序之规定。无非所以辅国家发觉犯罪，奏刑罚之功用，维持社会秩序之安宁，保障人民法益也。自诉制度之在我国，始于刑事诉讼条例，但当时条例规定得提起自诉之事件以告诉乃论之罪为限，范围至为狭小。至旧刑事诉讼法颁行，乃扩充自诉之范围，除告诉乃论之罪外，于初级法院管辖之直接侵害个人法益之罪亦许提起自诉。及现行刑事诉讼法颁行而自诉范围更扩大矣。

犯罪被害人得提起自诉，但以有行为能力者为限，为刑事诉讼法第三百一十一条所规定。可知新旧刑事诉讼法关于自诉之规定不同之点有二：一为自诉之范围扩大，二为自诉人之范围缩小。何以言之？旧刑事诉讼法规定得提起自诉案件以告诉乃论之罪及初级法院管之直接侵害个人法益之罪二者为限，新刑事诉讼法则不复设是等之限制，凡一切犯罪之有被害人者均得自诉，是自诉范围显然较旧刑事诉讼法为扩大，此其一。旧刑事诉讼法之自诉人除犯罪被害人外，复有被害人之法定代理，保佐人，配偶，已死被害人之亲属，共计五种。现行刑事诉讼法之自诉人仅有犯罪被害人一种，余均不得提起自诉，而犯罪被害人且复以有行为能力的为限，非如旧法之一切被害人均得提起自诉。是自诉主体显然较旧刑事诉讼法为狭小，此其二。

现行刑事诉讼法之自诉人既以有行为能力之犯罪被害人为限，是为自诉之主体须"人"始足以当之，不待烦言。人之意义应依民法之规定，包括自

---

* 本文原刊于《法学杂志（上海 1931）》（第 10 卷）1937 年第 2 期。

然人及法人而言，而范围则过之。盖民法上得为权利主体之所谓人，常因法律之限制，每以种族国籍之不同，未尽得为私法上之主体，而刑事诉讼法之所谓人则未有如是限制也。故为自然人，以性别言无论为男为女，以种族言为黑种为白种，以国籍言为中国人为外国人，皆得为自诉之主体，以被害人资格对加害人以自诉程序求法院处以罪行。然此仅就自然人为然耳，至于法人则不然。法人本为法律上之人格，因法律之规定允于一定条件下得为权利之主体。故实得为法人与否应以其是否合于法律规定以为断；何者始得称为法人，应就民法及其他民事法规，国籍公法，行政法等法规定之。合于法律规定者，则无论其为公法人私法人，财团法人，社团法人，中国法人，外国法人均得为自诉之主体。惟外国法人依民法总则编施行规定除依法律规定外不认许其成立，故外国法人为自诉人时，除具中国法人之条件外，尚应审究其有否受中国法律之认许，而后断定其得为自诉人与否。至于私法人成立之要见应依民法总则第二章第二节之规定，公法人应依各种公法定之。除自然人及法人外民法上别无所谓人，即使有得为私法上权利之主体者，如会社，合伙，房族，商号等均非兹所谓人，不得以其名义为自诉人，但如会社之一员，合伙人，商店之东主以被害人资格为自诉主体，提起自诉，自非法所不许。

自诉主体须为人固矣然必以犯罪被害人为限。除犯罪被害人以外，即使为被害人之法定代理人，直系血亲，配偶亦不得以自己名义代被害人提起自诉更不待言。所谓犯罪，应从广义言，即其人之行为有违反刑法禁止规定之嫌疑即已足，不必受刑事判决宣告其他犯罪而后言也。犯罪行为有一定之被害人者固多，有无一定之被害人或有被害人而非直接被害人亦非无之。究竟何人为犯罪被害人，何种被害人得提起自诉，在审究自诉主体是否合法时，不可不详为论究。新刑事诉讼法之自诉人是否如旧刑事诉讼法以犯罪之直接被害人为限，不无研究之价值。管见以为旧刑事诉讼法之以直接被害人为限。以有明文规定，新刑事诉讼法无明文规定当然不能作同一解释，此点于最近司法院对诬告之解释尤足证明（院字第一六二〇号解释）。故犯罪行为之侵害个人法益者，其权利所属之人为犯罪被害人无疑，如强盗窃盗侵占诈欺恐吓赃物毁损等罪是被害财产之所有人占有者利害关系人为犯罪之被害人固矣，杀人伤害妨害自由妨害名誉等罪，其身体自由名誉所属之人为犯罪被害人理亦属显然，此等人均得以被害人名义对加害人提起自诉。公法人而为私法上权利主体时亦属相同。然刑法关于妨害国家法益，妨害社会法益等罪各章或有确定之被害人或无确定之被害人，或虽有被害人而又有直接与间接之分，以何等人始得提自诉殊堪研究。例如内乱罪外患罪被害法益为国家生存权，国家即为被害人得提起自诉，学理上似无不可，特在采用检察制度诸国，追诉权既有代表国家之检察官行之，殊无自诉之必要耳。至妨害国交罪之被害国家得以国家名义提起自诉，理论上当无疑义。但被害国须在国际公法上为国际社会（International Family）之一员，且经我国承认（Recognition）者，始有公法人之资格，是应注意。至于妨害公务罪渎职罪间亦有侵害个人法益者，除个人法益被害部分得提起自诉外，不得以犯妨害国家法益罪名提起自诉。诬告罪据最近司法院解释可以提起自诉，而对伪证罪则下相反之论断，理论上是否贯彻，难谓无问题！孰为被害人最难论断者莫如妨害社会法益诸罪，例如刑法第二百六十六条第一项之赌博罪，第二百六十二条之鸦片犯，被害人与加害人同为一人，一人以被害人资格对自己提起自诉自非法之所许。又如侵害坟墓罪，尸骸之子孙是否为被害人学理上岂能无问题？妨害家庭罪之配偶家长等是否为犯罪之被害人，依现行法岂能作肯定之论断。现今法院对于侵害坟墓罪死者子孙提起自诉，通奸重婚对相奸者及重婚配偶双方提起自诉，和诱未满二十岁男女脱离家庭罪家长提起自诉率多予以审理，而管见甚为疑虑，鄙意以为保护坟墓乃所以维持社会之信仰，使人民有尊祖敬宗之心，而尸体非子孙之所有物，故嫡系子孙侵害乃祖之坟墓亦成立犯罪，与他人加害同。重婚罪被侵害者为一夫一妇制，通相奸罪被侵害者为家庭之安宁，和诱略诱未满二十岁男女罪被侵害者为家长制度。盖夫权已为现行民法规定之所无；家长在民法上之权限极微，监督权之行使非单纯之权利，且常为单纯之义务，对于上开犯罪群许配偶家长提起自诉，其立论之根将安托？

犯罪被害人得提起自诉固矣，但亦必以被害人有行为能力者为限，盖示限制之意。何如人为有行为能力？何如人为无行为能力？应依民法之规定。所谓人，既有自然人与法人之别，则审究自诉人之是否有行为能力，亦应就自然人与法人分别讨论之：

（甲）自然人之行为能力。依民法规定未满七岁人为无行为能力，满七岁之未成年人有限制行为能力，未满七岁之未成年人不得为自诉人，理论上甚为明显。已满七岁之未成年人能否为自诉人，则未可一概而论：管见以为普通满七岁之未成年人既为限制行为能力人，殊不能谓有行为能力，当不得为自诉主体。但依民法第八十四条及第八十五条第一项规定，满七岁之未成年人经法定代理人之允许得处分之财产或独立之营业既有行为能力，该财产或营业被侵害时，应许其提起自诉，方与民法规定之意旨相符。至未成年人已结婚者民法规定为有行为能力，自有自诉能力不待烦言，然所谓结婚指合法之婚姻而言，无效之婚姻，不能以结婚论，得撤销之婚姻在合法撤销以前除非其人未满七岁均为有行为能力许为自诉人。至于已满二十岁之成年人有完全行为能力得为自诉人可不待言，但成年人而受禁治产之宣告者，其人之行为能力因判决而受剥夺，仍无自诉之能力。

（乙）法人之行为能力。法人有无行为能力，因对于法人本质学说之各异而不同。在采法人实在说之民法，法人有行为能力不容疑虑。良以法人既为权利之主体，其有行为能力，理亦当然。然法人之行为能力须赖机关以行使，此种机关在私法人即为董事。公法人机关因公法之规定不同而各异，无非以自然人为法人表示意思之机关，故设有代表人之法人，均不能谓无行为能力。至代表之名称如何，应就法人组织法规定之，如国家之元首，会社之会长，乡镇自治机关之乡镇长等，故一切法人以其本身名义由代表人代理提起自诉，法院均应受理。

法院受理自诉案件之后，应先就自诉主体缜密审查，审查之际，应先审查"人"之资格之有无，次审查自诉人与犯罪之关系——即是否为犯罪之被害人，再审查其人是否有行为能力。以上三条件若缺其一，即毋庸作实体上之审判，可迳依刑事诉讼法第三百三十六条作不受理之判决。如三条件均已具备，然后进而审究被告之行为应否成立犯罪。自新刑事诉讼法施行以来，自诉事件与日俱增，或因人民未了解法条意旨，或意图朦混，率多以民事诉讼程序上之当事人以为自诉人提起自诉，卒因自诉主体不合法应谕知不受理之判者，盖十之三四，靡费审判力莫此为甚，此本文之所由作也。管见所及，未或正确，而挂一漏万，尤不能免，幸高明正之！

二七（1938 年），五，七

创设儿童法庭意见书[*]

端木恺

一、世界法制史上的新纪元

公元一八九九年七月一日，美国伊利诺省议会，通过一种空前的法律，名为儿童法庭律。(The Juvenile Court Law)[1]同时，在芝茄谷城，设立了一个儿童法庭。这个儿童法庭，非但是美国的第一个，全世界上，也找不出前例。以前法律上虽有不为罪年龄的规定，二十岁以下的儿童犯法，一律都捉到刑事法庭里受严厉的审判，和残忍的刑罚。一经判决，他们便成了公认的罪徒，到处被人指摘批评，或既有自新的意志，终于没有机会可以实行。除了继续堕落之外，他们几乎不能有别种生存方法。大多数以犯罪为职业的人们，简直是法律逼迫出来的。为这些偶然失足而不是绝对没有改良的希望的人们着想，固然是极不人道的，为社会的安定着想，实属于祸害无穷，而有违于国家立法的原意。然而法律只能改而不可废。儿童法庭的成立，根本上便是要求补救刑法上的一大缺点。

儿童法庭我们与其说他是法律的组织，毋宁称他为社会的机关。儿童法庭最重要的意义，在乎能打破责罚的观念。儿童有了过失时，并不要证明他的行为是否犯法，应受何种制裁，而要设法知道他是怎样的一个人，为什么成了这样的一个人，如何才能使他不再堕落？十一二岁也许更小的孩子们犯罪是常有的事。青春期的少年，更容易犯罪。走到监狱里去看看，只怕十分

---

[*] 本文原刊于《法学季刊（上海）》（第 4 卷）1930 年第 3 期。

[1] 1899 年 4 月 21 日，美国伊利诺伊州议会通过了 Act to Regulate the treatment and Control of Depended, Neglected and Delinquent Children，创立了《少年法院法》，当年 7 月 1 日库克县建立了世界上第一个少年法庭。——校勘者注。

之八九是二十几岁的人，二十岁以下的至少也占据三四成。美国有人调查过路刦贼，（hold-up man）多才在十六七岁至二十四五岁之间，偷汽车的简直都是童子，银行里的练习生和幼年行员，尤多盗用行款的行为。七八年前，上海在路上抢劫帽子的案件，一天总有几十起，干这事的，哪一个不是十几岁的人？他们之中很多不知法律二字！可以说全体没有一定的意志，而被环境所驱策。冷酷的刑罚，只能使他们感觉到社会的刻薄残忍罢了。就刑罚思想而言，已由报复政策，进而为防止主义了。平心而论，现代的法律的精神，果真能如此吗？罪恶的公开确定，和那黑暗的监狱生活，岂是命人改过的方法。老实说，一般人的秘密犯罪，一方面固然是怕法律的制裁，一方面还没有失去羞恶之心。抓破面皮，还有什么顾忌呢？我并不是主张打倒现有的刑法，我承认他有存在的必要。但是对于儿童我们却不能有刑罚观念的偏见。

儿童法庭是建立在慈爱观念上的。国家爱护儿童，好像父母对待子女，所有委托儿童法庭，代为教养。现代社会的家庭，已经破产了。据调查的结果，过半数的顽劣儿童，尽是腐败家庭的产物。美国儿童法庭运动开始的时候，也就是世界上最古的社会组织（家庭）起首腐化的时候。三十年前的婚姻统计，三十个结合中有一个离异。现在呢，五个中有一个了。健全的家庭中，不一定能造成健全的社会分子，因为家庭与社会并不是同样的组织，何况家庭的本身，又在摇动呢？父母不健全的家庭，不用说了，父母健全而有优美生活的，终日相守物质的福利，何尝又有工夫顾到儿童的幸福？儿童法庭非但管辖所谓犯罪的儿童，儿童的身体与财产的保护问题，也应划归儿童法庭职权之内。

二、儿童犯罪行为的责任及儿童法庭之社会的意义

时常有人将儿童法庭看作平常所谓慈善机关，实是一个误解。这种额外开恩周济布施的心理，大概是由二种错觉上发生的，一是轻视了儿童的地位，一是忽略了社会的责任。

亚里士多德老早说过，人是政治的动物。互相依赖，共同生存，是我们的定命。然而直到现在，在人的智慧上，群居的技能，还是如此的幼稚而恶劣。战争呀，罪恶呀，他们无时无地不在强烈的表示人类群生的离心力。

有人认为原始社会，是在混乱战斗的状态中。这话在历史上，虽然没有十分确定的证据，事实上绝不是没有理由的。人的自然有很多地方不合于群

生要件，素朴而没有训练的人之不适于社会秩序，是无可讳言的。我们初次踏进社会，简直不晓得怎样才好，只觉得一举手，一动足，都是错的，在人群中的幼童，尤其感觉这样的痛苦。

所以如此的缘故，简单一点，一句话便可包括。人生的环境，强半是前人遗传下来从经验和记忆上所得着的种种成例。这种成例，保存在风俗习惯中，成了社会生活的原素，与生物的自然环境，常常的处于相对的地位。但是这种反自然的风俗习惯，乃是人类社会的特质。人的生活大部分消磨于应付这反自然的环境，而所谓人格也就看应付的手段如何为定。

这种反自然的社会即孔德所称为人群（humanity），分析起来，却是许多小组织所组成的。一个人的最密切的环境，便是他的自身；衣食用具，以及其他的财产，在相当意义中，应当做整个人格的一部分。人在有了自觉时，他的自身和直接关系自身的衣食住，立即发生环境的影响。我们在日常生活上，往往感觉到不如人的地方，或者在办事时，觉得体力智能或道德的缺乏，这种自觉性，已被近世欧洲很多学者认为精神病的主因。有这种自觉性的人，每多特别努力，将全付精神集中在一事体上，以补救他的特种缺乏。所以天赋不厚的人，能有非常的成功。这就是爱德纳的精神酬赏说（Adler's theory of Psychic Compensation）之由来。口吃的德摩斯梯尼〔1〕（Demothenes）〔2〕每天到海边口里含着石子对着波浪说话，后来竟成了希腊的大演说家，这样的精神酬赏，实在是很大的了。然而精神过酬了，便又成为另一种病态。因为缺乏媚态而用心，结果流于浪荡，缺乏魄力而用心，结果流于残忍，在历史上，其例不胜枚举。自觉性强或精神过分集中时，自治便是难问题了，尤其是缺乏社会经验的儿童。

纽约市精神病测验处主任毕什〔3〕（Louis E, Bisch）在感化院及别种儿童机关调查的结果，异态行为的儿童之神经衰弱的百分比，最高为八十九，最低为二十。他亲自在二个月间所测验的二十九人（都是从警厅所捕获的人中随便选出来的）中，二十一人的神经是反常的。关于女子方面，据斯波尔丁〔4〕（Spaulding）的报告，麻省感化院五百次测验的结果，神经衰弱的百分

---

〔1〕 "德摩斯梯尼"原文作"狄毛山斯"，现据今日通常译法改正。——校勘者注。

〔2〕 此系 Demosthenes 的误写。——校勘者注。

〔3〕 "毕什"原文作"毕视"，现据今日通常译法改正。——校勘者注。

〔4〕 "斯波尔丁"原文作"施宝鼎"，现据今日通常译法改正。——校勘者注。

之一六，病态较轻的百分之二十九，共计百分之四十九的神经，是不健全的。

神经的不健全可以从二方面观察，一是年龄已长而神经幼稚，一是别部分的早熟与神经的发育不相等。第二点在性的生活上表现的格外明白，尤其在妇女方面。这种现象不是没有救济方法的。精神酬赏即其明证。但是人们却听其自然，等到结了恶果，再行责罚。就性的问题讲吧，性知识是大家所认为神秘的，在儿童面前讳莫如深，而对于他们的自然的性行为，到拿法律来打官话。

人的自身而外，所要应付的环境，要以家庭为最密切了。但有人说家庭是教养儿童最恶劣的地方，至少一般人对于家庭的观念，是很坏的。早前家庭的地位是极高的。一个人在家庭里并没有什么独立的地位，他只不过是家庭的整个之一部分罢了。社会的习惯差不多也是从家庭里发生出来的。现在呢，家庭不是那样的受尊崇了。我们固然没有说现代家庭是万恶的理由，但是从儿童的犯罪行为上看起来，至少有一半是家庭所造成的。

社会是家庭以外的一件东西，对于人们互相关系的影响更大而更重要的邻里乡党，才是我们日常所说的社会。更广一点的，社会乃统指城市邦国而言，当然家庭也包括在内。社会自有他的广大的事业目的和利害，生存在这社会中，就得尊崇社会的一切利害关系。人的举动，虽然发源于个体的有机行动，但是人的行为，却处处受舆论风俗以及社会上种种法规的限制。然而社会是有独立生存性的，他非但和人的自然不十分和谐，和他的最小的形体"家庭"，也不免有很多隔膜。在这种情形之下，人的自然发展，在社会里一定会时常发生冲突。个人与个人的冲突，尤其是个人与社会的习惯法规的冲突。

我们在社会上，常听人说，"像在家里一样。"这句话，谈何容易？一个人要想使自己适合一种新生活，像在家里一样，绝非一朝一夕之功。儿童的困难尤多。儿童的自然行动，与社会情况相差之远，直使儿童在社会里，感觉他到的举动，简直一无是处。他不知应当怎样做，且觉得他做了一件事之后，随即发现那事是不应当做的。因为如此，儿童的过失非但不是意料之外的事，简直是一种当然的结果。

本来家庭是社会制度下最小的组织，也是人所接触最早的组织，在性质上，比较的与自然接近。家庭虽不是为儿童所组织的，但是家庭对于儿童的影响最深最直接，儿童的自然在家里也常遇见冲突，但比较上究竟少。家庭照理想应为训练儿童的最良机关，然而大多数的家庭，尤其在中国，对于儿童的期望往往过奢，而且偏重父母的私利，因而贻误儿童，促成他的恶劣行为，所以辛顿〔1〕（James Hinton）说，快乐的家庭，是世界上真的黑暗去处。

自然的家庭对于儿童既已宣告破产，社会为儿童计，为本身计，就应设立相当的机关，代替家庭尽教养儿童的责任。

儿童法庭的设立，除了上述的理由之外，更重大的意义，乃是社会对于儿童直接责任的自觉。

家庭无论大小，组织总是很简的。家庭里所需要的常识，究竟有限。但是社会的环境，便完全两样。家庭里可以养成健全的儿童，但是不能养成应付复杂社会环境的健全人格。林德曼〔2〕（Edward Lindeman）说儿童与邻里间的"冲突的意见"一经接触之后，家庭的影响，立即衰落。经验薄弱的儿童，跑到社会里去，何异乎大西洋上摇舢舨？沉沦自是常事。所谓儿童犯罪的行为，恐非儿童之过，而应归咎于社会的失职。

习惯是要在相当的定态的环境中，才能养成的。生活惯例每经一次变化，习惯便被打破，而以前的制度，便随同摇动。现在的社会，便是这样复杂善变而多冲突的。中国的社会比较西方静而少进步，但是我们看最近几十年来的变动有多大？都市生活发达了，机器工业也有了，交通渐渐的便利了，社会二字依然如故，但是社会的概念和范围，已有新发展了。

城市生活，没有例外，是趋向物质文明的。人们消遣的方法，除了耗费在富于恶的引诱性的游艺场之外，没有别样娱乐。偌大的上海，能找出几座公园与运动场？住家呢，除了少数的资产阶级之外，都囚犯似的拥挤在鸽笼般的街堂里，稍有生气的人谁都感觉烦闷，何况活泼泼的儿童？于是乎所谓游戏场，遂应运而生了。在家里看些污恶不堪的刊物。极平常的一个名词，或者一句成语，经了此辈文人学士的品题，意思便完两样，甚至于有将"十八摸"、"大补缸"等类小曲，改头换面添上些艳丽的字眼，编入新谱，便拿到小学校里教一般儿童们唱，算是美化教育。同时又一个个严词厉色的，要儿童们做"古今之人"。生在这样的社会里的儿童，真不知作了什么孽？

---

〔1〕 "辛顿"原文作"邢敦"，现据今日通常译法改正。——校勘者注。
〔2〕 "林德曼"原文作"林荻曼"，现据今日通常译法改正。——校勘者注。

詹姆斯[1]（William James）说，进步是可怖的。不用说失业童工等问题害处是无穷的。单只人民的浮动已足使社会入于病态了。这种浮动就移民的本身看起来，固然对于他们的经济与文化的发展上，增加很多的新机会，从另一方面来看，他们的移动对于他们所离弃和所加入的社会之组织，有更大的影响，尤其是幼童的德性与精神，容易因移动而退化。假使我们稍为留心看上海各报本埠新闻后页上所登载的大家以为无关大局而时常忽略的几条消息，便知道从乡间初到上海的童男幼女，在新环境中所受的痛苦了。

社会的定态，是人们的经验与习惯所造成的。社会的动态是人们的新要求与新思想所造成的。儿童也有他们的经验，习惯，要求与思想，但是他在社会里只能牺牲自己的一切，而屈就别人的经验习惯要求与思想。他们既然有屈就的义务，似乎同时应当享受训练的权力了，但是社会只知严厉地责备他们，把自己的责任反忘了个干净。外国在觉悟忏悔的时候，我国人士仍无丝毫感觉这实是革命声中的大缺点。

三、儿童法庭的史略

儿童法庭是根据上述的原因与上述的精神而设立的。但是儿童法庭的组织不是突然发生的。社会制度的变化与儿童犯罪的增加，老早引起关心社会事业的人们的注意。十九世纪的下半叶，革新院，感化所之类的事业，已经各处都有，特别注意儿童的，也不在少处。可是法律的态度，却没有改变。直至一八九一年，意利诺省库克[2]郡（Cook Connty）高级法庭推事哈雷（Timothy D, Harley）拟草儿童法庭案，由省议员俄高奈尔（Joseph A. Oconnell）介绍提出第三十七次省议会大会讨论，司法的改良，才发出一线曙光。提案中规定法庭发现儿童犯法，或因别种情形应受保护时，应即委交儿童保护机关。接受此项儿童的机关，需受法庭的监督指导，并编制每案的详细记录。这次提案在二读的时候，被人反对，没有通过。自此以后，社会服务的团体与私人，便努力宣传，扩张运动，女界尽力尤多。

一八九八年儿童法庭运动引起省内外的重大注意，全省慈善机关，在十一月半开联合会议，预备联络各界大规模的向下届议会请愿，重提儿童法庭

---

〔1〕 "詹姆斯"原文作"吉拇斯"，现据今日通常译法改正。——校勘者注。

〔2〕 "库克"原文作"哥格"，现据今日通常译法改正。——校勘者注。

案。省慈善局与妇女总会最为热心。省慈善局职员莱斯罗普〔1〕女士（Miss Inlia C, Lathrop）更鼓励他们的代表潘琳（Banring）提议，由慈善局请求芝加哥〔2〕律师公会组织委员会，共同进行。律师公会接受他们的请求，并指定五位委员，选举赫德〔3〕推事（Inpge Hurd）为主席。随后又委员人数增加改为十一人，并请莱斯罗普与露西〔4〕（Lucy L, Flower）二女士参加，仍推赫德为主席，与儿童家庭扶助社总务长哈特博士（Dr. Hart）为书记，即由哈特起草提案，时在一八九八年十二月十日。次年一月四日，花夫人等在每日会（Every Day）宴请各法庭推事与各热心的人士们，席上大家一律表示赞助。

二月七日由议员纽科默〔5〕（Newcomer）的介绍，议案通过下议院。二月十五日，通过上议院。随得省长唐乐（Tanner）同意公布，于六月一日生效。世界空前的儿童法庭律于是成立。

儿童法庭律通过了，但是实行的步骤，还没有确定。法庭以外的必需扶助机关，也没有计划，一切设备依然得由私人筹办。召雇监训员（Prodation Officers），与举办居留所，及感化院等多由私人输捐。幸而警务处肯合作，并委派警务监训员担任各警区以内的儿童管理事项。如此，草创的儿童法庭遂开始工作。

继伊利诺而起的有威斯康辛，在一九零一年三月二十六，通过他们的儿童法庭律，同年五月，派浮洛也设立儿童法庭。纽约是在次年一月一日采用的。现在全美国只有二省没有正式制定儿童法庭律，但是他们对于儿童的保护，已有相当的步骤。

欧洲方面最先发动的是英国，在一九零八年采取这美产的新制。一九一零年日内瓦编儿童法庭律，开瑞士之先声。其余各重要国的通过年期如下。

法国　　　一九一二年

比利时　　一九一二年

匈牙利　　一九一三年（其实一九一一年布达佩已有引用儿童法庭了）

---

〔1〕"莱斯罗普"原文作"纳斯罗卜"，现据今日通常译法改正。——校勘者注。

〔2〕"芝加哥"原文作"芝茄谷"，现据今日通常译法改正，下同。——校勘者注。

〔3〕"赫德"原文作"胡德"，现据今日通常译法改正。——校勘者注。

〔4〕"露西"原文作"芦茜"，现据今日通常译法改正。——校勘者注。

〔5〕"纽科默"原文作"纽孔目"，现据今日通常译法改正。——校勘者注。

西班牙　　一九一八年

奥　　　　一九一二年

德　　　　一九二三年（客城法庭亦有在国法制定之前数年间成立的）

他如赖萨兰，葛露西亚等国的法庭，也都先后设立，葡萄牙，瑞典，挪威虽没有另设法庭，但已分别审问，并组织保护委员会，负责进行。意大利则由司法总长命行各法庭分别审讯儿童，不与成年人放在一处。俄国在战前，大城里已有法庭的设施。一九二零年三月四日法令，与一九二三年二月十五日的刑事诉讼法典相继规定以委员会代替法庭。

新制的势力，已达到东方了，非但开罗埃及以及马达加荷下南非洲各地，在亚洲有一九二一年印度之孟加拉〔1〕儿童律，（The Br. Bengal children's Act）与一九二三年之漭悲的草案。日本的司法部也指定许多审判官吏，关于儿童案件的特别工作。但是太平洋的潮流，还没有冲进黄海来。

然而儿童法庭究竟很幼稚，组织上也有许多缺点。在美国许多法庭中，大家公认以丹佛（Denver）的成绩为最好。儿童法庭运动之有今日，丹佛的林德赛〔2〕推事（Judge Lindsey）的影响实不在少数。林荻山一九零一年一月就丹佛州法院推事，即主张十六岁以下儿童的行为，不依刑律严格办理。一九零三年科罗拉多〔3〕（Colorado）通过的许多关于儿童法庭律的议案，便是林荻山的主张和工作的结果。有人责备林荻山太宽恕，儿童法庭的本身更没有十分满意的工作，这种批评是对的，可惜他们不会进一步研究法庭所以没有大成功的缘故。

林德赛推事说一九二零年至一九二一年间，他在儿童法庭里办理了一万二千件案子，同地的刑事法庭大概只有二千左右的案件，而预算确实三万与二十五万之比。至于工作方面，儿童法庭在司法以外，还要兼顾一切有利人生的事业，绝不能像别种法庭可以只就法律的外形解决受理的纠纷而已。历史短，经验少，经济有限，而工作无量，又焉能怪儿童法庭的成功小？何况成绩之为人所共晓的，并不在少处呢？

据前几年的调查，美国现有二千零三十四所儿童法庭，就中三百二十一

---

〔1〕 "孟加拉"原文作"彭加尔"，现据今日通常译法改正。——校勘者注。

〔2〕 "林德赛"原文作"林荻山"，现据今日通常译法该正。——校勘者注。

〔3〕 "科罗拉多"原文作"科罗纳多"，现据今日通常译法改正。——校勘者注。

所完全免去刑事的形式，采取科学方法。这三百二十一所法庭所管辖的区域，达到四十三省和京兆（哥伦比亚特别区）五十六所散布在人口满十万以上的各城镇中，一百十八所在人口自二万五千至十万的城镇中，一百零五所在人口自五千至二万五千的城镇中，在各大都会里的，只有四十三所。可见大都会里，一般人民对于儿童福利的注意和同情，是很薄弱的。

四、儿童法庭的组织与设备

儿童法庭既不以责罚过去的过失，而以改造将来的人格为职志，在审判方面，组织可以比平常法庭简单，但是整个的组织，却比较的更繁。前面已经说过，儿童是社会的组织而不是而不是单纯的司法组织。心身的测验，教育种种，非与社会上有关系的各组织合作，不能成功。假使儿童的生理上有什么缺点，若不求助于专门学者，法庭即或可以看出一二象征，但是不一定能知道病源的所在。病源征发出了，法庭是不能疗治的，势必委托相当的机关代替执行。法庭不过是一个总枢纽，如机器的马达罢了。

平常刑事判决的执行机关是监狱，拘押更是诉讼进行中一件重要的事。儿童的审判既对刑事宣告独立，当然平常的监狱和拘押处，都不能利用了。测验治疗等事，也不能完全依赖外界，万一社会的各种服务机关组织不完备，或者不能工作时，法庭决不能因之停止工作。由法庭来设置一切，倘或可能，固然最好，然而这不是容易事，尤其不是草创的法庭所能梦想。但是最低的限度，法庭应附设拘留与监训二组织。

居留（Deteution 译居留所以避免压迫与责意之意也）与监训（Probation）本是不可分的。没有监训的居留，与监狱何异？但是居留是和游荡对待的，并不是限制儿童的行的自由，把他拘禁在一个固定的地方，并不是要强迫他不做我们所谓恶的事，而是要养成他向善的新习惯。医院，学校，贫儿院，感化院，皆得为居留所。各依儿童的需要而定。法庭所设的居留所，应具以下的几个条件。

（甲）必须免去儿童的待罪心理。法庭的目的不是审判儿童没有犯罪，绝对不希望他为自己辩护，只要明白事实的真相，做救济的标准。若居留所的环境和刑事被告的拘押处一样，拘问没有开始，已先使儿童失却同情的感想，于将来一切进行，都有莫大的妨碍。

（乙）居留所的建立，非但需避去监狱的形式，设备还得力求适合家庭规模。里面并须有书报玩具，使儿童得着正当有趣的娱乐，而不感觉枯寂。

（丙）居留所里应有有经验和同情的监训员，照管居留的儿童随时将儿童的行为和性格的表现，报告法庭。

然而居留所的设置，无论如何周全，总不能毫无缺点，最重要的便是多少总有点不自然的气象。素昔在家住惯了的儿童，骤然引进一个新地方，也许有好多新事物，足以引起他的兴趣，但在夜晚不安的感觉，是无法避免的。因为做错一件事，拿了别人的东西，或是打伤了同伴，而送到法庭里去，又不许他回家，儿童的心理虽很幼稚，除了神经完全失去作用之外，恐怕优美的待遇，不见得就能打消他的悲感与疑虑罢？

居留所对于无家的与有家而因为太贫困了或家中人太腐败以致不能得着相当照料的儿童，似乎是必需的。但是有可靠的家庭，可以寄托时，宁可寄托。在这种家庭里附设居留所，比较的有利益些。总之居留所不能不有，而用的时候愈少愈好。至不得已而以拘留所为监训机关时，即应预备充分的教育设备。

儿童法庭中最困难而最重要的，应推监训问题了。法庭的一切计划工作，无非为着监训罢了。否则，法庭的本身就可取消，更讲不到居留了。儿童法庭而不能有完美的监训，犹之人死了，遗下一个躯囊，还能做什么事呢？其实，监训不单是儿童法庭的元素，一切法庭都应注重此点，不过儿童法庭以此为唯一的目标罢了。

思想宽恕一点的，大概都觉得我们应该与人以自新之路，但是盲目的宽恕，是有损无益的。刑律上有缓刑的规定，意思就是说，意思是说，此次饶你，下次再犯，便要重罚。其实把人从火窟提出，抛到狂波里去，虽免烧死，终久也得淹死，得救的希望，能有几分？我们将儿童法庭和通常法庭分开，只做到了提他出火窟的一步工作而已。我们应当感谢心理学家的许多发现，使我们对头绪纷繁，奥妙难解的人类行为，得着几分了解。虽然心理学的本身还是一个很幼稚的科学，但是他随时随地，将真理一点点的在我们眼前展开，指示我们一条工作的大道，所以现在的监训问题，不至于毫无解决，我们不至于把提出火窟的儿童，抛到狂波里去。

办理一事，惟适合者可以成功。植树难，植人更难，从事社会工作的人们，非但对于技艺上，须有相当的训练，并且还应另具一种特质。根本上，我们不能承认智慧便是美德。虽然生活是重要的，教会儿童一件吃饭的技能，不可以说我们的责任就此尽了。这是近代教育上的大问题，也便是儿童法庭中的大问题，然而人格不是可以用压力养成的。盲目的宽恕和削方就圆，同属危险的错误。

监训的要点在监训者修养，与对方个性的分析。有一技之长的人们，固然不能做监训人，同情心一味热烈的人，也不定能负监训的责任。儿童的需要不同，更不能用福特先生造汽车的方法，将许多儿方放进一部机器里去。底特律〔1〕（Detroit）儿童法庭推事赫尔伯特〔2〕（Henry S. Hulbert）一九零九年初就职的一年，办理一千九百件案子中，只有二百二十八人转送监训机关。分析需要如此精细，才能减少错误。

儿童的父母和其他自然监护人，倘能受法庭的指导，而自任监训之责，那是最好的，否则，应努力选择私家监训人，其次才及社会现有的教育机关，法庭的居留所放在最后。

监训不是安插间人的，人们不可以监训做维持生活的方法。受酬的监训员固应由法庭严格徽别和监督，义务的也需防他们处置失当。所以法庭对于监训员应定详细实施章程。每个监训员尤不可管理太多的儿童。

美国麻省最初监训是警察的一部分工作，现在法律禁止监训员同时在警务上服务。警务上的工作，大都是消极的，注重在禁止人做什么事情，不注重人应当做什么事情。尤其不适宜的，是刑罚的观念。即使警察监训员处处按照儿童法庭的原理进行，儿童平日对于警察的认识，一时极难更变，监训的功效便要受很大的影响。

五、审理儿童的手续

审理的手续，关系极其重要，全案进行的程序和儿童在社会上地位的确定，全以审理的手续为关键。

儿童法庭是建立在衡平的原理上的，当日英国的习惯法，因为死守着成规，无论事实如何，只要与法律的假设不符，便不能得着公平的救济。人民不得已而向国君告诉，国君便委托他的亲信，以正义做标准，破除一切形式，与人民以公道的裁判。衡平法的原始，是如此的。近代法律，在民事上已给

---

〔1〕 "底特律"原文作"地特劳艾"，现据今日通常译法改正。——校勘者注。
〔2〕 "赫尔伯特"原文作"哈拜德"，现据今日通常译法改正。——校勘者注。

儿童充分的保护，免除他各种责任，但是在刑事上他却正式里当着犯人看待。儿童没有向国家要求公道的知识和勇敢，但国家自觉了，特地为他们创设一种法庭，以尽保护之责。儿童法庭的第一件事，便是打破诉讼的形式，而以儿童的福利为前提。

询问的时候，应当拒绝间人旁听。刑事之所贵乎公开审判的理由，在于可以免掉秘密的计谋，和非理的残暴。在以刑罚为目的诉讼中，公开审判，确是保障人权和公道的善策。但是儿童法庭与儿童间有保护者与被保护者的关系。正因为防止虐待，才将儿童提出寻常法庭之外，这种公开审判的理论，在儿童法庭里，是不适用的。难道说父母教训子女，也要邀集亲友旁听吗？而且为儿童设想，无意识的宣传，应该竭力防止，因此更不能公开了。报纸的记载，也须有相当的限制，那是没有疑议了。至于特别有关系的人，如社会服务家，专门学者等，得着法庭和父兄双方的允许旁听，自是一种例外。

儿童法庭里仅可容许律师出庭，只要他是为着儿童的利益而来的。但是他在此地的工作，和在平常的刑庭里两样，他不是要设法出儿童于罪的，他用不着强词夺理的反证别人的证据，反过来，他所知道的即应向法庭说明。他更不是要入儿童于罪的，他所以用不着行使易于引起反感的手段或种种方法，追求儿童过失的事实。现在的法律学校，还未注意到训练这种积极从事社会服务的人才，实是一件憾事。

儿童法庭自身的设备，很简单的就行了。社会化的法庭，不在乎外形的森严。问话也不必在固定的地方举行。只要一间小房间，可以容纳得下问官监训员，和儿童，与他的父母就够了。假使在平常法庭里询问，布置倒应当改简一点。询问的时候，或坐或立，可以随便。宣誓与否，问官可看情形酌定。用谈话的方法，彼此可以多得到一点真话实事。

尤其重要的是将儿童分别询问。让他听见别个儿童的过失，容易发生恶的影响，无异乎教他怎样说谎等为非的技能。让他听见别人说他的过失，更会引起反感。大凡问题愈重大，愈复杂时，法庭愈要详细的研究，愈要将事实弄清楚。如果我们的意思是要儿童对于他的行为负责的，那么让他当面对证，是极正当，而且必须的。但是我们现在是替他谋一个新生命，并不是要他负法律上的责任。在他没有做错事之前，我们未曾尽保证之责，已经很对不起他了，何能再加重他心理上的创痕，使他多一个痛苦的记忆呢？

儿童法庭的证据，无论直接的或间接的，甚至传闻，都可以接受，只要能证明儿童的家庭状况，日常生活，教育情形，和其他各种环境关系。我们要找出他的健康上有无缺点？缺点发生的原因何在？他有没有犯法，并不是重要的问题，但是怎样能养成应付环境的正当习惯，庶不至于再犯过失，乃是法庭的根本工作。所有法庭应听见儿童陈述，不必和他辩论，并且旁采证人的见闻，感想，以资鉴考。

儿童法庭是一座研究室，而不是诉讼所。儿童既不是被告，也没有什么原告。至于儿童的父母或监护人对于因儿童的行为而受损失的人所应负的责任问题，让他们另外依法解决好了。儿童法庭对于儿童不用下什么判决。但应慎重拟定监训的方案，并注意方案的实行。

最后，拟定方案不能拘守成例，免遗削足就履之弊。

六、一个新希望

儿童法庭的组织各地互异，并没有一定的标准。（上面所说的只是一个大概情形）但是儿童法庭的原理和目的，却都是一样的。没有儿童法庭的地方，至少大家都承认儿童在社会上地位的重要。文化的盛衰，众生的福利，全紧系在这般顽皮无识的儿童身上。为儿童计，为社会计，我们应当如何保护他们？教导他们？

儿童法庭的制度虽很幼稚，很不完备，但是他是根据衡平的思想，建立在心理的学理上的。他的基础非常坚固，他只会向前发展，而不会动摇的。人的公道观念刻刻在变化，心理学现在更在革命潮流中，但是这些变化，正足以帮助儿童法庭的发展，使日进完全之境。现在我们已经有许多关于变态心理的学说，他们的真正价值，在于能否施诸实用。我们即应利用他们作诊断的标准，作治疗的指南。儿童法庭的工作，便是如此的。波士顿的布朗纳[1]博士（A. F. Bronner）一九二五年在芝加哥的儿童法庭二十五周纪念会席上演说的时候，提出监训儿童的具体方案摘译如下。

（一）对于每一个儿童须采取各项科学所发现的事实和理论，拟定一有统系的监训秩序。

（二）秩序的详细内容有三大要点：

甲、法庭为布置一切的重要机关，一举一动，关系全局。询问的时光，

---

〔1〕"布朗纳"原文作"卜兰纳"，现据今日通常译法改正。——校勘者注。

快慢，态度，与方法都须慎重从事。

乙、诊察部须与各部合作，随时察视儿童的体质心理。

丙、疗治之方略包括：

子、身体的保护。

丑、教育的治理。

寅、心理的治疗。（Psycho – therapy）

卯、家庭的治理，倘是儿童的家庭能同法庭合作。

辰、寄养家庭。儿童自己的家庭不能依照法庭的办法，可借用善良的家庭。

巳、专门的训练。

午、保护儿童的人选。

（三）拟定监训秩序时须以科学方法预备材料：

甲、搜集。

乙、分析。

丙、综合。

这样一个计划，当然很不容易做到，但是理想只要大家努力，总有实现的时候。吾国刑律，对于儿童的保护，在第三十条内，已有相当的规定。文曰：

未满十三岁人之行为不罚。但因其情节，得施以感化教育，或令其监护人，保佐人，缴相当之保证金，于一年以上，三年以下之期间内，监督其品行。

十三岁以上，未满十六之行为，得减轻本刑分二之一。但减轻本刑者，因其情节，得施以感化教育。或令其监护人，保佐人，缴纳相当之证金，于一年以上，三年以下期间内，监督其品行。

现在假使一时因经济及设备的关系，不能立刻成立儿童法庭可以根据刑律第三十条的规定，特别的注意品行的感化与监督，不要以推求罪名之成立与否为目的，而从另一方面着眼，去研究儿童行为之所以违法的原因，及其救济方法。但是为求充分的表现这种精神起见，审询的形式与程序，不得不略为变更。手续应以简单迅速为原则。（简单迅速，当然与粗浮潦草有很大的区别。）本来全部刑法，在实体方面，以维持社会的安宁与秩序为目的，在诉讼方面，以保护个人的权利与自由为目的，既不容奸逆任意作恶，复不使善良无辜受罚。但从儿童的立场上观察起来，繁琐的诉讼手续，是使被审者畏罪而强自辩护。犯罪原本无意，作伪反成有心，这种对于儿童的影响，实没有更恶劣的了，再刑律将监督品行的职权委托监护人，保佐人，那么法庭对于监护人，保佐人的本身品行，家庭组织，邻里状况，便应十二分的注意，证金一层，倒是其次的问题。前面已经谈过，人是环境的牺牲品。如果监护人，保佐人的自身，家庭及其社会，有了病症，虽然缴纳巨数证金，又岂能改造儿童，使成健全分子？

儿童法庭是一种社会的组织，完美的成功的必得社会的合作，方才有望。第一，监护人，保佐人不可靠的时候，便须利用善良家庭。其次，心理测验室，病理诊断室，儿童养育院，尤有赖于社会的努力。然而立法，司法方面，亦不可忽略。审询养育的方法，都是主要问题，基本原则，最好能以法律规定。受审推事，更须社会化，对待儿童，万不可以法官自居，要拿出教育家的精神和态度来才行。要之各方面都得同时并进，不可缺一。

我们为什么要反对特种刑事法庭?*

费　青**

我们为什么反对特种刑事法庭？主要理由有两个：

第一，它违反了法治最根本的一个原则——"在未证明一个人犯罪以前，任何个人都无罪"。为了要平心静去地去判断一个人是否犯了罪，所以宪法上规定必须经过公平的审理，以免人民无端受屈。可是"戡乱时期危害国家紧急治罪条例"却不管这一些，只要你有"妨害戡乱治安"的嫌疑就把你送进特种刑事法庭，先给你戴上一顶红帽子。因此，特种刑事法庭事实上对任何人都可以取得管辖权，任何一个无辜老百姓都可能被指为"共匪"嫌疑。既然认定人家是"共匪"，那还用得到什么审判？那还用得到规定什么《审判条例》？假如政府存心如此，所谓"宪政""法治"都是废话。因此，我们反对特种刑事法庭绝不是有什么政治立场，纯粹是出于爱好公平正义，完全是为了维护宪法的基本权利。

第二，政府制定"戡乱时期危害国家紧急治罪条例"完全为了应付这个危急的局面。由于过分的慌张，以致失却了理性，因而把另一个法治的原则——"法律不溯及既往"也忘却了。这个原则不但是一般法规的铁律，而且有些国家（如美国）还把它明定于宪法，我们的新宪法虽然没有相似的条文，可是不能不作同一的解释，换句话说，不是我们宪法觉得这个原则不重要，而是觉得这个原则太基本太普遍不用浪费笔墨，如果违反了这个基本原

---

　　* 本文原刊于《北大半月刊》1948 年第 6 期。该篇系谈话记录，原文标注：弗青（谈），居仁（记）

　　** 费青，中国比较法学院教务长。1926 年由东吴大学医学预科转入东吴大学法学院法学专科，1929 年毕业。20 世纪 40 年代先后担任东吴大学法学院教授、系主任、教务长。费青教授主持教务期间，正值日本侵略中国，东吴大学法学院曾策略性易名为"董法记"和"中国比较法学院"。

则，所造成的悖理结果将更不堪设想，例如认为共党非法也溯及既往则从中山先生的容共政策也是犯罪行为，岂有此理？再推而广之，现在任何人的一举一动在将来都可以被认为犯罪而受处罚，如此势必使人民的一切行动都归于停顿死灭，难道这才叫做法治？

总之，我们希望政府不要因一时的冲动而失掉了理性，以免贻害无穷，自食其恶果。

重要刑事案件之侦查[*]

俞叔平^{**}

一、窃盗案件之侦查

窃盗为最易发生，而亦为一般刑事警察最易疏忽之案件，因发生次数较多，刑警司空见惯，除非惊心动魄之失窃钜案，少有全副精力注视者。实则警察欲臻保护人民生命财产之目的。破获窃案，即当视为重要工作之一。

警局接获窃案报告，即当派员警先至现场察勘并为必要调查；凡一般现场搜查应行注意者外，并须作下列措置与考虑：

（一）询问被害人及其他可供消息之邻近居民，对于失窃案件发生之先后及左近，有无可以揣测之嫌疑人犯，例如来往过客，乞丐，谋事求差或自名为水电公司查勘电表者，被开革之佣人雇工。

（二）如询问结果毫无线索，则应注意所谓"失窃"是否为烟幕弹，被窃物件有否属于他人之贵重物品，被害人有无债台高筑，以失窃推卸责任情事，失窃财产有无保险手续，失窃财物之价值与被害人之是否相衬。

（三）如为钻洞侵入之窃盗案件，其来踪去迹，有无内线策应。

（四）罪犯在现场所遗留之物件，但亦须注意为窃贼所伪装而故意遗留者。

（五）窃案之报告，也许为报告人之错误，例如遗失物件，而误为失窃，或者失窃物件误作遗失物而报告者。

---

　　* 本文原刊于《红绿灯》1947 年第 5 期。

　　** 俞叔平，1938 年在维也纳大学获得博士学位，系中国第一个警察学博士。东吴大学在渝复校后法学院教授，东吴大学法学院 1946 年春所开日校法四下犯罪侦查学课程。

（六）在身上搜获失窃物件之嫌疑人犯，未必即为行窃之人犯，窃贼或其共犯，可将赃物转辗传递，佯装为赃物发现人，而嫁祸于无辜者，此种场合，凡毛遂自荐为发现人者应予特别审慎。

（七）嫌疑人犯及失物，应详细写真，作为纪录，并迅速印成传单，通知旧货业，典当业及其他足以变卖赃物之场所。

（八）亲属行窃，侦查较为困难，必须将其家室内幕，详细分析，邻近左右，先为探听，然后一一询问，依据经验，亲属行窃之人犯最难发觉，因承办员警全力对外侦查，当以亲属为可靠之消息报告人而转移其目标。

（九）行窃动机颇多，而主要者为生活压迫，但亦因偷窥狂，妒忌，报复或因恋爱关系而犯罪者不可不予注意。

（十）"罪犯可能是谁"之答案，就是 Fecit Cui Prodest 与犯罪案件最有关系之人，换言之，即由犯罪行为而获厚利者。其次所谓"机会促成行窃"，亦足为侦查窃盗案件之帮助。据经验告诉，行窃之罪犯，每易在窃案发生之处所或附近，根据左列问案搜查而得：

A. 生活阔绰费用负担骤增者。

B. 暗底中须接济他人之生活——如私生子姘妇等——而无法增加其正当收入者。

C. 与身世不明之人过往者。

D. 在某时及某种情况之下始得将赃物搬移或变卖或消耗者。

依据窃盗惯例，行窃以后多将其所得赃物隐藏若干时日，然后变卖，故若紧紧追缉，或可珠还合浦。至罪犯个人生活方式之骤变，为案发后最大之破绽，亦为窃案侦查最易着手之所在也。

二、人命案件之侦查

各国刑事警察对于命案之侦查，多设有命案侦查小组（Mord Kommission）[1]或飞行队（Flying Corp）一类机构之组织，目的在集中富有命案侦查经验与学识之专门人才，配备现场侦查应有之工具并以最迅捷之方法从事搜查工作。

承办命案之首要工作，即为现场封锁，保留痕迹，如被害人尚未伤害致

---

〔1〕 此系 Mord Kommission 的误写。——校勘者注。

命，则先予救护，可能时并追躧犯人，否则即用照相机拍摄现场，将所留各种痕迹，如尸体、凶器等，使其位置固定，俾侦查或审判时之检察官或推事对于行凶时之情形，得一概括之评断。在未拍摄照相之前，刑警或其他侦查人员，必须服膺下列守则：

"张开眼睛，请勿动手！""Augen Offan, Hand Weg"[1]

必须等待摄影完成，方得进行搜索。但搜索并非翻箱倒箧，胡乱骚扰，而为按部就班，作有计划之侦察。首先须搜查者，即为尸体，诸凡尸体创伤之部位，弹壳弹头，或其他凶器，随身携带之手表，名片，皮包，日记簿，银钱戒指，以及尸体左近所遗留之毛发，钮扣，纸烟布片等等，皆须不嫌求详不弃微细，逐一搜查，且必须记住"物体虽小，意义可大"之警语，否则明明足以破案之线索，即会忽略而过，搜索完毕，并须绘具现场略图，将各种痕迹与部位，在绘图上一一记住，以补助照相之不足。其余搜查所得之痕迹与什物，必须妥善保存，如有包装或运送必要，则其包装或运送之工具，必须善加设计，妥为标志，务使痕迹不致散失、零乱或消灭，以免检验时之困难。

遗留现场尸体，在可能范围须尽速邀请检察官或法医莅场检验，俾得断定死因，加速破案。

其次现场搜查，非仅在搜寻痕迹，并须注意证人之询问，凡行凶前后之见证人，必须翻覆询问，寻求线索。行凶罪犯往往为好奇心所驱，或受良心之压制，每在现场附近试看侦查人员之行动，或踌躇徘徊，不知去向，如加仔细观察，即可见其破绽！至于被害者与凶手，如能证明一人其余即无困难，例如被害者之身份苟能就其口供叙述或身上所携带之什物，名片，照相，信札，衣着外表，或附近对其熟识之人之陈述，或根据警察机关记录，能予首先证明，则此被害者之凶手，亦不难探究而得。盖命案之酿成，不外乎报复、嫉妒、谋财害命、怪癖、色情狂、神经病、贫困厌世等原因，除因神经病，贫困，厌世等自杀或杀人者外，皆可寻得对象之线索也。

三、绑票案件之侦查

刑法或惩治盗匪条例，对于掳人勒赎之罪，处以严重刑罚，而一般社会

---

[1] 此系 Augen Offen, Hand Weg 之误写。——校勘者注。

舆论，亦以此种目无法纪，公然绑架勒赎之行为，影响社会安宁秩序，罪无可咎。但在侦查机关言之，绑票行为虽极严重，而破案之道，则较其他犯罪行为为容易，因此种案件类多分作绑架与勒赎两阶段，盗匪先以千方百计，架走财神，继则用尽技巧，勒索巨款，故侦查机关发觉此种案件之后，必须以极秘密之方法及迅速之行动，从事侦查工作：

（一）查究被绑者之人事关系；

（二）与被绑者之家属切取联系；

（三）窃听电话，检查邮件；

（四）调查车辆船只与户口；

（五）赎票地点之严密布置。

绑票案件着手进行以前，绑匪辄必利用被绑者之人事关系，例如家中佣人，商店中之伙计，工厂中之工人，探听虚实及被绑者之生活行止，间亦有勾结被裁撤之不肖佣工，或因债务关系而与被绑人有深切仇恨者，预为布置，相机进行，故案发之后，首须明了被绑者之人事关系及人事异动情形，以便寻得线索从事侦缉。

但据一般经验，被绑者之家属，因畏惧撕票危险，多不愿与侦查机关合作，既不供给任何情报，又与盗匪互通声气，遣使赎票，予侦查机关以莫大困难。此时如能设法增强其对于侦查机关之信念，保证家属生命之安全，使其与盗匪虚与委蛇，妥为敷衍，俾侦缉人员得有充分时间，准备缉捕，自为计之上策。

其次绑案发生以后，被绑者之电话及信件，须受严密检查，电话机可商得电信机关同意，另行接线窃听，如察知通话人之地址，立即出动缉捕，但因盗匪通话时间短促，瞬息之间，甚难有所动作也。

被绑者之邮件，常为盗匪用作勒赎之工具。为使被绑者之家属信任起见，且常令肉票以亲笔函件嘱其家属备款赎票，此时信件上之邮戳须加注意。笔迹尤须严密检查，因藉此两者，或可推知被绑者方向所在并证明其是否已犯前科也。

大城市中绑架勒赎之盗匪，常利用车辆或船只作为输送财神之工具，故出事地点之见证人，有关车辆或船只牌号或形状之陈述，甚为重要，如所利用之车辆为出租汽车，必须将其牌照及时间确定，以便向车行从事调查。船只输送，事实上较为少见，但用之为躲藏肉票，则为司空见惯之事。肉票上船以后，耳目恒被包扎，随波逐流，方向无从辨别，距离远近，亦不易察觉也。此外近郊棚户或地段偏僻之处，因行人踪迹稀少，常被利用为隐藏肉票之所，如能运用保甲组织，按户调查，或用报章电台或其他方法，促进一般住户对于被绑时间内人口异动之注意，则于绑案之侦查，亦有相当之助力。

如已发现其赎票交款之地点，必须动员干练员警，乔装布置，若情况许可，不必当场就逮，而须穷追收受赎款者之行迹，以便明了匪巢所在，而图一网打尽，根据工作经验，出面收受款项者，每为盗匪所利用之无知之徒，而非绑案中之主角也。

四、强盗案件之侦查

强盗与窃盗，目的同在取得他人财物，而手段各有不同。从事于强盗者，类多持有枪支，或其他足以威齐他人生命财产之工具，公开盗取。其行为之方式，有设计行劫者，有以武力侵入家宅洗劫者，亦有结成匪帮大规模抢劫据掠者，其与偷偷摸摸，专以窃取财物为业之窃盗，则大异其趣。

强盗案件中之设计行劫者，方式繁多：有借口送赠礼物，信件或称客拜访者，有佯称火警或其他事变，使事主离去住宅而潜入行劫者，有以电话约会而中途行劫者，有冒充公务员，或水电瓦斯技术人员检查水电设备而侵入者，有托故买卖首饰，或其他贵重物品而乘机劫取者，有借口寄宿而在深夜束缚房主而抢劫者，方式不同，目标则一。且从事此种盗劫行为者，多为举止轻易之单身汉。他如武力侵入家宅洗劫，或大规模抢劫据掠者，多为结帮成群之匪徒，乘人不备，或军警力量稀薄之处，从事抢劫；其行劫之方式，先则佯装乞丐或匠人，或沟通内线，预为部署，继则守门把风，持械侵入，或将事主用绳索捆绑，吓令声张；或则将其锁入浴室或暗室内，使其失去自由；或则举枪威吓，使事主伫立不动，惊慌失措，然后翻箱倒箧，洗劫金银财物，临走时，辄必枪口相向，禁止声张，事主以噤若寒蝉，迟滞报警，俟至警局闻讯，匪徒已扬长而去。

盗匪行劫时间，多为夜晚，就上海一地而言，每在晚间六至九点，商店闭门之时，或清晨五六点钟，乘住户启门外出，突然侵入。此外白昼行劫，亦复有之，而多系蒙面盗匪，将面部用绒线帽遮盖，两眼露出，使被害者无法识别。

抢劫处所，多为首饰银楼，公司行号，荫蔽里弄，或在银行钱庄取款道上，盗匪守候跟踪拦路行劫，如劫夺未遂，亦有不惜以谋财害命者。

盗匪抢劫以后，多将财物变卖，或则蛰居旅馆，俨似寓公；或则歌舞台榭，优游岁月，因其以此为业，钱财易来易去，任情挥霍，奢侈无度，故其犯罪动机，与其谓为生活困难，莫如谓浪漫性成，欲沟难填也。

征诸上述，可知强盗案件之特征有四：

（一）行劫以前，必先侦察虚实，设计进取。

（二）行劫时辄必佩带武器，挺身走险，或则成群结队，部署定当。

（三）被害人对于盗匪之面貌，口音，及衣着，必有若干可资记忆。

（四）盗匪生活荒唐，举止乖张，旧货摊典当业，常为其赃物兑换之所；妓院舞厅或旅馆宿舍，必为优游岁月之地。

因此强盗案件，一经发觉，侦查人员必须佩带枪械及必要工具，迅速赶赴出事地点，紧密布置，门道出入之处，皆须派人把守，以免漏网。如系高楼建筑，一方面须在楼窗远处，利用障碍物，设置监视哨，防止盗匪利用窗口向外射击，以掩护其他警员沿墙前进。如门窗禁闭，无法进入，则可利用瓦斯枪一类设备，将瓦斯弹由玻璃窗射入，使其不能继续停留。如盗匪顽强抵抗，困兽犹斗，而警察并无此项设备时，则可围困若干时间，断绝其饮食弹药，以促使其放弃抵抗，束手就逮。惟处此紧急场合，刑警辄多慌张失措，消耗大量弹药，甚至牺牲性命者有之，但吾人如能运用技巧，则生擒盗匪并非难事。盖警匪格斗之场合，盗匪辄必尽其全力，以图突围，此时员警必须沉着应付，以冷静之头脑，机警行事，切不可冒昧直冲，作不必要之牺牲。例如夜间黑暗之处，本身不加荫藏，而将电灯散射，无异供给盗匪以射击之目标。又如盗匪暗中持枪守候，而员警不知利用障碍物，奋勇前冲，辄必中其奸计而遭杀身之祸。

此外强盗案件，设非当场发现，而系事后由被害人报警者，则其侦查之道，又与前述不同。员警出动现场以后，除搜集现场证据，或保留痕迹而外，更应将被害人家内经济情形，人事移动状况，财物露风原因，及当时目击抢劫情形，详细询问；盗匪之人像写真面貌、鬓发、身材、口音、衣着、佩带武器、抢劫方式，被劫财物，及特征等，必须一一记录，以极迅速之方法，告知各治安机关，使守望巡逻及关卡人员，协同侦缉。被劫财物，更应将其品名，色泽，价值，商标，特征等，印成失物单，分发各典当业，旧货摊，使其劫得财物，无法变卖。如报警时间距离抢劫时间甚短，则可以电讯通知附近警察机关兜捕，或将附近街道车站码头逐步封锁，使其无法逃遁。此外旅馆，宿舍，妓院，舞厅、恒为诲淫诲盗所在，更宜严密搜查，使其无法躲藏，如获线索，则必穷究。大凡结帮成群之盗匪，如能捉捕其一，即可连串破获，按诸惯例，盗匪劫得财物以后，即行分赃。分赃所得，即挥霍于歌台舞榭，而其中亦有因分赃不均，引起内讧：或则互相攻讦，暗中举发；或则流露怨言，泄漏消息；员警大可利用此种弱点，从事侦缉。例如：某盗案发生以后，警察机关即将其被盗财物数字，故意夸大，载于报端，强盗见报后，以分赃所得，与被盗数字相差甚巨，彼此即生疑窦，继至内讧，最后消息走漏，终为侦缉机关一网打尽。

五、诈欺案件之侦查

根据新刑法之规定，诈欺罪分普通诈欺及准诈欺两种，所谓普通诈欺，即意图为自己或第三人不法之所有，以诈术使人将本人或第三人之物交付者，或以诈术方法得财产上不法之利益或使第三人得之者。其构成要件有三：（一）须有为自己或第三人不法所有之意思；（二）须有诈术之行为——即虚构事实使人陷于错误状态；（三）愿意将本人或第三人之物交付者。其目的虽与强盗、窃盗、抢夺、侵占同为自己或第三人不法之所有，但其手段则为运用诈术巧取，而非施用暴力夺取。所谓准诈欺罪即意图为自己或第三人不法之所有乘未满二十岁人之知肤浅薄或乘人之精神耗弱使之将本人或第三人之物交付或以上述方法得财产上不法之利益或使第三人得之者。本罪构成要件有三（一）须为自己或第三人不法所有之意思（二）被害人须为知肤浅薄之未满二十岁人或精神耗弱之人（三）须有乘未满二十岁人之知肤浅薄或乘人之精神耗弱之际使其将本人或第三人之物交付之行为。与普通诈欺之不同即在乘机图利而非施诈巧取，诸凡酗酒睡眠暴怒狂喜等之精神错乱状态，皆属精神耗弱范围。至诈欺方法变幻无穷，尽一人所有之才智，悉可作为诈欺之技巧，是以从事诈欺罪之侦查人员，必须有丰富之常识，机警之头脑，换言之，其才识必须驾诈欺者而上，方克胜任。诈欺可行之于农场，可施之于市尘，可以荳麦稻粱为目的物，亦可以布匹杂货证券首饰为对象，可以书面骗取，亦可以言辞引诱，可为穷形极相，亦可非凡阔绰，但犯罪虽无定型，而其特征有三：

（一）善耍幌子（噱头）；

（二）利用虚弱；

（三）习为常业。

善要幌子，目的在取得对方之同情或信任，使对方自动将财物交付，苟若注意其行动之过分热烈周到，甚之甜蜜亲切或过分之铺张夸大，推诿延宕，即可察觉其破绽，但以被诈欺者亦多系利禄熏心或无知无识之徒，弱点常被利用，例如比期放款，每因利率较高而趋之若鹜，结果存款到手，即变倒账，或如滑头商店，陈设华丽，内容空虚，一待货物进门，即化乌有，或如珠宝选购，俨若豪富，而饰物到手，转身即溜，或则利用意志薄弱女子，恣情热恋，骗取财物，一俟财物耗尽，扬长而去，诸如此类，不胜枚举。侦查人员承办此种案件，先须了解案件之性质。例如空头支票，必须明了据票上一般情形，及其商业活动方式与范围，纵横牵连之人事关系，被害人之身世、个性，及其被诈欺之原因所在。在可能范围并须将各种诈欺行径，详细分类登记，因诈欺犯每多不务正业，专以诈取为生，其前科记录，即可作为毕生行径之参考，对日后案件之侦查，多所帮助。我国刑法诈欺罪一章，对于以诈欺为常业者，特设专条加重其刑，立法用意所在，亦即以诈欺为业者，司空见惯，苟非严刑惩治，不足以资防制耳柏林警察厅对于诈欺罪之取缔，设有各种专门小组，此即就各种诈欺罪之性质，分门别类，责成若干刑警人员负责。登记其方式，研究其门径，以为累犯之防制，例如刑事侦查 D 组经管事项：

第一小组：非纯粹商业买卖之营业诈欺——汇票，支票，银行汇兑之电讯伪造，银行诈欺。

第二小组：拆白党、旅馆诈欺、小费敲诈、交通费用诈欺、星相卜筮、继桃、名义结婚，使用旧钱币及租金收据、股票、证券、庸医，私人侦探等之诈欺。

第三小组：货物诈欺（进货不付货款，或原定货物变质）

第四小组：承继诈欺，当票或珠宝诈欺，旅途女性诈欺，游民诈欺。

第五小组：婚姻及婚姻介绍诈欺，职业介绍诈欺，抵押行骗，车站上及租屋中对旅客之欺骗行为，租屋介绍之诈欺，非政治性之护照伪造及贩卖猪仔等。

第六小组：娱乐场所及赌博性之诈欺，例如赛马赌博有奖游戏等。

第七小组：奖券发行，赌博行骗（伪称捉农人）。

第八小组：冒充公务员，伪造护照，伪造文书证件。

第九小组：伪造钱币，伪造公债，偷窥钱钞印版。

此外尚有刑事侦查 E 组，掌理纯粹商业性诈欺案件，例如恶性破产，违反公司法及其他类似法规之诈欺行为，银行，交易所、地皮、建筑及不动产抵押之诈欺行为，经纪贷款之诈欺行为，彩票诈欺，著作权之损害，票据伪造，信用诈欺（俗称黑帮）邮递诈欺等。

犯罪侦查中之应用逻辑 *

俞叔平

第一节 逻辑之概念

逻辑乃研究思维规范法则之学问，所谓思维即认识外界事物之心理作用，思维之目的物曰对象，从对象中可以辨别而得者曰性质，性质可为区别其对象与他对象之用时称为特质，如把多数特质相互比较，可以发现某种对象所共有之特质与各个对象所专有之特质，前者曰共通性，例如"理性"。后者曰偶然性，例如"狂暴""谦让"。

依据上述如有发现共通性时，即可用以比较，如有多数可资比较之事物存在此，则吾人之思维即可将此种对象种种不同之性质详细分析，将其偶然性舍去，而将其共通性抽象及综合起来，构成一论理的统一体，此即所谓"概念"，如用语言表示时即为名称或名词。

但概念只是思维之材料。并非思维之本体，思维尚须将此种材料加以考察，若将考察之事物加以叙述，即称之为判断。因此判断，是由概念"分析"或"综合"而成立者。

实际上最单纯之判断，是由二个单独概念结合而成，例如"此为凶手"之判断，其主语表示直观的对象，客语表示对语言而再生之记忆的心像，是以这个判断是将直观对象与记忆心像有意识的总合为一而成者。又如说"凶手逃了"时，"此逃了"动作，是由"凶手"分析而来的，但此处不仅是分析，且将其动作以"跑了"之"状态概念"命名，而置于宾语之位置，与主

---

* 本文原刊于《红绿灯》1947 年第 9 期。

主语统一为一，所谓主语就是对象，客语就是所主张之事实，以客语之内容论，凡为客语之概念者，必属于对象，属性状态。三范畴之一，客语表示主语所属之对象的判断曰说明判断。

例如"罪犯是人"，客语表示主语之属性时，曰记述判断，如这个是好人。又客语表示主语之状态曰叙事判断，例如"贼逃"。以主语与客语之内容相互间之关系，更可分为：

同一判断——主客语为等价概念。如"汉奸就是卖国贼"。

包摄判断——客语为主语之上位概念。如"罪犯是人"。

依主语之量则可为三种：

主语的量为限定之对象所成立时，曰"单称判断"如"此人"。

主语的量为对象之某部曰"特称判断"，如"某人"。

依综合之关系，可以分作断言判断，假言判断与选言判断三种：

断言判断是对某对象而主张某事实之判断。例如：

"S 是 P""罪犯是人"——肯定判断。

"S 不是 X""人不是植物"——否定判断。

肯定与否定有全称与特称的分别：

全称肯定——"一切的 S 是 P"。

全称否定——"一切的 S 不是 P"。

特称肯定——"某 S 是 P"。

特称否定——"某 S 不是 P"。

假言判断是一定条件下面为判断的主张的判断：

若为 X 则为 Y

前者为条件的判断，后者为条件下所主张之判断。故 X 与 Y 均为判断。欲将各判断中之主语与客语，均表示出来，则为下列二式：

（一）若 S 为 M 则 S 为 P。

人若单以钩心斗角为处世之方针，则其人常失败。

（二）若 A 为 B 则 C 为 D。

若刑事政策善良则犯罪者必可减少。

假言判断所以决定条件与归结之关系，如条件与归结之关系为必然时，亦以称作"全称"用"常"或"决非"等字以表示其必然之意义，次之如条件与归结之关系非必然而有例外可设想时，则假言判断为"特称"用"有时""或"表示之，例如：

全称肯定：若 S 为 M，则 S "常"为 P。

人若诚实处世则其人常"幸运"。

全称否定：若 S 为 M，则 S "常"非为 P。

特称肯定：若 S 为 M，则 S "有时"为 P。

人若善于养生则其人"或"得长寿。

特称否定：若 S 为 M 则 S "有时"非为 P。

选言判断，为选择数个内容之一的判断，可供选择之对象的数目。虽无任何限制，而普通以两对象成立之。

其形式：

（一）S 为 P 或为 Q，或及格或不及格。

（二）或 A 为 B 或 C 为 D。或为丈夫遗弃，或为妻子潜逃。

第二节　推理论

判断是因决定两观念关系而成立者，如将多数判断断称合即可从既知的概念关系，用理论方法，推定未知的概念关系，换言之，可以从豫知的判断，导出别的新的判断，此即所谓推理。

推理又分为直接推理与间接推理，前者系由"一"预知判断直接推定别一判断，后者仅由"二"判断的关系，而推定别一新判断。

在刑事上间接推理极属重要，尤其在审判中的时候，因为推理分成三个阶段，即大前提、小前提、结论，所以又名之为三段论法。

大前提（Obersatz）与小前提（Untersatz）是推理的预备条件，亦即判断的理由，结论就是由预备条件的推理提出来的理由的判断，结论摆在最后加上"所以"二字，有时亦有将结论摆在前面但须加上"因为"两字，其格式如下：

故意杀人者处死刑——

张三故意杀人——

所以张三处死刑——

其推论公式：M = P S = M S = P

M（中间概念）＝杀人＝为大前提的主语＝小前提的宾语

P（上级概念）＝处死刑＝为大前提及结论的主语

S（下级概念）＝某人＝为小前提及结论的主语

大前提是一般之准则，小前提是应用准则之事实最后结论。就是事实上准则的运用。

判断有断言、选言、假言三种、已如前述，因此构成三段论法之判断，也不外乎此三种，但依判断之组合，可只将三段论法分为：

一、断言的三段论法

二、假言的三段论法

三、选言的三段论法

四、双刀论法

断言三段论法，系由三个概念成立，某结论或为一致或为差异，因此三个概念之比较，所以名之为三段论法，断言判断是一定必需且无限制的，其基本法则，系由其大前提为述语，是断定之通则，所以与全体有关，同时亦与各个有关。

例如：处死刑（大前提）——杀人（全体）——张三杀人（各个）

假如中间概念不适用于大前提全部时，则其结论容易错误。例如

大部分罪犯不能改善

李四为一罪犯

所以李四不能改善

又如：恋爱非犯罪

某甲爱某乙

所以某甲非犯罪

因述语"犯罪"与"恋爱"全体相反对，是以所下结论每易陷于错误。又如大小两前提相反对时，根本不能下以结论：

死犬不能咬人

甲犬非死犬

所以甲犬不咬人

上述结论错误，如改为下列论法即可：

死犬不能咬人
甲犬已死
所以甲犬不咬人

又如

张三非李四
老黄非张三
所以老黄非张三（错误）

改正时：

张三非李四
老黄即张三
所以老黄非李四

假言三段论法，系以理由之原理而定者，其特点不仅在结论，是以大小前提为条件，且以假言判断之大前提内，亦有条件存在也。假言三段论法之格式如下：

如被告为神经病人，则彼无责任能力，不受处罚
被告是神经病人
所以报告不受处罚

若小前提为反对关系时

即 A 取友人所送与而含有毒质之糖果食之
则 A 病势必重
惟 A 病势并不严重
因此证明 A 未曾取食糖果

错误的结论是

如 A 犯此窃案，则 A 当失窃时，定不在其口供中供称之处所

但 A 并不在口供中所供称之处所

所以 A 必犯此窃案

上述结论之错误，系因第二句述语中之实际情形，不能与第一个述语中之实际情形相连接之故。

正确的推论是：

假使 A 犯此窃案，则 A 当失窃时，不在其所供称之处所

惟 A 在失窃时，系在其供称之处

所以 A 未曾犯此窃案

依上所述，可知假言三段论法之大前提有两句述语，第一句述语是第二句述语之先决条件，在小前提中失去第一句述语，在结论中即以第二句述语为结论，反而言之，假使小前提中接受第一句述语时，则结论中即接受第二句述语，且恒为小前提中之特殊情形而使然，此处不论大前提中之述语为否认，或其余为不否认，并无何种差别。

例如：

假使你未曾回击，那你现在定是一个尸体

但你曾经回击

所以你没有变为尸体

或者：

假使爱德挖穿墙壁则爱德不在拘留所中

但爱德未曾挖穿墙壁

所以他尚在拘留所中

错误的是：

假使爱德挖穿墙壁则爱德已不在拘留所中

但爱德不在拘留所中
所以渠已挖穿墙壁

上述结论之错误，在前提中第二句之真实情形绝对不能与第一句真实情形相配合，换言之即不在拘留所中不一定是为挖穿墙壁的缘故。

对的是：

假使爱德挖穿墙壁，他就不在拘留所中
爱德是在拘留所中
所以他未曾挖穿墙壁

选言三段论法系依排中原理而定，其推论至少含有一个选言判断，即一方为肯定，他方必为否定，一方为否定，他方必为肯定，其格式有二：

（一）在小前提中承认大前提中所陈述之一个或数个情况判断，而在结论中将其余一切予以否认。

例如：

甲女或跳入水中或丢入水中
甲女系被人丢入水中
所以伊并非跳入水中

（二）在小前提中否认一个或数个情况判断，其余在结论中一律加以承认。

例如：

甲女或者堕入水中，或者跳入水中或者被人丢在水中
但甲女既非堕入，又不自行跳入
所以甲女系被人丢入水中

选言判断之变相格式，即为双刀论法。
例

假使这个签字确系假造那么或系用手照样描写或系用纸印写

但它既非照样描写，又非用纸印写
所以他并非假造

或者：

假使 A 曾在监狱则 A 既不能参加窃案又不能在现场遗留指纹
但 A 共同行窃，而遗留下他的指纹
所以 A 没有在监狱里

双刀论法 Dilemma 是假言判断与选言判断混合而成立者，三段论法则为大前提以两个或两个以上其假言判断而成立，小前提以大前提之二前件为选言的肯定，或以二后件为选言的否定则成立者。

复合论法：

复合论法系由几个简单的结论所构成，这种结论在他本身为推论时之预备条件，且彼此之间，互相关连构成一个推论的连锁，结论中为其他结论之原因者名之谓"先结论"，他的结论又是第二个结论之预备条件，名之为"后结论"。复合结论有二种，一种是前进的，另一种是后退的。

前进的结论，是由先结论开始，以后结论相继而起者。

例如：

一、每种作用必有一种原因
每个行为是一种作用
所以每个行为是一种原因
二、每个行为是一种作用
每种犯罪是一个行为
所以每种犯罪有一种原因
三、每种犯罪有一种原因
淫乐杀人是一种犯罪
所以每种淫乐杀是一种原因

又例：

一、凡是自然的外形都可以识别

所有的人都有自然的外相（形状）

因此所有的人都可彼此识别

二、所有的人都可以彼此识别

所有罪犯都是人

因此所有的罪犯都可以彼此识别

三、所有的罪犯都可以彼此识别

所有强盗都是罪犯

因此所有的强盗都是彼此可以识别

日常语言中，可将这个分析的推论，概括道述：

所有罪犯可以依照人相鉴识，因为他们都有人的自然的物征例如指纹。

后退结论是：

一、职业犯罪是破坏者

破坏的人有害国家

因此职业犯有害国家

二、职业犯有害国家

有害国家的人，国家应设法隔离

职业犯是有害国家的人，所以国家应设法隔离

三、职业犯是国家应设法隔离的人

国家应设法隔离的人，必须处以无期徒刑

因此职业犯应处以无期徒刑

分析的连锁推论：此地预备条件中之宾语乃系连锁着的句子的主格：

张三是受妓女不法接济

凡是受妓女不法接济者就是龟奴

龟奴是一个犯者罪

犯罪者应受处分

所以张三应受处分

综合的连锁推论：此地预备条件中的主格，是连锁者的句子的宾语：

犯罪者应受处分

龟奴是犯罪者

受妓女不法接济者就是龟奴

张三是受妓女不法接济者

所以张三应受处分

分析的假言论法：假使李四不出庭候审，那一定逃走

假使李四逃走他一定自问有罪

假使李四自问有罪，那他一定逃走了

假使他逃走了，那必须逮捕

李四是不到庭候审

李四必受逮捕

综合的假言论法：如李四逃走了，那必受逮捕

如李四自问有罪，那一定逃走

如李四在逃，他必自问有罪

如李四不到庭候审，那一定在逃

李四不曾到庭候审

那必须逮捕

电气事业人处理窃电案件是否有自诉权之疑问[*]

李清辅[**]

刑事诉讼法,对于刑事案件之起诉,共分三种性质,即自诉,告诉,告发!"自诉"系由被害人直接向法院刑庭起诉,"告诉"系向法院检察处告诉,由检察官侦查终结后,代表被害人向法院刑庭起诉,"告发"系由第三者向检察处告发。惟旧刑法中关于自诉之规定,限止棋严,除初级法院管辖之直接侵害个人法益之罪及告诉乃论之罪,得提起自诉外,其他一概须经告诉之手续。新刑诉法起草时,以鉴于旧法限制自诉过严,于刑事被害人起诉既多窒碍,而法院检察处以案件繁多,侦查时不无略感困难,为双方便利计,乃将自诉范围予以扩大,规定犯罪之被害人,不问何案,均得提起自诉,但仍限止无行为能力人之自诉,以防滥诉之弊,立法者之顾虑周详殊堪钦佩。考新刑诉法未颁行前,电气事业人查获之窃电案件,均须经告诉手续,惟窃电行为,具有专门学识,方法诡异,于刑庭开始辩论时,对于窃电事实每多隔膜,而告诉人方面,又因辩论权系属于检察官,未便参与,致法院难明底蕴。自新刑法颁行自诉范围扩大后,对于电气事业人之能否提起窃电自诉,似有相当疑问,盖新刑诉法仅规定"犯罪之被害人得提起自诉但以有行为能力者为限"考"被害人"三字,是否仅系自然人,抑系包括法人,并未指定,征诸法文所载,既混称为"被害人"当然包括法人,电气事业人之设立经由主管官署登记,依法当已取得法人资格。至法人之有无行为能力,在民法总则中并无明文规定,而最高法院二十年院字五三二号解释例

---

 * 本文原刊于《首都电厂月刊》1935 年第 58 号。
** 李清辅,1933 年毕业于东吴大学法学院(第 16 届),获法学学士学位。

则谓法人有自诉能力，最近尚无其他相当解释，故法人究竟能否提起自诉问题，现尚悬而未决，一遇是项案件，承办者每感无所适从，幸司法机关有以补救之也。

医生受屈之辩诉[*]

——举例——

沈 镛^{**}

辩诉人：四六松江人，住松江，业国医

辩护人：沈镛律师上海牛庄路一号

为金山×××告发业务过失致死一案，弁陈情实，请于依法为不起诉之处分事，缘民在治下××镇行内外科国粹医术，已二十余年，行道惟求精细，每诊差无脞失，因有金山居民×××者，生前患咯血咳呛脏毒等症，经年勿瘳，徧医罔应，旋在上年八月间，投求民诊治，自此至同年十月五日，续来求诊者两次，而民为之定五方各抄方在卷，用药病状，无甚出入，惟因病人膏肓，每诊俱加警告，并力戒于慎毋仆仆，奈病者自信服民方俱较前医为舒适，而乐为连求民治，比至末次来诊，虽内病时而依然、时而较愈，而肛门脏毒，初本坚肿，而治之渐平，（有方案为证）至是突如其状，病者急求民治，民以其气阴久损，药虽奏效，而远来专求，未便遽绝，思维至再，祇参针砭古法，先用中针刺患处，以洩其弥漫之蕴毒，患处固觉稍松，病者欣然而去，此后路遥音绝，初不知后来如何，兹查病者于末次求民诊治，越十余天至上年十月二十四日病故，临死之前后，初未闻责备医家之声，而闻其死者，孰不以为病魔久缠，自非人力所能回天也，久而久之，社会上对于死者之死，固已淡焉若忘，忽有金山同业×××者，以代表中医协会代表名义，就近状诉民业务过失致人于死于金山县府，旋又自请撤销告发，忽告忽止已觉奇离，而人之不平者，询其故，则指民藐视同业，损人民誉也，支离尤甚，

* 本文原刊于《光华医药杂志》（第一卷）1934 年第 4 期。

** 沈镛，1930 年毕业于东吴大学法学院（第 13 届），获法学学士学位。

嗣在本年五月八日，奉金山县府传审，民以治人重症所羁，到金业已审过，而据为本案发生之告发人×××，避不投质，而突有同业×××者，出而代中医协会到庭，大旨继续×××告发职责，称民破坏同业名誉，并非治严无方，极尽变幻，直视告诉为儿戏，备承庭上训饬，而社会引为法界所未闻，盖其告发也，不依本质，任意变换，诚司法界之奇乱也，但在法曹，初不虞此，而始以为郑重，终之以儿戏，如欲保持威信，实难自圆其说，而民因其他轻举妄动，备受有形无形之损害与痛苦，其将何说之辞，良有金山县府"本件管辖误移送松江县法院审判"之判决在卷，按诸该判决所采事实，专采告发人连次状请撤销，并早吐药之文，既非法律上有根据之可能而包医为正当医生所绝无，血清非是病是状所能用，亦复言不成理，矧既病者叫苦，竟致见状不佳，何迄默未道及，而病者归家是晚寒热大作，一寒热而至十余天之久以身死，尤未闻所未闻，遑问事实有无。俱见词偏一面，不问事理如何，虽经移送审判之后，不难立分皂白，而肤见者或竟据是以论民，则未来名誉之损害，尤甚于本案所受之无谓痛苦，不得不亟加声辩于先，以便剖白于后，为此除前经并除弁抄方在卷外，对此更难默尔用亟辩请。

　　钧处 俯予详查全卷，依法为不起诉之处分德便谨状
　　松江县政府检察处公鉴

兼理司法川沙县政府刑事处分书二十年刑字第三号[*]

屠广均

被告人：盛六升，年四十二岁，川沙人，住九团一甲，业推车

上〔1〕开被告为毁损嫌疑，案经本府侦讯终结，处分如下：〔2〕

主　文

被告盛六升犯罪嫌疑不足不予起诉。

事实及理由

缘蔡火全等向业捕鱼，十九年七月二日，该船停泊于青龙港，遇风断缆飘至九团一甲滩上，被附近民众七八十人将该船拆毁。被告盛六升等见滩上遗有桅樯，抬至徐海咸家，奇顿以待原主来领时索取酬金。未几，盛六升路见蔡火全等告以前情，同至徐海咸处，指交赏洋七元后又返还。旋据，海巡胡阿和以盛六升有共同毁船嫌疑报由第五区公所呈解到府迭，经票传，其余被告避匿无踪讯，据被害人蔡火全、施阿会，关系人徐海咸，海巡胡阿和均称没有看见盛六升拆船，但其余被告张会林等系盛六升所指出不无嫌疑等语。查刑事以发现真实为主义，该被告盛六升是否为拆船之共犯，既无目睹之人又无其他证据足以证明犯罪事实，自不负刑事责任，合依刑诉法第二百四十

---

* 本文原刊于《川沙县政公报》1931 年第 31～36 期。原文无标点，标点为校勘者依文意后加。
〔1〕 原文为竖排，"右"即指现排版"上"。——校勘者注。
〔2〕 原文为竖排，"左"即指现排版"下"。——校勘者注。

四条第一项第二款不予起诉。惟被告张会林等既为盛六升所指出，应准保释，帮同被害人侦查避匿踪迹报候拘办，特为处分如主文。

中华民国二十年一月十四日兼理司法川沙县政府刑庭

兼理司法川沙县县长　屠广均

书　记　员　顾乃鸿

兼理司法川沙县政府刑事处分书二十年刑字第二号[*]

屠广均

被告人：钱木林，年四十岁，川沙人，住八团五甲，业小工

上〔1〕被告因妨害公务嫌疑业经本府侦查终结处分如下〔2〕

主 文

被告钱木林犯罪嫌疑不足应不起诉。

事实及理由

案据本县第五区区长丁嘉福呈称奉令派警查禁放牛践青，讵各牛户聚众抗拒并撕破警士制服，报请拘办等情并据县警察队长徐士梁呈同前情，当经分别指令查缉为首之人解案法办。去后旋又据该队队长徐士梁呈报，查询当时在区公所解团之包其椿，据说有牛户沈桂林、徐惠行、钱木林等对于是案不无关系等情，而钱木林是因另案投审移付刑庭，讯供狡展，押候票传。徐惠行、沈桂林等质证，据警报告徐惠行业已病故免置议，沈桂林虽未到案但据证人包其椿供称关于聚众夺牛包围警察均未看见，仅事后在区公所附近遇见钱木林等三人，当时是否在场不得而知等语，质诸钱木林供我家并不养牛与我无干云云，是钱木林等有无聚众夺牛包围警察之行为既属无从证明即无

＊ 本文原刊于《川沙县政公报》1931 年第 31～36 期。原文仅有简易句读，本文句读为录入者添加

〔1〕 "上"原文作"右"，现据今日排版需要改正。——校勘者注。

〔2〕 "下"原文作"左"，现据今日排版需要改正。——校勘者注。

犯罪嫌疑可言，爰依刑诉法第二百四十四条第一项第二款应不起诉交保省释，免累无辜特为处分如上。

中华民国二十年一月十四日兼理司法川沙县政府刑庭

兼理司法川沙县县长　屠广均

书　记　员　顾乃鸿

兼理司法川沙县政府刑事判决书二十年刑字第十二号[*]

屠广均

判决本

被告：徐燮岩，男，年六十一岁，川沙人，住九团二甲徐家宅，业铜匠。

　　　徐阿木，男，年六十岁，同上。

上[1]被告因侵害坟墓一案本政府审理如下[2]

主　文

徐燮岩教唆发掘坟墓一罪处有期徒刑六个月，裁判确定前羁押日数以二日折抵有期徒刑一日。

徐阿木无罪。

事　实

缘徐吴氏之夫徐金荣系被告徐燮岩之胞弟，于十九年阴历十二月初旬病故，由徐吴氏做主与金荣烛室周氏合葬九团二甲钦公塘东田内，被告徐燮岩因此田系其祖父卖与他人，由伊个人备价赎回，非徐吴氏所能营葬，即将此田转卖被告徐阿木，并于是月十三日夜雇人将所葬之墓实施发掘，将其柩搬

　＊　本文原刊于《川沙县政公报》1931 年第 31～36 期。原文仅有简易句读，本文句读为录入者添加。

　〔1〕"上"原文作"右"，现据今日排版需要改正。——校勘者注。

　〔2〕"下"原文作"左"，现据今日排版需要改正。——校勘者注。

至至元善堂义塚地内，嗣据徐吴氏以被告等发掘坟墓等词来县告诉，业经辩论终结应予判决。

理　由

上述事实业经被告徐爕岩自白不讳罪证确凿，至被告徐阿木既绝不承认有发掘情事，即讯据徐爕岩亦云这件事徐阿木不知道的，是徐阿木之犯罪嫌疑为不能证明。

基上论结应依刑法第四十三条第一项第二款、第二百六十三条第一项、第六十四条，刑诉法第三百十五条、第三百十六条判决如主文。

川沙县政府刑庭

中华民国二十年三月二十七日

县　长　屠广均

承 办 员　徐　潼

兼理司法川沙县政府刑事判决书二十年刑字第一号[*]

屠广均

判决本

被告人：刘福庚（男），年三十二岁，常熟人住上海市，佣工。

　　　　施锡康（男），年二十七岁，海门人住川沙蔡家路，织毛巾。

上[1]被告因诈财案本政府审理判决如下：[2]

主　文

刘福庚即刘福根诈财一罪处有期徒刑三月，未决羁押日数准以二日折抵徒刑一日。

施锡康无罪。

事　实

缘被告刘福庚即刘福根在顾兰洲家佣工兼充懿光女校校役，去年九月十三日假借高校长名义向川沙站陶玉麟处诈取洋二百元逃匿无踪，嗣经刘福庚之保人张福兴在沪撞见扭送捕房，移解上海地方法院讯押，即据顾兰洲状诉

＊　本文原刊于《川沙县政公报》1931 年第 31～36 期。原文仅有简易句读，本文句读为录入者添加。

〔1〕　"上"原文作"右"，现据今日排版需要改正。——校勘者注。

〔2〕　"下"原文作"左"，现据今日排版需要改正。——校勘者注。

前情请求移提训办并称四次被窃，报奉饬缉有案据经派警迎提到府讯，据刘福庚供认诈财不讳，对于窃盗一节坚称不知，质之证人胡娘姨供称被窃时似乎听见被告声音旋又据县公安局将施锡康、王巧英二民口呈解前来讯，无共同犯罪行为事实既明应予判决。

理　由

查被告刘福庚假借高校长名义向川沙站陶玉麟诈取洋两百元既据供认不讳，合依刑法第三百六十三条第一项处有期徒刑三月，裁判确定前羁押日数照同法律第六十四条以二日折抵徒刑一日。关于窃盗部分，被告坚不供认，而证人胡姨娘亦仅称被窃时似乎听见被告声音，既非目睹又无其他证据足以证明，自未便以疑似之词为论罪之根据，应即免予置议。施锡康犯罪嫌疑既难证明，依刑诉法第三百十六条论知无罪，王巧英因生产交保停止审判程序，特为判决如主文。

中华民国二十年一月十四日川沙县政府刑庭
中华民国二十年一月十四日送达
兼理司法川沙县县长　屠广均
书　记　员　顾乃鸿

兼理司法川沙县政府刑事判决书十九年刑字第三十五号[*]

屠广均

判决本

被告人：丁林沟即丁林狗，男，年三十九岁，川沙县人，住孙家沟，业成衣。

张厚田，男，年四十一岁，川沙县人，住北蔡家路口，业成衣。

上[1]被告等因共同窃盗案经本政府审理判决如下：[2]

主　文

丁林沟即丁林狗共同窃盗之所为处有期徒刑二年，并褫夺公权五年，未决羁押日数准以二日折抵徒刑一日。

张厚田共同窃盗之所为处有期徒刑二年，并褫公权五年，未决羁押日数准以二日折抵徒刑一日。

沈洪生即陈洪生陆亚团俟获案另结。

---

[*]　本文原刊于《川沙县政公报》1931年第31~36期。原文仅有简易句读，本文句读为录入者添加。

[1]　"上"原文作"左"，现据今日排版需要改正。——校勘者注。

[2]　"下"原文作"右"，现据今日排版需要改正。——校勘者注。

事　实

缘在逃被告沈洪生即陈洪生预约被告丁林沟、张厚田于废历十月初五日夜间十二时许，前往顾镇北市意图行窃。沈洪生手持铁锹将吴王氏即开吴成昌杂货店主后门窗下挖洞入内，丁林沟、张厚田略为帮助并在外面把风，越半小时许偷出白色包袱一个，内各贮衣服首饰，丁林沟分得白条子洋布单衫一件，元色华丝格裙一条，红绉纱被面一条，荷色华丝格长衫一件，张厚田分得粉红色包袱一个，内贮衣服十余件，均交陆亚团当，丁林沟得洋四元，张厚田抵还烟帐十四元。被害人吴王氏于被窃后始行醒觉，出外探视见东滨有一人正在逃跑，背形与丁林沟无异，遂于翌日报请公安分局先后将丁林沟、张厚田、沈洪生获案并起出赃物，讵该分局岗警于夜间看守疏忽致被沈洪生脱逃，遂将丁林沟、张厚田并起出赃物由县公安局呈解来府，当经本政府讯据被告丁林沟、张厚田，均供认对于本案共同偷窃不讳，并据丁林沟供称曾犯烟案吃过官司，又据张厚田供称曾犯偷竹笋偷棉花吃过官司两次各等语，案经讯明应予判决。

理　由

基上事实及丁林沟即丁林狗、张厚田均当庭供认不讳实犯共同窃盗罪已无疑义，纵云由沈洪生挖洞进内偷窃伊等在外把风未曾侵入然共同上盗即属正犯，早经大理院解释详明当然负同等刑责。查丁林沟即丁林狗于十八年十月十三日判决收藏烟具罪处罚金五十元自不能成立累犯之条件，对于吸烟一层现既供称不吃，应免予置议，张厚田于十八年九月间及本年五月间曾犯两次窃盗罪，虽已执行完毕，然时效尚未经过自应依累犯论加重本刑一倍，对于吸烟一层亦谓戒绝应予免议，本案获到赃物被害人逐一认明当庭具领，被告沈洪生即陈洪生及搬运寄藏赃物开设烟馆之陆亚团除已令饬公安局严缉，俟获案另结外判该被告丁林勾结伙三人以上窃盗之所为，爰依刑法第二百三十八条第四款处有期徒刑二年，被告张厚田虽系结伙窃盗之所为，惟查其犯罪情形尚可悯恕从宽酌减，爰依刑法第六十六条第二项、第七十七条、第三百二十八条第四款处有期徒刑二年，裁判确定前羁押日数均准予依同法第六十四条以二日折抵徒刑一日并各依同法第三百四十二条、五十七条、五十八条褫夺公权五年特为判决如主文。

民国十九年十二月十三日判决

民国十九年十二二十四日送达

兼理司法是川沙县县长　屠广均

书　记　员　顾乃鸿

东吴法学先贤文录编辑人员名单

总主编：

胡玉鸿

各分卷主编：

法理学卷：孙莉

法律史卷：方潇

宪法学、行政法学卷：上官丕亮、黄学贤

民事法学卷：方新军、胡亚球

刑事法学卷：李晓明、张成敏

商法、经济法、社会法学卷：李中原、朱谦、沈同仙

国际法学卷：陈立虎

司法制度、法学教育卷：胡玉鸿、庞凌

录入人员名单

魏 琪	邢凌波	殷凯凯	吴思齐	马健博	张昊鹏	倪文琦	陈 萍
梁艳茹	安子靖	张基晨	施嫣然	袁小瑛	戚小乐	陈康嘉	臧 成
苏 峰	王 杏	许瑞超	张盼盼	刘鑫建	刘文丽	安 冉	张秀林
陈雯婷	蒋 超	钱 佳	张 琦	崔皓然	陈钰炅	惠康莉	唐奥平
马 敏	徐湘云	赵 琪	吕森凤	孙蓓蕾	姜 瑛	胡寒雨	张 尧
阴宇真	王晓宇	李婉楠	卢 怡	柳一舟	丁 楚	孙 浩	宋 鸽
李臣锋							

校勘人员名单

魏 琪	邢凌波	殷凯凯	吴思齐	倪文琦	张昊鹏	张盼盼	金徐珩
陈雯婷	钱 佳	蒋 超	崔皓然	陈钰炅	唐奥平	徐湘云	赵 琪
吕森凤	姜 瑛	张 尧	卢 怡	丁 楚	王春雷	韩进飞	孙 浩
宋 鸽	刘冰捷	杨丽霞	李臣锋				